한국의 명산문화 연구

인사이트 문화총서 01
한국의 명산문화 연구

초판 1쇄 발행 2024년 9월 25일

지은이 최원석
펴낸이 주혜숙

펴낸곳 역사공간
등록 2003년 7월 22일 제6-510호
주소 04000 서울특별시 마포구 동교로 19길 52-7 PS빌딩 4층
전화 02-725-8806 팩스 02-725-8801
이메일 jhs8807@hanmail.net 블로그 blog.naver.com/jgonggan

ISBN 979-11-5707-621-5 94980
    979-11-5707-620-8 (세트)

이 저서는 2021년 대한민국 교육부와 한국학중앙연구원
(한국학진흥사업단)의 한국학대형기획총서사업의 지원을 받아
수행된 연구임(AKS-2021-KSS-1120004).

한국의 명산문화 연구

최원석 지음

맑디맑은 우리 산천에 깃들어 바람과 물의 길로 돌아가신
최창조 선생님을 기리며

책머리에

한국에서 명산문화는 오랜 전통을 지닌 유·무형적 유산으로서, 수많은 관련 문헌과 역사경관이 현존하기에 학술적 연구 가치가 충분하다. 그럼에도 불구하고 아직까지 학계에서 명산문화의 개념은 물론이고 연구모델 정립을 위한 본격적인 논의도 시도된 바가 없다. 이 책은 한국 명산문화의 본격적인 연구 필요성을 사회와 학계에 제기하는 한편, 바람직한 연구 설계 및 방법론 수립을 통해 새 지평의 연구영역 제시를 위한 모색이다.

왜 한국의 명산을 문화적으로 접근하고 연구해야 하는지에 대한 이유는 역사적으로도 분명하다. 한국에서 명산은 수천 년 동안 사람들이 깃들어 살면서 '인간화(humanization)'되었기 때문이다. 오래도록 '사람의 산'으로서 역사와 문화가 독특하게 빚어졌기에, 사상적으로 불교는 산악불교의 모습을 갖추었고, 유교는 산림유학의 전통을 지녔으며, 풍수도 산지풍수로 발전되었다. 사회적으로는 산림경제와 산지주거 양식이 형성되었다. 한국에서 명산문화는 천년의 세월을 축적하면서 시간적으로 역사는 깊어졌고, 공간적으로 경관은 다채로워졌다. 그래서 한국의 명산은 문화역사적으로 접근하고 조명해야 가장 적합한 개념 구성체라고 할 수 있다. 이러한 명산문화에 대한 관점과 명산 연구에 대한 태도는 본문의 일관된 기조를 이룬다.

이 책은 『사람의 산 우리 산의 인문학』(2014)에 이어 우리 산에 대한 필자의 문화역사지리적 연구성과를 새로 보완해 집성한 것이다. 둘을 나란히 놓고 보니, 첫째와 둘째 아이처럼 서로 닮기도 하고 다르기도 하다. 어떻게 다른지 제시하는 편이 이 책을 소개하는 지름길이 되겠기에 몇 자 적고자 한다.

앞의 책이 우리 산을 인문학에 치중하여 개괄적으로 살펴보았다면, 이 책은 한국의 명산문화에 초점을 두었다. 유산기 자료를 많이 활용한 점도 이 책의 특징이다. 백두대간 및 지역의 여러 명산을 개별적으로 살펴본 것도 앞과 다른 점이다. 대내적으로는 지리산과 한라산을, 대외적으로는 한·일의 명산문화 전통을 비교 검토한 것도 새로운 것이다. 선불교와 비보풍수의 산수미학과 그 사상성도 심층적으로 조명했다. 여는 글에서 명산문화 연구의 모델 설계와 방법 수립을 위한 논의와 함께, 닫는 글에서 미래적 가치로 수행해야 할 연구과제를 제안했다. 이로써 필자의 한국 명산문화 연구는 일단락을 맺었다고 생각한다.

이 책에서 미비하고 부족한 점도 여럿 눈에 띈다. 조선시대에 치중하여 이전 시대의 명산문화에 대한 연구가 상대적으로 소홀했고, 근현대로 오면서 변화한 사회문화적인 명산 인식과 논의도 빠졌다. 명산문화의 자연생태적 배경과 지형환경적 요건도 충분하게 설명하지 못했다. 개별 명산에 대한 서술도 한정된 소수만 대상으로 하여 턱없이 부족하다. 또 국내외적으로 비교했다곤 하지만, 삼신산(금강·지리·한라)을 망라하지 못했고, 중국을 포함하여 동아시아의 명산문화를 비교하는 데 이르지 못했다. 결국 한국의 명산문화 전통이 동아시아적인 맥락에서 통시적으로 무엇을 어떻게 수용했고, 어떤 면모로 변용되었으며, 그 배경과 이유가 무엇인지도 후속 과제로 미루는 꼴이 되었다. 이 모두 필자가 부족한 탓이니 혜량하기를 바랄 뿐이다.

잘한 것은 잘한 대로 못한 것은 못한 대로 두고, 설령 내가 아니더라도 후학이 더 멋지게 해낸다면 그 또한 기쁨이겠다. 기회가 되어 책의 말미에 제시한 한국 명산문화 연구의 향후 과제를 공동으로 수행한다면 더 없는 보람이겠다.

탈고하면서 한국의 산은 어떤 산이며, 우리와 어떤 관계 맺기를 해야 하는지 다시금 자문자답해본다. 우리의 산은 사람의 산이다. 산과 사람이 얽혀 마치 몸에 뼈와 근육이 유기적으로 한덩어리가 된 것과 같다. 산과 사람이 서로 스며들어 산은 사람을 닮고 사람은 산을 닮아 하나가 되었다. 이렇게 경이로운 우리 산과 겨레의 공진화 여정에서 오직 바라건대, 산도 사람도 제 자리에 제 모습으로 서로 어루만지는 어진 세상이 되기를….

너나없이 함께하는 모든 고마운 인연에 머리 숙이며, 글을 읽고 바로잡아주신 최석기 선생님과 정치영 교수님 그리고 이주은 님께 깊이 감사드린다.

이제 다시 산으로 돌아갈 때가 왔다.

2024년 초가을날 아침 덕유산 삼연재에서
최원석 쓰다

차례

책머리에 / 7

여는 글 명산문화 연구를 위한 새로운 시선과 지평 / 13

제1부 지리적·공간적 프레임

  1 명산문화의 지리적 배경과 공간적 전개 / 51

    명산과 명산문화의 개념 정의 / 52
    명산문화 형성의 지리적 배경 / 56
    명산 인식과 경관의 사상적 전개 / 60
    명산의 정치사회적 영역화·경관화·장소화 / 64

  2 심미경관의 석산, 금강산 / 69

    금강산을 찾는 동기와 이유 / 72
    금강산을 여행하는 모습과 태도 / 74
    금강산의 장소미학과 인문지리 / 81

  3 생활터전의 토산, 지리산 / 88

    자연환경과 주민생활사 / 89
    취락과 주거 / 100
    토지이용과 농경조건 / 112
    생업과 산물 / 117
    시장과 유통 / 124
    신앙과 풍속 / 125

제2부 역사적·시간적 프리즘

1 명산의 시대적 변화와 지역적 분포 / 137
국가 명산의 변천과 의미 / 137
조선유학자들의 명산 가치 재발견과 명산 담론 / 146

2 명산 가치와 위상의 변모 / 151
서울의 진산, 북한산 / 151
강화의 세 명산, 송악산·고려산·마니산 / 165
범아시아적 불교 명산, 오대산 / 174
지정학적 요충지, 교통로의 요지에 위치한 월악산 / 181
왕조의 산에서 민중의 산으로, 계룡산 / 188
나라의 대표 명산이자 이상향의 본고장, 지리산 / 196
굳세고 든든한 아버지산, 팔공산 / 203
은둔지이자 승경의 산, 주왕산 / 209

제3부 사회적·사상적 스펙트럼

1 유교지식인들의 명산문화 인식과 태도 / 237
명산의 인문화 / 238
명산의 장소화 / 242
유학사상적 풍토론 / 248

2 선불교와 비보풍수의 산수미학 / 252
마음과 자연의 만남, 산수미학 / 253
선불교의 산수, 도겐의 산수성불설 / 261
비보풍수의 산수, 도선의 산천비보설 / 267
깨달음과 보살핌의 산수미학 / 272

3 지역사회의 랜드마크, 진산 / 274

　지역 주민의 삶터를 지키는 명산 / 275
　조선시대의 진산 현황과 분포 / 281
　진주의 진산, 비봉산의 역사지리 / 284
　문화생태 및 역사경관으로서의 가치 / 292

제4부　문화적·지역적 모자이크

1 지리산과 한라산의 명산문화 비교 / 299

　자연인문적 배경 비교 / 301
　문화역사적 요소 비교 / 320

2 한국과 일본의 명산문화 전통 비교 / 344

　보편과 공통의 닮은꼴 문화 / 346
　특수와 개성의 다른꼴 문화 / 355

닫는 글 명산문화 및 산인문학 연구를 위한 과제 / 373

미주 / 398
참고문헌 / 438

여는 글

명산문화 연구를 위한 새로운 시선과 지평

한국 사람들은 삼천리금수강산에서 다양한 명산문화를 꽃피워 왔다. 예부터 명산을 숭배하거나 생명의 기운을 주는 소중한 것으로 여기는 문화전통을 지녔다. 조선시대 유학자들에게 명산은 도덕적 이상을 비추는 거울이자 수양의 교본(text)이기도 하였다. 산지 주민들의 산림생활사 지식은 산과 사람의 긴밀한 관계 속에서 구축된 지혜의 산물이자 공진화(共進化, coevolution)된 것이었다.

이러한 전통적 명산문화를 현대적 코드로 그 의의를 해석하면, 명산을 경외하는 태도는 산림보전에 다름 아니고, 생명의 기운을 주는 존재로 인식하는 것은 생태적인 사고방식과 상통한다. 유학자들의 명산관과 유산(遊山)문화는 서구적 알피니즘(alpinism)의 등산문화를 넘어 자기성찰적 산행이라는 지평을 열어준다. 산림생활사의 축적된 경험은 지속가능한 주거지식으로서 활용될 수 있는 충분한 가치가 있다.

이 책은 한국 사람들이 오래도록 명산과 관계 맺으면서 역사적으로 형성한 명산문화의 실체와 내용을 조명하고, 오늘날의 시대적 좌표에서 그 현재와 미래 가치를 평가할 것이다. 이로써 국토의 명산에 대한 한국사회의 높은 수요와 문화담론을 충족시킴과 동시에, 학계에 '산학(山學, Mountain Studies)'의 한 분야로서 '명산학(名山學, Famous Mountain Studies)' 및 '명산인문학(名山人文學, Famous Mountain Humanities)'이라는 새로운 연구영역과 학문적 패러다임을 제시하고자 한다.[1]

한국의 명산문화는 '한국에서 역사·지리적으로 전개된 명산과 사람 간의 사회문화적인 관계의 궤적'으로 정의하고, 이 책의 연구 범위를 다음과 같이 설정한다. 공간적 범위는 한국의 명산을 중심으로 하며 백두산을 포함한다. 시간적 범위는 일제강점기 이전의 역사시대에 한정하며 조선시대에 치중한다. 대상적 범위는 주요 명산으로서 문화역사적 비중이 큰 산으로 한다.

본문에서 시간의 날줄과 공간의 씨줄로 교직되어 서술될 명산문화의 연구 설계는, "역사·지리적으로 전개된 명산과 사람 간의 사회문화적인 관계의 궤적"으로서 '지리적 배경과 공간적 전개', '역사적 경향과 시간적 변천', '사회적 가치와 사상적 태도', '문화적 비교와 지역적 양상'으로 구성된다. 논지의 방향은 '사람의 명산에 대한 논리화·인간화·장소화'라는 인문지리적 프레임으로 설정된다.

이를 달성하기 위한 연구방법으로는 다각적인 접근과 태도, 학제적인 관점과 체재를 견지하면서 역사지리학의 시간단면적 접근법의 활용, 정치지리·사회문화적 조명, 비교문화적 시선과 방법으로 명산문화의 특징 도출, 동아시아적 보편성과 특수성 그리고 한국의 지역적 변용에 주목하고자 했다.

연구의 가치와 의의

이 연구는 기존 학문분야의 분과적인 틀(frame)과 연구대상으로서만 머무르고 있는 명산 및 명산문화 연구를 넘어, 한국의 명산과 명산문화가 동아시아적 공간범주에서 융복합적인 요소를 다양하게 갖추고 있는 연구대상임을 제기함으로써, 명산학 및 명산인문학으로 연구 지평을 넓히고, 나아가 독립된 학문 분야로서의 가능성을 제언하고자 한다. 명산문화의 학제적 연구를 통한 시너지는 학술·사회·지역·문화·제도 등 다방면으로 그 효과를 기대할 수 있다.

삼천리금수강산이라는 국토의 명산 가치에 상응하여 한국 사람들의 산 사랑은 유별나다. 숫자를 집계할 수조차 없는 등산 인구는 논외로 치더라도, 2024년 현재 23개의 국립공원 중에서 19개를 명산(산악형)이 차지할 정도로 그 비중이 크다. 앞으로 명산과 더불어 향유하고자 하는 국민의 문화적 수요가 점증하리라는 것은 불을 보듯 빤하다.

이런 사회적 요구에 대응하여 학계는 한국 명산문화의 과거·현재·미래를 조명하는 학술적 연구를 선제적으로 뒷받침할 책임과 의무가 있다. 한국에서 명산과 사람이 맺었던 관계의 과거를 돌아보고 현재의 실태를 진단하며 미래를 전망할 명산문화 연구는 더 이상 늦출 일이 아니다.

'사람과 산의 지속가능한 미래'라는 공간적 담론을 지향하는 본 연구의 관점은, 국토환경을 이루는 명산과 더불어 상생하고 공진화하면서 살아나가는 길과 방도를 지혜롭게 모색하고 추구하는 데 학술적 영감을 제시할 수 있다. 명산문화에 대한 조명은 오늘날 현대인들의 삶의 질을 높이는 데에도 효과적이기에, 한국의 명산문화에 대한 전통 지식과 경험을 돌이켜 법고창신(法古創新)하는 일은 유의미하다. 한국의 명산에 대한 자연·생태·문화·역사적인 자원가치의 발굴과 사회적 활용에 대한 체계적이고 통합적인 연구는 범시민적인 명산문화의 향유에 학문적 기틀과 콘텐츠를 제공함으로써 사회적인 기여를 할 수 있을 것이다.

한국 명산문화 연구 가치는 공간적, 학술적, 지역사회적, 문화정책적인 관점에서 살펴볼 수 있다.

첫째, 명산문화 연구는 포스트코로나(Post-COVID)시대의 공간적 가치가 있다. 한국 사회와 학계는 왜 다시 산을 주목해야 하고, 산지공간을 공동체적 삶의 토대로 본격 연구해야 하는지를 심각하게 물어야 하는 시대적이고 문명사적인 좌표 위에 서 있다. 쓰나미처럼 밀려들어온 코로나의 파고에 현란한 도시문명은 한순간에 정전되듯 불이 꺼졌다. 지방의 산지보다 서울과 수도권의 도심에서 확진자가 속출했던 현상은 보건지리적으로도 의미심장하다. 기후 위기에 직면한 21세기에 들어 '오래된 미래, 지속가능한 공간으로서의 산(Mountains as an Ancient Future and Sustainable Space)'[2]을 다시 주목하고 재평가하는 것은 인류문명사의 공간적인 패러다임이 바뀌었기 때문이다.

명산은 전통시대에도 삼재(三災)[3]를 피할 수 있는 공간이었으니, 역병이 들면 사람들은 산으로 피접(避接)하여 삶을 보존할 수 있었다. 예부터 지리산·속리산·소백산을 비롯한 명산은 수많은 사람들이 숨거나 피해서 삶을 영위하였던 정신적이거나 생활형 이상향이었다. 지리산 청학동(靑鶴洞)과 속리산 우복동(牛腹洞)은 한국의 대표적인 유토피아였고, 소백산 권역의 골짜기마다 수많은 조선의 지식인 은사(隱士)들이 살만한 삶터(可居地)를 가꾸고 은일(隱逸)하여 성성한 정신을 벼리었다.

그래서 전통시대에 선인(先人)들은 명산에 낙토(樂土), 복지(福地), 길지(吉地), 승지(勝地), 피난보신지(避難保身地), 은일지(隱逸地) 등이 있다고 가리켰던 것이다.[4] 왜 그들은 그곳에 살고자 했고 오래도록 살 수 있었는지에 대한 물음은 오늘날 관점에서도 여전히 유효하다.

둘째, 한국문화를 이루는 핵심적인 요소의 하나인 명산문화 연구는 학술적 가치가 상당하다. 동아시아의 삶의 터전에서 명산이 차지하는 공간적 범위나 가치에 상응하여, 한국문화에서 명산문화가 역사·종교·생활사·사상 등의 다방면에서 차지하는 영역은 크다. 역사·지리·생활사·신앙·건축·미학 어느 분야에나 명산과 명산문화의 그림자가 투영되지 않은 것이 없다. 명산과 명산문화는 마스터키 같은 존재이기 때문이다.

이토록 생활과 밀착된 명산문화가 역사적으로 축적되어 있지만 학계는 여전히 본격적으로 그 가치와 의의에 대해 주목하지 못하고 있다. 아직까지 학술적으로 명산문화에 대한 체계적인 논의가 없어 연구사적으로 땅에 묻혀있는 보물과도 같다. 그래서인지 한국의 명산문화를 제대로 논구한 논문이나 학술서도 희소한 실정이다. 기왕의 논저는 관광학·생태학·산림학·지리학·역사학·문학 등의 분과학문 분야에서 각각의 연구방법의 틀로 명산과 명산문화를 소개하거나 접근함으로써 연구영역이 한정되었다.

주지하다시피 1960~1970년대 경제개발기에 산은 공간적 장애물이라는 시선에서 출발했다. 1980~1990년대 이후로는 환경보전이라는 시대적 사조와 결부되면서 산은 자연생태적인 가치로 재조명되었다. 이윽고 근래에 들어 자연생태적 연구의 편향에 대한 반성으로 한국 산수의 역사적 정체성으로 말미암아 인문학적인 산 연구가 활성화되고 있다. 앞으로는 미래가치로서 자연과 인문이 결합한 새로운 산 연구의 틀과 지식 생산이 필요하다.

이에 향후의 명산문화 연구 방향은 기존의 명산 담론이었던 '자연의 산, 생태의 산'이라는 서구의 알피니즘, 생태적 산 개념과 '사람의 산, 역사문화의 산'이라는 동아시아의 인문·문화역사적 산 개념을 담지한 새로운 시선의 연구 패러다임을 설정하는 데서 출발해야 한다. 명산문화는 명산이라는 자연생태환경과 관계하여 사회문화집단이 맺은 상호관계의 총합이기 때문이다.

한국에서 명산문화는 오랜 전통으로 조선시대를 이어 근대에까지 방대한 문헌저술과 지식체계가 구축되어 있음에도 오늘날 학계에서 명산문화가 새로이 정립해야 할 연구분야라는 사실은 놀랄만한 일이 아니다.

한국의 명산문화 연구는 '명산인문학' 더 나아가 '명산학'으로서 학문분야적 의의가 있다. 아직 학계에서는 명산문화에 대한 개념정의나 구성체계, 그리고 연구방법에 대해서도 보편적인 연구틀을 마련하지 못한 상태에 있기에, 명산문화를 학문적 대상으로 하는 이른바 명산인문학 및 명산학은 21세기를 지향하는 한국학의 혁신적 연구대상 중 하나가 될 가능성이 충분하다. 근래에 들어 동아시아 학계에서도 명산과 명산문화가 미래지향적인 새로운 공간적 연구영역으로 자리매김하고 있기 때문이다.[5]

한국에서 명산인문학과 명산학은 어떤 방향으로 진로를 가늠할 수 있을까? 이를 위해서는 동아시아의 명산문화에 대한 연구동향을 주시하여 기존에 수행한 중국 '태산학(泰山學)'과 일본 '후지산학(富士山學)' 등을 비판적으로 검토하여 동아시아적 성과를 점검한다. 한편으로 한국에서 기존에 수행했던 '지리산인문학'[6]을 '지리산학'으로 내용과 범주를 발전시키고, 더 나아가 덕유산·속리산·소백산·태백산·설악산 등으로 공간적인 외연을 확장한 '백두대간인문학'으로, 궁극적으로는 총체적인 '백두대간학'의 정초에 단계적으로 이르는 대로 학술적 가치와 의의를 사회와 학계에 알릴 필요가 있다. 그 학술적 성과는 명산인문학 더 나아가 명산학을 정초하는 노둣돌이며, 산학(山學)이라는 블루오션의 학술적 영역이자 새로운 학문 분야를 지향하는 가늠자가 된다.

인문학적 범주로도 명산문화 연구 혹은 명산인문학은 탈경계인문학이자 통합인문학으로서 사회가 요구하는 현대인문학의 새로운 지평에 부응하며, 한국적 환경인문학(Environmental Humanities)의 연구성과로서 학계에 기여할 수 있다. 인문과 사회, 문화와 역사, 전통과 현대를 넘나드는 통섭적이고 창의적인 지식생산 결과물은 지리학 외에도 산림학·환경학·문화콘텐츠학·종교학·민속학 등 관련 학문 분야에도 신선한 시사점을 줄 것이다.

셋째, 한국의 명산문화 연구는 활용면에서도 지역사회적 의의를 지닌다. 명산은 지리·역사·문학·철학 등 여러 인문학적 분야가 만나는 지역사회 공간이기에, 명산인문학 및 명산학은 지역인문학의 성격도 지닌다. 따라서 지역미래를 발전적으로 추동하는 성장 동력의 하나로 꼽힐 가치가 있다. 명산문화는 지방자치단체·국립공원·시민단체·지역주민 등과의 소통을 통해 피드백될 수 있는 지역학의 연구주제이기 때문이다.

명산문화의 콘텐츠와 경관은 지역에 소재하고 있는 역사유산이다. 예로부터 명산문화는 지역의 환경조건에 맞추어 공동체 단위에서 실천적으로 검증된 문화생태적 지식체계이자 경관가치였기에, 지역 단위에서 현대적으로 재해석해 활용할 의의도 충분하다. 지역사회공동체와의 학술적 연동은 지역문화의 창달이라는 시너지 효과로 증폭될 수 있다.

전국의 각 지역 명산에 산재하고 있는 유·무형 유산은 신앙·의례·민속뿐만 아니라 산림인문자원으로서 가치도 크다. 그래서 지역마케팅의 경관가치이자 지역민의 삶을 풍요롭게 할 문화공간의 기반으로 활용될 수 있다. 지방자치단체에서 지역 명산에 대한 문화역사적 정책의 입안이 요구되는 마당에, 지역사회의 명산문화를 현대적 가치로 재조명하는 작업은 명산문화 정책을 수립하는 데 효과적인 연구개발(R&D)의 토대가 될 수 있다.

넷째, 한국의 명산문화 연구는 산지관리 및 산림복지를 위한 문화정책적인 의의가 있다. 산은 존재하는 그 자체로 생태환경 시스템의 기능과 역할을 다하고 있다. 한국사회에서 명산문화에 대한 담론 생성은 한편으로는 21세기의 저탄소사회를 지향하는 산림정책과 국토계획의 환경관리 및 주거양식으로, 다른 한편으로는 포스트코로나시대의 산지에 대한 가치의 재발견과 문화복지의 진흥에 기여할 수 있다.

근간에 산림청은 정책과제의 주요 현안으로서 '국가산림문화자산'[7] 등의 지정 및 관리를 통해 산림문화의 진흥과 복지를 적극 추진하고 있다. 이에 본 연구는 국토의 산지관리정책에 문화역사적 토대의 틀을 마련하는 데 일조함으로써 산지관리법 9조 "역사적·문화적으로 보전할 가치가 있다고 인정되는 산지"에 의거한 인문사회적 연구의 요청에도 부응할 수 있다.

기존에 유관 기관의 정책적인 명산관리는 자연보호와 산림생태적 보전에 치중하였고, 생활공간이나 사회문화적 가치의 관점은 소홀하였다. 최근 들어 지속가능한 산림경영의 실현을 위해서는 문화·정신적인 충족을 수반하는 적극적인 산림문화정책의 필요성을 절감하고 있다. 따라서 이 연구는 명산에 대한 생태환경적인 가치에 더하여 역사문화적 가치와 의미를 부여하는 '새로운 명산' 관점의 함의를 도출함으로써 산림문화정책의 기조에 일정하게 기여할 수 있을 것이다.

근래 한국사회에 힐링(healing) 바람이 불면서 산림휴양 및 산길걷기 문화가 효과적인 치유방식으로 각광 받았다. 이에 산림청에서도 '국립자연휴양림' 및 '국가숲길', '치유의 숲' 시설과 '산림치유지도사' 제도를 활발하게 운영하고 있다. 여기서 명산의 산수는 자연이 주는 치유에서 가장 강력한 모티브가 된다. 그래서 명산인문학은 '치유인문학'이라고도 할 수 있다. 현대적인 치유방식과 문화적인 코드는 선조들의 전통적인 명산에 대한 인식 및 문화적인 태도와도 통한다.

연구의 형식 구성

과거에서 오늘에 이르는 한국 명산문화사의 궤적을 통시적(날줄)이고 지역적(씨줄)으로 개관하고, 시대적으로 사람들이 어떻게 명산과 관계 맺었고 그 결과 지역적으로 어떤 명산문화가 형성되었는지 그 역사적 전개 과정과 지역적 특징을 도출하는 개괄적 논구 방식이 요청된다. 이를 통해 오늘날에 과거의 유·무형적 명산문화 유산을 연구하는 사회적 필요성과 학술적 의의를 분명히 드러낼 수 있을 것이다.

한국 명산문화 연구의 가치와 의의에 기초하여 그 형식적인 구성 체계는, "한국에서 역사·지리적으로 전개된 명산과 사람 간의 사회문화적인 관계의 궤적"으로서 '명산문화의 지리적 배경조건, 통시적 전개양상, 사회적 스펙트럼, 지역적 모자이크'라는 지리·역사·사회·지역 차원의 복합적이고 다각적인 연구시선과 시공간적 통합구도로 이루어질 수 있다. 순서대로 예시를 들어가며 살펴보기로 하자.

첫째, 명산문화의 지리적 배경조건에서는, 한국의 주요 명산을 국토의 지형경관 및 산줄기 조건과 관련하여 살피되 특히 백두대간 산줄기의 명산 계열에 주목하여 그 지리적 의미를 논구한다. 그 대표적인 명산으로서 백두산·금강산·설악산·태백산·속리산·덕유산·지리산 등의 사례를 들어 명산문화의 형성 배경을 역사지리적 프리즘으로 조명한다. 그 요지를 서술하면 다음과 같다.

우선 국산(國山)으로서 백두산의 상징성이 지정학적 조건으로 말미암아 사회적으로 형성된 것이며, 전근대에 국토의 영역 및 국경 조건과 깊은 상관관계를 맺은 배경을 탐구한다. 현대에 와서도 남북한이 백두산 이데올로기를 정치지리적으로 활용하는 사실관계를 밝힌다.

금강산은 조선부터 근대에 이르기까지 유산과 여행의 대명사로, 화강암 풍화산지로서의 빼어난 절경과 수많은 봉우리 경관은 동해와 어울리면서 찬탄의 대상이 되었다. 근세와 근대 지식인들의 유산기(遊山記)[8] 문헌에서 금강산의 경관미학과 장소성이 기행문으로 어떻게 표현되고 있는지를 검토할 필요가 있다.

지리산의 정체성으로 규정되는 '사람의 산, 생활의 산'으로서의 명산문화적 가치를 문화경관이라는 틀과 시선으로 조명할 수 있다. '민족의 어머니산'이라는 지리산의 상징성은 지리산 경관이 갖춘 지형·신앙·생활사 등의 제반 배경조건과 깊은 관계를 맺고 있음을 역사지리적으로 논구한다.

태백산에 대한 전통적 인식을, 지리적 조건의 한 예시로서 지형경관적 배경과 관련하여 서술하면 다음과 같다. 일찍이 태백산을 유람한 문인화가 이인상(1710~1760)은 그 장대함으로 말미암아 "대인의 중정한 덕이 있는 것 같다"고 예찬했다.

태백산은 흙이 쌓여서 장대함을 이루어 그 깊이를 헤아릴 수 없고 점점 높아져서 100리를 뻗어간다. 그 공덕을 드러내지 않음은 대인의 중정(中正)한 덕이 있는 것 같다. -「유태백산기」[9]

위 글에서 이인상이 '태백산은 흙이 쌓여서 장대함을 이룬다'고 표현했듯이, 태백산은 한국의 대표적인 토산의 하나이다. 토산은 기반암이 주로 편마암으로 이루어져 있다. 편마암은 쉽게 풍화되는 성향을 지니고 있어서 전 사면(斜面)이 흙으로 덮여 있다. 그래서 편마암 산지는 화강암 산지에 비해서 상대적으로 식물 생장에 유리하여 식생 밀도가 높다. 생태계도 연속성이 높고 안정된 편이다.[10] 이러한 지형환경적 조건으로 말미암아 문인화가였던 이인상의 눈에 태백산의 경관이미지가 "대인의 중정한 덕"으로 비쳤던 것이다.

　소백산을 포함한 양백지간(兩白之間: 태백산에서 소백산까지)이 피난보신지로 적합했던 지형적 여건과 지리적 특성도 다음과 같이 설명할 수 있다. 이 지역은 백두대간이 북동-남서 방향으로 뻗은 1,000m 이상의 산줄기를 이루고 있다. 겨울철엔 북서풍에 의해 많은 눈이 내리기에 봄철의 가뭄에도 지표가 적절한 습도를 유지할 수 있다. 이에 따라 기반암인 편마암은 전 사면에 걸쳐 고루 풍화가 진전되어 흙이 덮인 토산을 이룬다. 이러한 조건으로 식생의 정착도 이루어져 전 사면에 밀도 높게 서식한다. 생태댐 효과가 높은 토산의 환경 특성은 많은 수분을 산체가 함유할 수 있는 바탕을 이루기 때문에 물이 풍부하다. 이러한 풍요로운 생태적 여건과 사람들의 왕래로부터 격리된 지리적 위치 특성이 결합되어 으뜸가는 피난보신지이자 승지로서의 여건을 갖추게 되었다.[11]

　둘째, 명산문화의 통시적 전개양상에서는, 명산의 시대적 분포와 변모에 주목하여 역대 왕조의 명산 지정 과정을 추적함으로써 그 지정학과 정치지리적 배경을 논구한다. 산이라는 말이 자연적 개념이라면 상대적으로 명산(名山)이라는 말은 '이름난(名)'이라는 인문사회적 개념이 포함되어 있다. 그렇다면 왜 그 산을 명산으로 지정했는지에 대한 정치주체와 사회집단의 이해가 선행되어야 하는 것이다.

조선시대의 주요 명산에 대한 방대한 지리정보의 구축 역시 정치사회적 속성을 지닌다. 또 역사적으로 명산에 대한 사회계층적인 인식과 태도가 어떻게 변천했고 그 이유와 배경은 무엇이었는지를 시계열적으로 조명한다. 특히 명산에 대한 지리정보와 지식체계가 어떻게 발전했는지를 지리지·고지도를 중심으로 통시적으로 살핀다. 이를 위해서 시기별로 대표적인 지리지에 나타난 명산 정보 인식과 고지도의 명산 이미지 재현 양상의 발전적 과정을 고찰한다. 그리고 『동국산수록(東國山水錄)』 (1751),[12] 『동국명산기(東國名山記)』(19세기) 등 조선후기 지식인들의 명산 기록에 대해서도 면밀히 살펴본다. 또한 조선 지식인들의 유산기 문헌을 통해서 개별 명산은 어떤 장소성으로 표현되었는지, 명산 됨의 이유는 무엇이라고 봤는지, 그 변화 양상은 어떠한지를 고찰한다.

유산기는 명산의 자연·지리·유적·종교 등의 정보를 생생하게 수록하고 있는 기록의 보고(寶庫)로, 조선시대부터 근대에 걸친 명산의 상황을 시계열적으로 묘사한 것이다. 유산기는 하나의 명산을 두고 장기간에 걸쳐 제작되고 있어서, 산에 대한 역사지리적인 정보가 시간적으로 누적되어 있는 자료의 집합이다. 따라서 유산기를 통해서 과거 특정 시기의 지리적 상황에 대한 공시적인 인식뿐만 아니라, 시기가 다른 유산기의 비교·분석을 통해 해당 산지 정보의 역사지리적인 변화 및 변천 모습까지 파악할 수 있는 통시적인 자료의 가치도 지니고 있다.

셋째, 명산문화의 사회적 스펙트럼에서는, 전근대시기 사회계층별로 명산문화를 조명할 수 있다. 주류 및 공식적 차원으로서, 조선시대에 지배계층이었던 관료 및 유교지식인이 전개하였던 명산에 대한 기록, 경관문화유산으로서 동천구곡(洞天九曲)의 조성,[13] 명산 유산 및 유산기 작성, 명산 은거 전통과 명산기(名山記) 찬술 등을 정리하고 그 현재적 의미를 검토한다. 비주류 및 비공식적 차원으로서, 피지배계층이었던 일반 서민들이 생산했던 명산에 대한 구비전승(설화와 전설 등), 풍수도참 관련 가사류 문헌을 조사·정리하고 그 사회적 의미를 살펴본다.

조선사회에서 명산에 대한 본격적인 기록은 산림생활사와 산지지리정보 파악이라는 사회적 필요에 의해 다방면으로 이루어졌다. 그것은 지리지류 및 지도류, 유산기류, 백과전서류, 풍수록류 등의 유형으로 나눌 수 있다. 특히 조선후기 향촌사회의 서민계층 전반에 풍수사상이 크게 유행하자, 지역 주요 명산의 명당지에 대한 풍수적 지리정보가 기록된 『풍수록(風水錄)』[14] 등의 기록물이 널리 유행했으며, 이는 서민들이 읽을 수 있고 이해하기 쉽도록 가사체로 풀이되고 그림으로도 그려졌다. 이들 문헌은 당시 민간인들의 명산문화에 대한 풍수적 영향을 잘 반영하고 있기에, 풍수사상이 영향을 미친 민간의 명산문화 성격을 탐색하는 데 좋은 자료가 된다.

이상의 문헌에 대해서 데이터베이스를 구축하고 명산별·지역별로 정리하여 자료화할 필요가 있다. 아울러 삼신산(三神山) 키워드 같은 명산문화 콘텐츠의 개념과 사회사상, 기록 및 경관 요소를 유형별로 정리하여 오늘날의 활용 방안에 대하여 논의할 수 있다. 더 나아가 현재 주요 명산경관에 역사문화유산이 어떻게 분포하여 문화재 혹은 산림문화유산으로 지정·관리되고 있는지에 대한 실태조사와 해석으로 이어져야 한다. 그 결과물은 전국·도별·지역별·개별 명산별 자료로 데이터베이스화되고, 역사지리정보시스템(HGIS)을 통해 공간화(지도화)로 산출할 수 있다.

넷째, 명산문화의 지역적 모자이크에서는, 지방 소재의 주요 명산에 대해서 개별적·지역적인 문화역사적 특색과 문화 속성을 조명하고 상호 비교한다. 명산문화에 대한 비교연구에 있어서 문화역사적 프리즘은 상대적인 특색과 속성을 드러내는 유용한 접근방식이 된다. 이에 대한 사례연구의 한 예시로서, 지리산과 한라산에 전개된 문화사를 통해 공통적으로 논의할 수 있는 여러 명산문화 요소, 예컨대 산천제(山川祭), 명산·진산, 삼신산, 여신설화, 풍수와 백두산래맥설(白頭山來脈說), 사회변혁의 산 등의 키워드 주제를 비교할 수 있겠다.

한국의 명산문화는 다양한 명산마다의 지역적 장소성이 스펙트럼을 이루어 전체적인 모자이크를 형성했다. 예컨대 백두대간의 주요 명산에 나타나는 이상향을 조명하면, 지리산(청학동)의 선경(仙境), 속리산(우복동)의 복지(福地), 소백산(풍기)의 십승지(十勝地) 등 장소성의 색채가 드러나는 것도 하나의 전형적인 단면이 된다.

그중에서 지리산과 속리산의 이상향에서 나타나는 장소적 단면을 비교해보면, 지리산 청학동은 빼어난 경치가 있어 신선이 사는 세계로 인식되었고 개인의 자족적인 은거지였다. 한편 속리산 우복동[15]은 흙이 두텁고 넓은 평지가 있어 자급자족하며 일반인이 마을을 이루며 숨어 살 만한 복지로 발달했다.[16]

특히 조선후기에 우복동 이상향의 사회적인 담론은 당시의 사회현상 및 이데올로기, 그리고 사회적 주체의 형성과 연관을 맺고 있다. 특히 19세기에 들어와 피난처, 십승지지, 삼재불입지지(三災不入之地) 즉 동천복지를 찾는 열풍이 전 사회적으로 확산되었고, 백성들은 걱정 없이 살 수 있는 농촌공동체를 희구했다. 또한 상품화폐경제의 발달로 사회적 이원화가 심화되면서 몰락 양반 혹은 부민(富民)이 생겨났고, 빈민과 유민(流民)이 증가한 것도 그 사회적 주체로서의 배경을 이룬다.[17] 유토피아(Utopia)의 말뜻처럼 존재하지 않은 우복동은, 도피처와 옥토로 표상된 이상향 이미지의 환상적 해방지로 오랫동안 이데올로기적 호황을 누렸다.[18]

이러한 이상적 거주지에 대해서 이규경, 서유구 등 조선후기 실학자들도 많은 관심을 드러내어 지리정보와 거주환경에 대한 문헌기록으로 남겼다. 특히 서유구(1764~1845)는 『임원경제지(林園經濟志)』에서 전국의 230여 곳에 이르는 팔도의 명지(八域名基)에 대해 장소성 및 거주환경과 함께 기록하여 주목되는데, 그중 다수는 지역 명산에 소재하고 있다.[19]

연구의 내용 기조

한국 명산문화의 형식적인 구성 체계에 의거하여, 내용적인 기조의 틀은 '사람의 산, 문화역사의 산'으로서 사람의 명산에 대한 논리화·인간화·장소화의 궤적이라는 인문지리적 프레임으로 설정할 수 있다. 이러한 기조는 지역적인 명산인 진산과 주민 간의 공간짜임 및 사람과 산천의 문화생태적인 연결 등의 담론에 의해 뒷받침된다. 그 논지의 의의는, 문화생태적으로 주민공동체와 지역산지가 평형관계를 이루는 통합적인 모듈이자 회복탄력성(resilience)을 구현하는 장치이기도 하다. 이를 연구 사례와 함께 고찰하면 다음과 같다.

첫째, 명산의 논리화는 명산에 대한 지리지식과 사상, 그리고 공간정보의 축적으로 이루어졌다. 고려시대와 조선시대에 걸쳐 명산의 논리화는, 지리지와 고지도를 통한 명산의 지리정보체계 구축, 백두대간과 장백정간·13정맥 등의 산줄기 인식, 주요 명산에 대한 풍수·도참적 이해, 실학자들의 명산론 저술, 유산기를 통한 명산경관과 장소성 서술 등 다방면으로 전개되었다.

일반적으로 산의 논리화는 동아시아의 도교·불교·유교·풍수 4대 사상체계에서 다양한 관련 저술과 논의로 산출되었다. 도교의 산 유토피아, 불교의 산수성불설(山水成佛說), 유교의 비덕(比德)을 통한 인지지락(仁智之樂)[20]의 산수미학 그리고 풍수의 산론(山論) 등이 대표적인 논리화의 산물이다. 이 사상적 담론들은 한반도에 와서는 산과 깊은 관계를 맺으면서 각각 신선사상과 이상향, 도선(827~898)의 산천비보설(山川裨補說), 유학자의 산림은거와 산림인문, 산줄기풍수론과 같이 한국적인 특징으로 전개되었다.

둘째, 명산의 인간화는 지역의 산신 관념이 대표적이며, 명산에 대한 의인화를 통한 상징신앙의 방면에서 구비설화로 민간에 전승되었다. 따라서 산신신앙은 명산의 의인화를 위한 명산과 사람 간의 변증과 진화의 전략적 전개과정이기도 하다. 한국인에게 산신은 산이면서도 사람이고, 또한 호랑이로 일체화되어 있다. 산신의 모습은 인자한 할아버지나 할머니(한라산의 설문대할망 등), 혹은 어머니(지리산의 성모천왕 등)였다. 명산에 의지하여 살아가는 주민들에게 산신은 마을공동체를 지켜주는 지킴이로 섬김의 대상이었다. 이를 통해 사람들은 산과 산짐승(호랑이)으로부터 불안감과 두려움을 해소하는 문화생태적 효과를 얻는다. 산신은 산과 사람의 대립관계를 지양하는 변증법적 모순 해결의 전략이자 공진화의 상징적 표상이 되는 것이다.

사회역사적인 시선으로 볼 때 전통시대의 산신 관념은 지역정치성의 맥락도 띠고 있다. 호족이나 유력 세족 등 토착세력이 성황신 숭배의 형태로 산신 관념과 섞이고 있는 것이다.[21] 이러한 측면은 정치사회적인 시선으로 그 배경과 의도, 역할과 기능 등에 관하여 지역적인 맥락에서의 종합적인 고찰을 요청한다.

셋째, 명산의 장소화는, 정치사회계층이 정체성의 확보와 정당성의 강화를 위해서 공간을 장소화하는 전략이자 방식으로 이해할 수 있다. 왕족이 지정학적 요충지에 명산을 지정해 제의한다든지, 지방통치세력이 행정 중심지의 배후에 진산을 둔다든지, 유교지식인이 명산에 누정 등을 설치하거나 명산기 등을 저술한다든지 하는 것은, 장소적 영역성을 공고하게 하는 수단이다.

국도(國都)에서의 장소화는 명산과 산줄기 체계의 인식과 영역에서도 드러난다. 고려시대에는 개경의 송악산에 대한 산림보전과 관리에 한정되었으나, 조선시대에 와서는 풍수적 인식이 심화되면서 한양의 산지에 대한 보전관리 범위가 사방산(四方山, 四神砂)으로 확대되었을 뿐만 아니라 내맥(來脈)의 산줄기까지 이르게 되었다.

조선후기에 전국적으로 진산이 공식화되어 지정되고, 유기적인 간맥(幹脈: 대간·정간·정맥) 체계로 국토 산줄기를 인식하게 되었다. 특히 18세기 후반에 이르러 다종다양하게 분기되어 있는 산줄기를 진산 중심의 유역기반으로 계통화하여 『산경표』로 질서지었던 성과는 산에 대한 장소화의 창발적인 결실이라고 할 만하다.

명산에 대한 사회적 담론이 바뀌면서 인식과 대응 양상도, 그에 따른 경관 구성과 관리도 달라졌다. 사람과 명산이 맺는 장소적 관계가 달라진 것이다.

명산에 대한 논리화와 인간화의 전개는 교차적으로 장소화와 연동하여 지역에서 공간적·영역적으로 주민생활사와 공고하게 결속되었다. 그 과정에서 조선후기에 이르면, 백두대간을 근간으로 하는 국토 산줄기의 위계적 계통과 축선 이해, 진산(鎭山)의 중심성 인식 등의 형태로 지역 명산과 주민공동체 간 공간짜

임의 구축도 이루어졌다.

특히 명산의 논리화·인간화·장소화와 관련해서 진산의 가치와 의미를 논구할 필요가 있다. 진산은 한국 산의 역사문화와 경관생태를 관통하는 개념이자 키워드이다. 진산이 어떤 과정을 거치면서 사회문화적인 성격의 산으로 진화했는지, 읍치와 취락의 공간구성 및 주민생활과 밀접한 관계를 맺는 산으로 탈바꿈했는지, 사람과 어떤 문화생태적 영향을 주고받았는지에 대해 현지조사를 통한 종합적인 고찰이 필요하다.

진산 개념은 중국으로부터 한반도에 수용되어 토착화되면서 패턴과 모습이 달라졌다. 조선시대에는 대부분의 지방 군현에 진산을 배정하여 관리한 한국적 특색을 보인다. 진산은 읍 취락에서 사람과 산의 대립관계를 완충하고 질서 짓는 공간적 중심이었다. 경관생태적으로도 읍치는 진산을 축으로 주위의 사방산과 공간짜임을 하였기에 에너지 보존 및 이용효율을 높일 수 있었다.

이러한 중요성에도 불구하고 진산의 역사문화적 가치는 조명·평가되지 못하고 묻혀 있는 산림유산의 상태로 방치되어 있다. 진산이 지닌 가치를 제대로 발굴 인식하여, 지역의 역사경관과 문화생태자원으로 보전·관리·활용할 수 있도록 학술적 기초를 마련해야 한다.

나아가서 진산에서 주산(主山)으로의 연결고리와 발전양상에 대해서도 주목한다. 조선후기에 진산을 둘러싸고 지역 명산과 주민 간의 공진화 여정에 중요한 전환점이 일어났다. 진산이 주산으로 진화한 것이다. 주산으로 전환하면서 기능과 인식이 달라졌다. 주산으로 되면서 삶터와 실제적으로 연결되었다. 상징적 랜드마크(landmark)인 진산에서 실질적 공간축인 주산으로 바뀌면서, 주민과 진산의 관계가 구체적이고 실제적으로 진화한 것이다.

지역사회에서 주산은 삶터와 긴밀히 접속되었다. 주산의 위치와 규모, 방향과 짜임새에 맞추어 공공건축과 주거공간이 배치, 구성되었다. 공간조직의 편성마저 체계적이고 통합적으로 이루어진 것이다. 주산과 지역주민 사이에 일어난 진화의 여정은 여기에서 그치지 않았다. 주산과 상응하는 경관이미지의 보완이 일어났다. 이렇게 진산이 주산으로 바뀐 결정적인 사회문화적 영향은 다름 아닌 풍수였다.

한국사회에서 풍수는 취락의 지속가능한 산지 환경조건을 보전하고 유지하기 위한 문화생태적 코드이자 관계 조절 방식으로 기능했다. 그것은 산에 둘러싸인 취락의 공간적 입지를 규정했고, 산지지형환경의 수용능력에 맞게 인구 규모도 조절하였으며, 생산·건축활동과 토지이용을 규제하는 환경보전적 역할도 했다. 그래서 풍수는 마을이 지속적으로 유지되기 위한 환경용량의 규준과 환경관리를 이끄는 원리가 되었고, 환경에 대한 주민공동체의 집단의식과 태도를 형성케 하는 강력한 문화 요소였다. 인식틀이 자연(산)과 사람의 관계와 공간구성 체계를 바꾼 것이다. 요컨대 한국에서 풍수는 산과 더불어 진화한 문화역사적 산물이었다.

연구의 비교 시선

명산문화 연구의 모델 설계를 위해서는 개별 명산 간, 유형적 범주 간, 계통 혹은 계열 간 그리고 지역 혹은 국가 간에 명산의 자연환경과 역사문화적인 상호비교의 시선 및 장소성 등의 역사지리적인 비교분석이 필수적으로 수반되어야 한다. 이를 통해 개별·유형·계통·전체 간의 보편과 특수, 통시와 공시, 시간과 공간, 중앙과 지방 등의 상대적 성격을 종합적으로 파악할 수 있다. 또한 한국 명산문화의 전통이 동아시아 명산문화에서 어떻게 변용된 형태이며, 그 자연지형·역사사회적 배경은 무엇인지에 관한 동아시아적 범주의 정체성 도출도 가능하다. 궁극적으로는 한국인이 꽃피운 명산문화의 가치가 동아시아와 세계의 명산문화에 어떻게 인류의 유·무형적 유산으로서 기여하고 시사점을 줄 수 있는지에 대해 문명사적 의의를 제시할 수 있다. 몇 가지 비교연구의 예시를 명산 간, 명산 장소성, 동아시아 명산문화의 순서로 들어보자.

예컨대 지리산과 한라산은 한국을 대표하는 명산으로 개성적인 자연환경과 공통적인 명산문화를 지니고 있는 역사지리적인 비교분석 대상이다. 둘은 이미지상으로 온후한 토산(土山)의 경관 형태라는 유사성이 있고[22] 그에 연유된 여성 산신(지리산의 성모천왕, 한라산의 설문대할망)의 공통점이 있는 반면에, 지형지질 및 생태환경이 다르고 역사적으로 사람들의 주거환경도 달랐다. 이와 같은 방식의 비교문화 연구는 두 명산문화의 상대적·지역적 특색을 선명하게 드러내는 의미가 있다.

여기서 더 나아가 금강산까지 포함하여 삼신산(三神山)이라는 유형적 범주로 세 명산의 속성을 상호비교하여 연구하는 방식으로도 접근할 수 있다. 또 다른 유형적 범주의 비교분석 방안으로는, 남한에서 역사적으로 인정된 명산이자 전통적으로 인문자원이 풍부한 지리산·속리산·소백산을 연구대상으로 삼는 것이다. 이 백두대간의 3대 명산은 국가제사(山川祭), 관찬 및 사찬지리지, 각종 명산기 등에서도 일관되게 명산으로 지정하고 있어 그 대표성을 인정받고 있다. 그러므로 백두대간 3대 명산 연구는 명산인문학 연구로서 우선적인 조사연구 대상이 될 수 있다.

다음으로 명산 장소성의 비교와 관련해서는, 이상향(樂土)·길지·승지·복지·피난보신지·은일지를 고지도·지리지·유산기 등의 고문헌 자료로 조명함으로써 문화역사지리적인 모자이크를 드러낸다. 그리고 각각의 시계열적인 분석을 통해 장소성의 시대적 변화양상을 추적한다. 특히 유산기를 통해 명산에 대한 장소성의 인식과 시대적 변화양상, 명산 됨의 요소와 내용, 인문적 경관독법의 방식을 비교하고, 전체적으로 종합 개관한다. 이를 토대로 명산에 소재한 장소성의 역사지리 정보를 인문콘텐츠화한다.

이어서 조사한 장소성 정보의 역사지리적 비교분석을 계열적으로 전개한다. 지명·인명·주제·장소 등의 항목으로 분류하고 개별 장소성의 다양성과 고유성, 그리고 문화경관의 형성과 변천상을 탐구한다. 그중에 지명 정보는 지명 영역(toponymic territory)의 변화, 지명 분포의 편차, 지명 밀도의 차이 등으로 분석할 수 있다.

연구 예시로서는, 앞서 잠깐 언급했던 지리산의 청학동과 속리산의 우복동을 대표적으로 들어 문화역사적 장소성을 그 자연지형적 배경과 관련하여 고찰할 수 있다.

지리산 청학동과 속리산 우복동이 지니는 장소적 특성은 어떻게 대비될 수 있을까? 공시적으로는 두 이상향 모두 명산에 있다는 공통점이 있다. 서양의 유토피아가 평지에 도시의 형태로 구성되거나 천상(天上)의 이상을 꿈꾸는 것과는 대비된다. 두 이상향의 차이점은 각각 신선경 이상향(청학동)과 생활형 이상향(우복동)이라는 장소정체성을 지녔다는 사실이다.

공시적으로 청학동과 우복동의 서로 다른 장소정체성부터 조명해 보면, 우선 이름이 표징하듯이 장소이미지와 속성이 다르다. 청학동은 푸른 학이 날아 깃든듯 청아하고 신비로운 골짜기이고, 우복동은 소의 배 속 같은 편안하고 넉넉한 골짜기이다. 그래서 청학동이 무릉도원과 같은 승지(勝地)의 '신선경 이상향'이라면, 우복동은 풍요로움이 묻어나는 복지(福地)의 '생활형 이상향'이다. 지형적으로도 차이가 난다. 청학동은 지리산 깊은 산속에 있어 논밭이 협소하고 척박하지만, 우복동은 속리산 바깥 기슭의 분지에 있어 농경지가 넓고 비옥하다. 그래서 두 이상향의 시대적 배경과 사회적 성격도 다르다. 청학동은 고려후기의 개인 은일적인 유토피아 담론이지만, 우복동은 조선후기의 사회

공동체적인 이상향 담론이다.

　그럼에도 불구하고 통시적으로 볼 때, 조선후기에 들어서는 지리산 청학동도 인근에 정착해 주거하는 백성들에 의해 우복동과 마찬가지로 생활형 이상형으로서 풍수도참적 길지 혹은 승지의 장소성으로 변용되는 일반적 변화를 겪게 된다. 지식인엘리트들의 개별적인 동천복지 혹은 낙토라는 '이상적' 이상향에서, 일반 서민들의 집단적인 명당, 길지 혹은 승지라는 '현실적' 이상향의 장소성을 형성했다는 공통된 역사적 경향도 지니는 것이다.

　이러한 청학동과 우복동 이상향의 시대적 장소성 변천은 신문화지리학의 장소화 및 탈장소화의 과정으로도 해석될 수 있다. 첫 번째 장소화의 과정은 지리산 청학동의 경우 고려후기부터 속리산 우복동의 경우 조선중기부터, 지식인엘리트들에 의해 주도되었던 동천복지·구곡 등 이상적 이상향의 표상으로서 장소적 의미의 구성이다. 즉 도가나 신선사상, 주자학 등을 토대로 고려후기 이후 조선중후기 지식인들이 추구했던 정신세계와 자연관이 투영된 장소로서 의미가 구성된 것이다. 그러다가 조선후기(19세기)를 거치며 기존에 지식인들이 추구했던 개인 은일적인 동천복지·구곡으로서의 장소성은 청학동이나 우복동 모두 일반 백성들의 집단공동체적인 풍수 길지 혹은 승지로서 탈장소화된다. 이는 의미 구성의 주체와 문화적 코드가 바뀌면서 기존의 장소 텍스트와 관련된 의미가 풍수적 길지나 명당, 승지 등 '현실적 이상향'의 표상으로서 새롭게 의미가 구성되었음

을 뜻하는 것이다.[23]

이상과 같이 주요 명산의 문화역사적 장소성을 고찰하고 해석하는 작업은 백두대간 명산문화의 연구모델을 수립하는 기초연구로서 의미를 지닌다.

끝으로 큰 스케일로는 동아시아 범주의 국가 간 명산문화 비교분석도 예시할 수 있다. 그중에서 한·일 명산문화를 비교연구할 수 있는 구성체계를 '명산의 철학사상·상징주의(symbolism)·정치지리'의 범주로 제시하여 서술하면 다음과 같다.

명산의 철학사상에서는, 명산에 대한 논리화의 전략으로서 도교·불교·유교의 명산 인식과 태도를 교차적으로 비교하고 사상적 궤적을 탐구한다. 여기에서 일본 도겐(道元, 1200~1253)의 산수성불설(山水成佛說)과 이에 대비되는 한국 도선(道詵, 827~898)의 산천비보설(山川裨補說)은 중점적인 논의대상이 된다.

명산의 상징주의에서는, 명산에 대한 인간화의 전략으로서 영산(靈山) 및 산신 개념의 변주에 유의해 명산과 사람의 변증과 진화의 문화상징적 기능 및 효과를 탐구한다. 여기에서 한국의 의인화된 산신 관념의 동아시아적 특징을 구명하고 일본·류큐(琉球)와 대비한다.

명산의 정치지리에서는, 역사적인 명산 지정에 대해 정치주체와 사회집단의 이해 측면에서 접근한다. 여기에서 한·일 간의 시대적 명산의 분포 및 명산 인식에 대한 사회계층적 전개양상과 그 정치공간적 속성을 조명할 수 있다.

그 밖에도 한·일의 명산문화를 비교할 수 있는 주제 요소를 예시하면, 조선의 산악신앙(산천제 등)과 일본의 영산신앙(靈山信仰), 조선 유학자의 유산행(遊山行)과 일본의 슈겐도(修驗道) 등을 꼽을 수 있다.

연구의 방법론

연구 구성 체계와 주제 요소를 토대로 수립될 연구 방법은, 각 주제의 대상과 영역에 맞추어 다각적인 접근과 태도, 학제적인 관점과 체재를 견지할 필요가 있다. 구체적으로는 역사지리학의 시간단면적 접근법의 활용, 정치지리·사회문화적 조명, 비교문화적 시선과 방법으로 명산문화의 특징 도출, 동아시아적 보편성과 특수성, 그리고 한국의 지역적 변용에 주목하는 것이다. 순서대로 연구 예시와 함께 검토하기로 하자.

첫째, 명산문화의 시계열적 연구를 위해서는 역사지리학의 시간단면적 접근법의 충분한 활용이 필요하다. 구체적인 방법으로서, 신라~조선을 대표하는 관찬지리지인 『삼국사기』 지리지·『고려사』 지리지·『세종실록』 지리지·『신증동국여지승람』·『여지도서』 등에 드러나는 명산 정보의 체계화 및 변화 과정, 그리고 『해동지도』·『1872년 지방지도』 등 고지도에서 재현되는 명산 이미지의 발전적 전개양상을 검토·분석한다. 아울러 민간차원에서 조선후기 실학지식인들이 편찬한 명산 관련 기록문헌인 『동국산수록』·「산수고」·『동국명산기』 등에 대해서도 명산 경관, 명산 정보, 명산 요소 등의 카테고리로 데이터베이스를 구축하여 그 내용을 면밀히 고찰할 수 있다.

특히 유산기는 해당 명산의 자연·생태·지리·생활사·취락·민속·종교·민간신앙 등의 정보가 생생하게 수록되어 문헌적 가치가 크다.[24] 이는 15세기부터 20세기 중반까지 근세와 근대의 명산 상황을 구체적으로 묘사하고 있어, 당시의 식생과 교통로, 촌락경관 등의 역사지리 정보를 복원하는 데 귀중한 자료이기도 하다. 유산기는 자료 특성상 몇몇 특정 유산로를 중심으로 기행문 형태의 역사지리적 정보가 누적되어 반영되어 있다. 그래서 시간의 흐름에 따라 몇몇 시점의 단면을 설정함으로써 지리적 변화를 시간적·계기적 관계로 서술하는 방식의 시간단면적 접근법이 가능하다.

한국의 명산문화 연구는 유산기에 나타나는 생활사 자료가치에도 주목하여 역사지리적인 재구성을 시도할 수 있다. 특히 지리산 유산기에는 주민생활사 관련 내용이 풍부하게 수록되어 있어 여타 유산기에서는 찾아보기 어려운 특징을 이룬다. 지리산 유산기에서 추출할 수 있는 주민생활사 자료는 환경과 생태, 취락과 주거, 토지 이용과 농경, 생업과 산물, 시장과 유통, 신앙 풍속 등으로 분류하여 고찰할 수 있다.

유산기를 명산문화 연구의 1차 자료로 활용할 때 유의해야할 몇 가지 한계도 지적할 필요가 있다. 자료 생산자의 계층적인 측면으로, 유산기의 필자가 거의 조선시대 지식인(유학자)이라는 속성이 있다. 따라서 조선 유교지식인의 시선에 비친 명산문화의 투영이라는 점이다. 그리고 자료 범위의 공간적인 측면으로, 유산로는 일부 코스로 한정되어 반복되고 있기 때문에 그 경로에 대한 서술이 위주를 이룬다는 한계가 있다. 다만 같은 유산로 코스를 시간차를 두고 단면적인 섹션으로 볼 수 있다는 점은 변화양상을 파악할 수 있는 방법론적 장점이 될 수 있다.

그럼에도 불구하고 유산기는 근세 및 근대 명산의 경관상과 주민생활사를 담고 있는 가장 풍부하고 광범위한 문화역사적 자료원이라는 데는 이견이 없다. 따라서 유산기에 등장하는 단편적 정보 조각을 1차적인 자료로 활용해, 명산문화 요소의 모자이크를 역사지리적으로 재구성하여 현대적으로 종합 해석할 수 있다. 유산기에 수록된 명산문화와 생활사적인 자료 가치를 주목하여 활용하는 본격적인 고찰이 요청된다.

이상과 같은 한국의 명산에 대한 지리지·고지도·유산기류의 문헌연구 결과는 이미지를 통해서도 완성될 수 있다. 역사지리정보시스템(HGIS)으로 명산의 위치와 분포를 시대적으로 표현하여 시공간적·지역적 특성을 공간화(지도화)할 뿐만 아니라, 고지도와 사진 이미지도 제시하여 시각적 이해의 효과를 높인다.

둘째, 명산의 지정 및 속성, 명산문화의 전개양상에 대한 정치지리적·사회문화적인 조명이 요청된다. 일반적으로 권력집단은 장소입지와 경관구성을 통해 정체성과 권위를 강화하는 정치전략을 세운다. 역사·지리적으로 전개된 명산의 지정도 정치사회적 요인이 국토 공간에 작용한 결과물이다. 명산 지정을 둘러싼 정치적 권력 의도와 집단적 역학관계가 반영되어 있는 것이다.

각 왕조별로 시대마다 최고의 명산이 다른 것[신라의 삼산(三山), 고려의 송악산, 조선의 삼각산]도 국도를 중심으로 하는 공간 중심지적 속성을 드러낸다. 시대와 왕조의 정치적 변천에 따라 명산 지정과 함께 명산에 대한 제의의 위계도 달라지는 정치적 과정을 거치게 된다. 그래서 한국의 명산 지정은 시대에 따라 지리적 분포양상이 달랐으니, 그것은 명산 공간에 중심지적 속성과 사회문화적 영역성이 반영된 때문이었다. 예컨대 백두산은 15세기 이후 조선의 영토로 편입되면서 비로소 국토의 머리라는 상징성이 부각된 산이다. 조선후기에 신경준이 나라의 열두 명산 중에서 북한산을 가장 으뜸으로 둔 것은 수도 한양의 진산이라는 정치지리적 배경이 작용한 결과이다.

주요 명산에 대한 지리정보의 구축 역시 사회정치적 속성을 지닌다. 조선후기의 『산경표』와 같이 백두산을 시조로 삼아 산을 족보식으로 관계 짓고, 산줄기의 체계를 가름하여 대종(大宗)과 지맥(支脈)을 나누는 방식은, 조선후기의 가부장적이고 위계적인 사회질서와 종족의식의 강화라는 사회이념이 산지체계에 투영되어 재구성된 것이다.

명산 연구에 접근할 때에는 사회적으로 명산문화의 형성을 주도한 문화지배계층 또는 사회집단에 관해 관심을 기울이는 것도 요구된다. 사회집단이 어떻게 문화경관을 만들었고, 그들의 문화정체성을 어떻게 강화했는지에 대한 추적은 주요한 사회정치적 접근방법이 된다. 예컨대 조선의 사대부들은 주거지뿐만 아니라 서원 등의 유교적 문화경관을 명산 권역에 설치함으로써 실질적으로 공간과 장소의 상징성을 점유했다. 그러면서 명산과 명유(名儒)의 장소이미지도 결합시켰다. 유산기·명산기 등 명산에 대한 지식을 체계화하는 것은 문화집단이 그들의 정치지리적 정체성을 명산경관을 통해 확보하고 강화한 방식으로 해석할 수 있다.

명산과 명산문화의 특징은 비교문화적으로 드러날 수 있으며, 그 시선은 지역적 정체와 차이를 효과적으로 도출할 수 있는 방법이다. 이를 통해서 각 개별 명산이 서로 어떤 특색을 지니고 있으며, 전체적으로는 어떤 모자이크를 이루고 있는지 비교연구할 수 있다. 더 나아가 개별 명산의 범주에서 확장하여 복수의 비교와 상호 특징의 논의도 요청된다. 이를 위해 명산에 대한 계통적이거나 유형적인 이해방식도 필요하다. 백두대간처럼 산줄기 체계로 인식하는 방식이 계통적 코드라면, 지리산·한라산·금강산을 삼신산이라는 범주에서 인식하는 방식은 유형적 코드이다.

연구의 예시로, 앞서 잠깐 언급했지만 지리산과 한라산을 대상으로 비교문화적 고찰의 가능성을 보다 상세히 도출해보자. 두 산은 지리적으로 거리가 멀고, 지질지형적인 형성 원인도 현격히 다름에도 불구하고, 문화역사적으로는 공통으로 논의할 수 있는 주제들이 여럿 있다. 역사적으로 국가적인 명산으로서 산천제의 대상이었고 고을의 진산이었다. 두 산은 삼신산인 방장(方丈)과 영주(瀛州)로 여겼으니, 신산(神山) 혹은 선산(仙山) 코드라고 할 만하다. 설화적으로도 두 산은 모계신화적 DNA를 공유하는 여산신의 구비전승이 공통적으로 전해진다. 지리산과 한라산은 생활터전의 산이라는 코드로 자연스럽게 연결된다. 산지주거와 산촌개발의 생활사는 두 산의 문화역사적 정체성에서 빼놓을 수 없는 핵심 요소이기도 하다. 조선시대 지리산권역에 10여 개, 한라산지에 3개의 읍 취락이 분포하고 있었으며, 지리산지에는 벼농사, 한라산지에는 밭농사를 하는 집촌(集村)이 형성 발달하였다. 생활터전의 산이라는 정체성에서 더 나아가 지리산과 한라산은 변혁의 산이라는 역사적 성격을 지녔다. 현대사 무대에서도 두 산은 남다른 아픈 기억을 가지고 있다. 그 밖에도 지리산과 한라산에 대한 비교문화적 조명은 여러 흥미로운 관심을 유발시킨다. 유토피아 관념도 그중 하나일 것이다. 지리산지의 청학동으로 대표되는 산의 유토피아와, 제주도의 이어도로 나타나는 섬의 유토피아는 한국 유토피아의 전형적 두 유형을 극명하게 드러낸다. 또한 각각 현대사에서 여순사건과 4·3사건, 관광레저에서 둘레길과 올레길 등도 중요한 비교대상 주제가 된다.

 셋째, 명산문화의 동아시아적 보편성과 한국적 특수성, 그 지역적 변용과 특색에 주목한다. 한국의 명산문화는 동아시아의 보편과 특수의 맥락에 있다. 산이름을 비롯하여 명산경관의 문화콘텐츠 요소들에서 그 양상이 잘 드러난다. 한국의 오대산 명칭이 중국의 오대산에서 비롯된 것이라든지, 중국 태산이 한국의 명산문화에 미친 영향, 『산해경(山海經)』의 지리관과 세계관이 조선의 「천하도(天下圖)」에 투영되어 있는 사실, 중국 오악의 정치지리 관념의 영향을 받아 신라와 조선에서도 명산에 오악을 지정하고 제의한 것, 삼신산 관념이나 산신신앙과 같은 유형 등 수없이 많은 사례가 있다.

그런데 동아시아의 명산문화는 일방적으로 전파되기보다는 역사적 교류과정에서 각국의 문화주체와 문화코드에 따라 선택적으로 수용·변용되는 것이 일반적인 경향이었다. 중국의 오대산신앙, 서왕모신앙(西王母信仰) 등이 한국에서 특색 있게 변용된 것은 그 예증이라고 하겠다. 한국에서 태산문화도 공자와 연관된 장소기억과 상징경관 형태로 재현되었다. 유학자들은 주거공간에 태산이라는 지명을 부여하고, 공자와 관련시켜 유교적 장소이미지를 구축·강화하는 모습이 나타났다. 태산은 불교문화와 결합하여 태산대왕의 모습으로 변용되었고, 신격화된 태산은 무속과 민간신앙에서 기원의 대상이 되기도 하였다. 따라서 명산문화의 한국적 변주 양상을 추적하는 시선은 문화정체성의 방면에서도 중요한 연구관점이 된다.

명산문화 콘텐츠를 보더라도, 지리산·소백산 등 한국의 명산 곳곳에 자리잡은 동천과 구곡 경관은 도교의 동천복지(洞天福地) 관념과 주자(1130~1200)의 무이구곡(武夷九曲)을 모델로 하였지만, 한국적 산지 지형조건에 맞추어 개성있는 경관으로 연출되었다.²⁵ 산사(山寺)도 예외가 아니다. 속리산 법주사 등은 산지 지형에 자리잡은 사찰로서 중국과는 다른 특색을 지녀 유네스코 세계유산 가치의 하나로 평가되었다. 명산 요소요소에 투영되어 있는 문화공간의 명칭·각자·시문 등을 보면, 동아시아의 유교와 불교 전통의 보편성을 바탕으로 하면서도 지리·사회적 환경 속에서 각 문화집단과 사회계층이 지향했던 특수성이 드러난다. 이러한 일반성 속에서 각각의 개성적인 성향을 밝히면 다채로운 한국 명산문화의 스펙트럼을 밝힐 수 있을 것이다.

제1부

지리적·공간적 프레임

1. 명산문화의 지리적 배경과 공간적 전개

한국은 산이 국토의 대부분을 차지하기에 우리의 의식영역과 일상생활, 사회문화에서 산의 비중과 영향이 깊고도 크다. 수려한 명산을 생활권 안에 두고 살아온 겨레는 역사적, 지역적으로 독특한 명산문화를 형성하였다. 산악숭배와 명산대천에 대한 제의, 도읍 및 주거지의 입지, 사상과 문학, 예술 등 제반 문화적 영역에서 명산의 그림자는 깊숙하게 드리워져 있다. 사상적 측면에서 보아도 한국의 명산문화는 전래의 자연신앙, 고신교(古神敎)[1] 및 신선사상, 도교, 불교, 유교, 풍수 등 제반 사상을 모두 포함하고 있다.

한국 명산문화의 개념과 정체성 탐구를 위해 몇 가지 물음으로 글을 시작하려 한다. 한국 명산문화의 기원은 무엇이고, 어떤 배경에서 어떻게 형성되어 왔는가? 명산문화의 역사적 전개과정은 어떠했으며, 명산에 대한 사람들의 문화적 인식과 태도는 시대적으로 어떤 특성이 있는가? 한국의 명산문화 전개과정에서 조선시대의 유교문화는 어떤 영향을 주었고 그 의미는 무엇인가?

명산과 명산문화의 개념 정의

아직 학계에서 표준이 되는 명산 및 명산문화의 개념이나, 명산문화에 대한 본격적인 연구와 논의가 충분치 않아 용어에 대한 정의부터 선행할 필요가 있다. 산이라는 말이 자연적 개념이라면, 상대적으로 명산이라는 말에는 이름난(名)이라는 인문적 관념과 자연적 산이라는 개념이 복합되어 있다. 그렇다면 '이름난 산(명산)'에 대한 이해를 위해서는 문화적 계층이 왜 그 산을 이름난 산으로 인식하고 지정했는지에 대한, 사람들 즉 사회집단의 가치관과 세계관 그리고 지역성의 이해가 선행되어야 한다. 그래서 명산에 대한 관념은 사회문화적 계층과 정치집단의 이념과 사상, 그리고 시대와 지역에 따라서도 달라질 것이다.

역사적으로 명산의 지정에는 두 가지 차원이 드러난다. 그 하나는 지정 주체로서, 국가(官)의 공식적이거나 민간(民)의 비공식적인 차원이다. 다른 하나는 지정 속성으로서, 정치지리적이거나 인문지리적인 차원이다(표1). 신라에서 조선으로 이어진 국가의 명산 지정 및 속성은 산악의례 및 지정학적 특징이 뚜렷하고, 조선후기 유교지식인들의 명산 지정 및 속성은 인문사상 및 명승지로서의 명산인식이 잘 반영돼 있다. 명산 지정에 대한 공식적인 자료는 역사서나 관찬지리지에 나타나고, 비공식적인 자료는 민간에서 편찬한 산수록(山水錄)과 명산기(名山記) 등에서 나타난다. 표2는 관찬지리지와 사찬지리지(명산기)에 등재된 전국의 주요 명산을 지역별로 제시한 것이다.

표1 명산 지정의 역사적 두 양태

주체	국가(官)	민간(民)
속성	공식적	비공식적
	정치지리적	인문지리적
자료	역사서·관찬지리지	산수록·명산기

표2 지리지(관찬, 사찬)에 기록된 전국의 주요 명산

지역	『고려사』지리지 (고려시대)	『세종실록』지리지 (조선초기)	『동국명산기』 (조선후기)
서울 경기	감악, 삼각산, 마리산, 전등산, 관악산, 용문산, 화악산, 청평산	삼각산, 화악, 겸악, 용호산, 마리산	삼각산, 인왕산, 도봉산, 수락산, 백운산, 미지산, 소요산, 보개산
강원	금강산, 보개산, 태백산	금강산, 치악, 거슬갑산, 의관령, 오대산, 팔봉산	금강산, 오대산, 설악산, 화음산, 청평산
충청	월악(월형산), 태령산, 원수산, 계룡산, 계족산, 가야산, 도고산	죽령, 계룡산, 월악, 가야산, 도고산	대야산, 속리산, 월악산, 계룡산, 변산
경상	금오산, 가야산, 소백산	태백산, 지리산, 사불산, 가야산, 주흘산	가야산, 청량산, 도산, 소백산, 사불산, 옥산, 빙산, 태백산, 금산, 내연산
전라	지리산, 마이산, 변산, 상산, 금성산, 천관산, 월출산(월내악·월생산), 무등산(무진악·서석산)	지리산, 월출산, 무등산, 금성산, 천관산, 상산, 변산, 마이산	금골산, 덕유산, 서석산, 월출산, 천관산, 달마산, 지리산
제주	한라산		한라산
황해	송악, 용수산, 진봉산, 구룡산(성거산), 백마산, 오관산, 수양산, 구월산(아사달산)	성거산, 오관산, 우이산, 구월산	성거산, 총수산, 구월산
평안	대성산(구룡산, 노양산), 묘향산(태백산)	금수산, 대성산, 목방산, 묘향산, 천마산, 천성산, 향적산	천마산, 묘향산, 금수산, 천성산
함경	비백산	비백산, 백산, 오압산	백두산, 칠보산

문헌에 기입된 소재지 기준으로 현재의 행정구역에 분류

역사에 나타난 명산의 용례 가운데 하나로 진산(鎭山)이라는 개념이 있다. 중국 문헌에 나타나는 '진(鎭)'의 사전적 의미는 『상서(尙書)』·『주례(周禮)』 등에서 찾을 수 있다.² 이를 통해 보면 '진산은 말 그대로 수도와 지방의 취락을 지키고 보호하는 주요한 산(主山) 혹은 명산으로, 지덕을 안정시켜 한 지역을 수호하는 이름난 큰 산'이라는 의미가 있다.

조선초의 『태종실록』에는 "나라의 진산으로부터 군현의 명산대천에 이르기까지 … "³라고 하여 진산과 명산의 위계를 구분하였다. 나라의 중요한 산은 진산이라고 하고 군현의 주요 산은 명산이라고도 했다. 그러나 조선중후기에 와서 진산을 '수도와 지방 도읍을 지키는 명산'으로 일반적으로 인식하여, 국도 및 지방 군현마다 진산을 각각 하나씩 지정한 바 있다. 이렇듯 진산은 중국과 한국에서 도읍의 입지와 관련해 지정했던 명산의 한 역사적 형태였다.

한편으로 명산문화는 명산이라는 말과 또 다른 의미를 갖는다. 명산이 문화집단의 가치관이 반영된 경관적 대상으로서의 산 자체를 의미하는 개념이라면, 명산문화는 명산과 문화집단이 맺은 상호관계의 산물로서 범주가 더 포괄적인 개념이다. 명산문화라는 말 속에는 명산과 관련된 자연지리적 산악지형 및 경관, 산지생태는 물론이고 인간의 역사·정치·사회·경제·생활양식·예술·문학·종교·철학사상 등의 개념이 모두 포함되어 있다. 요컨대 명산문화는 '역사·지리적으로 전개된 명산과 사람 간의 사회문화적인 관계의 궤적'이라고 정의할 수 있다.

명산문화를 명산과 관계된 각종 문화적 요소의 총체로 보고, 그 요소를 무·유형, 인식 및 태도, 기원 및 발생이라는 세 가지 기준으로 분류해보면 다음과 같다.

첫째, 명산문화를 구성하는 무·유형적 요소이다. 무형적 문화요소로는 명산과 관련하여 빚어진 사상, 명산대천의 자연미학, 민속놀이와 축제, 제의 및 민간신앙, 명산 권역에서 생겨난 문학류(시가, 소설, 설화 및 전설, 민담) 등을 들 수 있다. 그리고 유형적 문화 요소는 명산의 권역에서 벌어지는 각종 생활사와 관련된 취락경관, 가옥, 생활민속 및 주거문화 경관, 민간신앙 시설 및 사찰 등 종교시설, 서원·누정 등의 유교적 문화경관, 역사적 유물 및 장소 경관, 명산이 지니는 전략적 중요성으로 말미암아 각 요충지에 포진하고 있는 산성·봉수 등과 같은 군사시설 및 역(驛)·원(院) 등 교통로와 관련된 시설 등을 꼽을 수 있다.

둘째, 명산문화를 형성한 인식 및 태도의 요소이다. 고대적 산악문화로서의 선도(仙道)와 산악신앙으로서 명산에 대한 국가적 제사가 지적될 수 있으며, 신라 중대 이후 고려시대를 걸쳐 명산의 도처에 입지하여 산문(山門) 혹은 명산대찰로 대변되었던 사찰의 입지처와 관련된 불교적 명산 관념, 고려시대에서 조선시대에 걸쳐 한국의 명산문화에 강력한 영향을 미친 풍수적 명산길지 관념 및 도참사상, 조선 유교지식인의 수양 및 치덕(治德)의 장소로서의 명산 관념 등이 형성 요소가 되었다.

셋째, 명산문화의 요소를 기원 및 발생의 측면으로 검토하면, 내적 요소와 외적 요소로 나뉜다. 산악신앙, 선도 및 고신교(古神

敎)는 고래(古來)로부터 자생적으로 발생한 내적인 요소로서, 중국의 도교 및 신선사상의 영향을 받으면서 외래적 요소와 복합되는 과정을 거친다. 상대적으로 불교·풍수(도참)·유교적 요소는 중국에서 들어와 한국의 환경과 조건에 적응하여 토착화된 것으로서, 그 기원 및 발생적 속성이 외적인 요소이다.

명산문화 형성의 지리적 배경

명산문화의 기원 및 형성 과정은, 자연지리적인 지형·지질·기후 등의 조건이 빚어내는 경관미학에 인문지리적인 역사·문화·사회·정치·사상 등의 제반 조건이 복합적으로 맞물려 배경을 이룬다.

자연지리적인 명산 조건으로서, 백두산에서 지리산까지의 백두대간에 주요 명산의 다수가 분포하고 있는 것은 한반도의 지형·지질적인 속성이 반영된 것이다. 이중환(1690~1752)은 『동국산수록』에서, 금강산부터 설악산·오대산·태백산·소백산·속리산·덕유산·지리산까지를 등줄기(嶺脊) 명산이라고 했으니,[4] 백두대간의 주요 명산을 지칭한 것이었다. 경관미학적으로도 금강산·설악산·속리산·가야산·월출산 등은 화강암 산지가 드러내는 석산(石山) 경관의 빼어남으로 말미암은 명산이고, 상대적으로 오대산·태백산·소백산·지리산 등은 편마암 산지가 드러내는 토산(土山) 경관의 장중함으로 말미암은 명산이다. 그리고 한라산은 현무암 및 화산회토(火山灰土)로 이루어진 수많은 오름이라는 독특한 기생화산이 산 주변을 둘러 지형 경관을 드러내는 명산이기도 하다. 일반적으로 석산과 토산은 산체를 이루는 기반암의 풍화 조건의 차이에 의해서 이루어진다. 기반암은 기후 조건과 함께 암석의 풍화, 토양, 지형환경을 결정하는 주요 요인으로 작용한다.[5] 설악산, 속리산, 덕유산 등의 석산은 풍화에 강한 화강암 산지로서 빼어난 암석 경관을 드러내며 심층풍화(deep weathering)로 인해 우복동(속리산), 원학동(덕유산) 등 크고 깊은 골짜기(洞天)가 형성된다. 상대적으로 오대산, 소백산, 지리산 등의 토산은 풍화가 빨리되는 편마암 산지로서 전 사면이 흙으로 덮여 생태적으로 다양하고 안정적인 환경을 이루며 표층풍화(superficial weathering)로 인해 화개동(지리산) 등 비교적 작은 골짜기가 형성된다.[6] 한국의 화강암 산지가 갖춘 지형경관적 면모를 인문미학적 성격과 연관시켜서 설명하는 지형학자의 시선은 다음과 같다.

화강암 산지 정상부는 돔(dome)을 이루거나 뾰족한 암봉을 이루는 경우가 많으며, 이에 연하여 대체로 수직암벽이나 급사면이 나타난다. 그리고 산지 정상부나 능선부, 산복부 등에는 화강암의 수직·수평 절리 체계를 반영하여 토르(tor)가 존재하기도 하며, 급사면을 따라서는 거력들이나 암설들이 이동하는 과정에 놓여있기도 한다. 따라서 산지의 전반적인 경관은 석산을 이루며, 식생도 소나무와 같은 침엽수종이 흙이 존재하는 곳에만 드문드문 피복되어 있다. 계곡부에는 측방사면으로부터 이동되어 온 거력이나 암설들이 존재하는 경우가 많으며, 계곡은 대체로 암반 하상을 이룬다. 암반 하상에는 판상절리를 반영하는 너럭바위가 노출되기도 하며, 물이 흐르는 하상에는 여울, 소, 돌개구멍(pothole) 등이 나타난다. 또한, 수평절리와 수직절리가 어우러져서 단(段)을 이루는 경우에는 낙차가 작은 폭포를 이루거나 와류를 일으키기도 한다. 이와 같이 다양한 지형요소들이 결합된 화강암 산지와 계곡 경관은 동천구곡이 자리 잡기에 안성맞춤이다. 이와 더불어 화강암의 밝고 깨끗한 이미지, 주변 산지식생의 검푸른 녹음과의 대조, 바닥까지 뚜렷하게 보이는 맑은 물, 수면 위에 거울처럼 비치는 자신과 주변 경치, 굽이치거나 떨어지는 물소리, 그리고 보름달과 어우러진 화강암 계곡 경관 등은 선인들의 천인합일(天人合一)을 위한 수기(修己)의 장소로서 손색이 없다. 화강암 산지 내에 분포하는 동천구곡은 너럭바위, 거력, 토르, 암벽면, 폭포, 여울, 소, 돌개구멍, 절리 틈새에 자라는 소나무 등의 주요 경관 요소들이 어우러져서 하나의 세트를 이룬다.[7]

인문지리적인 명산 조건도 있었다. 명인(名人)으로 인해 명산이 되고, 명산의 가치가 더욱 빛나는 경우가 그렇다. 청량산은 산의 높이나 규모, 지정학적인 위치 등이 그리 돋보이는 산이 아니었지만 조선중후기에 이황(李滉, 1501~1570)이라는 인물로 인해 명산 중의 명산으로 격상하였다. 그리고 월악산은 교통지리적 조건이 주요한 명산 요인으로 작용한 경우이기도 하다. 고대에서부터 고려와 조선초에 이르기까지 지정학적인 요충지이자 한반도의 중부와 영남을 이어주는 간선 교통로의 길목이자 요지였기 때문이었다. 백두산은 역사적으로 정치지리적인 맥락이 명산문화사 형성의 주요한 배경을 이루었다. 한편으로 명산문화는 명산에 살았던 사람들의 삶과 생활의 문화적인 궤적이기에 생활사로서의 속성도 지닌다. 한국의 명산 중에 주민생활사의 성격이 가장 뚜렷하고 탁월하게 드러나는 산은 지리산이다. 지리산지의 기후·지형·토질·생태 조건은, 주민들이 산지환경에 적응하는 형태로서의 주거와 토지이용, 농경과 임산물 채취 등의 생업과 관련한 생활사의 기반을 이루는 1차적인 배경이 되었다.

그 밖에도 명산문화의 형성 배경에서 작용했던 중요한 인문지리적 요소로서 정치사상·사회문화적 측면을 살펴보면, 삼국 및 통일신라 시대에는 국가의 운명을 명산에 의뢰하여 결부 지은 산악숭배신앙이 있었다. 고려시대에는 국가이념으로서의 불교적 명산문화와 명산의 사찰입지, 그리고 도교사상과 아울러 산천 지세의 선악 및 지덕의 성쇠가 국가의 운명에 큰 영향을 미친다고 여긴 풍수지리사상을 들 수 있다. 조선시대에는 유교의 인본적 자연관 및 자연인식과 이에 결부된 유교적 인간관 및 인문사상이 명산문화 형성에 철학적 바탕이 되었다. 조선시대의 유학자들은 기존의 신앙적이고 풍수적인 명산문화를 인본적이고 인문적인 코드로 일신(一新)시켰다.

명산 인식과 경관의 사상적 전개

한국의 명산문화는, 한국인이 한국의 도처에 산재한 명산과 관계하여 형성한 상호관계의 총합체로서 그 역사적 범위와 지리적 영역은 거대하다. 그중에서도 역사시대를 통시적 범위로 한정하여 집약해 살펴보면, 명산문화의 역사적 전개에는 몇 가지의 중요한 유형이 시기적으로 자리 잡고 변동하거나 쇄신되는 과정을 거쳤다. 그 하나는 고대적 산악숭배 관념에 기초한 '신앙적 명산문화'이고, 또 하나는 중세적 풍수사상과 도읍의 지덕(地德) 진호(鎭護) 관념에 기초한 '지리적 명산문화'이며, 나머지 하나는 근세적인 유교사상의 영향과 조선시대 유학자들로 인해 전개된 '인문적 명산문화'라고 요약할 수 있다.

시대적으로 서로 다른 문화적 인식은 명산에 대한 개성적인 사상과 관념, 인식과 태도를 차별적으로 형성하였다. 고대에는 천신의 강림처·거주처로서의 신산(神山) 혹은 천산(天山)적인 명산 관념이 지배하였다. 『삼국유사』에 고조선의 단군은 아사달의 산신이 되었고…신라의 탈해왕도 동악신(東岳神)이 되었다[8]고 하여 신산 관념을 엿볼 수 있다. 또 신라시대에 널리 행해진 명산대천에 제사지내고 숭배하는 태도에 있어서도 천산 관념이 잘 드러난다. 중세(고려시대)에는 수도와 지방 군현에서 풍수적 지세와 지덕이 뛰어나거나, 전략적이거나 지정학적인 요처, 산악경관이 외형적으로 빼어난 산을 진산으로 지정한 진산적인 명산 관념이 전개된다. 그리고 근세(조선시대)에 와서 유교사상의 영향으로 명산과 사람의 관계가 인본주의적으로 전환하면서 인성(人性)의 수양처로서, 명산에 비춘 자기성찰적(修己)인 인식과 인문적 태도를 형성하였다. 다시 근현대에 와서는 서구적인 알피니즘으로서의 명산 등반, 환경생태적인 명산 가치의 중요성, 국립공원 제도의 도입을 통한 명산의 보전과 관리, 일반대중의 투어리즘(tourism) 및 힐링 장소로서의 명산 인식 등이 자리 잡게 된다.

명산문화는 경관의 형태로 가시적으로 드러난다. 명산경관이란 명산과 사람 간의 상호관계적인 집적체(集積體)로서, 문화주체의 세계관과 실천이념이 장소를 통해서 구현된 것이라고 할 수 있다.[9] 고대부터 명산대천에 대한 국가적인 제사 유적, 신라 이래로 명산 요소요소에 들어선 불교사원[10] 및 화랑도 유적지, 고려시대 이래로 주요 명산을 진산으로 삼고 입지한 도읍 및 주거지, 조선시대 이래로 유학자들이 명산에 건립한 누각과 정자, 별서(別墅) 등은 명산문화가 반영된 문화지리적인 경관이다. 특히 조선시대를 주도했던 유교적 명산경관은, 명산 그 자체의 자연적 가치보다는 사람(名人)에 의해 완성되는 상대로서 인본적이고 인문적인 인식과 태도로 전환하여 드러났다. 명산은 현인(賢人)으로 인해 이름이 일컬어지고, 명산경관은 사람을 통해 빼어나게 된다는 것이다. 이른바 명인(名人)과 명산(名山)의 만남으로, 명산의 빼어남을 드러내고 아름다움을 완성하는 이는 명인이라는 것이다.[11] 이상을 다시 신앙사상적으로 조명해보자.

고신교 혹은 선도의 명산 수련과 산악신앙에 기반한 명산 제의는, 한국에서 본래 명산의 가치를 존숭하는 데서 비롯하였다.

선도의 궁극적 인간형인 선인(仙人)은 명산에서의 수련을 통해서 주체적 자아가 완성된 자였다. 지리산의 영랑(永郞)·옥보고(玉寶高) 등이 그랬지만 한반도의 주요 명산은 선도파(仙道派)들의 주 무대가 되었고 이러한 문화적 역량의 집적은 『해동전도록(海東傳道錄)』(1610)이나 『청학집(靑鶴集)』(16~17세기경)과 같은 선도의 전맥서(傳脈書) 저술 등으로 나타났다. 명산 수련의 선도가 특정 사회집단의 산악문화라면, 명산 제의는 국가정치세력이 주관하는 산악신앙으로서, 국가의 운명이 산천의 힘에 의하여 영향을 받는다는 산천숭배신앙에서 발로되었다.

불교가 중국을 거쳐 한국에 수용되면서 토착화되자 중국에서 그랬듯이 명산을 선택하여 사찰이 입지하기에 이르며, 특히 7세기 후반 이후로 영토의 지정학적 요충지나 불보살의 거주처나 불보살이 나타난 불적지(佛跡地) 등은 불교 명산의 장소적 속성이 되었다. 역사적 사실로도 지정학적인 요처에 입지한 의상(義湘)의 화엄 10찰(華嚴十刹)이라든지, 보살의 상주처(보살주처신앙)로 입지한 자장(慈藏)의 명산 사찰 등이 있었다.[12] 불모산(佛母山), 불정산(佛頂山), 반야산(般若山), 금강산(金剛山), 영축산(靈鷲山), 영산(靈山) 등 수많은 불산(佛山) 계열의 산들이 있어 불교적 명산문화의 존재를 일러준다. 이중환(1690~1752)이 『동국산수록』에서 "옛말에 천하의 명산을 승려들이 많이 차지하였다고 하는데, 열두 명산을 모두 절이 차지하였다"[13]고 한 표현은 한국의 불교문화와 명산의 밀접한 관계를 여실히 말해주고 있는 대목이다.

풍수도 한국의 명산문화 형성에 크게 한몫을 하였다. 수도나 지방 읍에 있어서 풍수적 명산 혹은 진산은 행정 중심지의 주요한 입지적 경관 요소가 되었고, 고려 조정은 대부분의 명산에 비보사찰을 설치하여 국토의 풍수적 산천순역(山川順逆)의 질서를 조정하고 관리하였다. 풍수는 조선후기에 유교와 결합하여 민간의 명산문화 관념에도 큰 영향을 끼쳤다. 속담에 "명산 잡아 쓰지 말고 배은망덕하지 마라"는 말이 있는데, 여기서 명산은 풍수적 명산길지 혹은 명당과 동일한 뜻으로, 명당자리 잡아 발복하려 애쓰지 말고 평소에 성실하게 덕을 쌓으라는 뜻을 이르는 말이다.[14]

조선중후기의 사회적 혼란을 틈타 민간에게 널리 유포된 도참사상도 풍수와 결합하여 태백산·소백산·속리산·지리산 등의 명산에 분포한 십승지 담론과 이상향 관념(청학동·우복동 등)을 낳았다. 이로 인해 해당 지역 주변 주민들의 거주지 이동과 이주를 발생시키는 사회적 요인이 되었다. 특히 민간의 도참은 『정감록』이라는 문헌의 형식으로 지식인들에게 크게 확산되었는데, 거기서 계룡산은 핵심적인 명산으로 지목됨으로써 위상이 높아졌을 뿐만 아니라 사회적으로 큰 파급력을 행사하였다.

유학사상은 한국의 명산문화에 근본적이고 질적인 변화를 일으켰다. 성리학자들은 명산의 경관을 도덕적인 교본(text)으로 해석하였다. 그 주요한 태도는 비덕(比德: 자연의 경물을 도덕적 정조로 비유)과 창신(暢神: 자연의 아름다움을 통해 사람의 정신을 창달)으로 나타났다.[15] 이에 따라 명산은 유교적 도덕의 수양 장소와 천지동정(天地動靜)의 이치를 터득하는 공부처라는 장소적 의미를 지니게 되었으며, 명산 가치의 재발견이 뒤따르게 되었다. 특히 실학자들에게 명산은 수양 목적의 가거지(可居地) 선택의 한 요소가 되었고, 아울러 명산 유람(遊山)을 위해 체계적으로 기술되어야 할 지식정보가 되었다. 실학자들의 명산에 대한 실제적 관심과 체계적 파악의 노력은 산천지(山川誌) 혹은 명산지(名山誌)로 결집되었다. 산림의 유학자들은 거주에 있어 산골짜기 거주(溪居)를 선호하였고, 계곡의 구곡(九曲)이나 누정(樓亭) 등을 수신(修身)을 위해 경영하는 양태를 나타내었다.

이러한 한국의 유교적 명산문화의 형성은 배타적으로 형성되기보다는 전래의 명산문화 요소가 유교의 틀 안으로 배어들고 용해하면서 질적으로 발전되는 길을 걸었다. 고래(古來)의 숭산(崇山) 관념, 선도(仙道)와 불교적인 명산에서의 양기(養氣) 및 수련 등의 요소, 풍수적인 산수 인식과 태도 등이 조선시대의 유교적 명산문화의 내용 속에 함유되어 녹아 있는 것이다.

명산의 정치사회적 영역화·경관화·장소화

명산문화의 탐구에는 정치사회적으로 경관의 형성을 주도한 문화적 지배계층이나 사회집단에 관해 관심을 기울이는 것도 요구된다. 곧 문화경관을 창출한 사회적 주체로서의 지리적 사회집단 혹은 문화집단이 어떻게 문화경관을 만들었고, 이를 통해 자신들의 문화정체성을 어떻게 강화하였는지는 주요한 논제가 된다.[16]

이러한 관점을 한국 명산문화의 전개에 적용하면 신라의 왕족 및 중앙귀족, 고려와 조선의 중앙 및 지방 통치세력, 조선중후기의 유학자들은 문화주체집단 혹은 문화지배세력으로 분류할 수 있다. 그러한 각각의 문화적 지배계층 혹은 사회집단들이 그들의 정치사회적 정체성의 확보 내지는 정당성의 강화를 위해서 어떤 방식으로 공간을 문화적으로 영역화하고 경관화 하였으며 정치적으로 장소화했는지 주목할 수 있다.

고대와 중세의 왕족과 귀족들은 왕도 및 왕도를 중심으로 지정학적 요충지와 세력 근거지에 명산들을 지정하여 제의(祭儀)함으로써 권력의 정당성을 산천에 의뢰하고 확보하였다. 조선시대에는 중앙집권적 통치세력이 명산의 또 다른 형태인 진산을 행정 중심지(邑治)의 배후에 두고 객사 등의 상징적 건축물과 연계시킴으로써 객사→ 진산→ 하늘(국왕)이라는 이미지의 연결구조로 자신들의 권위와 상징을 강화시켰다.[17]

조선중후기의 명산문화를 이끈 사회집단인 유학자들은 주거지뿐 아니라 서원·향교 등의 유교적 문화경관을 명산 권역에 설치함으로써 실질적으로 공간과 장소를 점유하고, 명산과 명유(名儒)의 장소이미지를 결합시켰다. 또한 관찬 및 사찬 지리지, 지도 등을 통해 명산에 대한 지식정보를 체계화하고, 유산기(遊山記) 혹은 명산기(名山記) 등을 저술하는 것은 모두 자신들의 장소적 영역성과 정치적 정체성을 공고하게 하는 지리적 수단과 방식으로 해석할 수 있다.

명산에 대한 문화적 통사로서의 명산문화사는 명산문화의 역

표3 명산문화의 전개 유형

구분	첫째 유형	둘째 유형	셋째 유형
시간 범위	삼국시대~조선시대	고려중후기~조선시대	조선중후기
공간 영역	왕도·국역권	지역권(지방 군현)	사적 생활권, 정신 영역
사회집단	왕족 및 중앙권력층	지방통치집단	유학자 계층
명산 사상 및 인식 유형	산천숭배·영지 관념	산악진호·풍수사상	유교사상 유교자연관
	천	지	인
	천신 거주처·산신	지기·지력·지덕	인문·도덕·성리
명산 태도 및 실천	국가제사	군현의 진산	유산기·가거지·명산지 저술
명산문화 성격	제의적, 신앙적	지리적, 풍수적	도덕적, 인문적
인문지리적 의미	상징화, 영역화	지역화, 경관화	인문화, 장소화

사적 형성과 전개과정을 포괄하며, 사회와 공간(명산) 관계의 역사적 반영물이다. 역사시대 중에서 조선시대를 중심으로 문화지배계층의 명산에 대한 인식과 실천의 흐름을 살펴보면, 시·공간적 범위, 사상적 범주와 문화 요소의 속성 등에 기초하여 대체로 다음과 같이 세 가지로 분류가 가능하다(표3).

첫째, 왕족 및 중앙권력층이 주도한 왕도와 국역(國域) 공간 범위의 제의적이고 신앙적인 명산문화, 둘째, 중앙집권체제하 지방통치집단이 주도한 지방 군현 공간 범위의 풍수적이고 지리적인 명산문화, 셋째, 유학자 사회지배계층이 주도한 사적 생활권 및 정신 공간 범위의 도덕적이고 인문적인 명산문화이다.

이 세 유형의 흐름을 역사적으로 개괄하면, 공시적으로 중첩하면서 전개되기도 하였고, 통시적으로는 명산에서 진산으로 발전하거나, 문화적 인식 및 태도가 초월적 신앙 및 의타적 믿음 체계에서 인문적이고 자력적인 성격으로 질적으로 변동되기도 했다. 각 문화 요소 간에 전개된 양상은 배타적이거나 고립적이기보다는 전래의 요소들을 포섭하고 교섭하면서 형성되는 과정을 나타냈다.

전통시대의 지배문화적인 부문에서 드러난 명산문화의 세 유형과 특징을 역사적 전개과정과 관련하여 사회와 공간 관계, 시·공간적 범위, 사상적 범주 그리고 문화속성의 요소와 함께 종합적으로 정리하면 다음과 같다.

첫째 유형은, 시간적으로 삼국시대에서 조선시대에 걸쳐있고, 공간 영역으로 왕도 및 국역권(왕도가 중심이 된 영토)의 지정학적 요충지에 명산이 분포되었다. 문화주도세력으로서의 사회집단은 왕족 및 중앙지배권력층이다. 명산에 대한 인식 및 사상적으로는 천신의 거주처로서의 산악숭배 및 영지 관념이 기초를 이룬다. 명산에 대한 태도 및 관계는 신앙과 제의로 표현되며, 삼국시대 이래 조선시대에 걸치는 명산대천에 대한 국가 제사가 대표적인 실천 형태이다. 고대로 거슬러 올라가면 신라 중대 교종(教宗) 사찰지의 명산 분포 사실 등도 이 유형에 포함된다. 이 범주는 명산을 공간적으로 상징화하고 영역화하는 인문지리적 의미를 가진다.

둘째 유형은, 시간적으로 고려중후기에서 조선시대에 걸쳐있고, 공간 영역으로 지방 군현의 행정권역에 각각 명산이 분포되어 있다. 문화주도세력으로서의 사회집단은 중앙집권체제 하에서의 지방통치세력층이다. 명산에 대한 인식 및 사상적으로는 취락의 산악진호 관념 및 풍수지리적 관념이 복합되어 있다. 명산에 대한 태도 및 실천은 진호하는 산(진산)으로서의 지리적 상징성 부여뿐만 아니라 진산과 관련된 실제적인 읍취락의 영역화 및 경관화, 입지 및 배치관계로 구체화되었다. 사회적으로 정치사회집단의 지역화과정 및 중앙권력에 의한 지방편제과정에 수반하여 명산과의 관계가 지방화되고 군현단위화되었다. 이 범주는 명산을 공간적으로 지역화하고 경관화하는 인문지리적 의미를 가진다.

 셋째 유형은, 시간적으로는 조선중기에서 조선후기에 걸쳐있고, 공간 영역으로 사적인 생활권 및 공간 차원으로 정신적 영역에 명산의 존재가 자리 잡고 있다. 문화주도세력으로서의 사회집단은 유학자 계층이다. 명산에 대한 인식 및 사상적으로는 인문·도덕적인 유교의 자연관이 바탕을 이루고, 수기(修己)·명덕(明德)의 성리학적 태도와 경세치용(經世致用)·이용후생(利用厚生)의 실학적 태도가 투영되었다. 명산에 대한 태도 및 실천을 보면 도학자들의 유산(遊山)을 통해 자신을 성찰하는(觀物察己) 실천적 장소로서의 명산, 실학자들의 가거지 생활권의 입지 요인으로서의 명산, 명산에 대한 체계적 이해와 문헌적 기술 등이 포함된다. 이 범주는 명산을 공간적으로 인문화하고 장소화하는 인문지리적 의미를 가진다.

2. 심미경관의 석산, 금강산

명산문화의 지리적인 배경과 공간적인 전개에 대한 앞의 고찰을 토대로, 한국을 대표하는 명산인 금강산과 지리산을 들어 유산기 자료로 살펴보고자 한다. 금강산과 지리산은 지리적(지형경관) 배경으로 각각 석산(石山)과 토산(土山), 그에 기반한 장소적 속성으로 각각 심미경관의 산과 생활터전의 산으로 뚜렷이 대비되는 명산으로, 이에 따라 유산기에서도 금강산은 장소미학, 지리산은 주민생활사가 공간적으로 전개되었다.

먼저 금강산을 살펴보자. 한반도에 태어난 사람이라면 누구라도 죽기 전에 꼭 한번은 가보고 싶어 하는 버킷리스트의 명산이 금강산이다.

아득한 옛날 천지가 개벽하기 전,	混沌未判時
하늘과 땅은 나뉠 수 없었네.	不得分兩儀
음양이 서로 움직이고 고요한데,	陰陽互動靜

누가 능히 그 기틀을 잡을까.	孰能執其機
만물의 변화는 자취를 볼 수 없고,	化物不見迹
묘한 이치 기이하고 기이해라.	妙理奇乎奇
하늘과 땅이 비로소 개벽하니,	乾坤旣開闢
위와 아래가 이렇게 나뉘었네.	上下分於斯
그 가운데 만물은 형상을 이루지만,	中間萬物形
모두 이름하기는 어려워라.	一切難可名
물은 천지의 피요,	水爲天地血
흙은 천지의 살을 이루었네.	土成天地肉
흰 바위뼈가 쌓인 곳,	白骨所積處
저절로 이뤄진 산 높고 가파르네.	自成山崒嵂
특별히 맑고 깊은 기운 모였으니,	特鍾淸淑氣
이름하여 개골이라 하네….	名之以皆骨

―이이, 「풍악행」[18]

봉우리 개수만 하더라도 일만 이천 봉에 이르고, 봄 금강(金剛), 여름 봉래(蓬萊), 가을 풍악(楓嶽), 겨울 개골(皆骨)이라는 사계절의 산이름이 다른 것을 보아도, 얼마나 시공간적으로 천변만화하는 심미적 역동성을 지니고 있는 산인지를 짐작하겠다.

그중 금강이라는 이름은 불보살이 머물러 설법하는 곳으로서 불교적 영향,[19] 봉래라는 이름은 삼신산의 하나, 풍악이라는 이름은 가을 단풍의 아름다움, 개골이라는 이름은 화강암 산지의 석산(石山)이라는 것을 나타내고 있다. 관련하여 금강산이 부처(佛山)와 신선의 산(仙山)이라는 인식에 관해, 조선시대 금강산을 유산한 유학자들도 다음과 같이 적고 있다.

> 금강산은 신선과 불자(佛者)들이 모이는 곳이요, 시인과 묵객이 왕래하며 유람하고 감상하는 곳이다. -이원, 「유금강록」

> 바위 골짜기에 붉고 푸른빛이 은은히 빛나 사람의 눈을 비추니, 옛날 이른바 '선산(仙山)은 사람의 귀와 눈을 어지럽힌다'는 것이 어찌 빈말이겠는가. -노경임, 「유금강산기」

전통시대와 근현대를 막론하고 금강산을 찬미한 글은 이루 헤아리기가 어려울 정도로 많다. 그중에서 여행기로서 현전하는 금강산유산기만 하여도 170여 편으로 여타 명산의 유산기에 비해서 가장 많은 숫자를 자랑한다.[20] 조선후기에 유산기가 압도적으로 많이 작성된 사실은 금강산의 경우에서도 확인할 수 있다. 이 책에서는 인문적 성격이 잘 드러나는 17세기까지의 유산기를 자료로 삼아 조선시대 유교지식인이 본 금강산의 명산미학과 여행기의 인문지리를 서술하겠다.[21]

금강산을 찾는 동기와 이유

유산자들이 어떤 동기와 이유로 금강산을 찾고 있을지는 짐작하기에 어렵지 않다. 세상에 알려진 빼어난 경치의 아름다움을 보고 싶어서일 것이다.

내가 여기에 온 이유는 이 산의 빼어난 경치를 보고자 해서이니….
-이곡, 「동유기」

여기에다 더하여 여러 유교지식인들은, 선현들이 그랬듯이 명산의 자연경관을 자신의 내면에 비추어(比德) 본래의 어짊을 채우고 지혜를 더하는 즐거움(仁智之樂)을 터득하고자 하는 이유가 깔려 있었다.

옛사람들이 멀리 유산했던 자취에 대해 말하기를, "옛날 공자께서는 태산에 올라 천하를 작게 여기셨고, 주희는 남악에 올라 산하의 장대함을 바라보며 '어진 사람이 산을 좋아하고 지혜로운 자가 물을 좋아하던 즐거움(仁智之樂)'을 터득하셨으니, 이에는 다 이유가 있습니다. … 우리가 멀리까지 유산을 온 것은 산수 때문만이 아닐세. 옛사람 중에는 바람을 타고 우레를 채찍질하여 끝없는 곳을 두루 돌아보기도 했고, 간혹 마음이 활짝 열려 바다처럼 넓고 하늘처럼 높게 하기도 했었네. 어찌하면 호수와 바다 같은 깊고 넓은 정신을 얻어 이런 즐거움을 함께 찾을 수 있겠는가?"-홍인우, 「관동록」

유학자들이 금강산을 찾은 간접적인 동기 중의 하나이지만, 그들은 경관과 산수가 주는 기운과 힘을 익히 인지하였기에 내심 이를 기대하고 있었다. 일찍이 맹자도 "거처가 (사람의) 기상을 바꾼다(居移氣)"[22]라고 일렀고, 호연지기(浩然之氣)를 기를 것을 가르쳤던 것처럼, 1621년에 금강산을 유산한 최유해는 "만나는 경관에 따라 얻는 기상이 있다"라고 하면서, 장소를 잘 선택할 필요가 있다는 인문지리적인 의식을 간직하고 있다. 비슷한 시기(1628년)에 금강산을 유산한 이명준 역시, 사마천이나 소동파 등의 역대 문장가들은 기이한 경관을 통해 마음을 장대하게 했던 사실을 금강산 유산 과정에서 의식하고 있었다.

폭포를 보면 호탕한 흥취를 고취시키고, 호수를 보면 심성을 맑게 하며, 바다를 본 사람은 절로 천지를 담는 기상을 지니게 되어 각각 그 만나는 바에 따라 얻는 것이 있기 마련이니, 사람은 땅을 잘 선택하지 않으면 안 된다. -최유해,「영동산수기」

아! 사마천은 장대한 유람으로 문장을 이루었고, 소동파는 먼 곳으로 유배되었기에 영외(嶺外)의 문장을 지었으니, 모두 기이한 경관으로 그들의 가슴을 장대하게 했던 것이다. -이명준,「유산록」

금강산을 여행하는 모습과 태도

그렇다면 심미적 유산 동기를 지닌 유학자들이 금강산을 여행하는 모습과 태도는 어땠을까 자못 궁금해진다. 그중에는 금강산 유산의 흥취에 빠져 "산수의 아름다움에 눈이 현혹되었다"는 사람도 있었고(이원), "금강산의 기이한 모습이 빼어난 정도를 넘어 지극한 경지에 이르렀다"고 찬탄하여 마지않은 사람도 있었다(성제원). 모두 금강산이 지닌 경이로운 경치에 대한 놀라움의 표현이었다.

> 눈은 산수에 현혹되어….
> -이원, 「유금강록」

> 지난날 속세에서는 단지 금강산이 빼어나다고 들었을 뿐이었다. 기이한 모습이 이렇게 지극한 경지에 이르렀을 줄 어찌 알았겠는가. … 높은 곳을 오르고 골짜기를 찾아가는 흥취가 모두 지극한데, 이를 버리고 속세로 돌아가자니 또한 안타깝지 않으랴.
> -성제원, 「유금강산기」

그럼에도 불구하고 유산기를 남긴 지식인은 대부분 유학자이었으니, 그들은 산수를 보고 감상하고자 하는 본래적인 목적과 이유를 견지하고자 했다. 앞서 이원이 금강산의 아름다움에 눈이 현혹되었다고 했지만, 그 역시 금강산 유산은 '인지(仁智)를 체득하고 사물의 이치를 궁구하기 위함'이라는 유학자적인 태도도 아울러 강조하여 드러냈던 것이다.

1595년에 유산한 최운우는 금강산의 산수를 관찰하는 것을 군자가 도에 나아가는 지경(持敬) 공부로써 자신의 마음속에 간직하고자 했다. 이러한 태도는 같은 시기(16세기)의 유산자였던 홍인우나 노경임도 마찬가지였다. "인욕(人欲)이 깨끗이 사라지고 천리(天理)가 유행하는 경계(홍인우)"를 지향하거나, "산이 지닌 고요함을 체득하면 후중(厚重)하고 옮겨가지 않는 인(仁)을 채울 수 있다(홍인우)"는 것이다. 그래서 "금강산을 보는 자들은 유산하고 감상하는 데에 그치지 않고 반드시 마음에 감발하는 바가 있을 것(노경임)"이라고도 했다.

> 눈은 산수에 현혹되어…. 아, 어진 사람은 산을 좋아하고 지혜로운 사람은 물을 좋아한다고 했다. 높은 곳에 올라서는 '먼 곳을 가려면 낮은 데로부터 시작한다'는 뜻을 알았고, 물을 보고서는 '흘러가는 것이 이와 같구나'라고 한 뜻을 생각하게 되었다. 한편으로는 중도에 스스로 선을 그어 포기하는 나약함을 일으켜 주었고, 또 한편으로는 웅덩이를 채운 뒤에 나아가는 학문에 힘쓰도록 해주었다. 어찌 기이하고 빼어난 경치를 탐하여 찾아다니고 구경하는 데에만 힘쓴 것이겠는가? 인지를 체득하고 사물을 궁구하는 데 일조가 되는 유람이었다. -이원, 「유금강록」

산에 오르는 것은 성인(공자)의 덕이니 위대하도다. 물을 관찰하는 것은 맹자의 가르침이니 오묘하도다. 옛사람들은 사물을 볼 적에 사물을 사물로만 여기지 않았다. 사물을 관찰하여 자신의 마음속에 간직할 바를 확인하였다. … 사물을 관찰하는 데에는 방도가 있으니, 단지 겉모습을 보고 속의 모습을 알았다고 하면 안 된다. 다른 세계가 한없이 들어 있다는 것을 어떻게 안단 말인가. 이로 인하여 가만히 생각해보니 군자가 도에 나아가는 것 또한 이와 같다. 이처럼 나아가는 것도 내가 나아가는 것이요, 그만두는 것도 내가 그만두는 것이다. 금강산의 경계는 참으로 한걸음에 이룰 수 있는 곳이 아니니, 노력해서 가야할 것이다. … 손은 지팡이를 짚는 것에 의지하고, 발은 마음을 맞추는 것을 생각하고 또 생각하며 방심해서는 안 된다. 만일 일상생활 속에서 잡기를 이렇게 한다면 지경 공부가 반드시 지키는 바가 있어서, 넘어지고 부딪혀 깨지지 않을 것이다. -최운우, 「금강산록」

만약 이 밤의 청명한 기상을 얻어 마침내 인욕이 깨끗이 사라지고 천리가 유행하는 경계에 갈 수 있다면, 노력하는 자는 또한 이와 같이 될 수 있다는 말이 어찌 우리를 속이겠는가? … 물을 볼 때는 반드시 근원을 궁구해야 하고, 산을 오를 때는 반드시 높은 곳에 오르기를 기약해야 하니 요령이 없을 수 없다. … 솟아 있으면서도 고요한 것은 그게 산임을 내가 알고 있으니, 산이 지닌 고요함을 체득하면 후중(厚重)하고 옮겨가지 않는 인(仁)을 채울 수 있네. 잠겨 있으면서도 움직이는 것을 그게 물임을 내가 알고 있으니, 물의 움직임을 자세히 살피면 두루 흐르며 막히지 않는 지혜를 깨달을 수 있네.

하물며 낮은 데서 높은 곳으로 올라가고, 흐름을 거슬러 근원을 찾는 것이 배우는 사람의 일임에랴. 만약 극처(極處)의 경지까지 좇아가겠다고 생각하고 힘껏 실지(實地)를 밟겠다는 용기를 갖는다면, 우리도 오히려 옛사람에게 미칠 수 있을 것일세. -홍인우, 「관동록」

도를 지녔다는 사람도 그 실상이 명성을 뛰어넘는 금강산과 같다면, 그 명성은 커지기를 구하지 않아도 커지고, 멀리 퍼져나가기를 구하지 않아도 멀리까지 갈 것이다. … 그렇다면 이 산을 보는 자들은 한갓 우러러 바라보며 유산하고 감상하는 데에 그치겠는가. 반드시 마음에 감발하는 바가 있을 것이다. -노경임, 「유금강산기」

유학자들이 유산하는 방식과 태도는 1618년에 금강산을 유산한 정엽의 글에서 여실히 드러난다. 생애 만년의 시기에 금강산을 유산한 정엽은 부치는 힘에도 불구하고 금강산을 공자의 자태에 빌려 "우러러볼수록 더욱 높다"고 적었으며, 공자가 제자에게 스스로 한계를 짓는 것을 경계하는 말로 힘든 산행을 하는 자신을 경책하고 있다. "저 푸른 산과 하얀 바위는 외물일 뿐이니, 즐기는 바가 과연 여기에 있는가 여기에 있지 않은가!"라고 되뇌며 경관 심미의 태도를 자문(自問)했고, 산수도 다만 외물로서만 보는 데에 그치는 것이 아니라 그 근원적인 이치를 궁구하고 선인의 자취를 좇는다면 큰 경지에 도달할 것이라고 하면서, "유람은 이와 같이 하는 것이 어떻겠는가"하고 힘주어 서술한 바 있다.

다만 내 남은 힘이 강건하지 않아 부여잡고 기어서도 오를 수 없으니, 우두커니 서서 머뭇거리며 처량히 바라보고 개탄할 뿐이었다. 이것이 이른바 '우러러볼수록 더욱 높아[23] 우뚝하게 서 있는 듯하여 미칠 수 없었다'고 한 것인가. 아니면 '스스로 한계를 긋는 것'[24]이 아니겠는가. … 우뚝 솟은 것은 산임을 내 알았고, 흐르는 것은 물임을 내 알았다.

한갓 그것이 산이고 물이라는 것만 알고 그것이 그렇게 되는 까닭을 알지 못한다면 옳겠는가. 만약 그것이 그렇게 되는 까닭을 능히 알아 마음에 터득함이 있다면, 손이 춤을 추고 발이 구르는 것을 절로 알게 될 것이니, 네 마리 말이 끄는 수레 천 대와 만 종의 녹봉을 준다고 해도 그 즐거움을 바꾸지 않으며, 대소쿠리의 밥을 먹고 베옷을 입더라도 그 즐거움을 고치지 않을 것이다.

저 푸른 산과 하얀 바위는 외물일 뿐이니, 즐기는 바가 과연 여기에 있는가 여기에 있지 않은가! 나와 같은 사람도 험난하고 힘든 곳을 다니면서 걸음을 게을리하지 않았다. 높은 곳을 오를 적에는 '한 삼태기를 덮지 않아 앞서 쌓은 공적을 무너뜨릴 수 있음'[25]을 경계하였고, 흐르는 물에 임해서는 '흘러가는 것이 이와 같구나'[26]한 뜻을 깨달았다. 우뚝하여 산악과 같고 드넓어 넓은 바다와 같은 것은 그 근원을 거슬러 올라가 끝까지 궁구하지 않음이 없었다. 부지런히 옛사람의 숨은 자취를 좇아 스스로 높고 밝고 넓고 큰 경지에 이르면 끝내 그 무리 가운데서 빼어나게 될 것이다. 마치 태산이 구릉이나 언덕에서, 큰 강과 바다가 고인 물의 흐름에서 비롯한 것이니 이 유람은 이와 같이 하는 것이 어떻겠는가. -정엽, 「금강록」

이런 여행의 태도를 간직하던 유학자들은 비로소 금강산의 경관에 마음으로 합일하는 경지와 선현들의 덕목에 창신하는 체험에 이르기도 했다. 이현영(1573~1642)은 정신이 점차로 열리면서 바다같이 확장되어 우주의 끝에 이르는 마음을 한껏 느끼기도 했고, 윤휴(1617~1680)는 금강산의 곳곳을 유산하면서 선현들이 체득한 바와 같은 호연지기나 인지의 여러 요소를 하나하나 확인하는 경험도 하였다. 마침내 성제원은 나도 없고, 만물도 없는 지극한 경지를 감득했던 것이다.

마음과 정신이 점점 열려 더욱 호수와 바다 같은 정신을 얻게 되니, 바람을 타고 번개를 채찍질하여 옛사람이 우주의 끝을 두루 유산한 그 마음을 느낄 수 있었다. -이현영, 「풍악록」

나의 이번 여행은 실로 그것들[광풍제월(光風霽月), 서일상운(瑞日祥雲), 태산교악(泰山喬嶽), 해활천고(海闊天高)]을 모두 몸으로 체험하고 마음으로 느낀 것이었다. -윤휴, 「풍악록」

"높은 정상을 보시니 경치가 어땠습니까?"라고 하여, 내가 대답하기를, "나도 없었고, 만물도 없었소"라고 하니….
-성제원, 「유금강산기」

유학자들이 금강산에 펼쳐진 다채로운 경관을 텍스트로 읽고 보는 시선은 어땠을까? 한 예로, 1553년에 유산한 홍인우는 단발령에서 웅장하게 치솟은 풍악산을 바라보고선, 한편으론 분기충천한 군대가 칼과 창을 들고 벌여 있는 역사적인 사실에 근거한 시각적인 모습을 떠올리면서도, 다른 한편으로는 내면적으로 산수의 동정(動靜)을 나 자신의 성정과 근본적으로 하나임을 자각하는 도학적 시선을 견지하였다. 그리고 정엽은 금강산의 시냇물이 층층으로 흘러나가는 것을 보면서 맹자가 웅덩이를 채운 후에 물이 흘러나간다는 뜻을 상기하였고, 비로봉 정상에 오르면 공자가 천하를 작게 여긴 뜻이 천년 후라도 변치 않을 것임을 되뇌기도 했다.

단발령에 다다랐을 즈음 나는 먼저 말을 버리고 홀연 달려서 올라가 풍악산을 바라보니, 은빛 산봉우리와 옥 같은 봉우리가 웅장하게 서려 치솟아 있었다. 이는 한왕이 거의(擧義)할 때 삼군(三軍)이 흰옷을 입은 것과 완연히 같았다. 층층의 산과 첩첩의 봉우리가 우뚝 솟아 꼿꼿하게 벌여 있는데, 이는 마치 항우가 전쟁에 임하여 칼과 창을 서로 대치하고 있는 것처럼 분기충천하였다. …
"…높고 낮고 크고 작은 것은 사물이네. 모든 것이 다르다는 측면에서 본다면 나의 움직임과 고요함은 사물의 움직임과 고요함이 아니고, 근본이 하나라는 측면에서 본다면 사물 또한 나 자신이네. 두 가지라는 측면에서 보자면 산의 푸름과 물의 아득함은 단지 모습과 색깔이 내 귀와 눈을 어지럽힌 것임을 나도 알고 있네. 하나라는 것으로 이해한다면, 산의 푸름과 물의 아득함은 모두 내 성정 중의 사물이라네. 도에는 사물과 나의 구분이 없고, 이치에는 저것과 이것의 분별이 없네. 큰 것을 보고 작은 것을 가늠하며, 높은 것을 들어 낮은 것을 비유하는 것은 참으로 또한 도에 해로울 것이 없다네."
-홍인우, 「관동록」

시냇물이 흰 무지개처럼 흘러와 이 바위에서 못이 되었는데…또 아래로 흘러가다 멈춘 곳은 조금 평평하고 얕았는데, 이런 곳들이 몇 층으로 되어 있었다. 이른바 '웅덩이를 채운 이후에 나아가는 것'[27]이리라.…만약 비로봉 정상에 오른다면 솟구친 봉우리, 흘러가는 시내, 흩어져서 만 가지로 다른 그 모습들을 거의 다 꿰뚫어 볼 수 있으리니, '공자가 태산에 올라 천하를 작게 여기신 그 뜻'[28]은 천 년 후에도 서로 부합되는 것이리라. -정엽, 「금강록」

금강산의 장소미학과 인문지리

유산기에 서술되고 있는 인문지리적 내용을 대체적으로 분류해보면, 금강산 경관에 대한 심미적 인식, 지형조건에 기반한 장소성과 민중생활사에 대한 관심, 지역적 산지 특성의 이해, 산줄기의 연원과 연결성의 파악, 유교적으로 지명 바꾸기 등으로 드러났다. 차례대로 관련 내용을 인용하여 살펴보면 다음과 같다.

금강산을 유산한 사람들은 한결같이 금강산의 아름다운 경관을 찬탄하여 마지않았다. 천석(泉石)이 빼어나고 기이하기론 으뜸가는 경치로 꼽기도 했고(남효온), 산수가 아름다워 인간세상이 아닌 신선세계라고도 했다(신익성, 윤휴). 그래서 금강산은 은자가 소요할 곳(최유해), 속세의 인간이 머물 곳이 아니라고 보았다(이곡).

천석이 가장 빼어나고 기이하기로는 금강산이 으뜸이다.
-남효온,「유금강산기」

속세의 인간이 머무를 곳이 아니었다. -이곡,「동유기」

높고 빼어나며 기이하고 가파르며 골짜기는 맑고 아름다워서 인간세상이 아니었다. -신익성,「유금강내외산제기」

여러 산봉우리는 모두 깎아지른 듯한 바위가 기이하고 장엄하여 인간세상에서 보던 정경이 아니었다. … 산에 들어간 이후부터 들판의 경치며 밭일이 마치 신선세계와 속세를 나누어 놓은 것 같았다. -윤휴,「풍악록」

참으로 은자가 소요할 만한 곳이었다. -최유해,「영동산수기」

금강산이 이렇게 둘도 없이 아름다운 산임에도 불구하고 다른 한편으로 사람들이 농사를 지으며 생활할 수 있는 산은 아니라는 이해도 분명히 했다. 금강산이 곡식을 심을 경작지가 부족하여 농경이 어려운 석산(石山)이라는 지형적 장소성이 잘 드러나 있다. 금강산 곳곳에서 절은 도처에 있는 반면, 마을과 같은 취락경관은 찾아보기 힘든 금강산의 생활경관과 민중생활사적 인식의 토대는 여기에서 도출되었다.

비록 어렵사리 농경지를 개간하거나 화전민으로 거주하게 되더라도 여름철의 계절적 호우로 말미암아 토양이 유실되어 척박해지고 마는 미기후적인 여건과 결과도 기술되고 있다. 이로 말미암아 살림살이는 어려워지고 잦은 기근으로 곤고해지기 마련이라는 인식과 함께, 결국 금강산지에서 살아가는 백성들의 삶은 나라의 부역이나 난리를 피해 들어온 사람이라는 사회지리적인 인식도 빼놓지 않았다.

> 대체로 이 산은 세상과 멀리 떨어져 있고, 곡식을 심을 만한 한 치의 땅도 없다. 스스로 참선하기를 편안히 여기며 곡기를 끊은 자가 아니면 하루도 머물러 살 수 없다고 한다.
> ─양대박, 「금강산기행록」

> 민가가 매우 드물어서 쓸쓸한 경관이 더욱 맑고 그윽하였다.
> ─신익성, 「유금강소기」

> 내가 산속을 보니 내금강과 외금강도 개간이 되어 아무리 높아도 올라가고 아무리 깊어도 들어가니 초목이 자랄 곳이 없고 새와 짐승이 의탁할 곳이 없어, 백성들은 고기도 못 먹고 가죽옷도 입지 못하며 좋은 집에서 살지도 못하고 살림이 나아지지도 못하고 약도

쓰지 못하게 되었다. 죽어서는 관도 쓰지 못하니 그 재앙이 매우 심하다. 또 그 백성들은 부역에서 도망치고, 형벌을 피해 다니면서 나라에서 관리할 수 없게 한다. 그러다가 일단 위급한 상황이 되면 모여서 도적이 될 것이니, 참으로 국가의 간악한 백성들이다.

… 더구나 숲을 태우거나 베어내어 흙과 바위가 모두 드러나니, 한번 장맛비가 쏟아지면 무너지고 유실되어 산은 깎이고 시내와 평원은 메워져 막히게 된다. 옛날의 길은 숲과 못이 모두 말라붙고 벌거숭이가 되어 새와 짐승이 달아나 숨고 물고기와 자라도 옮겨가 버리니, 몇 년 사이에 땅은 더욱 척박해지고 백성들은 가난해졌다. 산이 무너지고 시내가 메마르고 비구름이 일지 않으며 홍수가 나고 가뭄이 든다.

… 어제 경구(京口)에 이르러 밭두둑을 보니, 바닷가 땅은 비옥한 들이 없고 황무지가 많아 마을 백성들의 삶이 스산함을 느끼게 했다. 또 새나 짐승이 숨을 과수원이나 풍성한 숲이 없고 가을 농사 역시 영서지역에 못 미쳤다. 그곳의 백성들은 게을러서 농사나 누에 치는 일에 힘쓰지 않았으며, 종종 어부들이 물고기를 잡거나 해산물을 채취하는 일을 업으로 삼고 있었다. 지난해 큰 기근이 들어 죽은 사람이 태반이라 하여 탄식이 나왔다.

―윤휴, 「풍악록」

몇몇 유학자들은 금강산지의 지리적이거나 지형적인 지역성도 분간하여 인식하고 있었다. 내산(內山)과 외산(外山)으로 지역을 구분하며 그 지형적 특징과 경관적 형세를 서술하고 있는 것이다(신익성, 윤휴). 특히 윤휴는 지리적인 산줄기에도 관심이 남다른 데가 있어, 금강산의 산줄기 연원을 장백산으로 보고 그 내력까지도 적었으며, 금강산에서 태백산과 소백산, 끝으로는 지리산까지 이르는 산줄기까지 관심 있게 파악하고 있다.

내산은 높고 빼어나며 기이하고 가파르며 골짜기는 맑고 아름다워서 인간세상이 아니었다. 외산은 드넓고 웅대하며 내산을 감싸고 자물쇠로 잠근 듯 감추고 있었다. -신익성,「유금강내외산제기」

내산은 등이고, 외산은 얼굴입니다. … 내산은 모두 바위인데, 가파른 바위가 깎아지른 듯하여 넉넉하고 푸근한 맛이 없네. 외산은 둥글둥글하여 흙을 머리에 이고 동해를 향해 구부려 읍하는 듯하여 서로 자웅(雌雄)이 되네.
… 금강산은 장백산에서 시작하여 황룡산에서 일어났으며, 추지(楸池)에서 엎드려 있다가, 힘차게 달려와 여기에서 서리게 된 것입니다. 동해를 향해 머리를 낮추어 천후산이 되고 설악산이 되었습니다. 한 가지는 서쪽으로 가서 대산이 되었으며, 또 한 가지는 남쪽으로 달려서 태백산과 소백산이 되었고, 두류산에 이르게 되었습니다.
-윤휴,「풍악록」

금강산을 유산한 유학자 자신들의 이데올로기적 사회정체성은 금강산의 여러 경관 요소에 대한 지명 바꾸기의 태도로도 나타났다. 1621년에 유산한 최유해의 글에서 이것이 가장 두드러지게 드러난다. 황천강, 업경대, 미륵봉 등 기존에 부르고 있던 불교적이거나 선도적인 비루하고 누추한 지명을 고쳐서 유교적인 이름으로 새로 일신해 바꾸라는 것이었다.

> 바위 봉우리가 천만 길이나 솟아 있고, 꼭대기는 평평하여 앉을 만하였는데, 업경대라고 하였다. 흐르는 개울이 성으로 흘러들어 황천강이라 하였다. 이는 모두 승려들이 어리석은 백성을 속이고 헛된 명성을 빌려 신령스러운 산을 욕보이고자 한 것이니 그 이름을 다 고쳐서 비루함을 씻지 않을 수가 없다. 지장봉에서부터 백마봉까지 아홉 개 봉우리는 모두 선가(仙家)의 법으로 이름을 바꾸었다. … 황천강은 세약천으로, 업경대는 우화대라 이름하였다.
> … 예로부터 명산으로 이름난 곳은 반드시 그에 대한 전설이 기이한데, 이처럼 속된 경우가 없다. 그러니 청컨대 니대를 고쳐 이현대라 하고, 구재를 설용재라 바꾸고, 노춘정을 유방정이라 고치고, 환희령을 심진령으로 바꿔서 신선이 사는 곳으로서의 누추함을 씻어내고 옛 자취의 기이함을 잃지 않았으면 한다. … 그중에서도 미륵봉이 가장 높았는데, 이름을 주천봉(柱天峯)으로 바꾸도록 청하였다.
> ─ 최유해, 「영동산수기」

사실 이러한 유학자들의 적극적인 산이름 개명 태도는 일찍부터 있어왔다. 1544년에 청량산을 유산한 주세붕은 「유청량산록」을 쓰면서 청량산의 불교식 이름을 새롭게 고친 바 있다. 보살봉·의상봉과 같은 불교적인 이름들을 장인봉(丈人峯: 태산 장악), 축융봉(祝融峯: 형산), 탁필봉(卓筆峯: 여산) 등 새로운 이름으로 불렀던 것이다.[29] 이에 대해 이황은 "이제 선생이 차례로 고쳐서 병폐를 씻어 버렸으니, 그 산령(山靈)을 위로하고 정채(精彩)를 빛나게 했다"고 개명의 의의를 적극적으로 서술한 바 있다.[30]

이상과 같이 살펴보았지만, 조선전기 유교지식인들이 남긴 금강산유산기에는 금강산의 아름다움을 찬미하면서도 유학자들의 본분을 잊지 않고 자신의 내적인 심성을 함양하고자 하는 노력이 흠씬 엿보인다. 심미의 산, 인문의 산, 은자의 산으로서 금강산의 장소성을 표현한 지리적 내용도 곳곳에서 찾아볼 수 있다. 조선시대에 유산을 통해서 기존의 명산문화를 인문적 코드로 새롭게 바꾸어 이끈 유학자들의 일반적인 특징이 그대로 반영되었다고 볼 수 있다.

3. 생활터전의 토산, 지리산

한국에서 삶과 생활, 사람과 인문의 산을 대표하는 명산이 지리산이다. 유학자들이 남긴 유산기에는 지리산에서 삶을 영위하는 사람들의 사회문화적 자취와 생활의 모습이 풍부하고도 여실하게 담겨있다.

왜 지리산이 사람의 산이고 생활의 산인지는 문헌을 통해서도 그 사실을 분명히 알 수 있다. 바로 지리산유산기 속에 담겨있는 주민생활사 내용이 뒷받침한다. 조선초기부터 근대에 이르기까지 저술된 지리산유산기는 주민의 생활사를 시계열적으로 생생하게 전해주는 문헌자료로서 손색이 없다. 이러한 점은 주민생활사의 자료 가치에 주목해 역사지리적인 재구성이 가능한 이유이기도 하다.[31]

지리산유산기에서 추출할 수 있는 주민생활사 자료는 산지환경과 생태, 삼림식생, 취락과 주거, 토지이용과 농경, 생업과 산물, 시장과 유통, 신앙 풍속 등 다양한 측면으로 고찰할 수 있다. 지리산이 지니고 있는 지리적 배경과 주민생활사의 공간적 전개양상이 어떻게 구체적으로 서술되어 있을지 궁금하지 않을 수 없다.

지리산유산기가 생활사 자료를 풍부히 수록하고 있는 이유는 지리산 자체가 자연·지형·경제·문화 등의 생활 조건에서 여타 산과 다르기 때문이다. 지리산에는 조선시대에 수많은 산간 마을이 형성되었고, 인구가 밀집해 벼농사를 지으며 살았던 역사적 과정이 있었다. 그래서 조선시대 유교지식인들의 지리산 유산행로는 산길이면서 상당 부분 마을과 마을을 연결하는 길이기도 했다. 그들의 지리산 유산은 산의 아름다움과 승경에 대한 유산이자 자신을 성찰하는 여행이었지만, 그 속에는 마을과 주민들의 생활상을 보고 살피는 시선도 포함되었다.

이제 지리산의 자연생태 및 문화역사 경관과 주민생활사가 어떤 모습으로 드러나고 있는지 집중적으로 고찰하기로 하겠다.[32]

자연환경과 주민생활사

지리산의 기후·지형·토질·생태 등으로 이루어지는 자연환경 조건은, 주민들이 산지환경에 적응하는 형태로서의 주거와 토지 이용, 농경과 임산물 채취 등의 생업과 관련한 생활사와 문화경관 형성의 기반을 이루는 1차적인 배경이 된다. 후술하겠지만, 기후 조건은 지리산지 주민들의 거주와 생활사에 직접적인 영향을 주었고, 겨울철 산지 기후는 산간 주민들의 주거와 이동 패턴도 규정했다.

지리산유산기에서는 종종 지리산지의 기후, 지형, 토질, 생태, 식생 등의 자연환경 조건에 대해 언급된다. 그중에서 지리산지의 생태조건도 주민들이 먹거리, 입을 거리, 약재, 생활 용구 및 재료 등으로 활용했기 때문에 생활사의 기본적 요건이 되었다. 남효온은 지리산이 주민들에게 베풀어주는 생활사의 다양한 이로움을 다음과 같이 적었다.

> 산에서 나는 감, 밤, 잣은 과일로 쓰고, 인삼, 당귀는 약재로 쓰며, 곰, 돼지, 사슴, 노루와 산나물, 석이버섯은 먹거리로 쓴다. 호랑이, 표범, 여우, 살쾡이, 산양, 날다람쥐는 그 가죽을 사용하며, 매는 사냥에 활용한다. 대나무는 대그릇을 만드는 데 쓰며, 나무는 집 짓는 재료로 사용하며, 소나무는 관을 만드는 데 쓰며, 냇물은 논에 물을 대는 데 이용하고, 도토리는 흉년이 들었을 때 활용한다. 대개 높고 큰 산은 움직이지 않고 그 자리에 있지만 인간에게 주는 이로움은 이처럼 풍부하다. -남효온,「유천왕봉기」

지리산유산기에 나타난 산지환경의 기후, 지형, 토양(토질) 조건과 생활사에 미치는 영향에 대한 언급을 차례대로 살펴보고 현대적으로 해석하기로 하자.

지리산은 산지 기후의 특색을 지니고 있어 주민들의 거주와 생활사에도 직접적인 영향을 주었다. 기후 조건과 관련하여,

표4 　지리산유산기의 산지환경

유산기명(유산연도)	지은이	산지환경 정보
지리산기(1463)	이륙	기후조건 및 거주기간, 산지평탄지 및 산지습지
유두류록(1472)	김종직	산지평탄지 퇴적지형, 산지습지
유천왕봉기(1487)	남효온	자연생태적 배경 및 생업, 산물 일반
두류기행록(1489)	김일손	고산 기후조건
유두류록(1807)	하익범	암갈색토
유두류록(1910)	배성호	지형, 수질, 토양
유두류록(1917)	이수인	암괴류(巖塊流)
두류산유록(1934)	김택술	기후, 토질, 수량(水量), 산물

16~19세기의 소빙기로 인해 빚어진 이상 저온과 기근은 지리산 권역의 주민생활사에 사회경제적인 영향을 미치기도 했다는 연구도 있다.[33]

특히 겨울철의 산지 기후는 산간 주민들의 주거와 이동 패턴도 규정했는데, 15세기 중반의 「지리산기」에 의하면, 강설량이 많은 지리산지에서 왕래의 곤란으로 인해 가을에 산에 들어갔다가 늦봄에 내려왔다는 것이다. 같은 시기의 「두류기행록」에도 지리산 고지의 한랭한 기후가 개화시기에 비추어 표현됐다.

골짜기에는 여름이 지나도록 얼음과 눈이 녹지 않는다. 6월에 벌써 서리가 내리고, 7월에 눈이 내리고, 8월에는 두꺼운 얼음이 언다. 초겨울만 되어도 눈이 많이 내려 … 사람들이 왕래할 수 없다. 그러므로 이 산에 사는 사람들은 가을에 들어갔다가 이듬해 늦봄이 되어서야 내려온다. -이륙, 「지리산기」

향적사까지 모두 층층의 비탈길을 돌고 돌았다.…두견화 한두 송이가 이제 막 피기 시작하였다. 아직 피지 못한 꽃망울이 가지에 가득하니 여기는 바로 2월 초순의 기후였다. 승려가 말하기를, "산 위에는 꽃과 잎이 5월이 되어야 비로소 한창이고, 6월이 되면 벌써 시들기 시작합니다"라고 하였다. – 김일손, 「두류기행록」

지리산지의 지형 및 토양 조건에 관해서도 몇몇 유산기에서 행로에 따라 형태나 상태, 수질, 토양 색깔, 비옥도 등을 표현했다. 경우에 따라서는 경작 조건과 관련지어 언급하기도 했다.

「지리산기」(1463), 「유두류록」(1472) 등에서 말한 세석평전의 "평평하고 넓은 땅"은 1,700m 내외에 나타나는 평탄지를 가리킨다. 지리산의 평탄지는 제석봉과 함께 세석평전에 대표적으로 나타난다. 이 평탄지는 동절기에 동결과 융해가 반복되면서 중력에 의해 사면으로부터 이동된 물질이 덮여 형성된 것이다.[34] 같은 글에서 특히 세석평전의 "두툼한 흙"은, 지리산지의 편마암 풍화물이 이러한 과정을 거쳐 토심이 깊고 두텁게 이루어진 사실을 일러준다. 또한 세석평전의 "검은 흙"은 이러한 퇴적물에 유기물이 섞여 암갈색토를 형성하고 있는 것으로 이해된다.[35] 산지습지에 대한 언급도 눈에 띤다. 「지리산기」(1463)의 "습지(水濕)", 「유두류록」(1472)의 "습한 들(沮洳原)"은 세석습지로 보이는데, 세석습지는 왕등재습지, 정령치습지와 함께 지리산의 대표적인 산지습지다.[36] 세석평전이 갖춘 이러한 지형, 토양, 토질, 수(水) 조건은 「지리산기」(1463)에도 지적했듯이, 농경이 가능하여 소규모 마을이 형성되는 배경이 되었다.

그밖에도 봉우리 지형에 대한 가시적인 비교 중에서, "돌로 된 산봉우리들(김종직)"은 기반암인 편마암의 표층 풍화된 물질이 침식, 삭박되어 드러난 것이다. 빙하기 화석지형으로서 너덜경관에 대한 표현도 있다(이수인). 너덜은 너덜겅, 혹은 돌너덜이라고 하는 산지지형에서 특이한 모습의 암괴류(巖塊流, Block stream)이다.

영신사(靈神寺)가 있다. 서쪽 아래로 20리 내려가면 널찍한 땅이 있다. 그곳은 사방 6~7리쯤 되는 평평하고 비옥한 땅으로, 이따금 습지가 있어 곡식을 심기에 알맞다. -이륙, 「지리산기」

중봉에 올랐다. 이 산속에 우뚝 솟은 봉우리는 모두 돌로 되었는데, 유독 이 봉우리만은 흙으로 덮여 단정하고 무게가 있었다. … 습한 들은 산등성이에 있었고 평평하고 넓은 땅이 5~6리쯤 펼쳐져 있었다. -김종직, 「유두류록」

세석평전에 이르렀다. 이곳은 산등성이에 있지만 흙이 검으면서도 두툼하였으며 ….
-하익범, 「유두류록」

중산리 … 위에 신선너덜(神僊磧)이 있었는데, 크고 작은 수많은 돌이 쌓여 누대를 이루고 있었다. -이수인, 「유두류록」

그밖에 마을의 양호한 자연입지 조건으로 인한 높은 생산성에 대한 언급도 있다. 지형·지리적 조건이 미치는 인문·사회적 영향으로서, 수질 및 토질이 지역적인 장수 요인이 된다는 것, 지리적 오지가 사회적인 재난을 면한다는 사실 등이 인과적으로 표현되기도 했다.

> 음지촌, 양지촌 두 마을이 각각 자리 잡은 지형은, 물은 달고 땅은 비옥하며 ….
> -배성호, 「유두류록」

> 화개시장 위쪽에서부터 벽소령 밑에 이르기까지는 … 산이 높고 골짜기가 깊으며, 북쪽을 등진 남향이고 풍기가 온화하며 토질이 비옥하고 물이 풍부하여 곡식과 과일이 모두 넉넉하고 연초가 많이 생산된다. -김택술, 「두류산유록」

> 달궁은 … 샘이 달고 토지가 비옥하여 주거하는 사람이 장수를 하고, 경계가 외지고 길이 험난하여 전쟁의 피해를 벗어날 수 있었다.
> -조종덕, 「두류산음수기」

지리산유산기에는 산지 곳곳에 분포하는 식생의 수종에 대한 언급도 적지 않아 식물역사지리 연구의 자료원이 된다. 지리산유산기에서 동물 정보는 상대적으로 희소하지만,[37] 식물 정보는 해발고도에 따라 삼림식생의 분포와 경관이 달라지는 수직고도

대 표현도 있고, 천연림과 인공림을 포함한 수종들의 장소 정보가 많이 나타난다. 이런 자료 가치에 주목하여 임학 분야에서는, 15~17세기 초에 걸친 유산기 9편을 분석하여 초본류 9종과 목본류 36종에 대해 검토한 바 있다.[38]

지리산지 삼림식생에서 나타나는 수직고도대 분포에 관해 15세기 중반 기록(「지리산기」)에 의하면, "산 아래에는 감나무·밤나무가 많고 위로는 홰나무가 대부분이며, 높은 고도대로 올라갈수록 전나무숲이고,[39] 맨 위에는 철쭉뿐"이라고 했다.

일반적으로 한국의 남부산지에서 수직적 식생대는 위도와 해발고도에 따라 구릉대(상록활엽수·낙엽활엽수림)·산록대(낙엽활엽수림, 낙엽활엽수·상록침엽수림 혼합림)·아고산대(침엽수림)·고산대(관목림대·초본대·지의식물대) 등으로 나뉜다.[40] 전술한 감나무와 밤나무는 구릉대 및 산록대의 낙엽활엽수림이고, 전나무는 아고산대의 상록침엽수림이며, 철쭉은 고산대 관목림으로서, 지리산지의 수직적 식생대가 그대로 표현되었다. 고산대 관목림으로 철쭉은 「지리산기」(1463), 「두류기행록」(1489), 「유두류산록」(1611), 「유두류록」(1807) 등에서도 등장한다. 고산지역의 혹독한 기후조건으로 인하여 전나무, 소나무, 녹나무 등이 말라죽은 것이 3분의 1이나 된다는 김종직의 「유두류록」(1472) 기록도 있다.

목본류와 초본류의 장소별 분포 정보도 흔하게 눈에 띈다. 19세기 초중반의 세석평전에는 소나무, 전나무, 잣나무, 청려목, 상수리나무가 많았다는 기록도 있다(하익범, 「유두류록」·하달홍,

표 5 지리산유산기의 삼림식생

유산기명(유산연도)	지은이	수종	지리정보
지리산기(1463)	이륙	柏	영신사 서쪽 20리
		細竹	보암사에서 천왕봉 방향
		柿, 栗, 槐, 杉, 檜, 躑躅木	지리산
유두류록(1472)	김종직	杉, 檜, 松, 枏, 丹楓, 海松, 獨活, 當歸	영랑재 가는 길
		五味子	청이당 아래
		馬價木	중산 인근
		楓樹	세석평전
		竹, 松	실택리(實宅里) 인근
지리산일과(1487)	남효온	柿, 竹	단속사 인근 마을
		梅	단속사
		竹, 柿, 栗	양당(壤堂) 마을
		葦田, 杻田	회방령(檜房嶺) 남쪽
		柿, 竹	보암(普庵)
		竹, 柿	의신암(義神庵)
		竹	봉천사(奉天寺)
두류기행록(1489)	김일손	柿	등구사(登龜寺) 10리 아래
		竹	암천사(巖川寺)
		桑, 栗	단속사 인근 마을
		苦竹	금대암에서 좌방사 행로
		苦竹, 枏	좌방사 인근
		苦竹, 葛, 躑躅花	세존암 가는 길
		杉, 檜, 枇木	법계사에서 천왕봉 행로
		石蕈, 杜鵑花	상봉에서 향적사 행로
		竹, 柿	의신사
		槐	쌍계사
유두류록(1558)	조식	檜, 丹楓	영원암
두류산기행록(1586)	양대박	樝梨	백장사
		桃, 柳	변사정(邊士貞) 은거지
		松, 槐	용유담 근처
		竹, 柿	초정동(初程洞)
		石蒲	제석당에서 천왕봉 행로

유산기명(유산연도)	지은이	수종	지리정보
두류산일록(1610)	박여량	柿	실덕, 마촌, 궁항 마을
		檜	제석당
		檜, 柏, 丹楓, 馬價木	소년대 지나 행랑굴 (行廊窟)
		五味子, 山葡萄	초령(草嶺)
		竹, 柿	방곡촌(方谷村)
유두류산록(1611)	유몽인	佛燈花, 春栢花	백장사
		松, 躑躅花	황계(黃溪) 하류
		檜, 丹楓	환희령(歡喜嶺) 너머 30리 길
		藤	와곡(臥谷)
		竹	갈월령(葛月嶺)
		杉, 松, 葛	용유담
		松, 柏	영랑대에서 소년대 행로
		靑玉, 紫玉	영랑대에서 소년대 행로
		柏	소년대
		綿竹	사자암(獅子峯)
		竹	불일암 가는 길
방장산선유일기 (1616)	성여신	猴桃(月羅)	불일암 가는 길
		松	녹반암(錄磻巖) 가
		竹, 冬柏	사당(社堂)
유두류산록(1618)	조위한	松, 杉, 檜, 側柏	불일암 가는 길
역진연해군현잉입 두류 상쌍계신흥기 행록(1618)	양경우	松, 楓, 檣, 櫟	신흥동
지리산청학동기 (1640)	허목	松, 竹, 丹楓	불일암
두류록(1680)	송광연	丁公藤(馬架木)	제석당
영남일기(1708)	김창흡	松, 杉	옥보대 곁
		松	덕천서원 앞 못 남쪽
유두류일록(1719)	신명구	竹	살천(薩川)
		竹, 柿	동당곡
두류록(1724)	정식	銀杏木	오대사

유산기명(유산연도)	지은이	수종	지리정보
남유기(1727)	김도수	楓樹, 枏, 檜, 柏	신흥동 위
두류산유행록(1744)	황도익	竹	환학대
유두류록(1752)	박래오	杉, 檜	중산촌 10리 위쪽
		檜, 白芷, 馬蹄草	중봉
		竹, 楓樹, 松, 桂樹	섬진강
유두류록(1807)	하익범	松, 檜, 躑躅花	석문(통천문)
		青藜, 鵑花, 松, 檜, 柏	사자항(獅子項) 가는 길
		松, 檜	세석평전
두류기(1851)	하달홍	檜, 柏, 青藜, 橡木, 青玉, 當歸, 芍藥, 沙蔘	만경대(적석동)
유두류록(1867)	김영조	柿, 楮, 桑	세동(함양)
지리산북록기(1869)	송병준	老松	원수(남원 원천마을)
		老松, 朱木, 梗南, 豫章	내세석
두류유기(1872)	조성렴	楓林	유두류(游頭流)
남유기행(1877)	박치복	楓林	대원사에서 유평촌 행로
두류록(1877)	허유	莎竹	신선너덜에서 국수봉 행로
유쌍계칠불암기(1883)	전기주	栗, 冬柏, 檀	국사암
두류산중문견기(1884)	김종순	橡木	지리산일대
두류록(1887)	정재규	檜, 松	천왕봉
두류산음수기(1895)	조종덕	去滓木	지리산지
화악일기(1901)	문진호	茶	삼신동
유방장록(1902)	송병순	杉, 檜, 橡, 櫟, 馬價木	천왕봉 가는 길
두류록(1903)	안익제	楓林, 竹樹	쌍계석문 입구
두류산기행록(1906)	김교준	梓	지리산지
강우일기(1925)	장화식	骨理木	지리산지
		竹田	덕산동곡
유두류록(1935)	하겸진	丹楓, 柏	신응동 서쪽

「두류기」). 그중 소나무, 잣나무 등은 아고산대에 분포하는 대표적인 침엽수이며, 자작나무[조종덕, 「두류산음수기」(1895)]도 동일한 수직 식생대에 분포하는 식물이다. 지리산지 전역에 널리 분포하는 상수리나무의 열매는 주민들의 구황작물로 흔히 이용되었고, 잣나무 열매는 관에 바칠 공물이기도 했다.

한편, 인공림으로서 집과 마을 뒤에 조성한 대숲에 대한 표현도 종종 있다. "집집마다 큰 대나무가 숲을 이루고(양당마을)", "마을마다 대나무밭을 등지고 있었다(덕산동곡)"고 했다. 전통적으로 대숲은 남부지방에서 집 혹은 마을 뒤란에 심는 나무로서, 먹거리(죽순), 우물의 수원(水源) 유지 및 공급, 토사 유출 및 유입 방지, 맹수로부터의 보호, 방풍(북서풍), 경관생태모듈의 요소 등 다양한 기능을 했다.[41]

이 산은 아래에는 감나무와 밤나무가 많고, 조금 위쪽에는 온통 홰나무(槐)뿐이다. 홰나무 숲 위쪽에는 전나무(杉/檜)인데 절반이나 말라죽어 푸르고 흰 것이 사이사이에 섞여 그림 같다. 맨 위에는 철쭉나무(躑躅木)뿐인데 키가 한 자도 채 안 된다.
- 이륙, 「지리산기」

멀리 바라보니 잡목은 없고 모두 전나무, 소나무, 녹나무(枏)[42]였는데 말라죽어서 뼈대만 남아 있는 것이 3분의 1이나 되었다.
- 김종직, 「유두류록」

세석평전에 이르렀다. … 소나무와 전나무뿐이었다.
- 하익범,「유두류록」

(세석평전)의 나무는 전나무, 잣, 청려목이 많았고, 상수리나무가 절반쯤 되었다. 이곳의 풀은, 청옥, 당귀, 작약, 사삼 같은 것으로 이루 다 기록할 수가 없다.
- 하달홍,「두류기」

양당(壤堂)이라고 하였다. 집집마다 큰 대나무가 숲을 이루고….
- 남효온,「지리산일과」

덕산동곡(德山洞谷)에는 마을마다 대나무밭을 등지고 있었다.
- 장화식,「강우일기」

취락과 주거

조선시대 취락의 계층적 공간 단위는 크게 고을(읍 취락)과 마을로 구성된다. 지리산 주변 고을에 대한 서술은 지리산유산기에서 일부 찾을 수 있으며, 지리산권 행정구역명 제시와 함께 주민들의 의식주가 지리산의 혜택을 입고 있다는 기본적인 인식이 드러난다. 지리산 주변 고을 권역(수)에 대한 인식이 필자에 따라 9개~20개까지 각기 폭넓게 나타나는 현상도 흥미롭다. 이는 지리산이 지역에 차지하는 장대한 면적에서 연유된 것이다.

19세기 초의 사실을 알려주는 「지리산산행기」(1807)에 의하면, 하동 읍치 주변에 수백 가구의 민가들이 산언덕 중턱에 분포해 있었으며, 주민들은 지리산지에서 생산된 죽순, 왕골 등의 임산물이나 섬진강과 남해안에서 얻은 생선이나 소금 등의 수익으로 생계를 유지했음도 알 수 있다.

유산기에서 당시 하동 고을은 쇠잔한 모습으로 기록되었다. 실제 하동 읍치는 조선후기의 100여 년 남짓한 시기에 여러 가지 이유로 여섯 번이나 옮긴 내력이 있다. 그 과정에서 고을 재정은 파탄 나고 민간 생활은 곤궁하였을 것이다. 최종적으로 항촌(項村)으로 옮긴 때는 1745년(영조21)으로, 당시 하동부사는 전천상이었고, 현재의 하동읍사무소(읍내리 1198-1) 자리가 객사와 동헌이 있는 하동 읍치의 공간적 중심이었다. "하동 읍치가 벼랑 중턱에 붙어있었다"는 유산기상의 표현은 현 읍내리의 지형적 조건에 연유하였다.

지리산 주위에 목이 하나, 부가 하나, 군이 둘, 현이 다섯, 부읍(附邑)이 넷 있다. 동쪽은 진주와 단성이고, 남쪽은 곤양, 하동, 살천, 적량, 화개, 악양이고, 서쪽은 남원, 구례, 광양이고, 북쪽은 함양과 산음이다. -이륙, 「지리산기」

지리산 기슭을 빙 두르고 있는 고을은 아홉 개로, 함양, 산음, 안음, 단성, 진주, 하동, 구례, 남원, 운봉이다. -남효온, 「유천왕봉기」

표6 지리산유산기의 취락 및 주거

유산기명(유산연도)	지은이	취락명	주거정보
지리산기(1463)	이륙	군현(郡縣)	지리산권 군현 분포
지리산일과(1472)	남효온	(세석평전)	주거 형태(매사냥꾼 초막)
유천왕봉기(1487)	남효온	군현, 양당(壤堂)	지리산권 군현 분포, 마을경관
유두류산록(1611)	유몽인	영대촌(瀛代村)	
역진연해군현잉입두류 상쌍계신흥기행록(1618)	양경우		마을형태
유두류산록(1643)	박장원	(함허정에서 용유담 일대)	촌락 및 논 경관
두류록(1680)	송광연	미라(彌羅), 보리(菩提), 범왕촌(梵王村), 대비동(大妃洞)	마을형태
유두류일록(1719)	신명구	대차리(大次里)	마을입지(산사면), 마을규모
유두류록(1752)	박래오		마을형태, 마을규모
두류록(1767)	홍 씨	강청촌(江淸村)	마을형태
방장유록(1790)	이동항		마을의 사회적 변동(폐촌)
유두류록(1807)	하익범		지리산권 군현 분포
지리산행기(1807)	남주헌	하동읍	하동읍의 주민생활
두류산기(1810)	정석구		주거지역 및 평가
유두류록(1849)	민재남	율전곡(栗田谷)	마을입지(계류변, 산사면)
유두류록(1867)	김영조		가옥형태, 마을규모
남유기행(1877)	박치복	군현, 유평촌(柳坪村)	지리산권 군현 분포, 마을규모
두류산기(1879)	송병선	내세석(內細石)	마을의 사회적 변동(폐촌)
지리산중문견기(1884)	김종순	악양	도회지 구성 조건
두류산음수기(1895)	조종덕	달궁	마을규모
유두류록(1910)	배성호	정장촌, 창촌	마을규모
강우일기(1925)	장화식	덕산동곡(德山洞谷)	마을경관
두류산유록(1934)	김택술	덕평	마을규모 및 변천
방장산유행기(1940)	정덕영		마을의 사회적 변동(폐촌)

맛있고 특이한 나물과 영험한 약재와 좋은 재목들이 다른 산보다 풍성하여 지리산 가까이의 수십 고을이 모두 그 이익을 누린다.
-하익범,「유두류록」

호남의 13개 고을과 영남의 7개 고을이 실제로 (지리산) 구역에 있다. … 내가 살고 있는 곳은 이 산에서 1백 리도 떨어지지 않아, 먹고 사는 것이 이 산과 접해 있다. -박치복,「남유기행」

하동 읍치는 벼랑 중턱에 붙어 있었는데, 가구 수가 겨우 수백에 불과했다. … 죽순, 왕골, 생선, 소금 등의 수익으로 쇠잔한 민가가 그럭저럭 생계를 유지할 수 있었다. -남주헌,「지리산행기」

지리산권의 마을은 지리산유산기 자료로 다양한 역사지리적 정보를 얻을 수 있다. 우선 마을의 형성 및 변동과 관련하여, 자연적·사회적 배경, 인구의 유입과 유출, 사회적 변동의 역사적 계기, 지리산권 주거지역 평가 등이 있다. 그리고 마을의 입지와 경관에 관련하여, 자연적·지형적 입지유형, 마을 경관 모습, 마을 형태와 규모 등이 나타난다.

지리산에는 정치, 사회, 경제 등의 다양한 이유로 피세(避世)하거나 숨어 사는 사람들이 많았다. 한양과 지리적으로 멀리 떨어져 있고, 골짜기가 깊은 산지여서 사회적으로 관의 간섭에서 자유로운 데다가, 경제적으로 농사도 자급자족해서 지어 먹을 수 있는 조건을 갖췄기 때문이었다. 이미 15세기 중반의「유지리산록」에, 반야봉 주변에는 세상을 피해 사는 사람들이 많았다는 기록이 있다. 1610년의 「두류산일록」을 보면, 임진왜란 이후 전란과 노역으로 피폐한 수많은 외부인이 지리산지에 모여들어 흩어져 살았던 사실도 확인된다.

19세기 후반에 이르러서는 사회적 혼란으로 말미암아 『정감록』류의 도참비결이 민간에 성행하였다. 특히 청학동과 풍수비결이 결합된 형태의 청학동 비결류는 유민(流民)들의 지리산지 유입과 마을 형성에 기폭제가 되었던 것으로 보인다. 「두류산중문견기」(1884)에서, "유민들이 청학동 비결지를 찾아 구름같이 몰려들어 골짜기마다 마을을 이루어 빈터가 없을 정도였다"는 실상은 이러한 정황을 잘 말해준다. 「두류산유록」(1934)에는, 풍수명당지로 알려진 것이 주민 인구의 유입과 유출에 영향을 주었다는 서술도 있다.

반야봉: 세상을 피해 사는 사람들이 이곳에 많이 거주한다.
-이륙, 「유지리산록」

임진왜란을 겪은 뒤 … 노역을 피해 숨어든 무리와 복을 비는 백성들이 날마다 구름처럼 모여들어 봉우리와 골짜기에 어지러이 널려 있는데 ….
-박여량, 「두류산일록」

청학동 비결을 들먹이며 원근에서 구름같이 모여들어 골짜기엔 빈터가 없다. 산꼭대기의 바람 불고 서리 내려 추운 곳까지 찾아와서는, 조금 평평하고 넓은 곳을 구하여 온힘을 다해 집을 지어 거의 촌락을 이루었다.
- 김종순, 「두류산중문견기」

구례 토지면을 지나면서 이른바 금환락지형(金環落地形)의 새로운 명당 터를 보았다. 각처에서 사람들이 다투어 와서 집터를 잡았으나, 대부분 낭패를 보고 들락날락 하는 곳이다.
- 김택술, 「두류산유록」

지리산권 마을이 사회적인 축소를 겪은 대내외적인 계기가 몇 가지 있었다. 대외적 요인으로는 조선중기의 임진왜란이었다. 1610년에 쓰인 「두류산일록」을 보면, 임진왜란 당시에 지리산권역 역시 많은 피해를 입어 수많은 사람들이 죽고 폐촌이 되었음이 확인된다. 그리고 대내적으로 조선후기에 고을 관리들의 착취나 과도한 공납의 요구로 인한 주민의 사회적 변동이 컸다(「방장유록」, 「두류산기」). 이후 일제강점기에는 화전의 금지 등과 같은 일제의 강압에 의한 외부적 요인으로 마을이 축소되거나 폐동되는 경우가 많았다(「방장산유행기」).

임진왜란을 겪은 뒤 사람들이 백에 하나도 남지 않을 정도로 죽어 마을이 쓸쓸해져서 다시는 옛날의 모습이 아닌데···.
- 박여량, 「두류산일록」

산속에서 사는 백성들이 공납하는 벌꿀 및 각종 공물의 수량이 수십 년 전부터 해마다 증가하여 도망친 자들이 과반이나 된다고 하였다. … 재물을 탐하는 관리들에게 착취를 당하여 편안히 살아갈 수 없게 되었으니 안타깝다. -이동항,「방장유록」

내세석(內細石)으로 … 예전에 수십 가구가 살았는데 관에 의해 집이 헐리고 쫓겨났다고 한다. -송병선,「두류산기」

장암(場巖)에는 예전에 서너 채의 집이 있었는데 화전이 엄격히 금지되어 모두 쫓겨나고 산막 한 채만 남아 있네.
-정덕영,「방장산유행기」

19세기 초반을 기준으로 지리산지의 대표적인 주거지역과 그 지역이 어떻게 평가되는지의 견해를 밝힌「두류산기」(1810)의 서술도 관심을 끈다. 산내(운봉), 엄천·마천(함양), 쌍령·생림(산청), 횡계·덕산·청암(진주), 횡보·악양·화개(하동), 토지·마산·방광(구례), 소의·산동·원천(남원)이 지리산권의 주요 주거지역으로 꼽혔고, 그중에서 살기 좋은 곳으로는 토지가 제일이고, 이어 화개, 엄천·마천 순이라고 했다. 그리고 악양은 넓은 들판과 많은 인구로 물자의 유통이 원활하여 큰 도회지를 이룬다고도 했다(「두류산중문견기」).

주거지로 운봉의 산내, 함양의 엄천·마천, 산청의 쌍령·생림, 진주의 횡계·덕산·청암, 하동의 횡보·악양·화개, 구례의 토지·마산·방광, 남원의 소의·산동·원천이 있는데, 살기 좋은 곳으로는 토지가 제일이고, 화개가 다음이고, 엄천·마천이 다음이다.
-정석구, 「두류산기」

진주재 이남은 큰 들판이 펼쳐진 악양으로 유명하다. 사람들이 많이 살고 물자가 유통되어 하나의 도회지가 되었으니, 쌍계사 등의 골짜기와는 비할 바가 아니다. - 김종순, 「두류산중문견기」

마을의 입지요인으로서 자연조건으로는 물, 경사도, 향, 고도, 토양 등을 들 수 있고, 인문조건으로는 공동체, 교통, 문화적 요인 등이 있는데, 둘은 상호 영향을 미치며 결합되어 있다. 선행연구에 의하면, 지리산지의 촌락입지 유형은 지형적 조건에 따라 계류변 완경사면, 산사면, 산간분지, 고위평탄면의 네 가지로 분류된 바 있다.[43]

지리산유산기에서도 촌락의 지형적 입지에 대한 다수의 묘사가 나온다. 민재남은 계류변 완경사면과 산사면 입지를 말하고 있고, 신명구는 산간분지의 입지, 그리고 김종직은 고위평탄면 입지를 묘사하고 있다.

율전곡(栗田谷)에 이르자 양쪽으로 마을이 있었는데, 서쪽 마을은 개울가에 임해 있어 땅이 평평했고, 동쪽 촌락은 언덕 위 지세가 비스듬한 곳에 있었다. - 민재남, 「유두류록」

살천(薩川)으로 들어갔다. … 동네 골짜기는 겹겹이 산으로 막혀 있는데, 그 형세가 아주 포위하여 감싼 듯하였다.
 - 신명구, 「유두류일록」

세석평전에 다다랐다. 평평하고 광활한 땅이 5~6리쯤 펼쳐져 있었다. … 물가의 초막 두어 칸을 살펴보니, 울타리를 둘러쳤고 흙으로 만든 구들이 있었다. - 김종직, 「유두류록」

지리산지 촌락의 형태를 나타낸 기록도 보인다. 촌락의 형태는 밀집도에 따라 집촌(集村)·소촌(小村)·산촌(散村) 등으로 나뉜다. 지리산지에는 화전이나 매사냥 등으로 인한 산촌이나 소촌 형태도 많았지만,[44] 지리산유산기에는 행로상에 분포한 집촌에 대한 표현이 대부분이다. "촌락이 오밀조밀 붙어 있는데…"(송광연), "처마를 나란히 했다"(박래오), "촌락이 모여 있었다"(홍 씨)는 등의 표현은 집촌의 형성 사실을 드러낸다.
지리산지 집촌의 가구 수(戶數)와 규모의 표현도 간간이 나온다. 이들 자료는 유산기가 작성된 당시의 마을 가구 수 정보를 일러준다. 집촌에 대한 기록은 시기상으로 모두 17세기 후반 이후의 유산기에서 나타나므로, 당시 지리산지의 벼농사 발달과 함께 집촌화가 진행된 것으로 보인다. 19세기 초반의 가구 수 통계에 의하면, 지리산지의 시천·삼장·마천지역에는 10~30호 규모의 마을이 절반을 차지했고, 60호 이상의 큰 마을은 희소했음을 알 수 있다.

표7 지리산유산기의 마을 및 가구

유산기명(유산연도)	지은이	마을 이름(위치)	가구 규모
유두류일록(1719)	신명구	살천 너머 마을	20호
		동당곡 깊은 곳 마을	40~50호
유두류록(1752)	박래오	신천리 협곡 안	수십 호
유두류록(1867)	김영조	두류암 주변	수십 농가
남유기행(1877)	박치복	유평촌	수십 채
두류산음수기(1895)	조종덕	달궁	70여 호
유두류록(1910)	배성호	창촌	100여 가구
두류산유록(1934)	김택술	덕평	6~7호

삼신동에서 10리쯤 가자 평평하고 넓은 동네가 나왔다. 촌락이 오밀조밀 붙어 있는데, 동쪽 마을을 미라(彌羅)라 하고, 서쪽 마을을 보리(菩提)라 하였다. -송광연, 「두류록」

살천으로 들어갔다. … 그 속에 한 마을이 있는데, 대략 20여 호가 살고 있었다. -신명구, 「유두류일록」

동당곡으로 들어갔다. 마을은 산속의 가장 깊은 곳에 있었다. … 민가는 40~50호 정도였다. -신명구, 「유두류일록」

신천리 동구 밖에 이르렀다. … 이런 곳에도 오히려 민가가 수십 호나 있었다. 이들은 처마를 나란히 하고 살며 … .
-박래오, 「유두류록」

강청촌(江淸村)이 있었다. 골짜기의 형세는 매우 깊었고 촌락은 산 아래 모여 있었다. -홍 씨,「두류록」

언덕을 넘어 두류암에 이르니 농가 수십 호가 있었는데….
-김영조,「유두류록」

띠집 수십 채가 자연스럽게 촌락을 이루고 있었다. 내가 마을 이름을 묻자 유평촌(柳坪村)이라 했다. -박치복,「남유기행」

달궁은… 가구 수는 거의 70여 호에 이르며 경작을 할 수 있어 추위와 굶주림을 면할 수 있다. -조종덕,「두류산음수기」

창촌에 이르렀다. … 거주하는 사람이 백여 가구인데….
-배성호,「유두류록」

덕평은 모두 20호가 이주해 왔으나 현재 6~7호 남짓만 남아있다.
-김택술,「두류산유록」

지리산유산기에 표현된 지리산지의 마을경관은 어떠한 모습이었을까? 15세기 및 20세기의 유산기에 의하면, 지리산 외곽(산청 시천면) 마을 주위로는 감나무와 밤나무, 그리고 대나무가 둘러 있었다고 했다. "촌락에는 반드시 논이 있었다"(박장원)는 기술로 보아, 함양의 함허정에서 용유담에 이르는 일대의 마을에는 17세기 중반에 이미 벼농사가 일반적으로 행해지고 있었음도 확인된다. 산간 마을의 가옥 형태로서, 19세기 중엽의 유산기에는 띠를 얹은 지붕의 나무집 주거 모습도 드러난다(김영조, 박치복).

양당45이라고 하였다. 집집마다 큰 대나무가 숲을 이루고 감나무와 밤나무가 뒤덮고 있었다. – 남효온, 「지리산일과」

덕산동곡에는 마을마다 대나무밭을 등지고 있었다.
 – 장화식, 「강우일기」

이곳은 용유담에서 20여 리쯤 되는데, 그 사이로 왕왕 몇 채의 촌가가 보였다. 촌락에는 반드시 논이 있었는데, 모두 비옥하고 넉넉하여 살 만한 곳이었다. – 박장원, 「유두류산기」

두류암(頭流菴)에 이르니 농가(田家) 수십 호가 있었는데, 모두 띠(茅)로 지붕을 얹고 나무를 얽어 살고 있었다.
 – 김영조, 「유두류록」

띠집(茆屋) 수십 채가 자연스레 촌락을 이루고 있었다. … 유평촌(柳坪村)이라 했다. – 박치복, 「남유기행」

토지이용과 농경조건

지리산지 촌락의 형성과 경관은 농업 발달 및 농경지 개간 과정과 긴밀한 관계를 맺고 있다. 특히 조선시대의 촌락 발달은 수전 농업의 발달에 따른 농업생산력의 증대와 밀접한 관련을 지닌다.[46] 지리산유산기에서도 주민들의 경작과 농지 개간에 대한 언급이 여러 차례 나온다. 고도대에 따른 토지이용, 화전 개간 및 일제강점기의 사회적 축소, 벼농사와 관련한 관개 기술 및 모내기 등의 내용이 있고, 지리산지의 주요 농업지역에 대한 표현도 있다.

지리산지에서 농경의 기원은 고대로 거슬러 올라가지만, 조선초기에 와서 화전 등의 형태로 민간에 의해 본격화했고, 특히 농지조성은 조선후기에 집중적으로 이루어졌다. 조선초기의 「유두류록」(1489)에는, 지리산지에 인구가 증가하면서 주민들이 생업을 위해 높은 지대와 깊은 골짜기까지 화전을 개간하려는 경작 압력의 사회적 한 단면이 나타나 있다. 이윽고 19세기의 「유두류록」(1849)에는 산비탈의 자투리땅까지 숙전(熟田: 밭)이 조성된 상황이 표현됐다.

지리산지의 주민들은 산지지형에 적응하는 형태의 농경생활을 하면서 생계를 유지해 나갔다. 고도에 따른 토지이용 방식에 관해 「두류산기」(1810)에는, "높은 지대는 화전을 일구고, 낮은 지대의 완만한 경사지는 논농사를 했다. 농사가 어려운 곳 주민들은 임산물을 활용한 목기, 양잠 등 제조업을 하며 생업을 꾸

표 8   지리산유산기의 산지이용 및 농경

유산기명(유산연도)	지은이	산지이용 및 농경정보
유천왕봉기(1487)	남효온	관개(用水源)
유두류록(1489)	김일손	화전 개간
유두류산록(1611)	유몽인	관개용수의 운반(深水路)
유두류산기(1643)	박장원	수전(水田)
방장유록(1790)	이동항	농지 개간, 나무 식재, 닥나무
두류산기(1810)	정석구	화전, 농경, 수공(手工), 양잠
유두류록(1849)	민재남	모내기, 개간
두류록(1877)	박치복	화전
유쌍계칠불암기(1883)	전기주	화전
두류산유록(1934)	김택술	화전의 사회적 금지
방장산유행기(1940)	정덕영	화전의 사회적 금지

렸다"고 하였다. 지리산지의 주요 농업지역에 대해서, 특히 "엄천·마천은 많은 농지가 빈틈없이 경작되었다"고 「방장유록」(1790)은 언급했다.

좌방사(坐方寺)에 도착하였다. 절 앞의 밤나무가 모두 도끼에 찍혀 넘어져 있었다. 승려에게 물었더니, "밭을 일구려는 사람들이 그렇게 한 것인데, 못하게 해도 소용이 없습니다"라고 했다. 내가 탄식하며 말하기를, "높은 산 깊은 골짜기까지 개간하여 경작하려 하니, 나라의 백성이 많아진 것이다.…"라고 하였다. – 김일손,「유두류록」

봉우리에서 내려와 오봉촌을 지나는데 … 농부 두 사람이 보였고 한 사람은 모를 심고 한 사람은 모를 지고 있었다.

율전곡(栗田谷)에 이르자 양쪽으로 마을이 있었는데… 산비탈의 조각조각 밭은 바위를 둘러싼 곳에 보리가 누렇게 익었고, 가파른 비탈에는 콩이 푸르렀다. -민재남, 「유두류록」

산에서 생활하는 사람들이 의지하여 생계를 유지하기 위해 높은 지역은 화전을 일구고, 나지막이 경사가 완만한 곳은 논농사를 지으며, 곡식 농사가 되지 않는 곳은 목기를 만들거나 누에를 칠 뿐이다. -정석구, 「두류산기」

엄천과 마천은 60리 큰 골짜기에 벼와 보리를 심는 농지를 만들어 조금의 땅도 묵히는 것이 없었다. -이동항, 「방장유록」

지리산지의 화전 개간은 인구 유입이 본격적으로 시작된 17세기에 이르자 활발하게 진행되었다. 이후 19세기에 걸쳐 토지에서 유리된 농민, 각종 자연재해로 발생한 유민, 동학농민전쟁의 피난민 등으로 인구가 급증하여 화전 조성이 계속되었다.[47] 지리산유산기에서 화전 기록은 「두류산기」(1810), 「두류록」(1877), 「유쌍계칠불암기」(1883) 등 19세기 문헌에 집중되어 있다.

일제강점기에 들어서자 지리산지의 화전 경작은 급격히 위축되었다. 일제는 합방 이듬해(1911)에 조선삼림령(朝鮮森林令)을 제정하고 화전 개간을 금지하는 정책을 폈다. 그 결과, 유산기에도 언급하고 있지만, 지리산지에서 화전으로 생업을 유지하던 주민들은 강제적으로 쫓겨나고 경작을 금지 당했다(「방장산유행기」, 1940).「두류산유록」(1934)에서, "일본의 법령은 미치지 않은 곳이 없다. 산을 국유지라고 하여 숲을 불태워 밭을 일굴 수도 없다"는 표현은 이러한 당시의 정황을 생생히 보여준 것이다.

> 산에서 생활하는 사람들이 생계를 유지하기 위해 높은 지역은 화전을 일구고….
> ―정석구,「두류산기」

> 신선너덜에 이르렀다. … 이곳은 모두 이전에 화전이었다고 한다.
> ―허유,「두류록」

> (삼신동) 좌우의 집들은 언덕에 기대어 마을을 이루고 있었는데, 곳곳마다 화전 연기가 일어났다.
> ―전기주,「유쌍계칠불암기」

> 장암(場巖)에는… 화전이 엄격히 금지되어 모두 쫓겨나고….
> ―정덕영,「방장산유행기」

> 지금은 일제가 집권하고 있어 백성들이 제대로 살 수가 없다. 그래서 떠돌아다니다가 이곳까지 흘러들어와 산을 개간해 감자로 연명한다. 그런데 일본의 법령은 미치지 않은 곳이 없다. 산을 국유지라고 하여 숲을 불태워 밭을 일굴 수도 없다.
> ―김택술,「두류산유록」

지리산지 농경의 대표적인 특징으로는 벼농사와 관개기술을 꼽을 수 있다. 17세기 후반부터 지리산지에는 벼농사가 본격화되었다.[48] 일반적으로 조선시대에 수전 농업은 개간이 용이한 소규모 하천유역에서 보다 일찍이 발달할 수 있었다.[49] 17세기 유산 기록으로,「유두류산기」(1643)는 함양 용유담 일대 지리산지 벼농사의 일반적인 상황을 적었다. 특히「방장유록」(1790)에서 언급한 대로 조선후기에 와서 특정 지역은 벼농사가 매우 활발하였음도 알 수 있다.

지리산지 벼농사의 관개(기술)에 대해 눈에 띄는 유산기의 대목을 보자. 관개에 쓰인 용수원(用水源)을 표현한 기록이 조선전기의「유천왕봉기」(1487)부터 나타난다.「유두류산록」(1611)에도 "물 대는 도랑"이라고 하여, 관개용수를 운반하는 수전 기술의 일반적 형태인 보수로(洑水路) 표현이 나온다.「유두류록」(1849)에는 주민의 모내기 풍경이 묘사되기도 하였다. 조선후기에 지리산지까지 일반화되었던 파종법인 이앙법(移秧法)의 장면을 보여준다. 그 현장인 오봉촌은 현재 오봉마을(경남 산청군 금서면 오봉리)로서 해발 550m 고지에 있는 산지촌이다. 이앙법은 조선초기까지 영남지방의 일부 지역에서 실시되다가 17세기 이후에 전국적으로 확대되어 쌀 수확량의 증대를 가져왔다.[50]

> 용유담에서 20여 리쯤 되는데, 그 사이로 왕왕 몇 채의 촌가가 보였다. 촌락에는 반드시 논(水田)이 있었는데…경작지는 모두 벼농사에 맞네. -박장원.「유두류산기」

엄천과 마천은 60리 큰 골짜기에 벼와 보리를 심는 농지를 만들어 조금의 땅도 묵히는 것이 없었다. -이동항,「방장유록」

냇물은 관개(灌漑)에 쓰이고….
-남효온,「유천왕봉기」

실덕리를 지나면서 들밭(野田)이 보였다. 처음 물 대는 도랑에 맑은 물이 넘쳐 흘러내렸다. -유몽인,「유두류산록」

오봉촌을 지나는데…농부 두 사람이 보였는데, 한 사람은 모를 심고 한 사람은 모를 지고 있었다. -민재남,「유두류록」

생업과 산물

유산기에 나타난 지리산 주민들의 주요 생업과 산물은 임산물 채취, 농작물(식량과 환금작물) 및 닥나무 재배, 공산품 제조 등으로 나뉘고, 그밖에도 관에 바치는 공물 등이 있었다.

주민들이 산에서 채취하는 임산물로는 산나물, 상수리, 쑥, 약초, 고로쇠 등이 있었다. 그중에서 쑥과 상수리는 지리산지에 흔하여 구황 양식으로 널리 채취되었다(김종순, 정종엽). 감자는 19세기 이후에 도입된 후 재배되었는데,「두류산유록」(1934)에 덕평(하동 대성리)의 감자 기록이 나오는 것으로 보아, 당시에 이미 산지의 높은 지대까지 널리 생산한 것으로 보인다.

산에서 나는 산물로는 약초와 산나물, 닥나무, 옥나무, 감, 밤 등이 많이 생산된다. - 석웅윤,「지리산기」

깊은 산속의 사람들은 산에서 나는 나물과 과실을 먹고 산다. 산에 가득한 것은 상수리나무로, 가을이면 상수리가 골짜기에 가득하여 어린아이도 양식거리를 주울 수 있다. - 김종순,「두류산중문견기」

(학동은) 쑥과 도토리가 풍족해 구황 때 주린 배를 채울 수 있습니다. - 정종엽,「유두류록」

(순두류는) … 산약이나 피나무, 도토리나 개암 등을 먹고 ….
– 곽태종,「순두류록」

지리산에는 고로쇠나무(骨理木)가 있는데 그 껍질을 벗기면 수액이 방울져서 ….
– 장화식,「강우일기」

덕평은 오곡이 자라지 않고 감자만 생산된다고 하였다. 해마다 감자 수확량이 줄어서 식량 사정이 어렵다고 한다.
– 김택술,「두류산유록」

표9 지리산유산기의 생업 및 산물

유산기명(유산연도)	지은이	생업 및 산물정보
유두류록(1472)	김종직	임산물 채취, 매사냥(공물)
유천왕봉기(1487)	남효온	농산물 생산, 임산물 채취, 매사냥, 공산품 제조
유두류록(1489)	김일손	공산품 제조
두류산일록(1610)	박여량	농산물 생산
유두류산록(1611)	유몽인	매사냥(공물)
유두류록(1867)	김영조	닥나무 재배
두류록(1680)	송광연	매사냥(공물)
남유기(1727)	김도수	유통과 교역
방장유록(1790)	이동항	임산물 채취, 공산물 제조, 농산물 생산
지리산기(1803)	석응윤	임산물 채취, 농산물 생산
유두류록(1807)	하익범	유통과 교역
두류산기(1810)	정석구	유통과 교역
유두류록(1867)	김영조	닥나무 재배
두류산중문견기(1884)	김종순	구황식물 채취
두류록(1887)	정재규	닥나무 재배
화악일기(1901)	문진호	차 재배
유두류록(1909)	정종엽	구황식물 채취
유두류록(1910)	배성호	농산물 생산
순두류록(1922)	곽태종	임산물 채취
강우일기(1925)	장화식	임산물 채취
두류산유록(1934)	김택술	농산물 생산

주거지 주변에서 얻는 농작물로는 식량작물과 환금작물이 있었다. 식량작물로는 콩 등이 있고, 환금작물의 종류로는 감, 밤, 배, 연초, 차, 벌꿀 등이 있었다. 17세기 초반의 「두류산일록」(1610)에 의하면, 함양 마천지역 많은 주민은 감을 따서 생계를 꾸렸음도 확인된다. 지리산지의 대표적인 환금작물로는 연초,

약초, 차 등이 기록됐다. 20세기 초반에 주민의 생업현장을 드러낸 사실적인 묘사로서는 "하동의 화개계곡(삼신동)에는 찻잎을 따는 아낙들이 산에 가득했다"는 「화악일기」(1901)가 있다.

음지촌, 양지촌의 토산물을 물으니 콩, 나물, 무라고 하였고, 돈벌이 되는 물건을 물으니 담사초(澹娑草)뿐이라고 하였다.
-배성호,「유두류록」

실덕(實德),51 마촌(馬村), 궁항(弓項) 등의 마을이 있었다. 곳곳에 감나무가 서 있는데… 산속에 사는 백성들이 이 감을 따서 생계를 꾸려간다. -박여량,「두류산일록」

삼신동에 이르렀다. 차 싹이 한창 피어나 찻잎을 따는 아낙네가 산에 그득하였다. -문진호,「화악일기」

창촌에 이르렀다. … 청리(靑梨), 유목(油木), 호도가 생산된다.
-배성호,「유두류록」

(순두류는) … 좁은 집에서 담배나 목공으로 생업을 삼고….
-곽태종,「순두류록」

화개시장 위쪽에서부터 벽소령 밑에 이르기까지는… 곡식과 과실이 모두 넉넉하고 연초가 많이 생산된다. -김택술,「두류산유록」

지리산지 주민들은 생업으로 닥나무 재배도 많이 했다. 닥나무는 제지의 원료가 된다. 지리산지는 곳곳에서 자생하는 닥나무와 맑고 풍부한 계류를 바탕으로 일찍부터 제지가 활발했고, 전역에 닥나무를 재배했다.[52] 조선초기의 『세종실록』 지리지에, 지리산권역 5개 군현의 공물(土貢)로 제지가 모두 포함되어 있어 당시 정황을 잘 드러낸다.[53] 18세기 후반과 19세기 중반, 함양의 엄천과 마천, 그리고 세동마을에 닥나무가 있다는 기록도 나온다. 1887년의 유산기에는 관청의 경작 독점과 방해로 인해 지리산지 민간인들의 생업이 되었던 닥나무 밭이 황폐해졌음도 적고 있다.

그 밖에 산지 주민들이 제조하는 공산품으로 농기구 및 목기, 죽전(竹箭)에 대한 언급도 각각 김일손의 「유두류록」(1489)과 이동항의 「방장유록」(1790)에 나온다.

엄천과 마천은 … 뽕나무, 삼나무, 닥나무, 옻나무를 심고 … .
-이동항, 「방장유록」

세동(細洞)에 이르니 … 닥나무, 뽕나무가 양쪽으로 둘러있었다.
-김영조, 「유두류록」

횡계마을이었다. … 사방이 모두 닥나무 밭이었다. 기억해 보니 예전 이 산에 사는 사람들에게 들은 말이 있는데, "산사람이 생업으로 할 것은 오직 닥나무를 기르는 것밖에 없는데, 근래 닥나무 또한 관

청에서 독점하고 관인들이 은근히 농사를 못 짓게 하여 닥나무 밭
이 거의 황폐해졌다"라고 하였다.
- 정재규, 「두류록」

주민들이 나무를 휘거나 쇠를 달구어 농기구를 만드는 것으로 생
업을 삼고 있었다. 5리를 벗어나 묵계사에 당도하였다.
- 김일손, 「유두류록」

엄천과 마천은 … 죽전과 목기를 만들고 ….
- 이동항, 「방장유록」

한편, 지리산지 주민들이 관에 바쳐야 할 공물로는 매, 잣, 벌
꿀 등이 있었다. 유산기에는 공물로 바치기 위한 목적의 매사냥
에 대한 자세한 묘사가 15세기 후반~17세기 후반의 기록에 나
타나 인상적이다. 「유두류록」(1472)에 매를 잡기 위한 초막 기록
이 나올 정도로 매사냥의 유래는 오래됐다. 「유두류산록」(1611)
에서 매사냥꾼들은 매년 8, 9월이 되면 그물을 치고 매를 잡는
데, 움막에서 밤낮으로 사냥하며 살다 생을 마친다고 했다. 그 이
유는 관아에서 매사냥꾼들에게 공납을 재촉하기 때문이라는 것
이다. 지리산지 주민들이 관아에 바치는 공물은 매뿐만이 아니라
잣, 벌꿀 등도 있었다. 18세기 후반에 와서는 관아의 착취로 인
해 공물의 수량이 해마다 증가하여, 결국 살지 못하고 도망친 주
민들이 과반수에 이른다고 「방장유록」(1790)은 증언하고 있다.

세석평전(洗礀原)에 다다랐다.… 물가의 초막 두어 칸을 살펴보니, 울타리를 둘러쳤고 흙으로 만든 구들이 있었다. 이 집은 매를 잡는 초막이었다. - 김종직, 「유두류록」

사당 밑에 작은 움막이 있었는데, 승려가 말하기를, "이는 매를 잡는 자들이 사는 움막입니다"라고 하였다. 매년 8, 9월이 되면 매를 잡는 자들이 봉우리 꼭대기에 그물을 쳐놓고 매가 걸려들기를 기다린다고 한다. … 그들은 눈보라를 무릅쓰고 추위와 굶주림을 참으며 이곳에서 생을 마치니 ….
- 유몽인, 「유두류산록」

앞뒤 산 정상의 조금 평평하고 넓은 곳에 매사냥꾼들이 매 잡는 그물을 설치해 놓고서, 소나무, 노송나무의 가지와 잎으로 항아리 모양의 움집을 만들어 놓고 그 안에 몸을 숨기고 있다. … 관아의 관원들이 급하게 매를 공납하라고 하기 때문에 감히 안일하게 지내지 못하니, 그 또한 애처로울 따름이다. - 송광연, 「두류록」

잣이 많아 이 지역주민들은 매년 가을이 되면 잣을 따서 공물의 수량을 채워야 한다. - 김종직, 「유두류록」

산속에서 사는 백성들이 공납하는 벌꿀 및 각종 공물의 수량이 수십 년 전부터 해마다 증가하여 도망친 자들이 과반이나 된다고 하였다. - 이동항, 「방장유록」

시장과 유통

지리산유산기에서 지리산권의 유통과 교역에 대한 서술은, 18세기 초~19세기 초반의 작품에서 구례와 하동의 경계에 있는 화개장터에 한정되어 서술되었다. 화개장터는 지리산권역에서도 산과 강, 바다에서 나는 물산이 모이고 유통하는 가장 활발한 도회지였다. 유산기에는 화개장터의 장날 풍경이 생생하게 묘사되었고, 매매 품목, 물산의 규모와 유통 범위 등이 기록됐다. 19세기 초의 지리산유산기(김도수, 하익범)에는 화개장터의 장날 풍경과 매매 품목, 어선과 상선의 규모 등에 대한 묘사가 있고, 정석구의 「두류산기」에서는 장터의 모습, 물산의 규모, 물자 유통 범위 등이 기록되어 있다.

장날이었다. 이곳은 영호남 사람이 교역하는 지점으로, 돈이 모여들고 장사꾼들의 물건 파는 소리가 시끄럽게 끊이지 않았으며, 산나물과 해산물이 매우 많았다. - 김도수, 「남유기」

화개동에 이르렀다. 고깃배와 장삿배가 북적거리는 것을 보니 호남과 영남이 만나는 도회지였다. … 천천히 걸어서 악양의 시장까지 갔다. - 하익범, 「유두류록」

섬진강 하류 동쪽 언덕이 이른바 두치시인데 영남과 호남의 사람들이 크게 모이는 대도회지이다. 매번 장날이 되면 섬에서 온 수백

표10 지리산유산기의 시장 및 유통

유산기명(유산연도)	지은이	시장 및 유통정보
남유기(1727)	김도수	(화개장)
유두류록(1807)	하익범	화개동
두류산기(1810)	정석구	두치시(豆峙市)

척의 배가 해산물을 싣고 거슬러 올라오고, 강에서 내려온 배 10여 척은 육지에서 난 물산을 포장하여 강을 따라 내려와 긴 언덕에 줄지어 정박한다. … 부유하고 큰 규모의 장사치와 거간꾼들이 줄지어 가게를 열고서 다투듯이 소란스럽게 외쳐댄다. … 물자는 두치로부터 개치, 원탑교, 연곡, 구례읍, 산동, 남원부, 번암, 장수읍, 운봉읍, 인월, 마천 등의 시장까지 유통된다. – 정석구, 「두류산기」

신앙과 풍속

지리산은 고대부터 국가의 제장(祭場)이었던 영산(靈山)의 상징성으로 말미암아 여러 민속신앙 경관도 형성되었다. 남악사와 같은 국가적 제의소도 있었지만, 민간신앙소도 다수 만들어졌고 조선후기까지 번성했음을 지리산유산기에서 확인할 수 있다.

선행 연구에서는 지리산유산기에 등장하는 신사(神祠)와 명칭, 사당의 형태 등에 대해 정리된 바 있지만,[54] 이 책은 주민생활사와 관련한 신앙소의 위치 및 형태, 신당의 관리 및 운영주체 등에 초점을 두고 변화 모습을 살펴보기로 한다.

표11 지리산유산기의 신앙 풍속

유산기명(유산연도)	지은이	신앙 풍속정보
유지리산록(1463)	이륙	성모 사당
유두류록(1472)	김종직	성모 사당 건물 및 주위 경관, 성모 형태
두류산일록(1610)	박여량	백모당, 제석당, 천왕당, 용왕당, 서천당, 천왕당 형태
유두류산록(1611)	유몽인	성모당 주변 경관, 성모당 관리 및 운용
유두류록(1752)	박래오	신당(성모당) 형태, 법계당, 신앙 모습, 호귀당
두류록(1767)	홍 씨	백모당 형태 및 신앙 모습, 성모당 관리 및 운용
방장유록(1790)	이동항	용왕당, 백무당(관리), 제석당, 성모당 이축 및 자리이전
지리산산행기(1807)	남주헌	성모당 형태, 성모 석상 모양
두류산기(1879)	송병선	성모당 형태, 성모 석상 모양

「두류산일록」(1610)에 의하면, 지리산 민간신앙소로서는 천왕당(성모당)을 위시하여 백모당, 제석당 등이 조선중기 이전부터 있었고, 용왕당(龍王堂)[55]과 서천당(西天堂) 등은 후기에 새로이 조성되었다고 했다.

> 임진왜란을 겪은 뒤 … 무당이나 승려 같은 무리들은 옛날에 비해 더욱 번성하고 있다. … 백모당, 제석당, 천왕당 등은 모두 옛날에 지은 것이고, 용왕당, 서천당 등은 새로 지은 것이다.
> – 박여량, 「두류산일록」

그 밖에도 지리산에는 산신당(山神堂),[56] 가섭전(迦葉殿),[57] 호귀당(護鬼堂)[58] 등의 여러 민간신앙소가 있었다. 위 유산기에도 지적했듯이 임란을 겪고 난 후 사회적인 혼란과 경제적 피폐로 인하여 지리산지에 무당이나 승려들이 더욱 많아지고 민간신앙소도 여러 개 새로 생겨났음을 알 수 있다.

성모당(상당·천왕당)은 지리산의 가장 대표적인 민간신앙소였다. 조선전기 기록인 「유지리산록」(1463)에는 "산 인근의 사람들 중에 질병이 있다거나 큰일이 있을 때에는 반드시 성모에 기도했다"고 적혀 있다. "산속의 여러 사찰에서도 성모를 모시는 사당을 세우고 제사했다"는 기록이 있어 관심을 끈다.

지리산유산기에 의하면 조선시대에 성모당의 내·외부 시설은 여러 번의 변모 과정을 거쳤음을 확인할 수 있다. 우선, 건물 구조와 내부 모습이 어떠했는지 유산기 자료를 토대로 재구성해보자. 「유두류록」(1472)에 의하면, 15세기 말의 사당 건물은 세 칸짜리 판잣집이었으며, 성모는 석상으로 목에는 갈라진 금이 있었고, 사당 동쪽의 돌로 쌓은 단에는 부처가 놓여 있었음을 알 수 있다. 이후 어느 시기에 성모당은 한 칸 판잣집으로 되었다가 다시 세 칸 판잣집으로 복원되었으며, 내부의 크기는 수십 명이 앉을 수 있을 규모였다는 사실이 「두류산일록」(1610)에서 확인된다. 봉우리 밑에는 기도객들이 묵는 판잣집도 빙 둘러 있었다(유몽인). 18세기 중반의 기록에 의하면, 대청 가운데에 불 피우는 곳이 있었고, 성모상은 탁상 위에 있었으며(박래오), 다시 18세기 후반의 「방장유록」에는, 성모당의 자리 이전과 이축 사실을 전한다. 19세기 초의 기록으로는 성모상 정수리의 흠집 자국이나(남주헌), 19세기 후반에 한 칸 판잣집 사실도 확인된다(송병선).

산 인근의 사람들은 모두 성모천왕을 신령으로 여겨 질병이 있으면 반드시 성모에게 기도한다. 산속에 있는 여러 절에서도 사당을 세우고 성모에게 제사하지 않는 데가 없다. -이륙, 「유지리산록」

사당 건물은 세 칸뿐이었다. 엄천리 사람이 새로 지었는데, 나무판자로 지은 집으로서 못질이 매우 견고하였다. 사당 안벽에는 두 승려의 화상이 그려져 있었다. 성모는 석상인데, 눈과 눈썹 그리고 머리 부분에 모두 색칠을 해 놓았다. 목에 갈라진 금이 있어 그 까닭을 물으니, "태조께서 인월에서 왜구를 물리치던 해에 왜구들이 이 봉우리에 올라 칼로 석상을 쪼개고 갔는데, 후세 사람들이 다시 붙여 놓았다고 합니다"라고 하였다. 동쪽으로 움푹 팬 곳의 돌로 쌓은 단에는 부처가 놓여 있었다. -김종직, 「유두류록」

봉우리 위에 판잣집이 있는데, 이 또한 전에 본 그 모습이 아니었다. 전에는 단지 한 칸으로, 지붕은 판자를 덮고 돌로 눌러서 비바람에 날아가지 않게 한 정도였다. 그런데 지금은 그 규모를 넓혀 세 칸 집을 지었는데, 판자에 못을 박고 판자로 둘러친 벽 바깥에 돌을 에워싸 매우 견고하게 만들었다. 그 안에는 수십 명이 앉을 수 있다.
-박여량, 「두류산일록」

봉우리 밑에 벌집 같은 판잣집을 빙 둘러 지어 놓았는데, 이는 기도하러 오는 자들을 맞이하여 묵게 하려는 것이다.
-유몽인, 「유두류산록」

신당(성모당) 안으로 들어가니 무당 6~7인이 있었다. 건물의 구조는 법계당과 조금도 차이가 없었으나, 온돌 한 칸이 없을 따름이었다. 아래쪽 대청 가운데에 빈자리가 있었는데 불을 피우는 곳이었다. 탁상 위에는 큰 소상(塑像) 한 구가 중간에 근엄하게 안치되어 있었다. -박래오,「유두류록」

판옥으로 만든 이 당에도 부인 석상이 안치되어 있었는데, 예로부터 석가모니의 어머니 마야부인으로 일컬어졌다. 이 당옥은 일월대 위에 있었는데, 언제 일월대 아래로 옮겨 세웠는지 알 수 없다.
-이동항,「방장유록」

판자로 지은 집이 있는데 성모당이었다. 돌을 깎아 만든 석상이었다. 눈썹과 눈, 쪽머리는 모두 장식을 한 것이었다. 성모의 정수리에 흠집 난 자국이 있었는데….
-남주헌,「지리산산행기」

돌을 쌓아 울타리 친 보루에 한 칸의 판잣집만이 겨우 세워져 있었다. 그 집 안에 돌로 만든 부인상이 안치되어 있었는데, 이런 까닭으로 천황봉이라 이름하게 된 것이다. -송병선,「두류산기」

조선중기에 성모당의 실질적인 관리와 운용은 무당들이 담당했음도 알 수 있다.「유두류산록」(1611)에 의하면, 무당들은 천왕봉 밑에 살면서, 기도하러 온 사람들이 가져온 가축으로 생계

수단을 삼았다고 했다.「두류록」(1767)에도 당지기의 생업은 기도꾼에게 달려있다고 적었다.

「유두류록」(1752)에는 무당이 기도하고 굿판을 벌이는 모습이 생생하게 묘사되었고, 겨울철 하산 후에 신을 맞이하는 신목 이야기도 나온다. 무당들이 봄에서 가을까지는 천왕봉의 성모당에서 있다가 겨울에는 산 아래 신당으로 내려온다는 것이다. 조선중기에는 속리산 천왕봉에도 유사한 신앙 풍속이 있었다. 정상에 대자재천왕사(大自在天王祠)라는 사당이 있었는데, "산속에 사는 사람들이 매년 10월 인일(寅日)에 법주사에 내려오면, 산중 사람들이 풍류를 베풀고 신을 맞이하여 제사지내는데, 신은 45일을 머물다가 돌아간다"고 『신증동국여지승람』은 기록하고 있다.[59]

경상도·전라도·충청도 각지에서 지리산으로 모여든 무당들의 제의 행태와 방식은 공간적인 위계가 있었음도 이동항의 「방장유록」에서 확인된다. 산아래의 용왕당에서 시작하여 산을 오르면서 백무당(하당)과 제석당(중당), 그리고 산정상(상당)의 성모당에 비는 위계질서를 갖추고 있었던 것이다.

> 기도하러 온 사람들이 소나 가축을 산 밑의 사당에 매어놓고 가는데, 무당들이 그것을 취하여 생계의 밑천으로 삼는다.
> -유몽인,「유두류산록」

원근에서 복을 빌러오는 남녀가 4월부터 8월까지 끊이지 않고 찾아오는데, 당지기는 이들로 인해 먹고 산다고 하였다.
 ‑홍 씨, 「두류록」

신당 안으로 들어가니 무당 6~7인이 있었다. … 잠시 후 무당 두 세 명이 신당에서 나와 소지전을 사르고, 대통밥을 올린 뒤 허공을 향해 두 손을 비비며 지극정성으로 기도를 올렸다. … 밤이 되자 무당들이 다투어 굿판을 벌여 노래를 하고 춤을 추었다. … 종추(鐘湫) 못가에는 세 길쯤 되는 서까래처럼 생긴 나무가 있었는데 그 몸통을 종이로 싸서 하얗게 만들어 놓았다. 일행이 괴이하여 묻자, 길을 안내하는 자가 말하기를, "이는 무당들이 신을 맞이하는 대나무입니다. 정상의 신인당(神人堂)에서 수직하는 자는 매년 3월 3일 산에 올라 10월 1일 하산을 합니다. 그가 하산하는 날 무당들이 몰려와 이 나무를 둘러싸고 신을 맞이하는 곡을 다투어 연주합니다"라고 하였다.
 ‑박래오, 「유두류록」

삼남 지역의 무당들이 봄, 가을이 되면 반드시 이 산에 들어와 먼저 용담(龍潭)의 사당에 빌고, 다음으로 백무당에 빌고, 또 제석당에 빌고, 그리고는 상당까지 올라가 정성을 바쳐 영험해지기를 빌었다.
 ‑이동항, 「방장유록」

지리산유산기를 보면 이런 상·중·하당으로 위계를 이룬 지리산지 민간신앙소의 변모 사실도 파악할 수 있다. 중당(제석당)에 관해 「두류산일록」(1610)에 의하면, 규모는 들보가 6~7m 크기의 세 칸 판잣집이었다.

제석당의 규모는 제법 넓어 들보의 길이가 거의 23~24자 정도나 되었다. 좌우의 곁방을 제외하고 가운데 3칸의 대청이 있었다. 지붕은 판자로 덮었는데 못을 박지 않았고, 벽 또한 흙을 바르지 않고 판자로 둘러놓았다. -박여량,「두류산일록」

제석당은, 들보가 무너지고 서까래도 부서져 지나온 두서너 곳보다 볼품이 없었다. -박래오,「유두류록」

제석당 역시 판옥인데, 얼굴에 분칠을 하고 몸에 채색을 칠한 부인 석상이 안치되어 있었다. -이동항,「방장유록」

백문당(白門堂)에 도착하였다. 백무당(百巫堂)이라고도 한다. 이 집은 길가 숲속에 있는데, 잡신들이 모셔져 있고 무당들이 모이는 곳이다. -양대박,「두류산기행록」

백무당은 판자로 된 집으로 … 10여 년 전부터 이 산에 오르는 무당들이 예전보다 줄었는데, 관아의 독촉은 여전하고, 게다가 아가위, 오미자, 잣, 표고버섯 등 전에 없던 공출을 해마다 내도록 독촉하였다. 그러므로 당주가 편안히 살 수 없게 되자 당옥도 무너져서 누추해졌다. -이동항,「방장유록」

박래오「유두류록」을 보면 18세기 중엽에 와서 제석당은 퇴락하고 무너져 내린 모습으로 기록된다.「방장유록」(1790)에 당시 제석당 안에는 부인석상이 안치되어 있었다고도 했다. 하당(백무당)은 군자사에서 20리 거리의 길가 숲속에 제석당과 30리 거리에 있었고, 여러 신들이 모셔져 있었다(양대박). 18세기 후반의「방장유록」(1790)에 의하면, 당시에 관의 지나친 공출로 당주(堂主)의 유지가 어려워졌고 당옥도 무너져서 누추해졌음을 알 수 있다.

제2부

역사적·시간적 프리즘

1. 명산의 시대적 변화와 지역적 분포

국가 명산의 변천과 의미

한국의 명산은 지정 주체의 정치사회적 배경과 문화사상적인 측면이 상호 복합되어 시대적·지역적으로 다채롭게 전개되었을 뿐만 아니라, 역사적으로도 명산으로서의 위상 및 지리적 위치와 분포가 변해왔다.

한국의 명산을 일차적으로 규정했던 역사적이고 제도적인 기원은 국가의 명산 제의를 꼽을 수 있다. 고대의 명산 제의에서 비롯된 그 원형은 조선시대까지 면면히 계승되었다. 명산 제의는 국가의 운명이 산천의 힘에 영향을 받는다는 고유의 산천숭배신앙에서 발로되었다. 명산 제의를 주도한 사회계층집단은 왕족과 지배권력층이었다. 그들은 왕도를 중심으로 지리적인 요처와 지정학적 요충지에 명산을 지정하고 의례를 행함으로써 권력의 정당성을 보장받고자 했다. 또한 명산 제의는 왕권의 지배체제 안으로 지역 세력을 편제하는 통제장치로서의 기능도 했다. 역사적 과정에서 제의 대상이었던 명산의 지역 분포 스펙트럼은 어떻게 나타날까?

통일신라시대의 명산 제의로서, 『삼국사기』의 '제사'조에는 "삼산·오악 이하 명산대천을 나누어 대·중·소사로 한다"고 했다.[1] 왕도인 경주를 중심으로 국가영역 안에 다수의 명산들을 조직적이고도 체계적으로 배치함으로써, 영토를 수호한다는 관념을 드러냈다. 대·중·소사 대상의 명산으로 지정된 나력(경주로 추정), 골화(영천으로 추정), 혈례(청도로 추정), 토함산(경주), 서술(경주) 등의 산들이 경주를 중심으로 인근에 많이 분포했다는 사실도 확인된다. 따라서 현재의 행정구역을 기준으로 경상도에는 총 21개의 명산이 제의 대상에 올라 숫자가 가장 많다. 다음이 충청도 8개, 전라도와 강원도 4개, 경기도 3개를 차지한다. 제주도를 비롯하여 황해도, 평안도, 함경도에는 하나도 없다. 위 기록에 의하면 신라에는 총 40개의 명산을 국가제사 대상으로 지정했음을 알 수 있다.

고려시대의 명산 제의는 전래의 지정학적 영역화와 산악신령에 의뢰한 피보호 관념뿐만 아니라, 자연재해를 해결하기 위한 상징적 수단으로도 활용되었다. 『고려사』에 "금년은 봄부터 비가 적게 내리니 … 북쪽 교외에서 비를 내리게 할 수 있는 산악(岳), 진산(鎭), 바다, 강(瀆)과 모든 명산대천에 빌었다"[2]는 등의 풍수해에 기인한 의례가 자주 나타난다. 국가 제장의 분포 현황을 현재의 도별 기준으로 보면, 경기도에 3개, 충청도 6개, 경

그림 1 『지도』「조선총도」(1800년대)에 강조되어 표현된 북악과 목멱산(남산). 서울역사박물관 소장

표12 국가제사 명산과 사격(祀格)의 위계

구분	신라 (『삼국사기』, 제사, 악)				조선 (『세종실록』, 오례 길례)	
대사	「삼산」	나력, 골화, 혈례		3		0
중사	「오악」	토함산(동), 지리산(남), 계룡산(서), 태백산(북), 부악(중)		13	지리산, 삼각산, 송악산, 비백산	4
	「사진」	온말근(동), 해치야리(남), 가야갑악(서), 웅곡악(북), 비례산(북)				
	「기타」	속리악(사독), 오서악, 북형산성				
소사		상악, 설악, 화악, 감악, 부아악, 월나악, 무진악, 서다산, 월형산, 도서성, 동노악, 죽지, 웅지, 악발, 우화, 삼기, 훼황, 고허, 가아악, 파지곡원악, 비약악, 가림성, 가량악, 서술		24	치악산(동), 계룡산, 죽령산, 우불산, 주흘산, 전주성황, 금성산(남), 목멱산(중), 오관산, 우이산(서), 겸악산, 의관령, 영흥성황(북)	13
합계				40		17

상도 7개, 전라도 4개, 황해도 3개로 총 23개를 확인할 수 있다.[3] 신라시대에 비해 제장의 수가 대폭 줄었고, 신라시대에는 지정되지 않았던 황해도에 3개의 명산이 새로 지정된 이유는 국도를 이 지역으로 옮겨 자리 잡았기 때문이다.

조선시대의 태종·세종 대에 개편된 국가제사에서 그 체제나 내용은 철저하게 유교식 예제(禮制)가 준용되었다. 그리고 명산 제의의 장소도 왕조의 중심지인 왕도와 국토의 영역에 맞추어 재편되었다. 삼각산을 중사(中祀)에, 남산(목멱산)을 소사(小祀)에 새로 포함하여 두 산이 한양의 주요 산으로서 상징성과 영역성을 반영하고 있다(그림 1). 조선초기의 정황을 알 수 있는 문헌

표13 시도별 국가제사 명산

구분	신라 (『삼국사기』, 제사, 악)		고려 (『고려사』 지리지 등)		조선 (『세종실록』, 오례 길례)	
서울 경기	부아악*(북한산주), 화악(근평군), 겸악(칠중성)	3	삼각산*(양주) 마리산(강화현) 화악산(가평군)	3	삼각산*(한성부), 목멱산(한성부), 겸악산(적성)	3
강원	상악(고성군), 설악(수성군), 웅곡악(비렬홀군), 비례산(실직군)	4		0	치악산(원주) 의관령(회양)	2
충청	계룡산*(웅천주), 월형산(나토군), 가야갑악(마시산군), 속리악(삼년산성), 오서악(결기군), 가아악(삼년산성), 도서성(만노군), 가림성(가림현)	8	계룡산*(공주) 가야산(이산현) 월악(청풍현) 태령산(진주) 죽령산(단산현) 도고산(신창현)	6	계룡산*(공주) 죽령산(단양)	2
경상	태백산(나기군), 지리산*(청주), 부악(압독군), 서술(모량), 나력(습비부), 골화(절야화군), 혈례(대성군), 토함산(대성군), 웅지(웅지현), 비약악(퇴화군), 가량악(청주), 파지곡원악(아지현), 악발(우진야군), 우화*(생서량군), 삼기(대성군), 훼황(모량군), 고허(사량), 북형산성(대성군), 해치야리(밀양), 온말근(아곡정), 죽지(급벌산군)	21	토함산(경주) 공산(해안현) 북형산(안강현) 우불산(울주) 선도산(경주) 주흘산(문경군) 재목산(가은현)	7	우불산*(울산) 주흘산(문경)	2
전라	월나악(월나군), 무진악(무진주), 서다산(백해군), 동로악(진례군)	4	지리산*(남원부) 무등산(광주) 금성산(나주) 월생산(영암)	4	지리산*(남원) 전주성황(전주) 금성산(나주)	3
제주		0		0		0
황해		0	구월산(유주) 우이산(해주) 나장산(동주)	3	송악산(개성부) 오관산(송림) 우이산(해주)	3
평안		0		0		0
함경		0		0	비백산(정평) 영흥성황(영흥)	2
합계		40		23		17

숫자는 산의 개수로, 문헌에 기입된 소재지 기준으로 현재의 행정구역에 분류
* 표시는 신라·고려·조선시대에 모두 제의를 지낸 명산

으로서『세종실록』「오례」에는 중사와 소사의 대상으로 기재된 17개의 명산이 있다.[4] 역시 현재의 행정구역을 기준으로, 경기도 3개, 충청도 2개, 경상도 2개, 전라도 3개, 황해도 3개, 강원도 2개, 함경도 2개의 명산이 지정됐다. 제주도와 평안도는 하나도 없다. 이들 명산의 위치는 전국지도로도 그려졌다.

한편 조선초에 주요 명산은 나라의 작위도 받았다.『태조실록』에, "경내의 명산·대천·성황·해도의 신을 봉하기를 청하니, 송악의 성황은 진국공(鎭國公)이라 하고 … 지리산·무등산·금성산·계룡산·감악산·삼각산·백악의 여러 산과 진주의 성황은 호국백(護國伯)이라 하고, 그 나머지는 호국의 신이라 했다."[5] 이는 명산의 위계화 및 편제를 통해 왕조의 권위를 획득하기 위한 상징화 작업임을 알 수 있다.

특기할 만한 것으로, 많은 제의 대상의 명산들이 시대적으로 변동이 있었지만 삼각산, 계룡산, 우불산, 지리산 등의 네 산만은 통시대적으로 변함없이 국가의 제장이 되었다는 점이다.

고려의 관찬지리지에서는 명산도 공식적으로 지정해 기재했다.『고려사』지리지에 의하면 전국적으로 41개의 명산이 지정되어 있다. 분포 현황을 살펴보면 왕도를 중심으로 황해도와 경기도가 8개로 가장 많고, 다음이 충청도 7개, 전라도 5개, 경상도와 강원도 3개, 평안도 2개, 함경도와 제주도 1개의 순이다. 황해도에 명산이 많은 것은 국도인 개경을 중심으로 편제한 때문이었고, 경상도는 금오산·가야산·소백산 등 3개밖에 지정되지 않았다. 제주도 한라산도 새로 명산으로 지정됐다.

표14 관찬지리지에 등재된 명산

구분	고려(『고려사』 지리지)		조선(『세종실록』 지리지)	
서울 경기	감악(적성현), 삼각산(남경), 마리산(강화현), 전등산(강화현), 관악산(과주), 용문산(양근현), 화악산(가평군), 청평산(가평군)	8	삼각산(도성), 화악(가평현), 겸악(적성현), 용호산(임강현), 마리산(강화부)	5
강원	금강산(풍악산·장양군), 보개산(동주), 태백산(삼척현)	3	금강산(장양현), 치악(원주), 거슬갑산(주천현), 의관령(회양부), 오대산(강릉부), 팔봉산(홍천현)	6
충청	월악(월형산·청풍현), 태령산(진주), 원수산(연기현), 계룡산(공주), 계족산(회덕), 가야산(이산현), 도고산(신창현)	7	죽령(단양), 계룡산(공주), 월악(청풍), 가야산(덕산), 도고산(신창)	5
경상	금오산(일선현), 가야산(경산부), 소백산(홍주)	3	태백산(봉화), 지리산(진주), 사불산(상주), 가야산(성주), 주흘산(문경)	5
전라	지리산(남원부), 마이산(진안), 변산(보안현), 상산(무풍현), 금성산(나주목), 천관산(장흥부), 월출산(월내악·월생산·영암군), 무등산(무진악·서석산·해양현)	8	지리산(남원), 월출산(영암), 무등산(무진), 금성산(나주), 천관산(장흥), 상산(무주), 변산(부안), 마이산(진안)	8
제주	한라산(탐라현)	1		0
황해	송악(개성), 용수산(개성), 진봉산(개성), 구룡산(성거산·우봉현), 백마산(정주), 오관산(송림현), 수양산(해주), 구월산(아사달산·유주)	8	성거산(개성), 오관산(송림), 우이산(해주), 구월산(문화)	4
평안	대성산(구룡산·노양산·평양부), 묘향산(태백산·청새진)	2	금수산(평양), 대성산(평양), 묵방산(개천), 묘향산(희천), 천마산(정녕), 천성산(은산), 향적산(태천)	7
함경	비백산(정주)	1	비백산(정평부), 백산(경성군), 오압산(안변부)	3
합계		41		42*

숫자는 산의 개수로, 문헌에 기입된 소재지 기준으로 현재의 행정구역에 분류
* 경상과 전라에 중복 표기된 지리산을 1건으로 처리

조선은 명산 제의로 지정된 산 외에도 나라의 주요 명산을 공식적으로 기재했다. 『세종실록』 지리지에 의하면 전국적으로 42개[6]의 명산이 분포되었음을 확인할 수 있다. 경기도·충청도·경상도가 5개, 전라도가 8개로 가장 많고, 황해도 4개, 강원도 6개, 평안도 7개, 함경도 3개가 등재되었다. 제주도는 하나도 없다. 이전 시대의 『고려사』 지리지의 명산 현황과 대비해보면, 총 숫자는 각각 41개와 42개로 차이가 거의 없다. 명산의 숫자가 늘어난 지역은 경상·전라·강원·평안·함경도이고, 줄어든 지역은 경기·충청·제주·황해도이다.

명산 지정과 혁파, 명산 분포의 시대적 정황과 변천 사실도 공간적, 지역적으로 드러난다. 삼국시대에는 왕도를 주변으로 명산이 배치되지만, 통일신라, 고려와 조선시대를 거치면서 중앙집권의 강화 및 지방통치의 필요성으로 말미암아 명산의 분포가 점차 지방으로 확대되고 수적으로도 증가한다. 이러한 특징은 다음과 같이 몇 가지로 의미를 요약할 수 있다.

첫째, 조선초기에 이르러 나라에서 지정하는 명산의 숫자는 수적으로 증가하고 지역 분포도 지방으로 확대되었다. 예컨대, 조선초기의 관찬지리서인 『경상도지리지(慶尙道地理志)』(1425)에 의하면 영남지방의 대다수 군현에 명산이 지정되어 있다. 이러한 양상은 지방행정체계의 정비로 지방 군현을 명산과 관계지음으로써 명산이 지역화되는 과정으로 이해할 수 있다.

둘째, 명산의 지정 및 분포의 시대적 차이가 나타난다. 명산은 정치공간의 중심지(왕도) 및 국토의 영역과 관련되어 있기 때문

그림2 시대별 제의 명산의 지역(도)별 분포(수)와 변동 추이

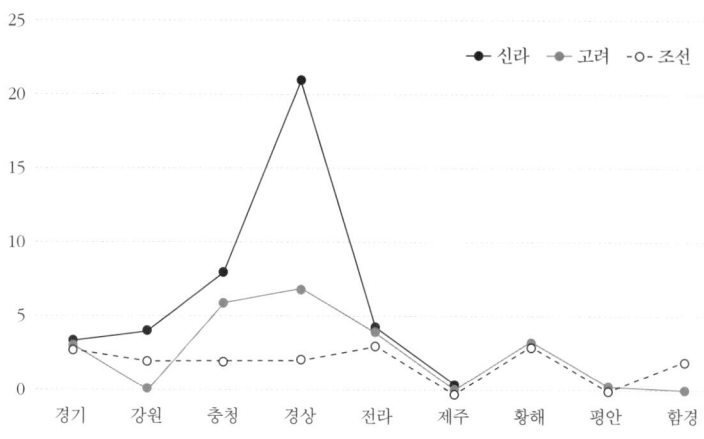

이다. 예컨대 서술, 나력, 골화, 혈례, 토함산, 웅지 등 경주를 중심으로 한 경상도의 많은 산들이 신라시대에는 명산으로 지정되어 국가제사 대상이 되었으나, 고려시대에는 토함산, 북형산, 우불산, 선도산 등 소수의 명산으로 제장(祭場)이 한정되어 계승되었고, 조선시대에 와서는 그나마도 우불산을 제외하곤 대부분이 국가제사 대상의 반열에서 빠져 있다. 경주를 중심으로 했던 통일신라시기의 명산 배치가 고려시대에는 개경으로, 조선시대에는 한양으로 되면서 영토의 중심성이 달라졌기 때문이다.

지역적으로도 그렇다. 신라시대에는 경상도에 다수의 명산이 국가제사 대상으로 지점되어 있고, 고려시대에는 개경 일대와 서해도(황해도),[7] 조선시대에는 한양과 경기도를 중심으로 제의 명산이 분포되어 있다. 조선초기에 경상도의 명산 제의 대상은 우불산과 주흘산만 지정되어 있을 뿐이다.

셋째, 고려 및 조선시대에 들어와서 명산의 분포와 산천제 편제의 변화는 지리적인 영토 확장 및 그에 수반된 생활권의 확대와도 관계가 있다. 고려는 북방으로 강역을 넓히면서 국가제사를 올리는 산천 제장의 편제에도 변화가 나타났다.[8] 지역적으로도, 신라시대에는 평안도와 함경도 지역은 명산이 지정돼 있지 않았지만, 조선초기에는 두 지역에 여러 명산이 새로 지정되어 있다. 이는 세종 대에 추진한 북방개척 정책에 의해 행정체계가 새로 정비되고 생활권이 확장된 것과 관계가 있다.

조선유학자들의 명산 가치 재발견과 명산 담론

조선중후기에는 민간 차원으로 지식인 계층에서도 나라와 지역의 명산에 대한 관심과 논의는 적지 않았다. 전기에 유산기 등의 글로 시발되었던 명산에 대한 도학자들의 인문적이고 심미적인 논의는 중후기로 이어지면서 더욱 본격화되었다. 이는 후기에 실학자들에 의해 체계적으로 정리되고 실제적인 가거지(可居志) 생활권의 논의로 확장되면서 산수록과 명산기 등으로도 저술되었다.

한 예로 일찍이 조선중기의 유학자 주세붕(1495~1554)과 장현광(1554~1637)은 우리나라의 5대 명산 혹은 오악을 금강산(동), 구월산(서), 지리산(남), 묘향산(북), 삼각산(중)으로 들었다. 이어 주세붕은 지리산의 웅축(雄蓄)함과 금강산의 청절(淸

絶)함에 비견하여 청량산을 단엄(端嚴)하고 호쾌(爽介)한 선산 (仙山)이라고 논했다. 장현광은 묘향산이 북쪽에 진산(鎭山)으로 있고 구월산이 서쪽에 높이 솟았고 금강산이 동쪽에 빼어나고 지리산이 남쪽에 웅장하고 태화산(삼각산)이 중앙에 서리고 있다고 보았다.[9]

이후 조선후기에 들어서 명산의 지정에 민간지식인, 특히 유학자의 주도가 나타났다. 유교지식인들을 중심으로 가거지 생활권의 입지 요건 및 수양 장소로서 실제적 관심이 증대되면서 명산 가치가 재발견되었다. 그들은 주요 명산을 유산하거나, 지방의 명산 혹은 인근에 주거지·누정·별장 등을 두는 등 수신(修身)하는 생활 명산으로 삼았다. 사대부들에게 가거지 선택의 요건으로서 산수의 필요성이 강조되면서 명산에 대한 인지도도 커졌다.

특히 실학자들은 인격도야가 가능한 유산지 혹은 생활권으로서 명산에 관심을 기울이는 과정에서, 체계적인 지식정보를 집약하여 명산기 혹은 산수록을 저술·편찬하였다. 그 대표적인 18세기의 저술이 『택리지』로 널리 알려진 이중환(1690~1752)의 『동국산수록』이다.[10]

이중환은 이 책에서 '나라의 큰 명산(國中大名山)'이라고 하여 12개의 산을 지정하였다. 금강산을 '제1명산'으로 부르고, 금강산을 포함한 설악산, 오대산, 태백산, 소백산, 속리산, 덕유산, 지리산 등 8개의 명산을 '국토의 등줄기에 위치한 명산(嶺脊名山)'으로 따로 분류하였다. 그밖에 칠보산·묘향산·가야산·청량산

표15 『동국산수록』의 명산 분류와 장소성

구분		명산	장소성
국중대명산	제1명산	금강산	세상을 피해 숨어 사는 무리들의 수양하는 곳
	등줄기 (嶺脊) 8산	금강산, 설악산, 오대산, 태백산, 소백산, 속리산, 덕유산, 지리산	
	4산(四山)	칠보산, 묘향산, 가야산, 청량산	
국중 4산 (國中四山)		오관산(개성), 삼각산(한양), 계룡산(진잠), 구월산(문화)	산의 모양은 수려한 돌로 된 봉우리를 이루고, 산은 빼어나고 물은 맑으며, 강과 바다가 모이는 곳에 결작(結作)하여 국량이 큰 곳
지방 명산		청평산(춘천), 모악산(금구), 학가산(안동), 적악산(원주), 무성산(공주), 광덕산(천안), 가야산(해미), 성주산(남포), 변산(부안) 등	큰 산은 도읍지가 될 만하고, 작은 산은 덕이 높은 사람(高人)이나 은사가 숨어 살 만한 땅

을 '네 명산(四山)'으로 적었다. 이들 명산의 장소성은 세상을 피해 숨어 사는 무리들의 수양하는 곳이라고 하였다.

또한 그는 '나라의 네 명산(國中四山)'을 오관산(개성)·삼각산(한양)·계룡산(진잠)·구월산(문화)이라 했다. 명산 됨의 이유로서, 이들 산의 모양은 수려한 돌로 된 봉우리를 이루고, 산은 빼어나고 물은 맑으며, 강과 바다가 모이는 곳에 맺어 국량이 큰 곳이라고 하였다.

한편, 지방의 명산은 청평산(춘천), 모악산(금구), 학가산(안동), 적악산(원주), 무성산(공주), 광덕산(천안), 가야산(해미), 성주산(남포), 변산(부안) 등 9산을 들었는데, 이들 산 중에서 큰 산은 도읍지가 될 만하고, 작은 산은 덕이 높은 사람(高人)이나

표16 『동국산수록』의 지방 명산 장소성

명산(지역)	장소성
청평산(춘천)	맥국(貊國)이 도읍하였던 곳이다. 두 개의 강 사이에 위치하였고, 서해와 거리가 먼 까닭에 내려온 세력이 짧다.
모악산(금구)	산 아래 평지로 된 골이 있어서 도회로 될 만하다는 말이 전해 오나 내려온 세력이 또한 짧다.
학가산(안동)	두 가닥 물 사이에 있고 산세도 오관산, 삼각산과 흡사하나 돌 봉우리가 적은 것이 유감스럽다.
적악산(원주)	산 안에 골과 계곡이 많고 동쪽에 이름난 마을이 많다.
무성산(공주) 광덕산(천안)	긴 골이 매우 많다. 절과 암자, 여염집과 밭고랑이 섞여서 긴 숲과 간수 위에 숨바꼭질하듯 하니 완연한 하나의 도원도이다.
가야산(해미)	동쪽에 있는 가야사 동학은 곧 상고 때 상왕의 궁궐터이고 서쪽에 있는 수렴동은 바위가 폭포가 뛰어나게 기이하다. 북쪽에 있는 강당동과 무릉동도 수석 또한 아름다우며, 마을과 아주 가까워서 살 만한 곳이다. 바닷가의 경치를 차지한 곳이다.
성주산(남포)	남쪽과 북쪽 두 산이 합쳐서 큰 골이 되었다. 산중이 평탄하여 시내와 산이 밝고 깨끗하며, 물과 돌이 맑고 시원스럽다. 산 밖에는 검은 옥이 나는데 벼루를 만들면 기이한 물건이 된다. 옛날에 매월당 김시습이 홍산 무량사에서 죽었다고 하는데 곧 이 산이다. 시내와 물 사이에 또한 살 만한 곳이 많다.
변산(부안)	서, 남, 북쪽은 모두 큰 바다이고 산 안에는 많은 봉우리와 구렁이 있다. 골 바깥은 모두 소금 굽고 고기 잡는 사람의 집이고, 산중에는 좋고 기름진 밭들이 많다. 주민이 산에 오르면 나무를 하고, 산에서 내려오면 고기 잡기와 소금 굽는 것을 업으로 하여 땔나무와 조개 따위는 값을 주고 사지 않아도 풍족하다.

은사가 숨어 살 만한 땅이라고 말했다.

『동국산수록』에서 이중환이 지정한 명산과 그 명산 됨에 대한 해설을 살펴보면 기존에 비하여 명산 가치의 기준 지표가 훨씬 다채로움을 알 수 있다. 요컨대, 명산의 가거지 용도로서의 적합성, 산수지형 및 경관의 빼어남, 명산의 역사적 유래와 명현(名賢)의 존재, 산수미학의 탁월성, 풍수지리적인 우수한 입지 관념

표17 『동국명산기』의 지역별 명산

지역	명산
한양(京都)	인왕산(仁王山), 삼각산(三角山)
경기(畿路)	도봉(道峯), 수락산(水落山), 백운산(白雲山), 미지산(彌智山), 소요산(逍遙山), 보개산(寶盖山), 성거산(聖居山), 천마산(天磨山), 천성산(天聖山)
황해(海西)	총수산(葱秀山), 구월산(九月山)
평안(關西)	묘향산(妙香山), 금수산(錦繡山)
충청(湖中)	대야산(大冶山), 속리산(俗離山), 월악산(月嶽), 계룡산(雞龍山), 변산(邊山)
전라(湖南)	금골산(金骨山), 덕유산(德裕山), 서석산(瑞石山), 월출산(月出山), 천관산(天冠山), 달마산(達摩山), 한라산(漢拏山), 지리산(智異山)
경상(嶺南)	가야산(伽倻山), 청량산(淸涼山), 도산(陶山), 소백산(小白山), 사불산(四佛山), 옥산(玉山), 빙산(氷山), 태백산(太白山), 금산(錦山), 내연산(內延山)
강원(關東)	금강산(金剛山), 오대산(五臺山), 설악(雪嶽), 화음산(華陰山), 청평산(淸平山)
함경(關北)	칠보산(七寶山), 백두산(白頭山)

등으로 다양하다. 조선후기 실학자들이 지녔던 산에 대한 실용주의적, 실사구시적, 유학사상적 관심이 반영된 것으로 보인다.

그 외에도 19세기의 조선후기 지식인 중에 명산에 관한 지식과 정보를 집성하여 책을 편찬한 실학자로 특기할 만한 인물은 성해응(1760~1839)이다. 그의 저술인 『동국명산기』에는 명산과 명승지에 관한 장소 정보가 들어있다. 이 책에서는 전국을 한양, 경기, 황해, 평안, 충청, 전라, 경상, 강원, 함경의 아홉 권역으로 구분하여 각 지역의 명산과 명승의 위치, 형세, 형승, 고사, 명인 등을 설명하고 있다. 이 책에는 표17과 같이 44개가량의 주요 명산 항목을 뽑아 해설하였다.

2. 명산 가치와 위상의 변모

이 장에서는 역사적으로 명산에 대한 인식과 시선이 어떤 형태로 나타났고 그 배경과 이유가 무엇이었는지, 명산의 속성 및 가치와 위상이 시기적으로 어떻게 변모했는지를, 지역의 주요 개별 명산을 사례로 하여 고찰하고자 한다.

사례로 서술할 명산으로 서울의 북한산, 경기의 송악산·마니산·고려산, 강원의 오대산, 충청의 월악산과 계룡산, 전라의 지리산, 경상의 팔공산과 주왕산을 차례로 들어 명산의 인식, 속성 및 가치, 위상의 시기적 변모 사실을 개관해 보겠다.

서울의 진산, 북한산

북한산은 수도 서울의 랜드마크로서 대표적인 명산이고, 전국 23개의 국립공원 중에 가장 많은 사람이 탐방하는 산이기도

하다. 고려 때부터 삼각산(三角山)이라는 이름으로 널리 알려져 쓰였다.[11] 그런데 신라시대 때만 하더라도 북한산[부아악(負兒嶽)]은 나라에서 소사(小祀)를 지냈던 산으로 그리 중요한 명산이 아니었다.[12] 지리적으로 신라의 왕도인 경주와 너무 멀리 떨어져 있었기 때문이다.

그런데 그 산이 고려시대에 남경(南京)이 되는 덕에 국가의 손꼽히는 명산의 반열에 들더니, 조선시대에 와서는 하루아침에 나라의 진산이요, 으뜸 산이 되었다. 한양 도성을 지켜주는 산의 표상으로 지정된 것이다. 조선중기의 관찬지리지인 『신증동국여지승람』에 "삼각산은 경성(京城)의 진산"이라고 분명히 표기하고 있다.[13] 조선초기에 나라의 산천 제의로서는 가장 격이 높은 중사(中祀)로 오른 것을 『세종실록』 「오례」의 기록에서 확인할 수 있다.[14]

삼각산은 사람들에게 한양의 역사와 지리를 대변하는 상징이기도 했다. 김상헌(1570~1652)이 병자호란 때 볼모로 잡혀가면서 "가노라 삼각산아 다시보자 한강수야"라고 차마 삼각산을 못 잊어 부르는 까닭은, 한양 사람들이 삼각산에 대해 심정적으로 각별한 관계를 맺고 있었기 때문이다.

북한산이라는 현재의 산이름은 언제부터 본격적으로 쓰였을까? 원래 북한(北漢)이라는 말은 지리적으로 한강의 북쪽이라는 뜻이었고, 지역적으로 북한산성 일대 혹은 북한산성을 가리키는 약칭으로 쓰였다. 「도성삼군문분계지도(都城三軍門分界地圖)」에 삼각산 아래로 '북한(北漢)'이라 표현되고 있음이 확인된다

그림 3 『어제수성윤음』「도성삼군문분계지도」(1751)에 적힌 '북한(北漢)'. 서울대학교 규장각한국학연구원 소장

(그림 3).「경강부임진도(京江附臨津圖)」에도 북한산성 안을 '북한'이라고 뚜렷이 표기하였다(그림 4). 그것이 조선후기에 산이름에 덧씌워져서 북한산이라고 부른 것으로 추정된다. 김정희(1786~1856)는 「진흥이비고(眞興二碑考)」에서, "진흥왕 순수비가 지금의 서울 북쪽 20리에 있는 북한산 승가사 곁의 비봉 위에 있다"고 적었다. 일제강점기에 와서 본격적으로 북한산이라는 이름은 삼각산과 함께 쓰이기 시작했다.[15] 일제강점기 때 조선총독부 자문기관이었던 중추원은 공식적으로 북한산이라는 이름을 써서『북한산지지초략(北漢山地誌抄略)』이라는 산지(山誌)도 편찬하였는데, 북한산에 순사주재소가 설치되면서 북한산의 현황을 파악하기 위해 만든 것이었다.

그림 4 북한산성 안에 '북한'이라고 표기한 『동국여도』 「경강부임진도」(연도 미상). 서울대학교 규장각한국학연구원 소장

조선후기의 지리학자 신경준(1712~1781)은 나라의 열두 명산을 지정한 바 있는데, 그중에서 삼각산을 으뜸으로 쳤다. 삼각산을 나라 명산의 머리로 삼은 것은 서울을 높인 것이라고 했다. 그에게는 백두산마저도 나라 명산의 두 번째 산이었다.[16]

북한산은 한양 도성의 군사적 방어를 위해서도 전략적 요충지임이 분명했다. 임진왜란과 병자호란이라는 혹독한 시련을 겪은 조선 왕실은 북한산성의 전략적 중요성을 뼈저리게 느꼈다. 정자산성의 축성은 조정의 여러 가지 사정으로 미루어지다가, 1711년(숙종37) 봄에서야 공사를 시작하여 그해 가을에 완성했다.

이런 삼각산은 혹시 무너지거나 변고나 없는지 언제나 왕실에서 관찰의 대상이었다. "1556년(명종11) 1월 24일에 삼각산 백운봉의 허리 부분에 있는 암석이 무너졌다"거나 4년 후인 "1560년(명종15) 5월 24일에 삼각산의 암석이 무너졌다"[17]는 『명종실록』의 기록은 이러한 정황을 잘 보여준다. 따라서 한성의 진산이기도 한 삼각산에 대한 조선 왕실의 보전과 관리는 매우 철저하고 엄격했다. 1438년(세종20)에 삼각산에서 북악으로 이어지는 줄기의 내맥(來脈)을 보토(補土)하도록 한 적이 있다. 1445년(세종27)에는 북한산과 청량동 및 중흥동 이북과 도봉산의 벌채를 금해 산지를 보전토록 하였다.[18] 한양 도성으로 이어지는 산줄기의 보전에 각별한 주의를 한 것이었다. 급기야 1463년(세조9)에는 백두산에서부터 백두대간의 등줄기를 거쳐 북한산 보현봉–백악에 이르는 맥을 주맥으로 파악하여 돌 캐는 일을 금하기까지 했다.[19]

북한산을 포함한 한양 도성의 산지관리를 위한 법제적인 장치도 마련했다. 『경국대전(經國大典)』에 "경복궁과 창덕궁의 주산과 내맥의 산등성이와 산기슭에는 경작을 금한다"[20]고 했다. 이러한 북한산 관리의 사상적 저변에는 풍수사상이 바탕을 이루고 있다.

조선후기에 와서 지식인들의 지리적 지식에 대한 관심의 확대와 함께 한양 도성의 북한산에 대한 관심은 더욱 커졌다(그림 5). 이중환은 『동국산수록』에서 삼각산의 형세와 기운을 이렇게 묘사하고 있다.

삼각산은 도봉산과 연달아 얽힌 산세이다. 돌 봉우리가 한껏 맑고 수려하여, 만 줄기 불꽃이 하늘에 오르는 것 같고, 특별하게 이상한 기운이 있어서 그림으로 나타내기 어렵다.[21]

김정호는 『대동지지』에서 추가적으로 북한산의 기운과 형태를 "청수(淸秀)·준결(峻極)·명랑(明朗)·삼엄(森嚴)"이라는 네 단어로 요약했다. 북한산의 여러 봉우리 중에서 보현봉을 '한양의 정간(正幹)'으로 강조한 것도 특기할 만하다.

부(府)의 북쪽으로 15리 거리에 있다. 백제는 부아악으로 칭하였고 또 횡악(橫岳), 화산(華山)으로 부르기도 하였다. 청수하고 준결하며 명랑하고 삼엄하다. 북쪽에 세 봉우리가 있어 우뚝하게 하늘에 꽂혔으니, 백운·만경·인수라고 한다. 남쪽에는 두 봉우리가 있어

그림 5 『대동여지도』(1861)에 표현된 서울의 산줄기와 삼각산. 서울역사박물관 소장

웅건하게 서려 높고 준걸차니, 문수·보현이라고 한다. 보현은 한양의 정간(正幹)이 되었다.[22]

이윽고 19세기에 편찬된 『동국여지비고』에서는 도성 산줄기의 연원 및 이어지는 산봉우리, 진산으로서의 위상과 산이름의 유래, 산줄기가 하천을 만나 머무는 곳을 구체적으로 설명하였다. 여기엔 풍수적인 지리인식과 시선이 다분하다.

평강현의 분수령에서 잇따른 봉우리와 첩첩한 뫼 뿌리가 잇따라 뻗어 와서 서쪽으로 양주에 이르러 도봉산이 되고, 또 북산(北山) 혹은 삼각산이 되니, 실로 경성의 진산이다. 백운(白雲), 만경(萬景) 혹은 국망(國望), 인수(仁壽)의 세 봉우리가 있으므로 그렇게 이름한 것이다.
만경봉이 동쪽으로 굽어 돌아서 석가·보현·문수 등의 여러 봉우리가 되었는데, 보현봉의 곁가지 산발이 곧 도성의 주맥이기 때문에 총융청(摠戎廳)에서 보토처(補土處)를 설치하고 주관하여 보축(補築)하였다.
문수봉의 동쪽 가지가 형제의 두 봉이 되고 또 남쪽으로는 구준봉·백악산이 되며, 문수봉의 서쪽 가지가 칠성봉이 되고, 거기서 두 갈래로 나뉘어 떨어져서 나한·증봉혈망·의상의 여러 봉이 되어 중흥 수구(重興水口)에 이르며, 한 가지가 서쪽으로 달려서 승가사의 비봉과 불암, 향림사의 후봉인 백운봉이 되며, 서쪽으로 돌아서는 영취·원효의 두 봉이 되어 중흥 수구에 와서 멈춘다.[23]

삼각산과 관련하여 한양이라는 도성 공간에서 풍수도참적 인식의 초기적인 사례는 고려 숙종(肅宗, 1096~1105)조 김위제의 상주문(上奏文)에 나타난다. 여기에서 그는 삼각산에 의지하여 새로이 도읍을 정할 것을 주장하였다. 그 논거는 도선(827~898)의 저작물이라고 주장되는「삼각산명당기(三角山明堂記)」였다.

눈을 뜨고 머리를 돌려 산세를 두루 살펴보니 북을 등지고 남을 향한 곳 이곳이 바로 명당 대지로다. 음과 양이 서로 맞아 겹겹이 꽃이 피니 자손이 번창하고 국가를 수호하리라. 앞에 놓인 산들은 첩첩이 들어서서 조공 바치듯 하고 뒤로 옆으로 늘어선 산들은 부모 삼촌과 같이 보호해 주며 문 지키는 산 또 대궐문이나 성문 밖에는 개 세 마리씩 있어 주인을 위하여 충실히 문을 지키네! 좌측의 청룡과 우측의 백호가 드높다고 시비 말라. 사방의 장사꾼은 저마다 보배를 바치러 올 것이요. 명예를 탐낸 이웃 손님들 자식이 부모 따르듯이 와서 모두 다 한마음으로 나라와 임금을 도우리라. 임자(壬子)년에 첫 삽, 괭이를 대면 정사(丁巳)년에 성군이 될 왕자가 탄생할 것이다. 삼각산을 의지하여 도읍을 정하면 9년 후에는 사방에서 조공을 바칠 것이다.[24]

이후 조선중기의 관찬지리지인『신증동국여지승람』에는 한양에서 차지하는 삼각산의 공간적 위상이 잘 반영되어 풍수적 형세가 표현되었다. 여기에서 한양의 지형적 입지 조건을 해설하고 있는데, 도성의 주산(진산)인 북한산을 중심으로 좌청룡(낙산)과 우백호(인왕산)라는 풍수적 공간 인식이 가시적으로 묘사되었다.

북으로 화산(華山: 삼각산)을 진산으로 삼아, (동과 서는) 용이 서리고 범이 쭈그리고 앉은 형세요, 남쪽은 한강으로써 허리띠(襟帶)를 삼았으며, 멀리 왼쪽으로는 대관령을 당기고 오른쪽에는 발해를 둘렀다. 그 형세의 훌륭하기는 동방의 으뜸으로서 진실로 하나니 천하 요새(百二)의 땅이다.[25]

조선후기의 실학자들도 한양의 풍수와 관련지어 삼각산에 대해 다수 지적하고 있다. 이중환이 『동국산수록』에서 논의한 한양의 풍수를 비롯하여 북한산과 그 지맥의 계통에 대한 서술 내용은 대단히 상세한 편이다. 한양을 이루고 있는 북한산과 지맥들의 형태뿐만 아니라 형세의 조건, 살기(殺氣)의 유무, 하천과 수구 및 토질 조건까지 장단점을 언급하고 있다.

(삼각산은) … 기세를 도와주는 보필(輔弼)의 산이 없고, 또 골이 적다. 성안에 있는 백악산과 인왕산은 돌의 형세가 사람을 두렵게 하여, 살기 없는 송악산보다 못하다. 미더운 바는 다만 남산 한 가닥이 강을 거슬러서 판국을 만든 것이다. 수구(水口)가 낮고 허하며, 앞쪽에는 관악산이 강을 사이에 두고 있으나, 또한 너무 가깝다. 비록 화산(火星)[26]이 앞을 받치고 있어도 풍수가는 언제나 정남향으로 위치를 잡는 것을 좋지 못하다 한다. 그러나 판국 안이 명

랑하고 흙이 깨끗하므로 한양의 인사가 막히지 않고 명랑한 점은 많으나, 웅걸(雄傑)한 기상이 없는 것이 유감이다.[27]

동시대의 실학자 성호 이익(1681~1763)도 서울의 산줄기에 대해 자세히 인식했다. 특히 산수 국면과 형세에 대하여 『성호사설』에서 "한양 산맥의 내룡(來龍)이 범위가 크고 긴밀한 짜임새가 있으며, 한강 남쪽의 여러 산맥이 서울로 머리를 숙여 조회하고 있다"고 풍수적 조건을 평가하였다.

한양의 산맥은 남으로 뻗어 나온 큰 줄기가 철령에서 나뉘고 그 남쪽 가닥이 금강산과 오대산을 거쳐 태백산·소백산에 이르러 다시 한강 남쪽으로 뻗어 올라가 바닷가에 그치고, 산맥이 또 바다를 건너 강도(江都)의 나성(羅城)[28]이 되었으니, 범위가 크고 짜임새(藏鎖)[29]가 긴밀하여 남은 힘을 아끼지 않았다. 한강 남쪽의 여러 산맥은 속리산에서 뻗어 나와 모두 한양으로 머리를 숙여 조회(朝會)한다. 한강은 오대산에서 발원하여 네 고을을 거쳐 역수(逆水)로 흐르다가 소양강과 두미(斗尾)에서 합수하고 삼각산을 둘러서 서해로 흘러 들어간다.[30]

이후 19세기에 편찬된 관찬지리지인 『동국여지비고』에는 한양의 북한산을 중심으로 풍수도참의 사실을 자세히 기록했다. 여기에서는 조선왕조가 한양으로 천도하는 과정에서 논의된, 북한산을 끼고 있는 후보지 및 북한산과 그 지맥들의 풍수도참적 평가를 기존의 견해에 종합하여 서술하였다.

삼각산 서쪽 연서역(延曙驛)들은 땅이 아름답기는 하나, 후에 다시 보니 모든 산이 밖으로 등지고 달아난 형세이고, 백악산(북악) 남쪽 목멱산(남산) 북쪽이 제왕 만년의 터가 되어 하늘과 더불어 다함이 없는 것만 같지 못하였다. 항간에서 전하는 말에 "송경(松京: 개성)은 산곡(山谷)이 둘러싸서 감싸안은 형세이므로 권신(權臣)의 발호(跋扈)가 많았으며, 한양은 서북쪽이 높고 동남쪽이 낮으므로 장자(長子)가 가볍게 되고, 지자(支子)가 중하게 된다고 한다"고 했다. 권문해(權文海)의 『대동운부군옥(大東韻府群玉)』에 이르기를, "도선의 비기(秘記)에, '서쪽에 공암(孔巖)이 있고 또 단서 석벽(丹書石壁)이 있다'했는데, 공암으로 말하면, (백악산 남쪽이나 연서역의) 두 곳이, 모두 서쪽이 되니, 단서(丹書)가 있는 곳을 찾아서 결정하겠다. 이에 단서를 인왕동 돌 위에서 얻고, 드디어 (백악산 남쪽에) 도읍하기로 결정했다"라고 했다. 도선의 도참에, "왕을 대신할 이 (李)가 있어 한양에 도읍할 것이라"는 말이 있어, 고려 때 오얏(李)을 한양에 심고 그 오얏나무가 무성하면 문득 베어버려서 (지기를) 눌렀는데, 이때 와서 과연 징험이 되었다.[31]

한편, 조선중후기에 북한산에 대한 민간의 풍수도참적인 인식을 볼 수 있는 것으로 『정감록』이 있다. 이 책에서는 남사고 (1509~1571)의 말을 빗대어서, "한산(漢山)은 뼈가 많고 한수(漢水)는 여울이 많으므로 필시 골육상잔이 많을 것이다"[32]고 했다. 북한산 지형과 한강의 지리적 특성을 도참적 인식 특유의 길흉화복과 연계하여 서술하고 있다. 또한 "한산(漢山)은 금국(金局)

이므로 대궐을 반드시 동향으로 해야 한다. 그렇지 않으면 부처님의 말씀이 막혀 행하지 못하리니 땅을 택하는 자는 인심에 흔들리는 일이 없어야 한다"[33]는 언급도 있다. 북한산을 오행에서 금(金)에 해당하는 산으로 인식하고 있으며, 궁궐 건축물의 배치에 관해서까지 금생수(金生水)라는 상생적 이해에 기초해 논의했다.

19세기 중반에 나타나는 민간의 한양 산수와 북한산에 대한 풍수적 인식의 한 단면으로 1840년 한산거사(漢山居士)라는 필명으로 전해지는 〈한양가(漢陽歌)〉[34]가 있다.

천지 개벽하니 일월이 생겼에라.
성신(星辰)이 광휘하니 오행(五行)이 되었에라.
초목 곤충 생겨날제 인물이 번성하다.
오악(五岳)이 용발(聳拔)하고 사독(四瀆)[35]이 광활하다.
곤륜산 일(一) 지맥이 동해로 들어올 제,
행룡(行龍)[36]은 기만리며 굽이는 몇 구빈고.
백두산 기봉하여 함경도 넘어서서,
강원도 내달아서 경기도 돌아들 제,
북극을 받쳤는 듯, 부용을 깎았는 듯.
도봉(道峰)에 머물어서 층층이 오는 기세,
군선(群仙)이 모였는 듯, 아홀(牙笏)[37]이 벌였는 듯.
삼각산 기봉할 제, 천년을 경영인가,
만년을 기봉인가, 호거용반(虎踞龍盤)[38] 기이하다.

북악(北岳)이 입수(入首)되고, 종남산(終南山) 안산(案山)이라.
청룡은 타락(駝駱)뫼요, 백호는 길마재[39]라.
강원도 금강산은 외청룡 되어 있고,
황해도 구월산은 외백호 되어 있고,
제주의 한라산은 외안(外案) 되어 있고,
적성의 감악산은 후장(後墻)이 되어 있고,
두미월계 내린 물이 용산 삼개 한강 되고,
그 물줄기 흘러내려 오두(鰲頭)재 합금하여,
강화의 마니산이 도(都) 수구(水口)[40] 되었에라.
하늘이 내신 왕도 해동의 으뜸이라. (하략)

위 글에서 보듯이 한양의 산줄기의 연원이 곤륜산에서 비롯한다는 생각은 당시의 풍수서나 조선시대의 지리적인 지식으로는 보편적 인식이었다. 그리고 백두산에서 함경도와 강원도를 지나 경기도를 돌아들어 한양에 이르는 산맥에 대한 묘사는 백두대간에서 한북정맥으로 가지가 뻗는 형세를 나타낸다. 한북정맥에서 도봉산과 북한산으로 이어지는 형세도 풍수적인 표현으로 묘사했다.

외청룡·외백호·외안·후장[41] 등의 구체적인 풍수 지형조건을 말하는 점 역시 특이하다. 즉, "금강산이 외청룡이고, 구월산은 외백호이며, 한라산이 외안이고, 감악산이 후장"이라는 것이다. 이러한 인식은 서울의 산천을 중심으로 하여 한반도적인 규모로 사신사(四神沙)의 체계를 잡은 거시적인 인식의 면모를 보여준다. 서울 수(水)의 풍수 조건은 산에 비해서 간략히 적었지만, 강화도의 마니산을 서울의 수구(水口)로 본 거시적인 시선은 독특한 점이다.

강화의 세 명산, 송악산·고려산·마니산

일반적으로 강화도에 있는 산은 경기의 외곽에 있는 지방 도서(島嶼)의 산이라는 정도로 가볍게 생각할 수 있지만, 강화도는 사실 그저 수도권에 있는 여느 섬이 아니다. 고려시대에는 무려 38년간 나라의 도읍지가 된 곳이다. 그 연유로 강도(江都)라는 이름도 얻었다. 그래서 강화도에 있는 산들도 여느 산이 아니다. 한때 나라의 왕도를 떠받친 명산으로서의 이력이 있다. 역사적으로 강도시대의 강화도를 대표하는 세 명산을 들라면 송악산·고려산·마니산을 꼽을 수 있다. 시기적으로 송악산은 고려의 강도시대에, 고려산은 조선전기에, 마니산은 조선후기에 강화도를 대표하는 명산으로서의 면모가 드러난다.

송악산은 고려의 강도시대에 당당히 왕경의 주산이었다. 한 세대 동안 나라 최고의 명산이 된 것이다. 조선시대에 걸쳐서도 강화도는 한양의 길목(咽喉)이라는 지정학적으로 중요한 위치에 있었기에 조선왕조는 강화도에 도호부를 설치했다. 그때 고려산은 강화도호부의 진산 역할을 담당했다. 강화도를 대표하는 상징적 산이 된 것이다. 마니산은 또 어떤가? 고려시대부터 조선후기까지 단군을 제천하고, 별에 제사지내는 독특한 전통이 이어져 내려온 성산(聖山)이다. 마니산에는 참성단이 있었고, 고려시대에 이궁(離宮)도 있었다. 이렇듯 송악산·고려산·마니산을 둘러싸고 있는 산의 문화사는 강화도의 역사·지리·풍수와 함께 얽혀 있다.

지리적으로 강화도는 한강·임진강·예성강이 만나는 경기만 지역의 중심부에 있다. 고려와 조선에서 조운(漕運)의 길목이 되는 교통의 요지이기도 하다. 해안으로는 조수간만의 차가 크고 갯벌이 발달하여 선박의 진입이 어렵고, 내륙으로는 산이 중첩하여 자연성벽을 형성하는 천혜의 전략적인 요새지이기도 하다. 강화도의 이러한 지리적 조건은 고려의 왕도인 개성과도 멀지 않은 거리에 위치하고 있어 고려시대의 몽골 침입 때 임시 천도지로 선택된 배경이 되었다.[42]

고려 왕조는 1232년(고종 19) 6월 16일에 천도를 결정하여 곧바로 강화도에 궁궐 조성을 시작했다. 2년여 동안 관청 등 주요 건물 공사를 거쳐 도성의 틀을 갖추었다. 이후 강도는 38년 동안 고려의 국도로서 정치·행정적인 기능을 수행하였다. 당시 고려 왕궁의 위치는 현 고려궁지(강화읍 관청리 163, 사적 133호) 자리로 비정된다. 이 자리는 조선시대에도 강화도호부의 행정적 중심지(읍치)로 이어졌다.

고려 강도의 궁궐 조성은 개성을 모델로 하였다. 『고려사』에는, "마당(毬庭), 궁궐, 절터(寺址)의 이름은 모두 송도를 모방하고 팔관, 연등, 행향도량(行香道場)은 한결같이 옛 법식에 의거

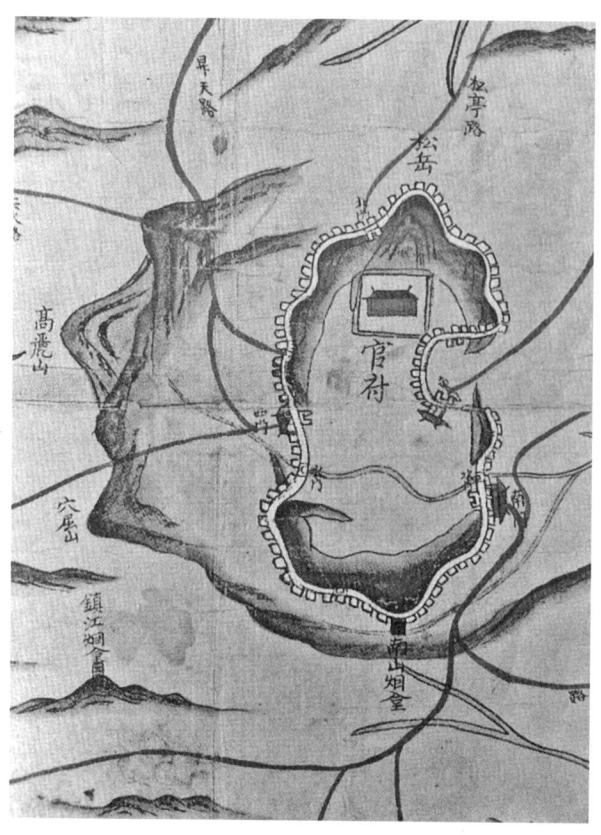

그림 6 「강화이북해역도」(18세기 중엽, 신경준)에 그려진 강화도 읍성 및 읍치의 모습. 고령신씨귀래정공파종중 소장

했다."43고 적었다. 관심을 끄는 사실은 왕궁이 기대있는 주산 이름도 개경 도읍지와 똑같이 송악산이라고 붙인 점이다. 그때부터 강화도의 송악산은 새 이름도, 명산으로서의 지위도 얻었다.

18세기 중엽에 신경준이 그린「강화이북해역도(江華以北海域圖)」에는 산으로 둘러싸인 조선시대 강화 읍성과 읍치의 입지가 잘 표현되어 있다(그림 6). 이러한 기본적인 산수의 틀과 짜임새는 고려 강도시대도 마찬가지였다. 입지를 산세 위주로 살펴보면, 강도의 송악산을 주산(현무)으로 삼고 남산을 주작으로 삼아 축선을 이루었다. 그리고 갑곶을 좌청룡으로, 고려산을 우백호로 삼아 남향하여 입지하였다. 읍성 동문 밖에는 알미산이라는 조산도 만들었다.

알미산은 흥미로운 설화가 전해진다. 고려 조정이 몽골 난을 피하여 도읍을 강화로 옮기고 나서 동문 밖의 허함을 막기 위하여 알미 조산을 쌓았는데, 갑구지 서남쪽에 있는 알처럼 생긴 작은 산이라는 것이다.44 알미 혹은 알뫼는 지역에 따라 조산(造山)을 달리 부르는 이름으로서, 일반적으로 조산은 인공적으로 산을 쌓아 만드는 것, 혹은 그 산을 일컫는다. 조산은 풍수적으로 허한 곳을 막는 비보기능을 한다. 강도 왕경의 입지상 북쪽의 송악산을 비롯하여 서쪽과 남쪽은 고려산과 혈굴산의 지맥으로 둘러쳐져 있으나, 상대적으로 동쪽은 지세가 낮은 편이어서 그 입구가 되는 동문 밖에 인위적으로 산을 지어서 비보를 하였다는 것이다.

강화부사 이형상(1653~1733)은 『강도지(江都誌)』(1694~1696)

라는 읍지를 썼는데, 송악산·남산·고려산의 모습을 재미있게 표현하였다. 세 산이 각각 거북(송악산)·봉황(남산)·범(고려산)과 같이 살아있는 생물로 비유되어 생생한 자태로 묘사되었다.

송악산은 천년 묵은 거북이 대륙에 움츠리고 앉아서 산마루를 이고 기운을 빨아들여 만 길(丈)의 광염(光焰)을 맺은 것처럼 생겼다. 남산은 마치 큰 봉새가 날개를 치고 하늘로 올라갔다가 땅으로 내려와서도 오히려 고개를 들고 창공을 바라보는 것처럼 생겼다. 고려산은 범이 모든 산에 군림하여 위엄을 갖추고 발톱을 감추고 소리를 죽이고서 막 몽롱한 잠을 달게 자고 있는 것처럼 생겼다.[45]

고려산은 송악산 서쪽에서 왕경을 떠받치고 있는 진산이다. 송악산은 읍치의 주산이지만, 고려산은 강화부의 진산으로서, 관찬지리지『신증동국여지승람』에 "고려산: 부 서쪽 15리에 있는 진산"[46]이라고 명확히 지정하고 있다.『강도지』에서는 형세도 묘사하였는데, "고려산은 고려조 이래로 읍치의 진산이며, 기세가 웅건하고 굳세며 준수하고 빼어나며(雄健峻拔) 굽이굽이 맑고 아름다운(蜿蜒明媚) 중요한 산"[47]이라고 하였다. 이처럼 고을의 진산은 읍치의 주산과 동일한 경우도 있지만 달리 지정된 경우도 많다. 원래 진산과 주산은 서로 다른 사상적 기원의 산 개념이다. 공간적인 범위로 보아도, 진산은 고을의 전체 영역을 관할하지만, 주산은 읍치를 중심으로 한다.[48]

진산인 고려산에는 풍수적인 단맥 설화가 전래되고 있다.『속수증보 강도지(續修增補江都誌)』(1695)에 "몽골인이 강도의 산세를 두려워하여 기맥을 누를 작정으로 고려산의 오정(五井)에 철침을 박고, 산의 사방에 돌로 기맥을 눌렀다"[49]고 적혀있다. 이 설화에는 몽골과의 대외적 갈등 구조가 내포되어 있다. 강화도에는 외세에 의한 압박과 고난, 그리고 이에 대한 저항의 설화가 다수 나타난다. 그중의 하나로 고려산의 단맥 전승도 고려산의 인근지역에 널리 분포한다.[50] 그 배경에는 고려산이 강화의 진산으로서 송악산의 맥이 발원하는 중요한 상징성을 지니고 있었기 때문이다.

마니산의 고대적인 문화사도 관심을 끈다. 높이 472m의 나지막한 산이지만 산이름의 격은 매우 높다. 마리산 혹은 두악산으로도 불렀는데, 순우리말로 머리산이라는 뜻이다. 마니산에는 부소·부우·부여 등 단군의 세 아들이 쌓았다는 삼랑성 전설이 있다. 『고려사』 지리지에는 단군의 사실을 다음과 같이 기록하였다. "산마루에 참성단이 있는데 단군이 하늘에 제사 지내던 단이라고 한다. 전등산, 삼랑성이라고도 하는데 단군이 그의 세 아들을 시켜서 이 성을 쌓게 하였다고 한다(그림 7)."[51] 『강도지』에서 이형상도 당시까지 지속된 마니산의 하늘 제사 정황을 소개하고 있다. "조선도 옛날 고려가 하는 대로 이곳에서 별에 제사를 지내고 있다. 제사 의식은 도가(道家)들의 의식에 가깝다."

마니산에는 고려 고종 대에 왕업을 연장하려는 비보 목적으로 축조된 이궁(離宮)이 있었다. 『강도지』에는 "마니산 남쪽 의황촌에 있었고, 고려 고종 기미년에 창건한 것이며 지금도 터가

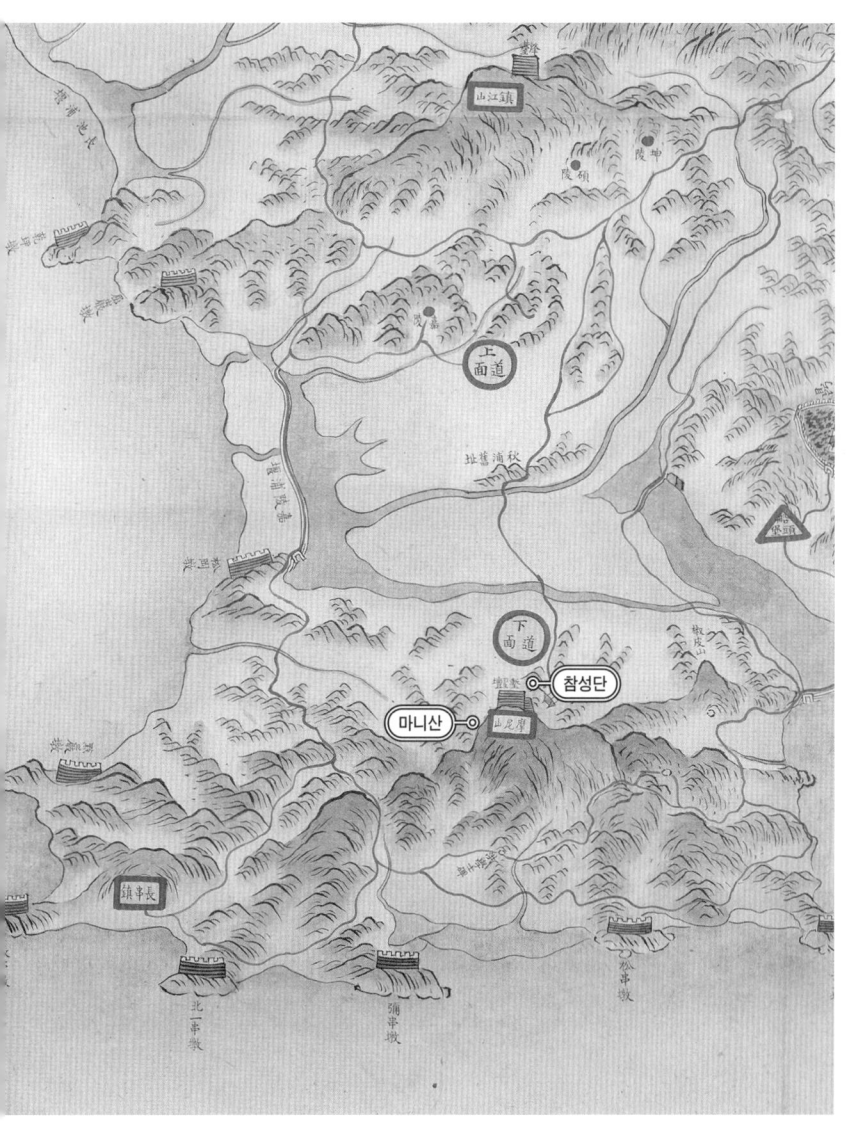

그림 7 마니산 꼭대기에 참성단을 사실적으로 그린 「강화부전도」(1872). 서울대학교 규장각한국학연구원 소장

남아있다"[52]고 했다. 현재 이궁의 위치는 강화군 화도면 흥왕리 산51번지 일원으로 추정된다.[53] 이궁지는 강화도의 남단에 마니산을 등지고 해안을 바라보며 입지했다. 이궁이 마니산을 기댄 것은 강화에서 가장 높은 산일 뿐만 아니라, 단군의 참성단이 있는 신성시된 장소라는 상징성도 입지요인으로 작용했을 것이다. 또한 지리적인 요새지라는 배경도 있다. 원래 마니산지 일대는 고려말기까지만 해도 강화 본도와 분리된 고가도(古家島)라는 섬이었다. 현재의 연륙화(連陸化)는 간척사업의 결과다.[54] 마니산이 위치상 강화도 내에서도 남단 끝에 격리되어 있을 뿐만 아니라, 접근하기가 어려운 지역이라는 자연지리적인 조건도 고려 이궁지의 장소 선정에 영향을 끼쳤다.

18세기 후반에 그려진 「경기도지도(京畿道地圖)」를 보면 마니산만 홀로 그려져 있다(그림 8). 마니산의 위상과 가치를 단적으로 표현한 것이다. 1840년에 한산거사(漢山居士)가 쓴 〈한양가(漢陽歌)〉라는 가사에도 "강화의 마니산이 도(都) 수구(水口) 되었에라"라고 읊었다. 거시적으로 볼 때 강화의 마니산이 한양 도읍지의 입구를 지킨다는 것이다. 즉, 조선후기에 이르자 주산인 송악산이나 진산인 고려산의 상징적 비중과 위상이 약해지고, 마니산이 강화의 명산으로서 대표 격이 되었다는 의미다.

조선시대만 하더라도 강화도 산줄기의 맥은 육지에서 바다를 건너와 송악산과 혈굴산(현 혈구산), 그리고 마니산까지 이어진다고 보았다. 『강도지』에 이렇게 적고 있다.

그림 8　마니산이 강화의 대표적인 산으로 그려진 『해좌승람』 「경기도지도」(18세기 후반). 영남대학교 박물관, 『한국의 옛 지도(도판편)』, 1998

산세가 통진에서 출발하여 물밑으로 뻗어 강을 건너 서쪽으로 와서 망해돈이 되었고…다시 험하고 높게 솟은 것이 송악산인데, 이 산 밑에 읍치가 있다. 산세가 낮아지면서 구불구불 뻗어 고부현의 혈굴산이 되었으며, 혈굴산에서부터 산세가 다시 돌아 나와 사방 들판을 지나 남쪽의 진산이 된 것은 마니산이다.

풍수 이론에서 산맥은 물을 건너지 못하며 지맥은 물이 가로지르면 끊어진다는 것이 원칙이다. 그러나 강화도 사람들은 그렇게 생각하지 않았다. 육지의 맥이 바다 속으로 이어져 건너온다고 굳게 믿었다. 강화도뿐만 아니라 제주도, 진도 등지에서도 그랬다.[55] 산줄기 맥의 연결성을 중시하는 한국풍수의 특징이 반영된 것으로써, 주요 섬 지역의 주민들이 바랬던 섬 풍수적 인식의 단면이다.

범아시아적 불교 명산, 오대산

강원도 오대산이 지니는 명산의 사상적 위상과 역사적 이력은 독특하다. 고대부터 불교에 뿌리를 둔 명산문화를 역사적으로 전개시켜왔다. 특별히 국가가 제사(산천제)하는 산은 아니었지만 조선초기의『세종실록』지리지에도 명산의 반열에는 올라있었다.[56]
오대산은 '동아시아적 명산문화의 수용과 변용'이라는 연구사적 틀과 시선에서도 중요한 자리를 차지한다. 한국 오대산 이름의 연원은 중국 산시성(山西省)의 오대산(우타이산)에서 왔다. 한국은 중국의 오대산과 비교하여 상대적으로 지리적 위치나 산의 생김새는 유사하지만 경관의 모습은 딴 판이다. 오랜 기간에 걸쳐 토착화되면서 달라진 것이다. 중국의 오대산은 인도의 불교 경전에서 유래된 '가상의 산'인 청량산에서 왔다. 오대산에는 불교의 문수신앙이 성행하였으며 그로 인해 문수산·길상산·오대산·청량산·사자산 등 같은 뿌리의 여러 갈래 산이름이 지역적으로 파생되었다는 사실도 흥미롭다.

한국의 명산과 명산문화는 세계사적 흐름의 맥락 속에 놓여 있었다. 오대산과 오대산 문수신앙도 인도를 뿌리로 중국에서 생겨나 한국과 일본으로까지 전파된 범아시아적 불교 명산문화의 소산이다.

강원도 강릉과 홍천, 평창에 걸쳐 있는 1,563m의 오대산에서 펼쳐진 불교문화 전통은 7세기경 중국 산시성의 오대산에서 도입되었다. 한국뿐만 아니라 일본도 우리보다 늦은 10세기경에 중국의 오대산문화를 수입했다. 983년에 송나라에 갔던 죠넨(奝然, 938~1016)이 귀국한 후, 중국의 오대산 신앙을 교토의 아타고산(愛宕山) 신앙에 이식한 것으로 알려져 있다. 일본의 오대산문화는 자국의 문화코드에 맞게 토착화하였고, 전래의 신사와 결합된 신불(神佛) 혼합적인 모습을 띤다고 한다.[57] 이처럼 오대산은 아시아적 공간스케일의 산이었다.

조선초기까지만하더라도 오대산은 문수신앙의 본산이었다. 오대산 상원사는 세조가 문수동자를 만나 등창이 나았다는 설화가 전해지며 이후 큰딸 의숙공주(懿淑公主, 1441~1478)가 봉안한 것으로 알려져 있다. 상원사에는 국보로 지정된 문수동자좌상이 있다. 동자 머리를 튼 천진한 어린이 보살상이다. 문수는 지혜를 상징하는 대승보살이다. 여느 사찰의 대웅전에 들어서면 석가모니불을 가운데 두고 왼편에 문수보살이 있는 것만 보아도 한국불교에 문수신앙이 얼마나 큰 영향을 드리웠는지를 알 수 있다. 그 자취는 한국의 산이름에서도 여실히 드러난다.

 문수산·길상산·오대산·청량산·사자산은 명칭으로나 공간적으로나 서로 다른 산이지만 문화적으로는 같은 갈래의 산이름이다. 모두 불교의 문수보살과 관련되어 이름을 얻은 산이다. 문수산의 '문수'는 문수사리의 준말로 '길상(吉祥)'의 뜻이고 '청량산(오대산)'에 머물며 '사자'를 타고 다닌다는 사실에서 이름이 지어졌다. 역사적으로 오대산 문수신앙이 전파되면서 공간적으로 파생된 산이름 갈래들이다. 이처럼 전통시대의 오대산문화와 사상은 지역의 명산에 투영되어 실제의 이름을 지닌 유형적인 경관으로 자리잡았다. 그 산이름의 양상마저도 다양한 이칭으로 분기하면서 공간적인 스펙트럼을 이루었다.

 중국 산시성 신저우(忻州)에 있는 우타이산(五台山, 3,058m)은 2009년에 불교건축경관이 탁월한 산으로 유네스코 세계문화유산으로 지정됐다. '우타이산(Mount Wutai)'이라는 이름으로 등재된 세계유산 가치는, 종교건축과 산악이 조화롭게 결합된 문화경관으로, 자연경관과 불교문화의 융합이라는 철학적 사유를 잘 보여준다. 산이 불교의 성소(聖所)가 되는 사상적 교류를 반영하며, 산이 종교적인 수도처로 진화된 문화전통의 증거라고 평가됐다.

오대산문화의 기원은 『화엄경』의 청량산에서 유래한다. 『화엄경』에 "동북쪽에 청량산이라는 곳이 있다. 과거에 보살이 항상 머물고 있었는데 현재는 문수보살이 있어 일만보살을 거느리고 항상 설법하고 있다"는 문구가 있다.[58] 불경에 등장하는 심상의 산을 중국인들이 실제 산으로 재해석하였다. 그래서 한국 오대산도 그 원류는 멀리 인도인들의 사유에 닿는다.

그런데 중국인들은 불교를 받아들여 토착화하면서 이 청량산을 자기 나라의 오대산으로 해석하였다. 장소의 동일시와 경관화를 통해 가상을 실제로 단단히 굳히는 문화정치적 전략의 일환이다. 중국의 오대산도 인도의 청량산처럼 영토의 동북쪽에 있고 비슷한 기후조건이 근거가 되었다. 원래 오대산은 신선사상과 결합된 신령한 산이었는데, 선비족인 북위(北魏, 386~534)가 산 북쪽으로 평성[平城, 현 다퉁(大同)]에 수도를 정하면서 불교와 결합하기 시작하였다.[59] 낙양(洛陽) 천도(493년) 이후에 오대산이 북방 경계에 위치했다는 점도 지정학적인 이유였다. 오대산은 나라를 수호하는 불산(佛山)으로 지정된 것이다. 이윽고 당대(唐代, 618~907)에 와서는 오대산을 청량산과 동일시하였고, 오대산은 문수신앙의 본산이 되었다.[60]

신라도 산악 불교문화가 강성했던 터라 중국에서 벌어진 이러한 역사적 사실을 남의 일로 모른 체할 리 없었다. 8세기 전반에 이르자 신라는 문수보살이 우리 영토의 오대산에도 머물고

오대의 각 봉우리마다 일만 보살씩 총 오만 보살의 진신(眞身)이 나타난다고까지 했다.[61]

우리 오대산은 중국 오대산과 높이나 규모는 크게 다르지만 영토상의 위치나 산의 모양새는 비슷하여 중국 오대산의 축소판이다. 그도 그럴 것이 오대산문화를 도입한 자장율사(慈藏律師, 590~658)는 636년에 왕명으로 파견되어 642년에 중국 오대산을 직접 가보았고, 이듬해 귀국한 후에 곧바로 신라에서 비슷한 산을 골랐다. 그가 어렵사리 찾아낸 닮은꼴 산이 강원도 오대산이었다. 비록 산체의 높이나 규모에서는 큰 차이가 있을지언정, 두 산 모두 지리적으로도 영토의 동북방에 있었고, 모양새도 토산(土山)으로 정상부가 다섯 봉우리의 평평한 대지(臺地)로 이루어져 있다. 일연은 『삼국유사』에 그 역사적 현장을 분명히 기록했다.

자장이 오대산의 태화지(太和池) 곁 문수보살 석상에서 일주일간 기도를 했더니 꿈에 부처가 나타나 네 구절의 시를 주었다. 이튿날 한 스님이 와서 시구의 뜻을 알려줬다. 그 스님은 자신이 가지고 있던 가사, 바리때, 부처의 머리뼈 한 조각을 자장에게 건네면서 부탁했다. "이것은 석가세존의 것이니 잘 보관하십시오. 당신 나라의 동북쪽 명주(溟州) 경계에 오대산이 있는데 일만의 문수보살이 늘 거주하고 계시니 가서 뵈십시오"라고 하고 사라졌다. 자장이 귀국하려 하는데 태화지의 용이 나타나 전날 만난 스님이 문수보살이라고 했다. 귀국해 오대산 기슭에 이르러 띠집을 짓고 살다가 드디어 문수보살을 만났다.[62]

자장이 중국 오대산에서 가져온 불사리는 강원도 오대산의 적멸보궁(월정사)에 모셔졌다. 오대산에는 월정사, 상원사를 비롯하여 다섯 봉우리마다 모두 절이 들어서면서 한국불교의 성지가 되었다. 가운데 중대에는 사자암(獅子庵)이 있다. 문수보살이 타고 있는 사자로 인해 얻은 이름이다. 자장은 오대산(상원사) 외에 설악산(봉정암), 태백산(정암사), 사자산(법흥사)에도 불사리를 봉안하였다. 모두 부처 진신의 뼈가 묻힌 성산(聖山)이 된 것이다.

오대산 이름과 오대산문화는 지방 곳곳에도 전파되었다. 중국에서는 간쑤(甘肅), 광저우(廣州), 후베이(湖北), 광둥(廣東) 등 다른 지방에서도 비슷한 산을 오대산이라 이름짓고 불렀다. 한국에서는 오대산의 원래 이름인 청량산이 전국 각지에 생겨났다. 경북 봉화의 청량산(870m)을 위시하여 인천의 청량산(173m), 경기 안성의 청량산(340m)과 남한산의 청량산(482m), 경남 마산의 청량산(318m), 전북 완주의 청량산(713m)과 고창의 청량산(622m) 등으로 우뚝우뚝 솟아났다.

인천의 청량산에 전해 내려오는 설화가 있다. 화엄종 제4대 조인 중국 오대산의 징관조사(澄觀祖師, 738~839)가 열반에 들면서 "내 법은 동쪽의 해 뜨는 나라에서 꽃피운다"고 했다. 조사의 법통을 이은 두 수제자가 백마를 타고 동쪽나라를 향해 달렸는데 송도의 청량산 중턱에 다다르자 한 발짝도 움직이지 않더란다. 중국 오대산문화의 전파를 암시하는 설화다.

고창의 청량산도 자장의 이야기가 전해진다. 중국에서 문수보살의 가르침을 깨닫고 귀국한 자장은 우연히 이곳을 지나치게 되었다. 산세가 중국의 청량산(오대산)과 너무도 비슷해 기이하게 여겨 바위굴에서 7일간 기도했다. 문수보살이 땅속에서 솟아나오는 꿈을 꾸고 땅을 파 보니 문수석상이 있었다. 그 뒤부터 이 산을 청량산이라 부르게 되었다고 한다.

문수산, 사자산, 길상산 이름도 오대산 갈래이다. 경북 봉화의 청량산 북쪽에 문수산(1,207m)이 있다. 조선초에 봉화 고을의 진산이었다. 신라시대 때 평창의 수다사에서 수도하던 자장이 이 산에 문수보살이 나타나서 문수산이라 했다. 또 다른 문수산은 김포에도 있고 울산에도 있다. 울산 문수산(600m)은 고려시대에 라마교의 전당이었다는 전설이 있어 중국 오대산에서 성행한 라마교와 상통하는 점이 있다. 강원도 영월군 수주면에 있는 사자산(1,167m)에는 어느 도승이 사자를 타고 이 산으로 왔기에 이름 지어졌다는 지명 유래가 전한다. 그 도승은 자장임에 분명하다. 사자산 적멸보궁 옆에는 자장이 수도했다는 토굴이 있고, 당나라에서 사자 등에 진신사리를 싣고 온 석함(石函)도 있다는 전설이 전한다. 사자산의 모양새도 영락없이 사자를 빼닮았으니 오대산처럼 닮은꼴을 찾아서 골랐을 것이다. 인천시 강화군 길상면의 길상산(336m)도 마찬가지다. 이 산에는 왕에게 진상했던 유명한 약쑥이 나는데 흥미롭게도 '사자발쑥(獅子足艾)'이라고 불렀다. 생김새가 사자의 발처럼 생겨서 이름 붙었다. 상징적으로는 문수의 사자와 연관 있는 이름으로 보인다. 이 모두 오대산의 명산문화가 지역 곳곳에 드리운 다채로운 문화 현상이다.

지정학적 요충지, 교통로의 요지에 위치한 월악산

충청지방의 월악산을 사례로 역사적인 명산 지정의 배경과 요소는 무엇이고, 시대적인 명산 가치의 변화양상과 그 이유를 탐색해보기로 하자.

우선 몇 가지의 문제 제기와 질문이 가능하다. 신라에서 고려 말까지 월악산(1,097m)이 왜 나라의 명산으로 지정되어 제사의 대상이 되었을까? 그런데 조선초부터는 나라의 명산 제사에서 월악산이 왜 빠졌을까? 멀리 삼국시대부터 가까이로 한국전쟁까지 왜 월악산을 끼고 수많은 전투가 발생했으며, 덕주산성 등 여러 관방시설과 요새가 있을까? 신라왕조의 마지막을 한탄해 금강산에서 여생을 보냈다는 마의태자(麻衣太子)와 덕주공주(德主公主)의 전설과 지명, 역사유적 등이 왜 월악산에 나타나는가? 월악산의 주요 전통사찰이면서 독특한 가람형식을 하고 있는 미륵대원지가 하늘재(계립령) 초입에 자리 잡고 있는 이유는 무엇인가?

이러한 의문의 실마리를 곰곰이 따져 보면, 바로 월악산이 고대에서부터 고려와 조선초에 이르기까지 지정학적인 요충지이자 한반도의 중부와 영남을 이어주는 교통로의 요지였다는 사실을 알 수 있다. 이렇듯 월악산을 중심으로 전개된 문화역사의 연쇄 고리를 푸는 열쇠는 산이 위치하고 있는 지리적 조건과 간선 교통로의 길목이라는 점에서 찾을 수 있다.

월악산의 고갯길 하늘재는 156년에 일찍이 개척되었다. 그곳은 국토의 허리를 통과하는 길목이었으며, 고구려와 신라 사이의 전략적 요해처(要害處)이기도 했다. 고려시대에는 국토의 간선도로망이 체계화되어 개성을 중심으로 X자형을 이루었는데, 개성에서 동남쪽의 영남지방으로 향하는 길이 가장 중요하였고, 거기서 하늘재는 백두대간을 넘어서 영남을 잇는 가장 중요한 통로였다. 하늘재는 고려말까지 중요한 교통로 역할을 했으나 조선초에 새재(조령)가 공식적인 길로 새로 개발됨에 따라 쇠퇴하게 된다.[63]

월악산을 대표하는 사찰이었던 충주 미륵대원지(彌勒大院址: 옛 명칭은 중원 미륵리사지)는 하늘재로 인해서 생긴 사찰이자 숙박시설(院)이었다. 절은 하늘재로 넘어가기 직전의 길목 한쪽에 자리 잡았다. 미륵대원이라는 이름에서도 짐작할 수 있듯이 사찰과 원(院)의 기능을 겸했다. 원은 여행자의 편의를 제공하는 일종의 숙박시설이다. 미륵대원이 고려시대와 조선초까지 번창하였지만 이후로 폐사지로 남은 이유도 교통지리적 조건과 관련있다. 인근에 새재가 새로 개척되면서 하늘재의 고개 역할이 쇠락하였기 때문이다.

월악산 동쪽의 월악리에 있는 신륵사(神勒寺)도 그 이름부터가 예사롭지 않다. 신륵은 미륵(彌勒)이라는 불교적 의미로도 해석할 수 있겠지만, 글자의 뜻대로 해석하면 신력(神力)으로 채운 굴레 혹은 재갈이 된다. 절이름에서 전략적 요충지에 대한 군사방어적 상징성과 호국의 염원이 들어가 있다. 고대에 사찰은 종교적 기능뿐만 아니라 정치적, 군사적 역할도 겸했다는 사실을 돌이켜보면 왜 신륵사가 거기에 들어섰고 그 이름을 가졌는지 짐작할 수 있다. 추정컨대 신륵사는 신라시기의 창건 당시에 나라의 요새지를 수호하고 지키고자 한 진호사찰(鎭護寺刹)의 성격을 띠고 있다. 고려시대에는 진호사찰이 국가의 비보사찰로 이어졌다. 신륵사의 경내에는 국사당(國祀堂)이라는 특이한 전각이 있다. 고대부터 월악산의 제의 장소였던 월악신사(月嶽神祀)가 폐허화되자 이곳으로 옮긴 것이다.

지리적으로도 월악산은 백두대간의 허리에 자리 잡고 있으면서, 위로는 소백산과 아래로는 속리산 가운데에 위치하여 둘을 이어주는 연결고리가 된다. 월악산이 지닌 천연의 요새지라는 지형적 특성과 지정학적 위치의 중요성 때문에 이 일대는 고려 때 몽골이 침략했을 때의 격전지이기도 했고, 동학농민전쟁의 농민군과 의병대장 의암 유인석(1842~1915)이 이끄는 제천의병군의 근거지였으며, 한국전쟁 때에는 빨치산의 저항지가 되었다.

이러한 월악산권역이 갖는 전략적 가치를 조선후기의 이중환도 『동국산수록』(1751)에서 잘 지적하고 있다. 월악산권 고을인 청풍(淸風: 현 제천시 청풍면)을 일러 말하기를, "경상도에서 서울로 가는 길이, 좌도(左道)에서는 죽령을 지나서 이 읍에 통하고, 우도(右道)에서는 조령을 지나서 읍에 통한다. 두 고개의 길이 모두 이 읍에 모여서, 물길 또는 육로로 한양에 통한다. 고을이 경기도와 경남과 왕래하는 길의 요충에 해당하므로 유사시에는 반드시 서로 점령하려는 곳이 될 것이다"[64]라고 했다.

그렇다면 월악산이 지리적 조건으로 말미암아 명산이 될 수 있었던 역사적 배경과 나라의 명산 제의는 어떻게 관련지어 이해할 수 있을까?

현재의 월악산이라는 이름은 『고려사』에서 나타난다. 1254년 (고종 41) 12월에 "월악산신(月嶽大王)이 큰 위력을 나타내고 도 왔다"[65]는 대목이 있다. 그런데 월악산의 옛 이름이 월형산(月兄 山)이었음은 『삼국사기』에 "나토군(奈吐郡)의 월형산(月兄山)에 소사(小祀)를 지냈다"[66]는 사실에서 확인된다. 이로써 월악산은 신라시대 때부터 이미 나라에서 제사를 지낸 명산이었음을 알 수 있다.

신라에 이어 고려 조정에서도 나라의 존위에 대한 산천의 음 덕과 월악산의 신령함에 대한 믿음은 변함없이 이어져 내려 왔다. 『고려사』를 보면 "3백여 년 동안에 재변이 자주 일어났으 나 즉시 평정할 수 있었던 것은 완전히 우리 산천 신령들의 한결 같은 음덕으로 사직을 보호하여 주었기 때문이었다"[67]는 기록 이 있다. 덧붙여 월악산신의 힘에 대해서는 다음과 같이 적었다. "나라의 큰 재난이었던 몽골의 침략을 받았지만 월악산신(月嶽 大王)이 큰 위력을 나타내고 도와주어 성을 지켜 낼 수 있었고 마침내 만세의 공적을 이루어 놓았다."[68] 또한 "1255년(고종 42) 겨울 10월 을축일에 몽골 군사가 대원령(大院嶺: 계립령, 현 하늘 재)을 넘어왔다. 충주에서 정예 군사를 출동시켜 천여 명의 적을 죽였다"[69]고 적고 있으며, 이듬해에 월악산성과 월악산 신사에 서 벌어졌던 일은 다음과 같이 생생한 서술을 하고 있다.

몽골 군사가 충주에 들어와서 성을 무찌르고 또 산성을 치자 관 리와 노약자들은 겁이 나서 항거하지 못하고 월악산 신사로 올라갔다. 이때에 갑자기 구름과 안개가 끼면서 바람이 불고 비가 내리며 뇌성이 들리고 우박이 동시에 쏟아지니, 몽골군은 우리에게 산신령의 도움이 있다고 하여 공격하지 못하고 물러갔다.[70]

그런데 조선초기를 지나면서 월악산의 명산 가치는 낮아졌고 국가적인 명산의 위상도 저평가되어 변하였다. 『세종실록』 지리지에서도 "삼국(三國) 때에는 월형산(月兄山)이라 하여 사전(祀典)에 있었는데, 지금은 혁파하였다"[71]는 사실이 확인된다. 왜 그랬을까? 주된 이유는 월악산을 끼고 있었던 하늘재 대신 주흘산(1,106m) 아래로 새재가 1414년(태종 14)에 새로 생기면서 고갯길로서의 주된 역할이 쇠퇴하였기 때문이었다.

이런 교통지리적 사정의 변화는 월악산에 대한 나라 제사에서도 그대로 반영되었다. 조선초기에 국가적 명산 제의의 정황을 알 수 있는 문헌인 『세종실록』 「오례」는 당시 중사와 소사의 대상으로 기재된 17개의 명산 중에 월악산은 빠져 있다.[72] 반면에 새재에 인접한 주흘산은 고려에 이어 조선초에도 국가 제장으로 지정해 유지했다. 달라진 길이 명산의 위상도 바꾸었다.

명산에 대한 국가의 제의뿐만 아니었다. 조선중기에 와서는 청풍 고을의 명산에서 월악산은 슬그머니 빠지고, 비봉산(531m)이 새로이 진산으로 지정되었다(그림 9).

고려시대부터 각 고을에서 랜드마크가 되는 주요한 산을 진산 혹은 명산으로 지정하는 전통이 있었다. 월악산도 신라 때부터 조선초까지는 청풍 고을(현 충북 제천시 청풍면)의 명산

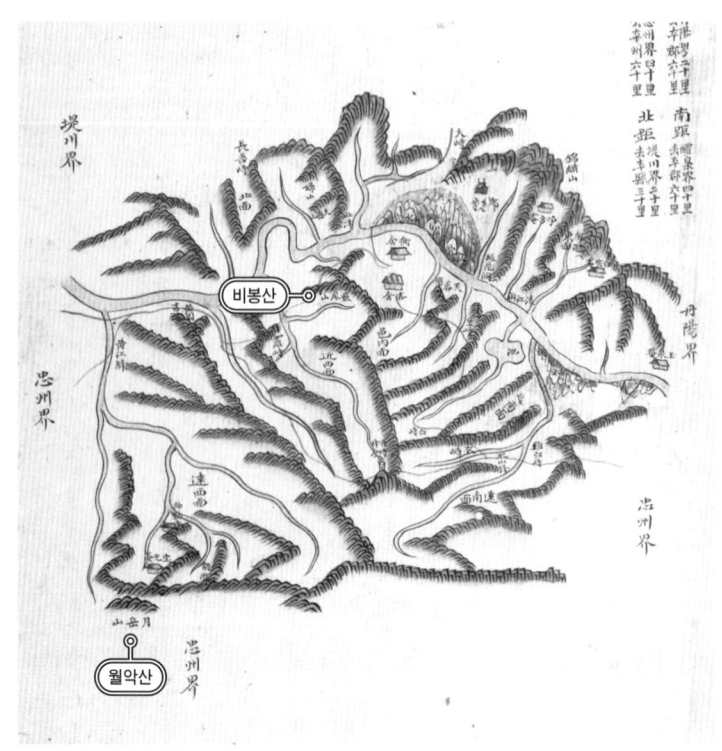

그림 9 『해동지도』(18세기) 청풍부 읍치에서 본 월악산과 비봉산. 서울대학교 규장각한국학연구원 소장

으로 지정되어 내려왔다. 그 문헌적인 증거로『세종실록』지리지(1454)에 충청도 청풍군의 명산으로 '월악'이라고 기재된 사실을 들 수 있다.[73] 그러나 조선중기에 가서 청풍부의 읍치(邑治) 서쪽에 바로 붙어 있는 인지산(因地山, 현 비봉산)으로 고을의 랜드마크가 바뀌었다. 진산이 새로 지정된 것이다. 이러한 사실은 관찬지리지인『신증동국여지승람』(1530)에서 확인된다.[74]

왜 청풍 고을에서는 기존의 월악산을 두고 새로이 인지산으로 진산을 지정했을까? 그 배경은 조선중후기에 사회담론으로 성행하였던 풍수라는 문화적인 요인에서 찾을 수 있다. 당시에 청풍의 월악산뿐만 아니라 타 지역에서도 새로 진산이 지정되는 경우를 흔히 찾아볼 수 있다. 경상도 순흥의 비봉산(원래는 소백산이 진산), 봉화의 금륜봉(원래는 문수산이 진산), 경산의 장고산(원래는 마암산이 진산) 등도 그렇다. 이들 새로 지정된 진산은 모두 지리적인 공통점이 있다. 읍치의 맥을 대는 관아 뒷산이자 풍수적인 주산(主山)에 해당한다. 굳이 명산의 품격을 갖추지 않았더라도 진산으로 지정한 이유는 그만큼 사회적으로 풍수담론이 성행하면서 주산이 갖는 높아진 가치 인식을 반영한다.

그러나 월악산에 기대어 살면서 삶터를 일구었던 민중들은 국가와 고을에서의 월악산에 대한 평가 절하에 아랑곳하지 않았다. 월악산의 신령함에 대한 굳건한 믿음은 계속되어 월악산 산신제로 면면히 이어져 내려왔다. 송계리(제천시 한수면) 주민들은 마을에 월악산신당을 짓고 매년 음력 정월과 시월에 산신제를 지냈다. 월악산 산신제는 일제강점기에 중단되기도 했지만 마을제사(洞祭)로서 명맥을 유지했다. 제사를 올릴 때는 '월악산 산신령 대 신위(月岳山山神靈大神位)'라고 쓴 위패를 모셨다.[75]

이렇듯 월악산을 둘러싸고 역사적으로 전개되었던 명산문화는 옛사람들이 월악산과 관계 맺었던 지정학적 여건, 교통지리적 조건, 풍수적 문화전통 등과 긴밀한 연관 관계를 맺고 있음을 알 수 있다. 한국에서 명산의 역사를 뒤집어 보면 사람의 역사이기도 한 이유이다.

왕조의 산에서 민중의 산으로, 계룡산

우리 기억 속에 계룡산은 정치적 공간이자 신앙적 공간이 겹쳐진 장소이미지로 떠오른다. 예부터 계룡산은 지정학적인 영역에서 주요한 위치를 점하는 국가적인 명산이었다. 일찍이 신라에서 토함산(동악), 지리산(남악), 태백산(북악), 팔공산(중악)과 함께 오악의 하나인 서악으로 지정하고, 중사(中祀)의 제의를 했다.[76] 그리고 조선왕조가 새로 세워진 이듬해 태조 이성계가 전국의 주요 명산에 대해 작호(爵號)를 내릴 때, 계룡산을 지리산·무등산·삼각산 등과 함께 호국백(護國伯)으로 봉했다.[77] 조선후기 고종(高宗) 대에 와서는 국토의 상중하(上中下) 삼악(三嶽) 중에 중악(中嶽)으로 위상을 드높였다.[78]

태조가 계룡산이 품고 있는 신도안으로 도읍을 옮기려 한 사실은 너무도 잘 알려져 있다. 그래서 계룡산은 조선초기에 풍수로 떴다가 풍수로 추락하는 운명을 겪게 된다. 1393년(태조2) 1월 2일, 권중화가 바친 계룡산 도읍 지도를 보고 반한 태조는 도읍지 건설을 명하고 공사를 시작했다.[79] 열 달이 넘게 기초를 닦던 중 1393년(태조2) 12월 11일, 태조는 계룡산 도읍지 공사를 갑자기 중지시켰다. 하륜이 『지리신법(地理新法)』이라는 당시로서는 최신의 중국풍수 텍스트(text)를 근거로 신도안의 풍수적 결점을 들고 나왔기 때문이었다.[80]

그렇지만 조선 왕실의 계룡산 존숭(尊崇)은 조선후기에도 각별했다. 계룡산 자락에 중악단(中嶽壇)[81]을 1879년(고종16)에 설치하여 산신제를 모셨고, 지금도 신원사(新元寺)에 그 유적이 남아있다. 이러한 축적된 역사적 경험은 사람들로 하여금 계룡산을 정치적, 신앙적 중심지로 각인시켰다.

계룡산에 대한 조선후기 지식인들의 시선과 평가는 어땠을까? 이중환은 『동국산수록』에서 계룡산을 오관산(개성), 삼각산(한양), 구월산(문화)과 함께 나라 4대 명산의 하나로 꼽았다. 그 명산 됨의 산수미학적 근거로 "산 모양은 수려한 돌로 된 봉우리라야 산이 수려하고 물도 맑으며, 강이나 바다가 서로 모이는 곳에 터를 잡아야 큰 힘이 있다"는 것이다.[82] 계룡산이 그렇다.

이처럼 조선시대 계룡산의 지정학적, 산악신앙적, 산수미학적인 명산 이력으로 인해, 주요 고지도에는 뚜렷이 계룡산이 그려졌다. 예컨대 조선후기의 「동국팔도대총도(東國八道大摠圖)」에는 충청도의 대표적인 명산으로 계룡산을 표현했다.

옛 지도를 보면 현대지도나 위성도보다 훨씬 실감 있게 산을 이해할 수 있다. 산에 대한 선인들의 느낌이나 산을 보는 시선이 고스란히 지도 속에 반영되어 있기 때문이다. 옛 그림으로서 가장 상세한 계룡산 지도가 조선후기에 그려진 「계룡산전도(鷄龍山全圖)」라는 채색 지도다(그림 10). 이 지도는 풍수적 시선으로 계룡산의 산세와 금강의 물줄기가 회화적으로 잘 묘사되었다. 산과 물은 둥글게 신도안을 에워싸서 명당 형국의 분지 지형을 이루고 있음이 역력하다. 뭇 봉우리들이 신선처럼 기립하고 있는 모습은 신령스럽기조차 하며, 그 속으로 동학사, 갑사, 신원사 등의 사찰과 대비암, 북사자암 등의 암자들이 보인다. 신도안에 있는 중봉(中峯)도, 백암동(白巖洞), 풍년동(豊年洞) 등의 주요 골짜기도 표시되었다. 암용추(雌龍湫)와 숫용추(雄龍湫)는 푸른 물줄기가 떨어지는 모습으로 정감 있게 그려졌다. 계룡산 주능선의 봉우리 이름도 눈에 띄는데, 자세히 보면 지금 이름과는 다르다는 사실을 알 수 있다. 최고봉인 상봉(上峯)을 비롯하여, 주능선 우로는 응봉(鷹峯), 좌로는 안봉(鞍峯), 증봉(甑峯) 등이 적혀있다.

현 계룡산 최고봉인 천황봉이라는 이름은 일제강점기에 개명되었다고 항간에 알려졌다. 이런 인식 방식이 지명의 정치학이다. 그것은 신성하고 높은 산봉우리가 일본 천황과 등치됨으로써 천황이 우러러보이고 경외감이 들도록 꾀하는 것으로, 지명의 상징 조작을 통한 식민지배 정치전략의 일종이라고 이해하는 식이다. 확실한 근거는 없지만 천황봉 지명으로의 변경을 일제의 소행이라 생각하고 수긍하는 '주관적 사실'도 해석적 의미

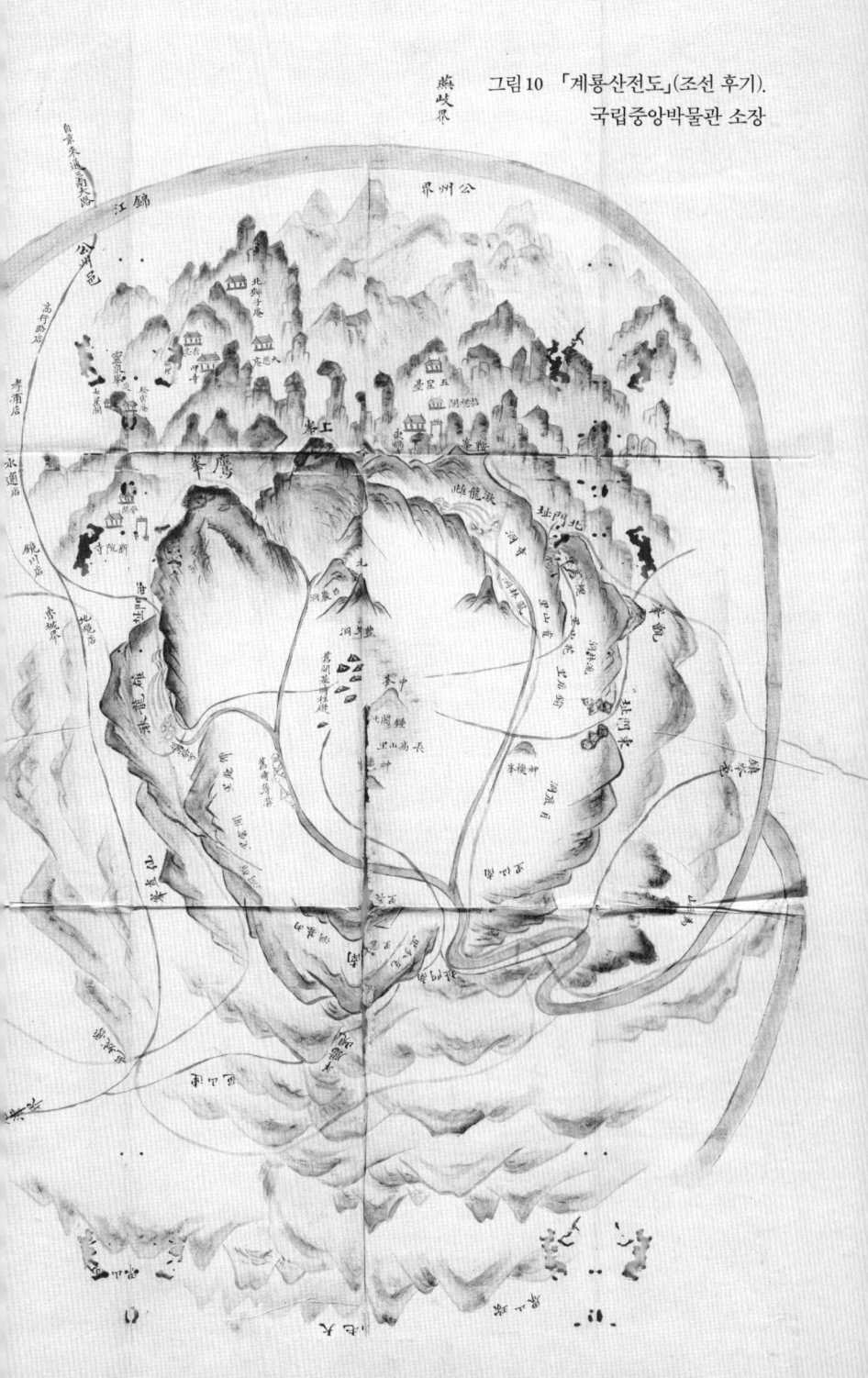

그림 10 「계룡산전도」(조선 후기), 국립중앙박물관 소장

가 있다. 풍수의 맥을 끊었다는 단맥 설화 등과 비슷한 심리적 피해의식의 발로이다.

계룡이라는 산이름은 어떻게 생겨났을까? 산이름에 닭(鷄)과 용(龍)이 들어있는 사연이 궁금하다. 삼국시대에 계룡산의 옛 이름은 계람산(鷄藍山)이었다. 중국 당대(唐代)의 『한원(翰苑)』이라는 책에 "나라(백제)의 동쪽에 계람산이 있다"는 기록이 있다. 그런데 계람산이나 계룡산의 '계'는 닭(鷄)이라기보다는, 높은 산이나 언덕을 지칭하던 고어인 '달(돌)'이 한역된 말일 가능성이 있다. 후대로 오면서 산이름이 새롭게 변화했다. 신라시대에 들어와서 계람산에서 계룡산으로 바뀌었다. 『삼국사기』에서 오악의 하나로 계룡산이라는 이름이 등장한다.[83] 용 사상이 산이름에 새롭게 투영된 것이다. 그렇다면 계룡산 이름은 객관적 지형(돌-계-산)과 주관적 이미지(용)가 결합된 의미체로 이해된다.

고려시대 이후 풍수사상이 국토의 산의 인식에 전반적인 영향을 주면서부터 산줄기의 모양새와 자태를 용처럼 보는 풍수적 시선이 유행하였다. 계룡산의 형세를 일컫는 회룡고조(回龍顧祖)[84]라는 말과 계룡산을 그린 고지도를 통해서도 이런 안목을 알 수 있다. 1872년에 그린 「연산현 지도」에 계룡산은 어찌 보면 산의 모습이면서도 어찌 보면 용의 모습으로, 이중적 이미지가 겹쳐져 표현됐다(그림 11). 옛사람들의 눈에 비친 계룡산은 그렇게 그려졌다. 꿈틀거리면서 고을을 에워싸며, 머리를 돌려 고을을 지켜보고 있는 용의 역동적인 모습과 함께 두 눈도 뚜렷하다. 조선전기의 문신이자 학자인 서거정(徐居正, 1420~1488)도 용

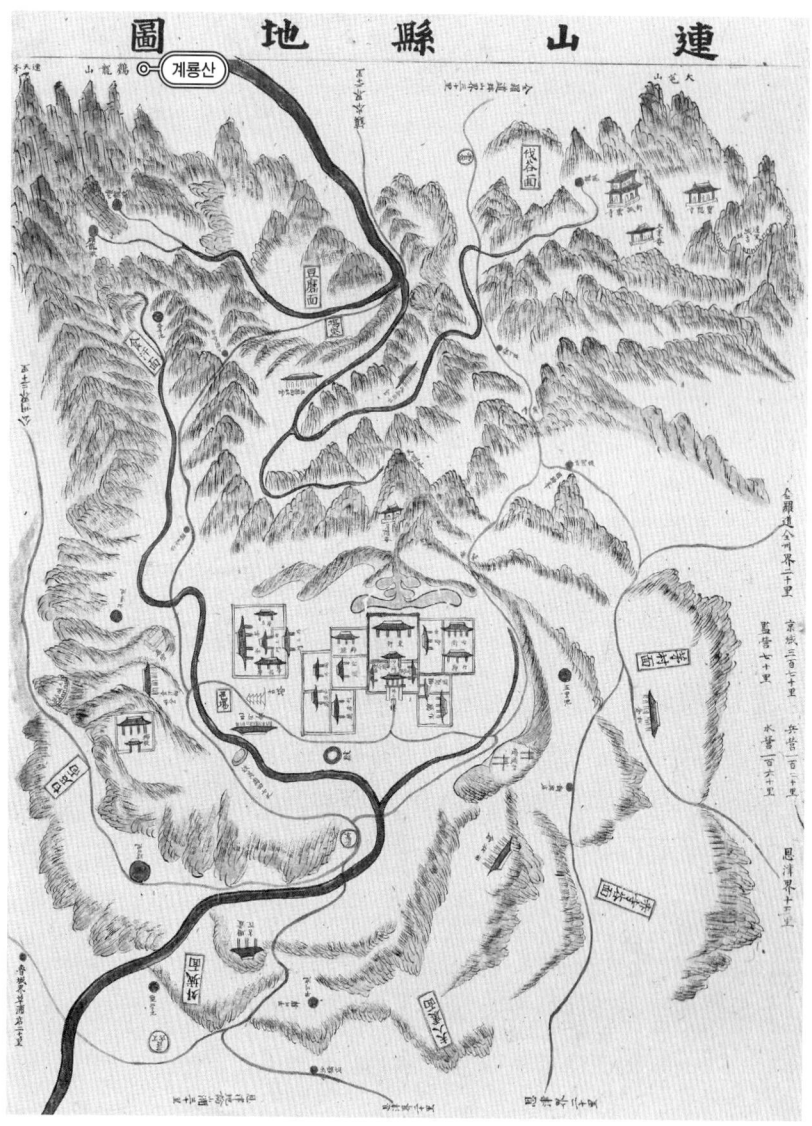

그림 11 『1872년 지방지도』 「연산현 지도」에 용의 모습으로
표현된 계룡산. 서울대학교 규장각한국학연구원 소장

이 서려 있는 기이한 산으로 계룡산의 자태를 이렇게 읊었다.[85]

층층이 푸르게 우뚝 솟은 계룡산은,	鷄嶽岑嶢揷層碧
맑은 기운 구불구불 백두산에서 유래했네.	淑氣蜿蜒自長白
산에는 못이 있어서 용이 깃들어 살고,	山有湫兮龍則蟠
산에는 구름 있어서 만물이 윤택할 수 있네.	山有雲兮物可澤
내가 예전에 이 산속을 노닌 적이 있는데,	我昔試遊於其中
신령하고 기이함이 다른 산과 같지 않았네.	靈異不如他山同
비를 내려 천하를 윤택하게 할 수 있는 것은,	會作霖雨澤天下
용이 구름을 부리고 구름이 용을 따르기 때문이네.	龍使雲兮雲從龍

계룡산이 뿜어내는 신령스러운 모습과 그 속에 서린 상서로운 기운은 왕조는 물론이고 민중들의 마음을 끌기에도 충분하였다. 앞서 언급했듯이 조선초에 왕실에서 새 왕조의 도읍지로, 후술하듯이 조선중후기에 민중들이 새 시대가 열리는 장소로 지목한 이유도, 푸른 생명의 기운을 오롯이 담고 있는 계룡산의 모습에 있었다. 조선의 왕조와 민중은 계룡산의 남다른 자태와 생동하는 분위기에서 새 시대의 희망을 보았던 것이다. 신채호 선생이 혁명적 사상가로 평가했던 정여립(鄭汝立, 1546~1589)의 눈에 비친 계룡산의 모습은 이랬다.[86]

나그네로 남녘을 두루 다니다가,	客行南國遍
계룡산에서 비로소 눈이 번쩍 틔었네.	鷄嶽眼初明

산세는 뛰는 말이 채찍에 놀란 형세요.	躍馬驚鞭勢
고개 돌린 용이 조산을 돌아보는 형국이라.	回龍顧祖形
푸릇푸릇 아름다운 기운이 모였고,	蔥蔥佳氣合
뭉게뭉게 상서로운 구름이 피어나네.	藹藹瑞雲生
무○년 기○년에 형통할 운이 열리리니,	戊己開享運
태평세월 이룩하기에 무엇이 어려우랴.	何難致太平

조선후기에 계룡산은 『정감록』을 통해 새로운 시대를 여는 민중들의 해방구로 지목된다. 왕조의 산에서 민중의 산으로 지정학적인 장소성의 패러다임이 변한 것이다. 계룡산에서 정도령이라는 메시아가 나와 새 나라를 건설한다는 메시지가 민간에 퍼지면서, 신도안을 중심으로 각종 도참비결파와 종교집단들이 구름처럼 모여들었다. 이윽고 해방 후에 계룡산 신도안은 한국 토속신앙과 민족종교의 메카가 되었다. 1975년의 조사에 의하면 불교, 유교, 무속, 동학, 기독교, 단군, 도교 등 무려 104개의 다양한 종단이 신도안에 분포했다고 한다. 계룡산에 모여들어 꽃피운 세계 종교의 정원이요 박람회장이 아닐 수 없다.

1984년에 신도안이 정부에 의해 강제적으로 철거되지 않았더라면, 온갖 민간신앙의 살아있는 박물관으로서 그 문화경관적 가치만으로도 유네스코 세계유산에 등재되었을 것이다. 계룡산이야말로 산과 사람의 정신적인 소통과 진화가 용틀임처럼 진행되던 세계적인 명산문화사의 한 역사적 현장이었다.

나라의 대표 명산이자 이상향의 본고장, 지리산

지리산은 일찍부터 줄기차게 나라의 명산이었다. 신라 때 오악의 하나인 남악으로 지정되어 국가적 제의(中祀) 대상이었고,[87] 그 권위는 고려시대를 거쳐 조선시대에도 변함없이 지속되었다.[88] 오악은 신라와 조선에서 지정했는데, 다른 산들은 시대와 왕조에 따라 다 바뀌어도 지리산만은 그대로였다.[89] 『세종실록』 지리지에는 다음과 같이 기록했다.

> 신라에서 남악을 중사로 하였고, 고려와 조선도 모두 그대로 따라 중사로 하여서, 봄·가을에 향·축을 내리어 관찰사로 하여금 제사 지내게 한다.[90]

지리산이 조선후기에 백두산과 함께 나라를 대표하는 산으로 인식되었던 증거가 1831년에 그려진 「중국전도」에 드러난다(그림 12). 이 지도에는 한반도의 산으로 유독 백두산과 지리산만 뚜렷이 표현되어 있다.

조선시대 지리산은 전라도와 경상도의 지방 명산으로도 기록됐다. 그런데 전라와 경상 지방에서 생각하는 지리산의 관심도에 차이가 났다. 조선초기 『세종실록』 지리지 경상도 편에는 지리산이 "다섯 명산의 하나로서 진주에 있다"고 간략히 적고 있지만, 전라도 편에서는 지리산의 별칭, 주위의 고을 이름, 산악경관과 기후, 전승되는 속설, 삼신산 관련 사실, 제사 정보 등을 상

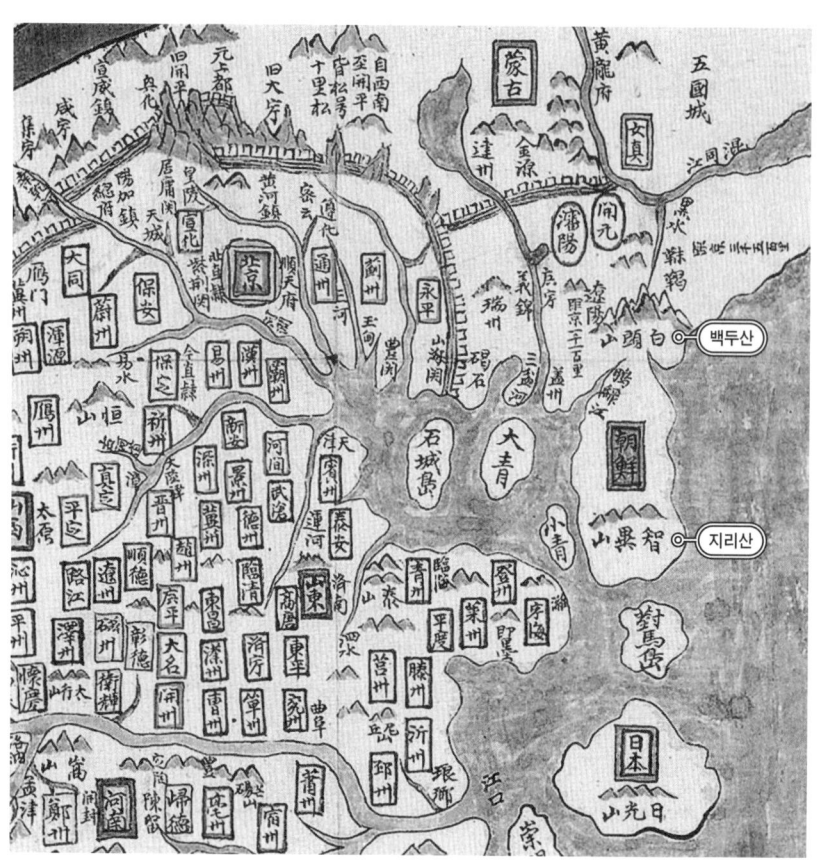

그림 12 「중국전도」(1831)에 그려진 지리산과 백두산. 서울 역사박물관 소장

세하게 밝혀 놓았다.[91] 지리산은 경상도보다 전라도에서 차지하는 의식이나 비중이 더 높다는 사실을 짐작할 수 있는 대목이다.

지방 군현의 진산으로서 지리산은 어떻게 고지도에 표현되었을까? 조선중기에 편찬된 『신증동국여지승람』에 구례의 진산으로만 기록되었다. 지리산의 위상은 고을 진산으로서보다는 나라 혹은 도의 명산으로 강조되었음을 알 수 있다. 그래서 전국도나 도별도의 지리산 표현은 말할 것도 없고, 군현지도를 보더라도 지리산 인근 고을은 대부분 지리산을 그리고 고을 산줄기가 발원하는 근원지로 보고 있음도 확인된다.

옛 지도에서 지리산은 방장산, 두류산 등으로도 표현되었다. 지리산의 별칭인 방장산과 관련하여 『고려사』 지리지에 "지리산[지리(地理), 두류(頭流) 또는 방장(方丈)이라고도 한다]"[92]는 기록으로 보아, 고려말에 이미 지리산은 삼신산의 하나인 방장산으로 거론되었음을 알 수 있다. 이후 조선시대 관찬지리지에서 지리산이 방장산이라는 별칭은 일반적으로 보인다. 조선후기의 『여지도』, 「동국팔도대총도」 등의 전국 지도에서는 지리산이 방장산이라는 명칭과 함께 기록되었다.

두류산이라는 지리산의 또 다른 명칭은 전술했듯이 이미 『고려사』에 기술됐고, 고려말 신진 사대부들에게 본격적으로 나타나다가 조선중후기의 선비들에게 널리 쓰였다. 유학자들은 두류산이라는 이름을 가장 선호했다. 그런데 두류(頭流)라는 글자의 뜻을 백두산의 맥이 흘러 내려왔다는 해석은, 조선중후기에 백두산이 국토의 종산(宗山)으로 인식되고 백두에서 지리로 이어지는 대간의 산줄기체계가 정립되면서 새로 이루어진 것이다.

지리지를 봐도 그 사실을 짐작할 수 있다. 조선초기의 『경상도지리지』(1425)와 『세종실록』 지리지에서는 지리산을 일명 두류라고 한다면서 인근 고을로부터의 방위 정보만 기록하고 있다. 그런데 조선중기의 『신증동국여지승람』에 와서는, "지리산은 산세가 높고 웅대하여 수백 리에 웅거(雄據)하였으니, 여진 백두산의 산맥이 뻗어 내려 여기에 이른 것이다. 그리하여 두류라고도 부른다"[93]라고 하여, 지리산을 두류산이라고 일컫는 근거가 분명히 언급되었다.

같은 견해는 조선후기 지식인들의 글에서 흔히 볼 수 있다. 유몽인(1559~1623)은 『어우집(於于集)』에서 "두류산은 백두산에서 뿌리내려 4천 리나 면면히 뻗어온 넉넉하고 충만한 기운이 남해에 다다라 엉켜 모이고 우뚝 일어난 산"이라고 했다.[94] 이규경(1788~1856)도 「지리산변증설」에서, "백두산에서 흘러내린 갈래이기 때문에 두류산이라고 한다"고 적었다.[95]

지리산이 백두산의 맥에서 이어졌다는 초기적 인식은 고려말 이인로(1152~1220)의 『파한집(破閑集)』에서 보인다. "지리산은 백두산에서 비롯하여 꽃 같은 봉우리와 꽃받침 같은 골짜기가 면면히 이어져 대방군에 이르러서 수 천리에 둘러 감아 엮였다"고 했다.[96] 이렇듯 백두산에서 맥이 뻗어 지리산에 이르는 장면은 1800년대 지도인 「조선국팔도통합도」에도 인상적으로 표현되었다(그림 13). 또한 『지도』의 경상도 도엽에는 태백산에서 맥이 영남지역의 둘레를 울타리 치면서 지리산에 이르는 모습의 산줄기가 흥미롭게 그려졌다(그림 14).

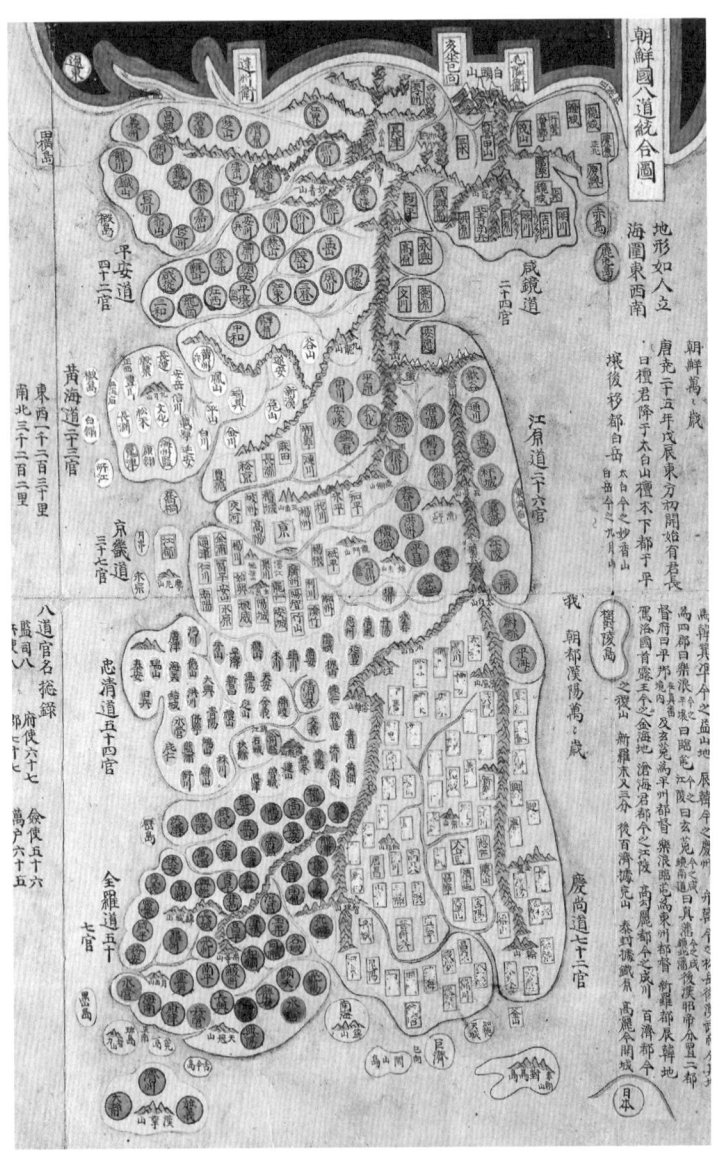

그림 13 『지도』「조선국팔도통합도」(1800년대)에 강조되어 표현된 국토의 산줄기. 서울역사박물관 소장

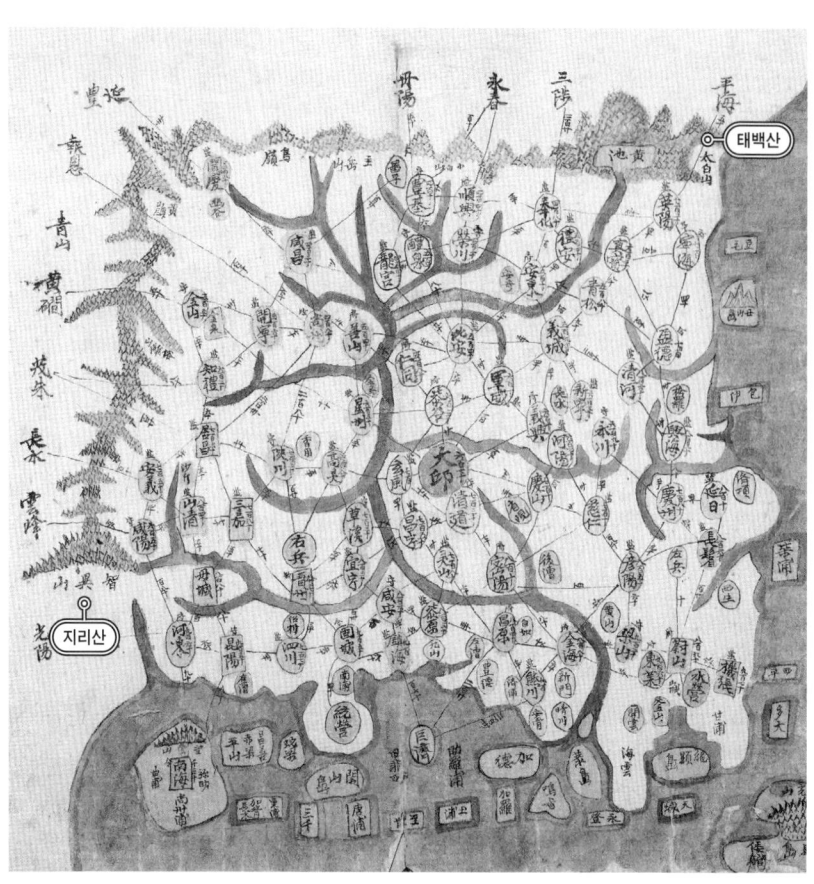

그림 14 『지도』「경상도」(1800년대)의 태백산에서 지리산에 이르는 산줄기. 서울역사박물관 소장

그림 15 청학동의 위치가 표기된 『팔도지도』 「경상도」(1790). 서울대학교 규장각한국학연구원 소장

지리산하면 전통적인 이상향으로 청학동이 유명하다. 지리산 청학동은 선경의 장소이미지를 지닌 상상의 설화 공간이었다. 청학동이 조선시대 지도에 표기된 사실은 조선시대 사람들의 의식에서 지리산의 대표 경관으로서 장소적 중요성이 반영된 것으로 이해할 수 있다.

그런데 옛 지도에서 청학동 위치는 지금과는 다르게 표기됐다. 오늘날 청학동은 경남 하동군 청암면 묵계리로 널리 알려졌지만, 역사상 청학동의 최초 비정지는 달랐다. 고려후기 이후로 구전에 의해 전승된 청학동의 비정지는 지금의 하동군 화개면 운수리와 용강리 특히 불일평전-불일암-불일폭포를 중심으로 하는 지역이었다. 이곳이 청학동으로 알려지면서 조선후기나 20세기 전반까지도 문헌과 고지도에 반복적으로 나타난다(그림 15). 후대로 가면서 청학동의 공간 범위는 인근의 의신, 덕평, 세석, 매계(악양) 등으로 확장되며, 다른 지방에도 청학동과 같은 지명이 생겨나서 구한말에 이르면 전국적으로 45곳의 청학동 지명이 나타난다.[97]

굳세고 든든한 아버지산, 팔공산

한국의 명산 중에서 사람으로 치자면 할아버지산은 백두산이고, 할머니산은 한라산이다. 백두산을 시조산(祖宗山)으로 인식한 것은 주지의 사실이고, 한라산은 오름을 만든 설문대할망이라는 할머니산 설화가 전해진다. 국토의 어머니산은 누구라도 인정하듯이 지리산이다. 지리산에는 성모천왕의 아이콘이 늦어도 고려시대부터 있어, 신성한 어머니의 산으로 신앙되었다. 지리산은 어머니의 품처럼 넓고 푸근해서 어머니의 이미지로도 상징되었다. 그러면 역사적으로 아버지산은 어떤 산일까? 바로 팔공산(1,192m)이다. 팔공산은 신라시대에 부악(父岳), 조선시대에는 공산(公山)이 공식적인 명칭이었다. 지금의 팔공산(八公山)은 조선중기의 『신증동국여지승람』에서 별칭으로 등장하는 새로운 이름이다.[98]

왜 지리산은 어머니산인데 팔공산은 아버지산으로 인식되었을까? 지형지질에 연유된 경관이미지로 설명이 가능하다. 지리산은 편마암 계열(편마암복합체)의 암석이다. 그래서 지형적으로 토산(土山) 형태를 이루고 골짜기가 깊으며 소분지가 많다. 산의 모양새가 어머니처럼 둥그스름하고 넉넉하며 감싸 안는 품이 넓다. 상대적으로 팔공산은 화강암과 화강암이 변성한 계열(변성퇴적암)이다. 그래서 지형적으로 능선부에 석산(石山)의 암석이 잘 드러나고 굳센 장벽처럼 산줄기가 잘 발달되어 있다. 산의 모양새가 마치 아버지의 굳세고 든든한 어깨처럼, 팔을 펼치고 자식들을 거두고 있는 형국이다. 그래서 팔공산은 주변에 대구를 비롯하여, 칠곡, 인동, 비안, 군위, 의흥, 신녕, 영천, 하양, 자인, 경산, 청도, 현풍 등 열두 고을을 거느렸다(그림 16).

아버지의 가장 큰 임무는 가솔들을 지켜내야 한다. 밖으로부터 오는 재난과 왜적들을 막아내야 한다. 팔공산 서쪽 능선의 지

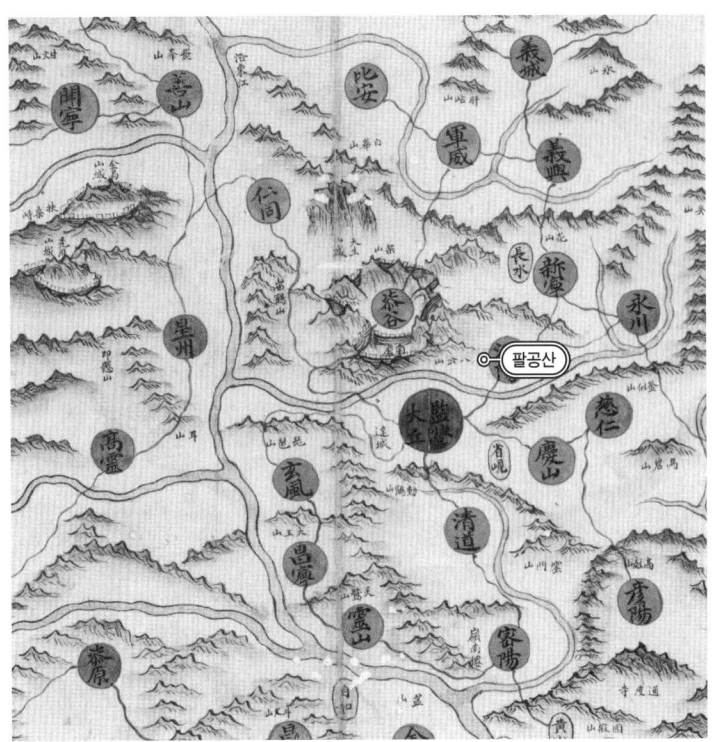

그림 16 『해동지도』「경상도」(18세기)의 팔공산과 주위 고을. 서울대학교 규장각한국학연구원 소장

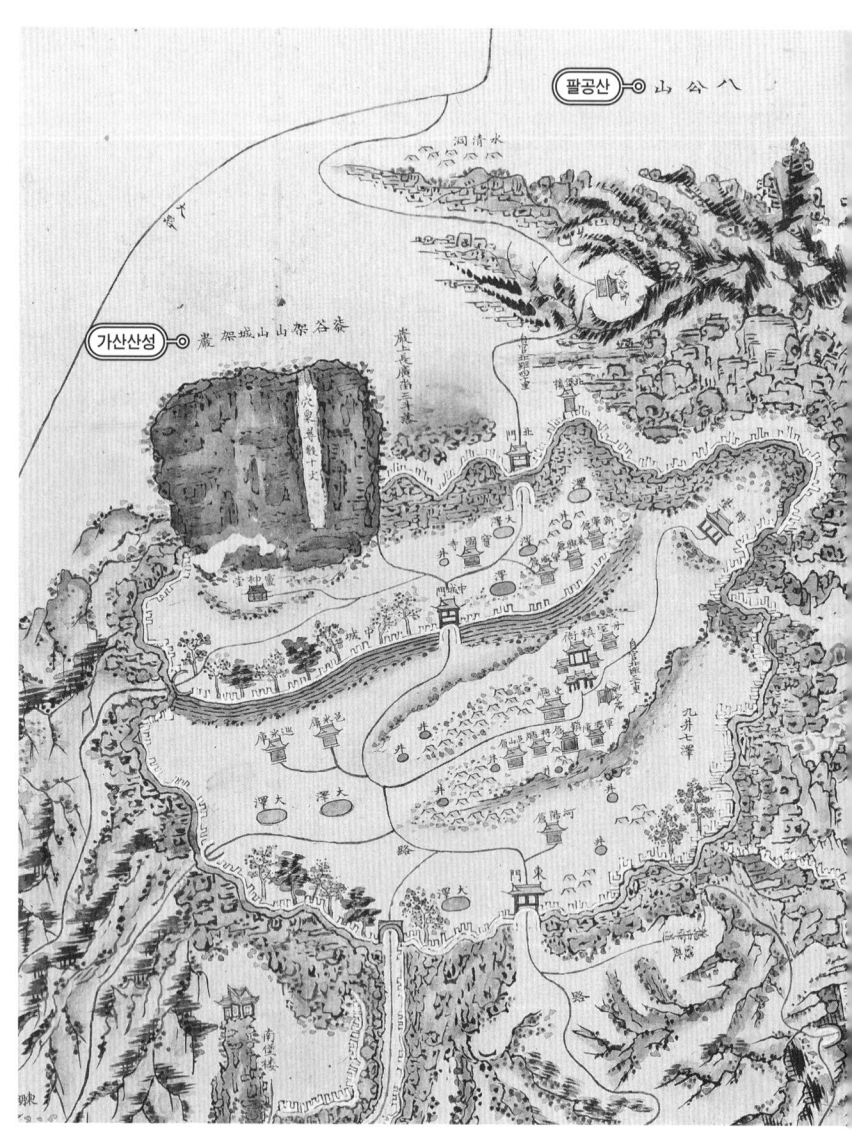

그림 17 『1872년 지방지도』「칠곡지도」에 그려진 팔공산 가산산성. 서울대학교 규장각한국학연구원 소장

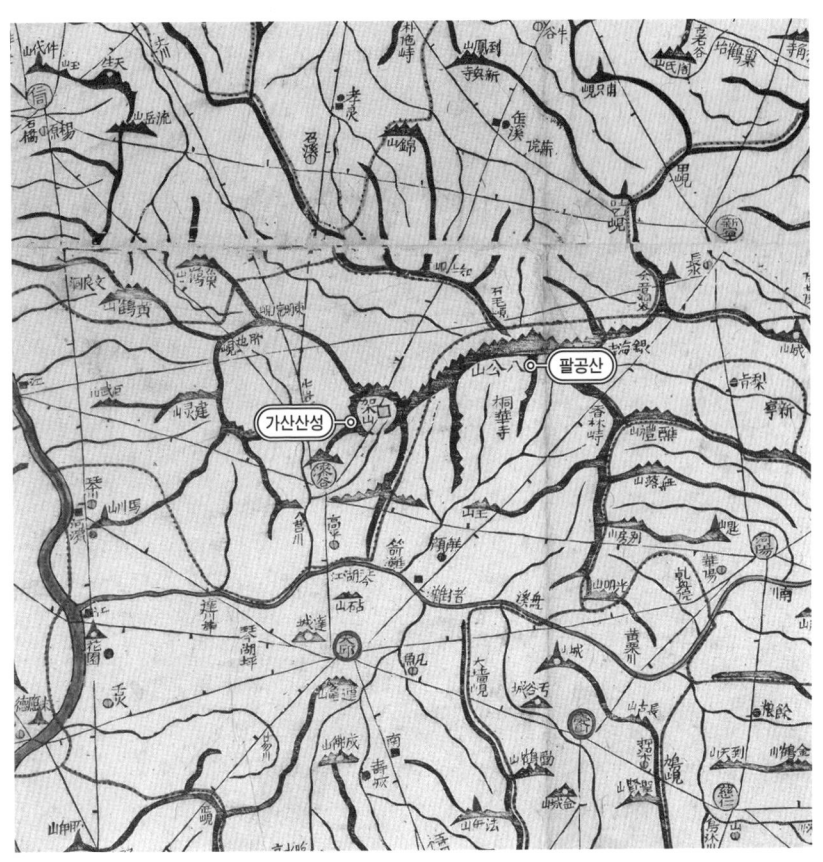

그림 18 『대동여지도』(1861)에 표현된 팔공산과 가산산성. 서울대학교 규장각한국학연구원 소장

맥으로 이어진 가산(901m)에는 가산산성이 들어서 있다. 이중환은 『동국산수록』에서 "대구의 팔공산은 돌 봉우리가 가로 뻗쳤고 산 동쪽, 서쪽에 시내와 산이 매우 아름답다. 산 서쪽에 산성을 쌓아 외적을 방어하는 중요한 진이 되었다"고 적었다.[99] 1872년에 그려진 칠곡의 지도(『1872년 지방지도』)에는 팔공산 능선에 산성이 잘 표현되었고, 그 아래 관아도 상세히 그리고 있다(그림 17). 김정호의 『대동여지도』에서도 팔공산의 맥이 여실히 드러나 있고, 은해사, 동화사 등의 사찰 이름과 함께 가산산성의 모습이 둥글게 그려졌다(그림 18).

팔공산은 오악 중에 중악으로 유명하다.[100] 신라시대 때 오악을 지정했는데, 토함산(동악), 계룡산(서악), 지리산(남악), 태백산(북악)에 이어 부악(팔공산, 중악)인 것이다.[101] 중악이라는 표현에서도 알 수 있듯이 팔공산은 신라 강역의 가운데에 위치한 산이다.

오악의 지정은 원래 중국에서 유래되었다. 고대부터 중국은 태산(동악, 산둥성), 화산(서악, 시안시), 형산(남악, 후난성), 항산(북악, 산시성), 숭산(중악, 허난성)을 오악으로 지정했다. 그중에서 가장 중요한 산은 중악인 숭산이다. 정치경제의 중심지였던 중원의 낙양(洛陽, 뤄양시)과 정주(鄭州, 정저우) 가운데에 위치하고 있다.

그런데 신라는 중국과는 달리 수도인 경주에 중악을 두지 않고 대구의 팔공산을 중심으로 설정했다. 팔공산의 위치가 영토의 지리적 중간이기도 하고, 경주라는 동남쪽에 치우친 지정학적 위치의 한계를 극복하고 중부권역으로 진출하려 했기 때문이다. 실제 신라의 신문왕(681~692)이 달구벌(대구)로 천도할 계획까지 품고 있었다는 것은 잘 알려진 사실이다.

중악의 위상을 지닌 팔공산은 신라시대부터 불교의 성산이기도 했다. 5세기경에 창건된 동화사를 비롯하여, 7세기 선덕여왕대의 부인사, 9세기 초에 창건된 은해사, 파계사 등 신라시대의 옛 절들이 호국사찰들이다. 조선왕조의 기나긴 불교 탄압에도 팔공산은 굳건한 버팀목이 되어 사찰들을 지켜냈다.

팔공산에 접해있는 대구 지역 초·중·고등학교 대부분의 교가는 팔공산 정기를 받는 내용으로 시작한다. 팔공산 인근에 있는 경산, 영천, 군위, 칠곡 지역의 교가도 마찬가지다. 지역주민들은 어릴 때부터 팔공산 노래를 부르며 학교를 다녔고, 팔공산을 늘 곁에 두고 살며, 죽어서 팔공산 자락에 돌아가 묻힌다. 지역주민들에게 팔공산은 단순히 거기 있는 높고 큰 산이 아니라, 정신과 생명의 뿌리요 삶과 생활의 토대다. 오랜 세월을 거치면서 사람과 산이 하나가 된 든든한 버팀목으로서 아버지산이자 산아버지인 것이다.

은둔지이자 승경의 산, 주왕산

경북 청송의 주왕산(周王山)은 조선시대 인근 지역의 유학자들에게 '청량산과 우열을 다투는 산', 심지어는 '금강산 다음가는 산'으로까지 중요한 명산으로 존중되었다. 그들은 주왕산을 어

표18 주왕산유산기

유산기	지은이(출생순)	출전
주왕산록(周王山錄)	장현광(1554~1637)	『여헌집』, 『주왕산지』
유주왕산일기(遊周王山日記)	김근(1579~1656)	『오우당집』
유주방산록(遊周房山錄)	신집(1580~1639)	『하음집』, 『주왕산지』
유주방산일기(遊周房山日記)	이환(1582~1662)	『호우집』, 『주왕산지』
증별김성중용서(贈別金成仲鎔序)	이광정(1674~1756)	『주왕산지』
유주왕산기(遊周王山記)	이반(1686~1718)	『잠와신고』
옥계유록(玉溪遊錄)	권렴(1701~1781)	『후암집』, 『주왕산지』
동유기행(東遊紀行)	류도원(1721~1791)	『주왕산지』
옥계유산록(玉溪遊山錄)	김종덕(1724~1797)	『천사집』, 『주왕산지』
유주왕산록(遊周王山錄)	류태춘(1729~1814)	『병촌집』
유주왕산록(遊周王山錄)	이양오(1737~1811)	『반계집』
옥계유산록(玉溪遊山錄)	이우(1739~1811)	『면암집』
유주왕산록(遊周王山錄)	손성악(1741~1813)	『설파집』
유주왕산록(遊周王山錄)	이정익(1753~1826)	『감화집』
주왕산유기(周王山遊記)	홍의호(1758~1826)	『담녕집』
(주왕사적 발문)	서활(1761~1838)	『주왕산지』
유주왕산기(遊周王山記)	이가순(1768~1844)	『하계집』
주방록(周房錄)	권성구(1771~1814)	『나암집』
남유록(南遊錄)	류휘문(1773~1827)	『호고와집』
유대둔산기(遊大遯山記)	신홍원(1787~1865)	『석주집』
유주방산기(遊周房山記)	홍한주(1798~1868)	『해옹시문집』
재유주방산기(再遊周房山記)		
기주왕행(記周王行)	류치우(1811~1871)	『늑암집』
유주왕산기(遊周王山記)	배극소(1819~1871)	『묵암집』
동유록(東遊錄)	김건휘(1831~1903)	『하채집』
유주방산록(遊周房山錄)	허훈(1836~1907)	『방산집』, 『주왕산지』
유주왕산록(遊周王山錄)	류응목(1841~1921)	『학산집』
유주왕산록(遊周王山錄)	박시찬(1842~1905)	『연계집』
주방산기(周房山記)	조화승(1843~1897)	『두계일고』, 『주왕산지』
주왕유산록(周王遊山錄)	권준희(1849~1936)	『우암집』

유산기	지은이(출생순)	출전
유주왕산록(遊周王山錄)	김세락(1854~1929)	『고암집』
주왕유록(周王遊錄)	류연근(1857~1933)	『수서집』
유주왕산기(遊周王山記)	심의식(1860~1937)	『노산집』
남유일록(南遊日錄)	이중균(1861~1933)	『동전잠사유고』
주왕산유기(周王山遊記)	권상익(1863~1935)	『성재집』
옥병유록(玉屛遊錄)	백순우(1863~1942)	『모산집』
유주왕산기(遊周王山記)	장태흠(1871~1940)	『복재집』
유주왕산기(遊周王山記)	김희진(1882~1965)	『대관재집』
주왕산수록(周王山水錄)	박인조(1883~1952)	『주왕산수록』
주왕산수기(周王山水記)		『주왕산수기』
주왕산동유록(周王山東遊錄)	이탁(1890~1967)	『우석집』
주왕사적(周王事蹟)	지은이 미상	『주왕산지』
주왕산기(周王山記)	지은이 미상	『주왕산지』
유주왕산기(遊周王山記)	지은이 미상	『주왕산지』

떤 명산으로 인식하였고, 주왕산 경관은 또 어떻게 읽고 이해했을까? 그것은 시기적, 시대적으로 어떻게 변천하였을까?

주왕산유산기를 자료원으로 하여 유교지식인들의 주왕산 장소 인식, 경관 읽기의 변모를 역사지리적인 시선으로 살펴보자.[102]

주왕산유산기는 조선중기부터 근대에 이르는 400여 년 두께의 범위를 포괄하고 있는 시간단면적 자료의 집합으로서, 시계열적 변화양상을 파악할 수 있는 자료적 가치를 지닌다.[103] 유산기의 제목, 지은이, 출전을 표로 제시하면 표18과 같다.

주왕산의 장소성 인식과 명산 가치

주왕산유산기를 개관하면 유교지식인들의 주왕산에 대한 장소 인식과 시대적 변천 양상을 파악할 수 있다. 조선중기에 작성된 유산기에는 대체로 전략적·개인적인 은둔지 혹은 피난지로 주왕산을 인식하였으나, 조선후기에 작성된 유산기에는 집단적인 생업지 혹은 취락지로 주왕산 인식이 확장되는 경향이 있다. 후대의 유산기로 갈수록 종합적이고 전체적으로 주왕산의 장소성과 그 변천 양상을 파악하는 흐름을 보인다.

주왕산을 전략적 은둔지로서 인식하는 처음은 장현광의 「주왕산록」이다. 그 이유는 주왕산의 좁은 골짜기와 험한 시냇물, 높이 솟은 암벽과 멀고 막힌 길로 요약되는, 주왕산이 지닌 지형·지리적 조건 때문이었다. 이러한 인식은 주왕산을 또 다른 이름인 둔산(遯山) 혹은 주방산(周房山)으로 이해하는 배경을 이루었다. 구체적으로 김근은 「유주왕산일기」에서 산의 형세가 방(房)처럼 둘러싸여(周) 있어서 주방산이라는 이름이 연유되었다고 해석했다. 신집도 「유주방산록」에서 옛 자취를 빗대어 세간을 벗어난 개인의 은둔지로 주왕산의 장소성을 기술했다.

산을 구경한 사람들은 말하기를 "이 산은 골짜기가 좁고 시냇물이 험하며 암벽이 우뚝이 솟아 있고 고개 위는 평평하고 넓으며 사방으로 통하는 길이 모두 막히고 멀리 떨어져 있으니 난세를 만나면 군사를 숨기어 적을 막을 수 있다"고 하였다.
-장현광, 「주왕산록」

주방산은 그 산의 형세가 방처럼 둘러싸여 있기 때문이다.
- 김근, 「유주왕산일기」

일명 대둔산(大遯山)이라 한 것은 옛날 신라 왕자 주원(周元)이 왕위를 양보하고 이곳에 은둔했기 때문이다. 세속을 떨치고 둔산에 이르렀네, 오랫동안 세간의 시끄러움을 싫어하여, 산에 들어와 세상의 벙어리가 되었네. - 신집, 「유주방산록」

조선후기에 들어 기존의 개인적인 은둔지를 넘어 집단적인 생업지와 마을 삶터로서 주왕산을 인식하는 서술이 나타난다. 구체적으로 이광정은 「증별김성중용서」에서 주왕산에 만 명을 수용할 수 있는 분지가 있고, 수십 호의 마을이 있는데 토지가 비옥하고 수확이 많다고 했다. 당시에 이미 현 주왕계곡의 내원동을 중심으로 농경을 영위하는 산촌이 형성되었음을 확인할 수 있다. 배극소는 「유주왕산기」에서 "골짜기에 들어가니 평평한 두둑이 있었는데 넓고 평탄하여 30, 40가구가 살 만하였다"고 적었다. 조화승은 「주방산기」에서 주왕산은 "흙이 비옥하고 물이 깊어서 생업을 즐긴다"고 은둔이 가능한 토질과 수량이라는 지형적이고 농경적인 조건까지 언급하였다. 근대 이후에 권상익도 「주왕산유기」에서 내원동과 포독동은 토지가 비옥하여 경작할 수 있는 곳이라고 가거지(可居地) 장소를 지목하여 서술하고 있다.

광혈(廣穴) 안으로 들어가니 몹시 그윽하고 널찍하여 만 명을 수용할 수 있었다. 수십 호가 되는 산마을이 있는데 토지가 비옥해서 수확이 많아 곡식이 밖에 여기저기 쌓여 있었다.
-이광정,「증별김성중용서」

깊숙한 골짜기를 들어가니 평평한 두둑이 있었는데 구불구불하고 그윽하며 넓고 평탄하여 30, 40가구가 살 만하였다. 류치엄이 말하기를, "이곳은 은거하여 살 만한 곳으로, 이름을 초현동이라 부르네"라고 했는데, 그럴 듯하였다. -배극소,「유주왕산기」

이 산은 밖으로는 웅대한 진(鎭)과 험준한 요새로 변방을 지켜 외부의 침입을 막는 형세가 있으며, 안으로는 넓게 트이고 그윽하고 고요하여 숨어서 학문을 닦으며 여유롭게 은둔할 곳이 많다. 게다가 흙이 비옥하고 물이 깊어 농사를 지어 생업을 즐기는 풍속을 볼 수 있으니 진실로 우리나라의 이름난 고을이라 할 수 있다.
-조화승,「주방산기」

부암(附巖)의 안쪽에 내원동(內園洞)과 포독동(抱犢洞)이 있는데, 토지가 기름지고 외부와 막혀 있기 때문에 은거하면서 농사지을 수 있다고 한다. … 지금도 산에서 사냥을 하는 집이 십여 집이 있다.
-권상익,「주왕산유기」

주왕산 장소성에 대한 여러 면모의 인식과 그 시대적 변천은 장태흠의「유주왕산기」에 이르러 종합해 서술되었다. 이 기록에 의하면, 주왕산은 고려시대까지는 '신성한 장소'로서 선경(仙境)과 불적(佛跡)의 장소성이 이루어졌고, 조선전기에는 '인문적 장소'로서 현인(賢人)들의 유산으로 인해 명산으로 빛이 났으며, 후기에는 '생활 장소'로서 백성들이 은거하면서 농경 생활을 영위한 것을 확인할 수 있다.

대개 천지가 개벽할 때 이 산을 만든 자는 선경(仙境)을 만들었지 속세를 만든 것은 아니었다. … [주왕(周王)의 아들 도군(道君)은] 자신을 수련하고 도를 구하여 그 참된 불성(佛性)을 터득하여 또한 신선에 가까웠으니 이 산의 주인이 되기에 마땅할 것이다.
우리나라의 대현(大賢)인 학봉 김성일, 여헌 장현광 두 선생이 이곳에 오셔서 유산한 적이 있었는데, 훗날 현인과 군자, 문장가의 이름난 선비들이 대부분 이 산을 다녀가며 읊조리고 노래하여 촉산(蜀山)으로 하여금 빛을 나도록 하였다.
혹은 어지러운 세상에서 죄를 지어 도망한 자들이 숨어 피했다가 그 뜻을 키우기도 했다. 또 가난한 백성 가운데 나물캐고 나무하는 자들이 벌목하고 채취하여 그 이익을 얻었고, 밭 갈며 농사짓는 사람들이 물을 끌어대며 그 윤택함을 입었다.
그렇다면 이 산은 신선과 불자(佛者)가 단약과 차를 다리는 곳이요, 현인과 시인들이 노닐며 감상하는 곳이요, 세속의 선비와 범부들이 의지하는 곳이라 할 만하다. 이로써 지금 이 산을 본다면 온갖 형상과 모든 이치를 갖추고 있는 곳이다.
−장태흠,「유주왕산기」

다음으로 주왕산의 명산 됨과 그 요소는 어떻게 구성되어 유산기에 서술되고 있을까? 명산이라는 말에는 이름난(名)이라는 인문사회적 관념과 산이라는 자연지형적 개념이 복합되어 있다. 따라서 명산 됨은 인문사회 및 자연지형의 요소가 함께 구성되어 역사적으로 이루어진다.

통시적으로 개관하면, 조선중기부터 주왕산의 자연적 승경과 인문적 자취가 부각되다가 후기로 갈수록 주왕산을 청량산 및 금강산과 비교하는 시선이 드러난다. 그래서 유산자들에게 주왕산은 '청량산과 우열을 다투는 산', '금강산 다음가는 산'으로까지 명산의 위상이 높이 인식되고 있다. 인근의 내연산(內延山) 및 옥계(玉溪) 경관과 주왕산과의 장단점이 비교되어 서술되기도 했다.

주왕산의 명산 가치를 서술한 첫 유산기는 장현광의 「주왕산록」이다. 그는 "주왕산이 아주 높은 산이 아님에도 산의 이름이 드러나는 것은 옛 자취(古跡)가 있고 바위와 골짜기가 기이하기 때문"이라고 했다.[104] 주왕산에 있는 옛 자취와 주왕산이 지닌 기이한 승경(奇景)이 명산 됨의 두 요소라는 지적이었다.

장현광이 지적한 주왕산의 '옛 자취'는 일부의 후대 유산자들에게는 성현(聖賢)과 명사(名士)로서의 인적(人的) 요소로 부연되기도 했다. 명인으로 인한 명산 됨을 덧붙여 서술한 것이었다. 근대에 권준희는 「주왕유산록」에서 "옛 성현들이 남긴 자취가 많다"고 기록했다.[105] 장태흠도 「유주왕산기」에서 "대현(大賢)인 학봉 김성일, 여헌 장현광 두 선생이 오셔서 유산했고, 훗날 이름난 선비들이 다녀가 빛나게 했다"고 지적했다.[106]

장현광이 지적한 주왕산의 '기이한 승경'에 대한 견해는 "기이한 경관", "신령스럽고 아득한 경치", "정기가 모인 바위골짜기" 등으로 표현되면서 후대의 여러 유산기에도 반복되어 언급되었다. 이로 인해 주왕산은 "근처의 명산"(이반)이자 "고을의 진산"(조화성), "나라 8명산 중의 하나"(장태흠) 등의 위상으로 의미가 덧붙여 명산으로서의 정체성이 인식되었다.

주방산은 많은 기이한 경관과 모습으로 알려졌는데
-홍한주,「유주방산기」

바위봉우리의 아득한 경치와 신령스러운 굴집의 기이함은 근처의 명산이라고 일컬어진다.
-이반,「유주왕산기」

봉우리는 우뚝 솟아있으며 바위골짜기는 깊고 수려하여 영기가 길러지고 정기가 모였으니 이 고을의 최고의 진산(鎭山)이 된다.
-조화성,「주방산기」

주왕산은…우리나라 여덟 명산 가운데 하나이다.
-장태흠,「유주왕산기」

주왕산이 갖춘 빼어난 승경은 대표적인 주요 명산과 비교하는 서술로도 이어졌다. 비교 상대는 주로 청량산과 금강산이었다. 시기적으로 보면, 18세기 이후의 유산기에 청량산과 비교하는 논의가 먼저 드러났고, 19세기 이후의 유산기에 금강산과 비교하는 논의가 전개되었다.

우선 청량산과 비교하는 언급을 살펴보자. 류도원은 「동유기행」에서, 청량산은 이황이라는 명인으로 인하여 유명해졌으니, 이는 역사적인 옛 자취를 갖춘 주왕산과 차이가 있다고 했다. 명인의 명산이라는 청량산의 특징과 속성을 상대적으로 명시한 것이다. 주왕산과는 달리 청량산의 자연 및 문화경관은 명산 됨을 이루는 두 번째 요소로 보았다. 요컨대 주왕산의 명산 됨은 승경이 위주이고 명인은 부차적이라는 함의였다.

청량산 이런 식으로 따지기가 어려우니 산 가까이 어진 마을이 있고 퇴계께서 이 산에 은거하여 자칭 청량산인이라고 하시어 더욱 유명해졌으니 무슨 봉우리니 무슨 암자니 하는 것은 둘째로 치는 일이다. -류도원, 「동유기행」

이러한 일반적인 인식으로 주왕산과 청량산의 경치를 비교하면서 '승경의 명산'이라는 주왕산의 속성을 강조하거나 드러내어 천명한 유산자들도 여럿이었다. 손성악의 「유주왕산록」과 류휘문의 「남유록」에 주왕산의 기이하고 웅장한 경치는 청량산과 같지 않고 더 낫다고 했다. 서활의 「주왕사적 발문」에 "주왕산의 웅장하고 특별한 경관은 청량산과 우열을 가릴 만한 것"이라면서 주왕산에 대한 자긍심을 한껏 드러냈다.

내가 일찍이 청량산 육육봉을 감상하였으나 기이하고 웅장함은 이와 같지 않았고….
–손성악,「유주왕산록」

이전에 본 청량산과 선유동은 풍치가 이보다는 아래였다.
–류휘문,「남유록」

주왕산의 웅장하고 특별한 경관은 안동의 청량산과 서로 우열을 가릴 만하다. –서활,「주왕사적 발문」

한편으로는, 주왕산과 청량산을 비교하는 견지에 다른 관점도 나타났다. 이우는「옥계유산록」에서 주왕산과 청량산이 우열을 다툰다는 견해에 대하여, 두 산의 격조(格調)가 같지 않고 승경이 있는 위치가 다르기에 유산하는 방식에 따라 차이가 날 뿐 우열을 따질 수가 없다고 했다.

"이곳은 청량산과 더불어 동남쪽에서 우열을 다투는 데 그대는 어떻게 생각합니까?" 내가 말했다. "격조가 본래 같지 않습니다. 대개 청량산의 기이하고 빼어난 것은 모두 산꼭대기에 있기 때문에 가까운 곳을 탐방하는 것이 멀리 조망하는 상세함만 못합니다. 주왕산의 기이하고 훌륭한 것은 모두 산속에 있기 때문에 멀리 조망하는 것이 가까운 곳을 탐방하는 참모습만 못합니다. 요컨대 사람이 어떻게 탐방하는가에 달려있을 따름이니 우열을 논할 수가 없습니다."
–이우,「옥계유산록」

주왕산의 빼어난 승경에 대한 유산자들의 자부심은 급기야 금강산과도 비교하면서 금강산 다음가는 산이자 소금강 혹은 대금강이라는 인식에 이른다. 이러한 견해는 대체로 18세기 이후의 유산기에 반복되어 나타났다.

　첫 언급은 권렴의 「옥계유록」이었다. 그는 주왕산이 웅장한 경관으로 인해 소금강을 넘어 대금강으로까지 일컬어지고 있다고 했다. 홍한주도 「재유주방산기」에서 주왕산이 금강산에 버금갈 만한 산이라고 했다. 그는 주왕산이 서울에 있다면 나라에서 으뜸도 될 만한 명산이지만, 지리적인 위치가 영남의 끝에 치우쳐서 한미하다는 안타까움을 드러내었다. 이후에 김건휘, 류응목, 권준희 등의 여러 유산자들도 금강산과 비견되는 주왕산의 위상을 한껏 표현했다. 김세락은 「유주왕산록」에서 "세상 사람들이 주왕산을 소금강으로 여기니 만물초(萬物肖)와 같다"고도 했다. 주왕산의 수많은 바위경관을 금강산의 만물상에 비겨 표현하였다.

　비록 소금강이라고 일컬을지라도 웅장함을 좋아하는 자는 소금강이라고 여기지 않고 대금강이라고 한다. - 권렴, 「옥계유록」

　어떤 사람은 이 산을 금강산에 다음간다고 하며 또 금강산과 더불어 백중지세(伯仲之勢)라고 하니 누가 나은지는 알지 못하겠다. 진실로 이것을 삼각산과 수락산에 가져다 놓는다면 평판이 반드시 나라 안에서는 으뜸이 될 것이다. 그런데 바로 영남의 끝에 치우쳐 있어서 시인들의 발걸음이 닿지 않고 귀인들의 자취도 없다.
-홍한주,「재유주방산기」

세상에서 일컫는 소금강이고. -김건휘,「동유록」

이 산은 영남에서 특히 드러나 관동의 금강산과 서로 우열을 다투니.
-류응목,「유주왕산록」

이 산은 우리나라 금강산에 다음간다. 금강산은 너무 멀어서 가기가 힘드니, 그 버금가는 이곳에서 어찌 자신의 모습을 잊고 종적을 감추어 노닐지 않겠는가. -권준희,「주왕유산록」

주왕산 산수의 승경은 우리나라 동남쪽에서 최고이고 소금강이라 부른다. -류연근,「주왕유록」

세상 사람들이 주왕산을 소금강으로 여기니 이른바 만물초라는 것도 이것과 같을 것이다. -김세락,「유주왕산록」

주왕산의 경치는 인근의 내연산(內延山, 930m)과도 비교되어 류도원의「동유기행」에 각각의 장단점과 차이를 서술하였다. 김건휘의「동유록」에는 주왕산의 동편 골짜기이자 승경인 옥계(玉溪)와도 비교되어 각각의 형세와 경관에서 보이는 우열을 표현했다.

주왕산과 내연산의 경치는 서로 같아서 전체적으로는 비슷하여 서로 장단점이 있을 뿐이지만, 있는 곳이 드러나고 감추어진 차이는 조금 있다. -류도원,「동유기행」

기이하고 아름다우며 눈과 귀에 빛나서 구경하는 사람으로 하여금 감상하고 싫증 나지 않게 하는 것은 옥계가 주방산보다 나았고, 웅장하고 우뚝하며 형세가 서로 엉겨서 늠름하여 범접할 수 없는 것은 주방산이 옥계보다 갑절은 나았다. -김건휘,「동유록」

주왕산 경관에서 찾은 명산 됨은 유산자들이 보는 바에 따라 견해와 평가가 달랐다. 권렴은「옥계유록」에서, 웅대한 기세를 높이 평가하는 자는 주왕산을 기리는 반면, 자상하고 평온한 기상을 즐기는 이는 주왕산을 폄훼한다고 했다.

이 산 바위의 기세가 웅대한 반면 자상하고 평온한 기상이 적어 앞뒤로 보는 자들이 비방하거나 기리는 것이 많다. … 평온함을 즐기는 자들은 다만 유명무실하다고 평가를 하니 이는 보는 바가 어떠한가에 달렸을 뿐이다. -권렴,「옥계유록」

결국 보는 바의 선호도가 어떠한지에 따라 주왕산에 대한 평가가 달라질 수 있다는 것이다. 이러한 상반된 이해는 주왕산의 경관이 웅대한 기세를 지녔기에 상대적으로 자상하고 평온한 기상은 갖추지 못한 측면과 그에 따른 인식을 그대로 반영하였다.

주왕산 유산의 인문적 시선과 태도

일반적으로 조선시대의 유학자들은 명산을 보는 세 가지 인문적 시선과 태도가 있었다. 첫째, 명산을 보되 눈에 보이는 경치로 보는 방식이다. 명산의 절경을 감상하는 심미적 관점이다. 명산의 아름다운 경관을 즐기는 태도를 보인다. 둘째, 명산을 보되 자신의 덕성을 함양하는 본보기로 보는 방식이다. 명산을 통해 어짊(仁)과 지혜(智)을 함양하는 보람과 즐거움을 찾는다. 도덕적·인문적인 명산 보기라고 할 수 있다. 셋째, 명산을 보되 사람과 세상까지 미루어 보는 방식이다. 명산에서 살았던 역사 속의 인물과 시대적 상황을 함께 떠올리는 시선이다. 사회적·역사적 외연으로까지 확장한 명산 보기이다. 여기서 명산은 자연적 경치와 도덕적 본보기를 넘어 인문사회적인 교본이었다.

주왕산을 찾은 유산자들의 동기와 의미도 별반 다름이 없었다. 그들은 주왕산에서 호연지기를 기르는 한편 이치의 근원에 이르고, 인지의 즐거움(仁智之樂)으로 자신의 어짊과 지혜를 증장하는 것을 유산의 주 목적으로 삼았다. 시대순으로 유산기의 서술 내용을 구체적으로 보기로 하자.

김근은 「유주왕산일기」에서 옛 선현들의 유산 전통을 이어 호연지기를 함께 기르고자 했다. 이환은 「유주방산일기」에서 경치를 구경하는 즐거움만이 아니라 뜻을 잃지 않는 유산을 추구했다. 이반은 「유주왕산기」에서 물의 움직임과 산의 고요함을 체득해 인지(仁智)의 덕을 키우려 했다. 권성구는 「주방록」에서, 인지의 즐거움에도 소재지가 있음을 깨닫기도 했다. 김종덕과 신홍원은 각각 「옥계유산록」과 「유대둔산기」에서 독서의 깊은 뜻을 궁구하듯 유산행도 근원에 닿아야 한다는 유산 의지를 드러냈다. 박인조는 「주왕산수기」에서 인지의 지극함이 없으면 무엇으로 (공자와 주자의) 유산을 배울 것인지 강조하여 말했다.

이 유람을 진실로 잇지 못한다면 호연지기를 누구와 함께 기르겠는가? - 김근, 「유주왕산일기」

요산요수(樂山樂水)가 인지의 일이라고 하지만 좋아만 한다면 뜻(志)을 잃기에 족하다. "바다를 본 사람은 (다른) 물을 인정하기 어렵다"[107]는 말이 사실이구나. 사람의 뜻 두는 바가 스스로 높으면 보는 바가 어찌 이와 같은 데에 그치겠는가.
 - 이환, 「유주방산일기」

흐르는 물과 치솟은 산의 동정(動靜)을 체득하여 나의 어짊을 돈독히 하고 나의 지혜를 두루 미치게 하겠습니까. - 이반, 「유주왕산기」

인지의 즐거움도 있는 곳이 있으며 산수의 유람도 묘함이 있다는 것을 알았다. - 권성구, 「주방록」

오직 조금씩 조금씩 앞을 향해 나아간 뒤에야 비로소 진짜 근원에 이르게 된다. - 김종덕, 「옥계유산록」

책을 읽으면서 그 깊은 뜻을 보지 못하고, 산을 찾아서는 그 근원에 이르지 않는다면 옳겠는가. -신홍원, 「유대둔산기」

인과 지의 지극함이 없으면 무엇으로 태산과 축융·(祝融)[108]의 유람을 배우며 ….
-박인조, 「주왕산수기」

주왕산유산기에서 드러난 유산자들의 유산 의미와 사고방식, 그리고 태도는 구체적으로 어땠을까? 유교지식인으로서의 정체성을 지닌 그들은 산수를 어떤 시선으로 바라보고 자신과 결부시켜 해석하였을까?

산수 유산의 의미에 관해 류휘문은 「남유록」에서, 산수의 본성과 사람의 덕성이 합치되는 경험이 유산이기에 산수 유산의 가치가 소중하다는 견해를 표명했다. 그의 견해에 따르자면 산은 고요하고 일정하니 사람의 덕에서는 어짊(仁)이 되며, 물은 움직이면서 매이지 않으니 사람의 덕에서는 지혜(智)가 된다고 했다. 산수의 본성은 본질적으로 사람의 덕성과 다르지 않기에, 산이 높고 물이 깊은 곳에서 사람과 합치하는 경험에 이를 수 있고, 그렇기에 경물(景物)이 바깥에 있다고 소홀히 할 수 없다는 것이다.

맹자가 산의 본성과 물의 본성을 말했는데 본성이라는 것이 무엇인가. 이치를 말할 따름이다. 그렇다면 산수의 본성이 나의 본성과 어떻게 다르겠는가. 대개 고요하면서 항상함이 있는 것이 산이니 덕에서는 인이 되며, 움직이면서 묶이지 않는 것이 물이니 덕에서는 지가 된다. 옛사람의 인과 지의 즐거움을 비록 쉽게 말할 수는 없으나, 사물의 사이에 이르러서는 각각 일정하여 변하지 않는 본체와 두루 흘러서 막히지 않는 활용을 가지지 않음이 없으니, 저절로 산이 높고 물이 깊은 데서 묵연히 일치하는 바가 있다. 그렇다면 내가 마음속에 느끼는 것을 어찌 그칠 수 있겠으며, 나도 모르게 손으로 춤을 추고 발로 뛰는 것을 어찌 바깥에 있다고 해서 소홀히 할 수 있겠는가? −류휘문, 「남유록」

산수를 유산하는 바람직한 방식과 경계해야 할 태도도 여러 주왕산 유산자들이 언급했다. 배극소는 「유주왕산기」에서 '산의 경치를 구경하는 방식'과 '산수를 통해 나의 인지를 증험하는 방식'으로 대비해 서술했다. 그는 "산수는 외물인데 자기에게 무슨 상관이기에 수고롭게 하고 즐거움을 다하는가" 하고 되물으면서, "산의 아름답고 화려한 경치에 취하여 내 이목의 욕구를 유쾌하게 하기만을 추구한다면 외물에 부림을 당하는 것과 다르지 않을 것"이라고 자신을 경계하고 성찰했다.[109] 그에게 산수 유람은 산수의 즐거움을 통해 나의 덕성을 기르는 데에 목적이 있었고, 유산기를 작성하는 이유도 경물에 부려지는 것을 경계하는 데 있었다. 박시찬도 「유주왕산록」에서 "산천을 유람하는 자는 경물에 부림을 당해서는 안 되고, 산천의 기상을 인식하는 것이 소중하다"고 했다.[110] 백순우는 「옥병유록」에서 "주왕산을 유람할 때 경치를 감상하는 것에 탐닉한 자신을 비춰보면서, 완물상지(玩物喪志: 경물을 희롱하다 자신의 본심을 잃어버리는 것)의 경계를 범했다"고 자신을 반성했다.[111]

이에 주왕산유산기 곳곳에 유산자의 자기 성찰적인 의식이 드러난다. 학소대의 새를 보면서 세속의 이익과 영화만 좇는 군상을 떠올리고(이환), 바싹 엎드려 있는 잡초를 보면서도 고개를 조아리며 이치를 찾는 공부인의 모습을 연상하며(김종덕), 밑바닥에 자리한 금탑봉의 위치에서도 공부하는 자세를 스스로 경계하였다(허훈). 허훈의 「유주방산록」에는 자연경물을 살아있는 생명체로 비겨보는 경관상도 잘 표현되었다. 이상과 같이 '산수경물을 보고 자신의 덕성과 인간사에 비춰 성찰하기'는 주왕산 유산자들의 유학적 정체성에 비추어 볼 때 일반적인 인문적 산천독법이라고 할 수 있다.

> 이익됨만 보고 해로움을 잊으며, 영화만 알고 욕됨을 알지 못하는 자가 (학소대)의 새를 보면 어떠하겠는가?
> -이환,「유주방산일기」

> 꼭대기에는 작은 흙을 이고서 잡초들이 자라나서 돌인지 봉우리인지 더욱 이상하였고 눕고 서고 가로세로 비낀 것들은 이루 다 적을 수도 없는데, 돌 봉우리 아래에는 기립한 것이 없고 모두 바싹 엎드려서 고개를 조아리며 이치를 찾는 듯하였다.
> -김종덕,「옥계유산록」

금탑봉이 골짜기 밑바닥에 차지하였기 때문에 우뚝한 모습이 여러 봉우리에는 미칠 수 없었지만 향로봉이나 칠성봉의 사이에 놓였다면 한 봉우리를 사양하였겠는가. 재주와 학식이 비록 보통사람보다 뛰어나더라도 만약 하류에 있기를 달게 여기고 향상하는 공부하지 않으면 결국에는 하류에 머무를 것이다. 나는 금탑봉에서 그것을 경계하노라.

큰 바위가 냇물 한복판에 누웠는데 마치 용의 모습과 같았다. 만약 장마철에 물이 불어나서 물결이 부딪치면 머리의 뿔과 비늘과 껍질이 살아있는 것처럼 꿈틀거리겠다.

-허훈, 「유주방산록」

이제 구체적으로 유산자들이 주왕산의 산수경관을 어떻게 인문적으로 읽고 보았는지 살펴보기로 하자. 그 처음이자 대표적 인물인 여헌 장현광의 「주왕산록」에는 '경치로 보는 주왕산', '도덕적·인문적인 산수 보기', 더 나아가 '산을 통해 사람과 세상 읽기'까지 세 가지 관점이 총체적으로 드러난다. 그가 자연경물을 보는 방식은 '두루 취해 널리 비교하기(博取而廣比)', '뜻으로 견주어 보기(以意而擬之)'였다.

주왕산이 지닌 자연경관의 특징으로 연유된 것이지만, 장현광의 주왕산 인문독법은 '바위 보기'가 현저하다. 이는 단순히 있는 그대로 바위의 모습만 보는 것이 아니라, 사람과 세상에 투영하여 보는 방식(看岩看人世)이었다. 장현광은 "내가 이 산을 유람할 적에 수많은 바위의 기이한 모양을 보고 옛날 우리 인간의 기상을 알았다. 먼 옛날의 훌륭한 모습과 풍골, 절조를 볼 수 있는 것은 어찌 오늘날 이 유람으로 얻은 것이 아니겠는가"라고 읊조린 바 있다.

이렇듯 그는 바위 모양에서 인간의 기상과 훌륭한 절조를 읽었으며, 더 나아가서 드러난 바위모습이 천차만별인 것을 통해 사람의 천변만화와 천지조화(天地造化)의 실정까지도 일관하여 통찰하였다. "똑같은 산의 바위인데 바위의 모양이 천차만별로 다르고, 똑같은 천지의 사람인데 사람의 일에는 천변만화가 있으니, 천지가 만물을 만든 실정을 여기에서 볼 수 있다. 바위 모양이 천만 가지로 다른 것과 인간의 일이 천만 가지로 변화하는 것은 이치가 아닌 것이 없다"는 것이다.

장현광의 시선에 투영되는 바위 모습은 성인과 군자 모습이기도 했고, 경박한 소인 모습이기도 했다. 바위에 투사(投射)된 천태만상의 인간상이었다. 그는 더 나아가 인물의 사회상도 바위에 투영했다. 세속을 벗어난 초연한 모습이기도 했고, 무리에 영합하는 속물의 모습이기도 했다. 그의 눈에 세상의 혼탁함에 분노하는 모습으로 비치는 바위도 있었다. 그에게 괴이한 바위 모습은 면벽하고 있는 승불로 보였고, 후미진 바위는 도끼자루 썩는 것도 모르는 신선으로 비쳤다.

어떤 것은 엄숙하고 장엄하게 가운데 서서 기울지 않은 것은 마치 대인(大人)과 올바른 선비(正士)의 범할 수 없는 기품이 있는 듯하였다. 어떤 것은 기이하고 괴이하여 형용할 수 없는 것이 마치 이단과 삿된 학문(邪學)이 우리 유학과 상반되는 듯하였다.

어떤 것은 상고시대의 성인이 순박한 세상에 태어나 도가 천지와 똑같아 성정을 드러내지 않은 듯하고, 어떤 것은 말세의 경박한 사람이 재주를 믿고 교만하고 거만하게 스스로 자랑하는 듯하였다.

어떤 것은 산골짜기에서 멋대로 생활하면서 그것을 고상하게 여기는 듯한 것이 있고, 어떤 것은 바위굴로 달아나서 세속이 자신을 더럽힐까 두려워하는 듯한 것이 있고, 어떤 것은 세상과 어긋나서 스스로 다르게 하는 것이 있고, 어떤 것은 의지하고 빌붙어서 무리에 영합하려는 것이 있다.

머리를 감추고 있는 것은 시세(時勢)를 두려워하는 듯한 것이 있고, 모서리를 드러낸 것은 세상이 혼란함에 분노하는 듯한 것이 있다. 하늘을 우러러보고 벽을 향하여 좌선하고 입정(入定)하는 자는 승불이니 바위의 괴이한 것과 비슷하다. 오랜 세월을 고요히 앉아 바둑 한판에 도끼자루가 썩는 것도 모르는 자는 신선이니, 바위의 깊숙하고 후미진 것과 비슷하다.

– 장현광, 「주왕산록」

이와 같은 장현광의 주왕산 바위독법은 후대의 유산자에게도 영향을 주어 김종덕과 김세락은 각각 「옥계유산록」과 「유주왕산록」에서 군자의 강건함과 후덕한 용모로 바위 모습을 견주어 읽기도 했다.

둥근 옹기같은 큰 바위가 있는데 넓이는 열 마지기에 높기는 구름

위로 솟을 듯하고, 전후좌우로 기댈 곳이 없으니 소위 군자의 강건함과 같았다. – 김종덕, 「옥계유산록」

어떤 것은 대인군자가 무리들 중에 빼어나서 후덕하고 순수한 용모를 사람들이 우러러보는 것과 같다. – 김세락, 「유주왕산록」

장현광 이후에 주왕산 유산자들이 산수경관을 구체적으로 어떻게 보고 읽었는지, 그 시선 및 독법과 의미부여 방식을 연대순으로 살펴보자.

첫째, 주왕산유산기에 드러난 '산을 보는 시선(觀山之法)'으로는, 산의 경개를 차례대로 보되 등급을 건너뛰어서는 안 된다는 견해(류도원), 산의 중후함과 빼어남을 보면서 자신의 위의(威儀)와 절의(節義)를 생각하는 견해(배극소) 등이 나타났다.

산을 보는 방법을 "산을 보는 데는 등급을 건너뛰어서는 안 됩니다. 기암이 먼저 눈앞에 열리는데, 학소대 골짜기가 그윽하니 곳곳을 보다가 용추에 도착하여 걸음걸음마다 우혈(禹穴)을 엿보아야 하니 주왕암을 가장 뒤에 보아야 합니다"라고 설명하였다.
– 류도원, 「동유기행」

산의 중후함을 보면서 나의 굳건한 위의를 생각하고, 산의 빼어남을 보면서 나의 우뚝한 절의를 생각한다. – 배극소, 「유주왕산기」

둘째, 주왕산유산기에 드러난 '물을 보는 시선(觀水之法)'으로는, 맑고 고요한 못을 보고 자신을 성찰하는 공부(爲己之學)를 하는 군자의 평상됨과 도도함으로 비춰보는 견지(권렴), 하류의 물을 보되 말류의 폐단을 경계하는 견해(김종덕), 그리고 물이 두루 흐르고 그치지 않음을 보면서 두루 사물에 대응하고 덕에 정진하는 자신을 체득하는 태도(배극소) 등이 서술됐다.

상담과 하담은… 매우 맑고도 고요한 의미가 있으니 바로 한 사람의 위기지학(爲己之學)을 하는 군자가 마음에 안정된 힘이 있어서 사물의 시비에 어지럽게 빠지지 않고, 비록 천만 사람이 흔들어도 그 정신이 어지럽혀지지 않아, 도도함이 평소의 모습을 간직한 듯하였다. -권렴,「옥계유록」

물을 살펴보시다가 "발원하는 곳은 이렇게 미세하지만 하류에서는 온 들판을 적시니 무릇 작은 것에 삼가지 않으면 말류의 폐단이 이와 같다"고 탄식하셨다. -김종덕,「옥계유산록」

물이 두루 흐르는 것을 보면서 내가 사물에 두루 대응하는 것을 체득하고, 물이 그치지 않는 것을 보면서 내가 덕에 정진하는 공부를 체득한다. -배극소,「유주왕산기」

셋째, 주왕산 유산자들은 주왕산의 산수경관에 투영된 전래의 불교적 산이름을 있는 그대로 긍정하지 않고 자신의 유학적 입장에 비춰 비판하였다. 이러한 면모는 주왕산 봉우리의 수많은 불교지명의 전승에 직접적으로 제기되었다. 작가미상의 「유주왕산기」에는 주세붕과 이황에 의해 유교적 개명이 이루어진 청량산에 비해, 주왕산은 아직도 불교지명이 그대로라는 유산자의 회한이 표현되었다. 박인조도 「주왕산수록」에서 주왕산 봉우리의 불교지명에 대하여, 이황이 청량산 봉우리의 불교지명을 개탄한 바 있지만 주왕산도 작금의 사실이라고 토로하였다.[112]

불가의 말에 따라 이름을 붙였으니, 주세붕을 만나 청량산처럼 일소하지 못한 것이 한스러웠다. - 작가미상, 「유주왕산기」

퇴계 선생이 신재 주세붕의 「청량산유록」 발문에서, "산의 여러 봉우리들이 모두 불서(佛書)의 허황된 언어와 여러 부처의 혼미한 이름을 썼으니 이것은 진실로 이 아름다운 경치(仙區)를 욕되게 하고 우리 유학자들을 수치스럽게 하는 것이다"라고 한 것이 또한 지금을 말했다고 일컬을 따름이다. - 박인조, 「주왕산수록」

주왕산은 미타봉·관음봉·극락봉·보살봉·달마봉·미륵봉·지장봉·석가봉·금탑봉·나한봉·세지봉·연화봉·금강대 등 다수의 불교지명을 갖추고 있다. 이는 주왕산에 처음 사찰이 들어서면서 고려시대까지의 불교적 정체성이 반영되어 형성되었다. 그런데 관성적으로 지탱되던 그 지명이 조선시대의 유교적 이데올로기와 문화적 지배권력에 의해 도전받는 상황이 주왕산을 포함한 명산 곳곳에서 재연되고 있는 것이다.

제3부

사회적·사상적 스펙트럼

1. 유교지식인들의 명산문화 인식과 태도

예부터 산수는 인간의 생활문화 터전으로서 실용적이면서도 또한 심미적인 대상이었다. 인문의 시대를 연 공자는 산수를 인간의 덕목에 비유해 성찰함으로써, 비덕(比德)이라는 유가미학을 빚어냈다. 이런 담론 이후에 동아시아에서 산수는 자연 그대로의 대상물이라기보다는 인간의 정신적 가치를 비추어 보는 심미적 상관물(相關物)이 되었다.[1]

중국의 산수에 대한 심미관은 비덕(比德)과 창신(暢神)으로 크게 구별되는데, 조선시대는 특히 성리학의 심성 수양론적 사유에 의해 비덕의 차원을 넘어서 인지지락(仁智之樂)과 천인합일(天人合一)의 심미관이 강하게 대두되었다.[2]

이렇게 중국의 유교적 심미관과 산수미학의 전통은 조선의 유교지식인들에 의해 계승되어 깊이 뿌리내려 밝게 꽃을 피웠다. 그들은 산림 은거와 산수 유람으로 산처럼 늘 그 자리에서 변치 않고 만물을 포용하는 덕이 인(仁)이며, 산에서 나와 잠

시도 머물지 않고 낮은 데로 흘러가며 대지를 적셔주는 덕이 지(智)라는 것을 체득하고자 했다.³

조선시대의 명산문화 형성을 주도한 계층은 정치사회의 문화지배세력이었던 유교지식인이었다. 그들에게 명산의 산수는 유교의 이치를 체득하는 경관텍스트이고, 명산 유산은 유교의 경전읽기와 다를 바 없는 경관독해였다. 이러한 조선유학자들의 명산문화 양상은 시기적 혹은 실천적으로 크게 도학적(道學的)이고 실학적(實學的)인 인식과 태도로 유형화할 수 있다.⁴ 도학자들은 명산을 유산하거나, 인근에 주거지·별서(別墅)·누정 등을 두고 거처하면서 수신하는 곳으로 삼았다. 주자학의 정신세계를 자신들의 생활공간 범위에 직접 건설하고자 했다.⁵ 실학자들은 명산을 인격 도야가 가능한 가거지 생활권의 요건으로 삼고 실제적인 산림지식을 확충했으며, 명산에 대한 체계적인 인식을 바탕으로 명산기 혹은 산수록을 저술하였다. 이러한 실천은 각각 명산의 인문화, 명산의 장소화로도 인문지리적인 의미 해석이 가능하다.

명산의 인문화

조선시대의 유교적 명산문화 형성에 기여한 도학적 인식과 태도는 다음과 같이 열거할 수 있다. 첫째, 명산에 대해 수기(修己)와 존양(存養)의 장소로서 의미를 부여할 뿐만 아니라, 도덕적 가치를 반영하고 재발견했다.⁶ 둘째, 천지동정(天地動靜)의 이치를 터득하는 공부처로서 명산을 유산(遊山)했다. 셋째, 명산 경관에 대해 인문화된 장소이미지를 구축하고 명산과 명유(名儒)의 이미지를 결합했다. 이러한 모든 양상은 명산의 인문화라는 인문지리적 의미로 해석할 수 있다. 각각을 차례대로 상세히 서술해 보자.

첫째, 조선시대의 유교적 자연관과 사상적 이념이 유학자들의 명산 인식에 투영되자, 명산의 산수는 유교 이전에 기를 수련(仙道)하고 마음을 수도(佛家)하던 공간에서 인성을 궁리(窮理)하고 함양(涵養)하는 공간으로 변용되었다. 이러한 명산에 대한 도학적 인식과 태도는 자연지리적 환경을 자아의 정립과 인격의 수양에 적극적으로 활용한 것이었다.[7]

도학자들에게 산수는 자신의 도덕을 비추는 거울이었고, 산수를 유산하는 전 과정은 마치 독서와도 같았다(遊山似讀書). 다음 「독서여유산(讀書與遊山)」에서 퇴계(退溪)의 경관읽기 방식을 알 수 있듯이, "앉아서 구름 이는 것 보면 묘한 이치를 알고, 오르다 골짜기 끝에 이르면 시초를 깨닫네"라는 표현은, 명산 유산의 궁극적 목적과 과정이 성품의 궁구를 위한 독서와 같은 학습으로 여겼던 도학자의 인식과 태도를 잘 드러내 준다.

사람들은 독서를 유산의 일로 말하는데,	讀書人說遊山事
지금 보니 유산이 독서와 같구나.	今見遊山似讀書
공력을 다할 때는 원래 아래서부터 시작하니,	工力盡時元自下
얕고 깊게 얻는 곳 모두 이를 말미암네.	淺深得處摠由渠
앉아서 구름 이는 것 보면 묘한 이치를 알고,	坐見雲起因知妙

오르다 골짜기 끝에 이르면 시초를 깨닫네.	行到源頭始覺初
그대들이여 절정의 높은 곳을 힘써 찾게나,	絶頂高尋勉公等
노쇠하여 어중간히 이른 내가 심히 부끄럽네.	老衰中輟愧深余[8]

둘째, 도학자들의 명산에 대한 태도를 살펴보면, 명산의 산수는 천리를 체현(體現)한 대상으로 궁리되었고, 명산 유산은 산수를 통해 본성의 덕을 자각하고 하나 되기를 지향하는 인(仁)과 지(智)의 즐거움으로 실천되었다. 도학자들에게 명산행의 목적과 실천은, 천지동정을 드러내는 산수를 통해 그 본연의 이치를 터득하는 공부 방법의 하나였다. 하익범(1767~1813)의 「유두류록」에서는 이러한 의미를 잘 표현해 주고 있다.

유학자들은 산수를 통해 본성의 덕을 자각하고 그것과 하나 되기를 지향하는 인지의 즐거움(仁智之樂)을 추구했다. 그것은 산수를 통해 내 본연의 덕성을 함양하는 즐거움을 말한다. 산수의 아름다운 경관을 즐기는 것이 아니라, 그것을 통해 내 본성의 순수함을 되찾아 즐거워하는 것이다. 단지 흐르는 물과 우뚝한 산의 기이한 경관만을 구경하고, 동정(動靜)의 이치를 터득해 우리들의 인지지락을 이룩함이 없었다면, 어찌 매우 부끄러워하고 두려워할 만한 일이 아니겠는가.[9]

도학자들의 명산 경관에 대한 수기적(修己的) 태도는 진일보하여 인간세상에 대한 성찰과 이해로까지 나아갔다. 남명(南冥)

표19 유학자들의 청량산 장소이미지

유산자	장소이미지
주세붕	절개가 있고 올곧아 범접하기 어렵다.
권호문	공자의 엄숙한 기상을 보는 것 같다.
김득연	절개 있고 의로운 선비가 우뚝 서있는 것 같아 감히 범할 수 없는 기상이 있다.
김중청	단정하고 중후하며 맑고 깨끗하여 퇴계선생과 같다.
배유장	칼과 창이 마주한 듯, 연꽃이 고개를 내민 듯, 올곧은 사람이 좌석에 앉은 듯 범접하기 어렵다.
박종	만 길 높은 절벽에서는 굽힐 수 없고 범할 수 없는 퇴계선생의 절개를 볼 수 있고, 밝은 노을이 깃든 골짜기에는 깨끗하고 그윽한 퇴계선생의 흥취가 남아 있다.
성대중	우뚝하면서도 위태하지 않으며, 장엄하면서도 거만하지 않아 덕이 빼어난 자와 같다.
김도명	충신과 의사와 같이 빼앗을 수 없는 절개와 범할 수 없는 기운을 지니고 있는 것 같다.

출처: 정치영,「유산기로 본 조선시대 사대부의 청량산 여행」,『지역지리학회지』11-1, 2005a

조식(1501~1571)이 말했듯이, 산수를 인간 세상과 견주어 보는 태도나 관점(看水看山 看人看世)의 전개가 바로 그것이다.[10] 이렇게 산수 자연에 대한 도덕적 인식에서부터 사회적 인식으로 발전할 수 있었던 것은 성리학자들이 자연을 새롭게 이해했기에 가능했다. 자연을 철저하게 법칙적·원리적으로 이해하고 인간과 사회에 그 원리를 응용하는 심화된 사상이 바탕이 되었다.[11]

요컨대 도학자들에게 산수는 천지자연의 원리가 체현된 경관 텍스트로, 자기와 인간과 세상을 살피는 데(察己 察人 察世)까지 이르는 합일을 통한 체득의 대상이었다. 산수는 자신의 심성으로 반본(返本)함으로써 그 돌이켜진 이치를 다시 인간과 세상에 투영하고 반조하는 거울이었다.

셋째, 조선시대에 유학자들의 명산 이해가 깊어지면서 특정 명산 경관에 대한 인문화된 장소이미지를 구축했고, 유학자와 관계가 깊은 지역 명산에 대한 장소이미지와 명유(名儒)이미지를 서로 결합하여 표상했다. 명산과 명유가 결합된 표상화는 청량산과 퇴계 이황, 지리산과 남명 조식, 속리산과 대곡 성운, 운문산과 삼족당 김대유, 덕유산과 갈천 임훈 등이 있었다.[12]

유학자들의 명산에 대한 장소이미지 구성은, 명산의 지형경관적 이미지를 유학자의 기상과 모습으로 인식하는 방식을 취하였다. 예컨대, 퇴계의 오가산(吾家山)으로 일컬어지는 청량산은 표19처럼, "절개가 있고 의로운 기상과 기세가 있으며, 엄숙하여 범접하기 어렵고, 단정하고 중후하며 맑고 깨끗하여 퇴계 선생을 보는 듯한" 경관이미지로 표현했다.[13]

명산의 장소화

조선유학의 실학적 전개로 말미암아 사회적으로 표출된 명산에 대한 실학적인 인식과 태도의 특징은 다음과 같이 몇 가지로 열거할 수 있다. 첫째, 가거지 생활권의 입지 요건 및 수양 장소로서 명산에 관한 실제적인 관심이 증대되었다. 둘째, 산천에 대한 지리지식의 확대와 함께 명산에 대한 체계적 이해의 노력이 뒤따르게 되어 산천지(山川誌) 혹은 명산지(名山誌)가 저술됐다.

이를 통해 주요 명산을 비교하고 지역의 명산을 일반화하여 인식하였다. 셋째, 국토의 산맥체계에 기초한 명산 이해가 가능하였고, 명산에 대한 자긍심이 높아졌으며, 국토의 조종(祖宗)인 백두산을 주목하였다. 이러한 양상은 명산의 장소화라는 인문지리적 의미로 해석할 수 있다. 각각을 차례대로 서술하면 다음과 같다.

첫째, 사대부의 가거지 생활권 선택의 한 요건으로 산수 심미의 필요성을 인식하면서 명산에 대한 유가사회의 인지도가 커졌다. 실학자 이중환은 『동국산수록』에서, 성정(性情)의 도야를 위한 가거지 선정 및 입지에 요구되는 네 가지 요건 중에 산수 조건을 포함시켰다. "무릇 삶터를 선택하는 데에는 환경(地理)이 으뜸이고 생업(生利)이 다음이며 다음으로 인심(人心)이고 다음으로 산수(山水)이다. 네 가지 중에 하나라도 없으면 낙토(樂土)가 아니다"라는 것이다.[14] 다만 여기서 가거지의 필요 요건의 하나로 든 산수는 생업 조건에 부속해서 규정되어 산수가 좋은 곳에 주거지를 정해 산다는 뜻은 아니었다.

산수는 정신을 즐겁게 하고 감정을 화창하게 한다. 사는 곳에 산수가 없으면 사람을 촌스럽게 만든다. 그러나 산수가 좋은 곳 가운데는 생리가 박한 곳이 많다. 사람은 자라처럼 살지 못하고, 지렁이처럼 흙만 먹을 수 없다. 그래서 오직 산수만 보고 삶을 누릴 수는 없다. 그러므로 기름진 땅과 넓은 들에 지세가 아름다운 곳을 골라 집을 짓고 사는 것이 좋다. 그리고 10리 밖이나 반나절 거리 안에 산수가 아름다운 곳을 사 두었다가, 생각이 날 때마다 때때로 오가며 시름을 풀고 혹은 머물러 자다가 돌아온다면 이야말로 계속할 방법이 될 것이다. …
옛날에 주자도 무이산의 산수를 좋아하여, 냇물 굽이와 봉우리 꼭대기마다 글을 짓고 그림을 그려서 빛나게 꾸미지 않은 곳이 없었다. 그러나 그곳에 살 집을 짓지는 않았다. 그가 일찍이 말하기를, "봄 동안 그곳에 가면 붉은 꽃과 푸른 잎이 서로 비치는 것이 또한 싫지 않았다"라고 하였다. 후세에 산수를 좋아하는 자들이 이 말을 본받아야 할 것이다.

둘째, 명산 권역이 유학자들의 가거지 입지에 공간적인 요건으로 등장하고, 조선후기에 널리 유행한 명산 유산으로 인하여, 실학자들에 의해 명산에 대한 지식과 정보를 체계화하는 노력이 뒤따랐다. 이에 따라 주요 명산의 특징에 대한 상호 비교도 가능하였으며, 명산에 대한 지역적 일반화도 논의되었다.
조선후기의 명산에 관한 지식을 집성하여 책을 편찬한 실학자로 특기할 만한 인물이 성해응이다. 그의 저술인 『동국명산기』에는 우리 명산의 경개(景槪)와 유적지에 관한 장소 정보가 들어있다. 그의 「산수기서(山水記序)」[15]에는 명산의 지역적 특성과 주요 명산이 비교 서술되었다. 여기서 성해응은 대표적인 네 명산(백두·한라·지리·금강)을 들어 비교하기를, "백두산은 신령스럽고 그윽하며(靈邃), 한라산은 기이하고 괴이하며(奇怪), 지리산은 넓고 후덕하며(博厚), 금강산은 빼어나고 화려하다(瑰麗)"고 하였으니, 이는 주요 명산경관의 형태와 장소적 속성

표20 『동국명산기』의 지역 명산에 대한 서술

지역	서술 내용
한양	빛나고 준걸차서 사람으로 하여금 공경하는 마음을 갖게 한다.
경기	모두 그윽하다고 일컬어진다.
황해	수려하여 즐길 만하다. 또 선현의 자취가 많다.
전라	모두 빼어나서 볼만하다고 한다.
경상	선현의 자취가 많다. 이른바 높은 산을 우러르는 것이라 할만하다. 그윽한 바위를 보고 생각을 모으고 긴 내를 낭랑하게 읊으니 한갓 노니는 흥취만이 아니다.
함경	북방의 기운을 의도하지 않았지만 빼어난 것을 품고 있는 것이 이와 같다.

충청·평안·강원 지역은 일반론이 서술되지 않음

을 멋지게 비교 서술했다는 의미가 있다. 또한 각 지역의 명산 및 승경을 유학자의 사상적 이념에 투영하고 일반화해 논하고 있다. 성해응이 지역 명산을 일반화하여 서술했던 내용을 요약해 인용하면 표20과 같다.

표의 내용을 보면, 명산경관의 자연미학뿐만 아니라 선현의 자취를 강조하여 표현하였음을 알 수 있다. 또한 "(한양의) 명산이 사람에게 공경하는 마음을 갖게 한다"는 말에서 알 수 있듯이, 사람의 정신과 성정에 미치는 명산의 영향에 대한 인식도 드러났다. 그리고 "(영남의) 명산은 높은 산을 우러르는 것이라 할만하다"는 표현은 『시경』의 "높은 산을 우러러보며(高山仰止) 큰 길을 행한다(景行行止)"에서 비롯된 말로, 유학자가 지향하여야 할 인(仁)의 가치를 표상하였다. 명산 경관의 자체에 관한 서술이라기보다 명산과 선현의 이미지가 장소적으로 종합되어 인식하는 측면이 잘 드러나 있다. 해당 『시경』의 글을 보자.

『예기』의 「표기」에 이르기를, "소아(小雅)에 '고산(高山)을 우러러보며 큰길(景行)을 행한다' 하였는데, 공자께서 말씀하시기를 '시(詩)에서 인(仁)을 좋아함이 이와 같다. 도를 향해 가다가 중도에 쓰러지더라도 몸의 늙음을 잊어 연수(年數)의 부족함을 모르고 열심히 날로 부지런히 하여 죽은 뒤에야 그만둔다' 하셨다".[16]

셋째, 조선후기에 와서 실학자들의 국토산하에 대한 자긍심이 커지고, 자주적 국토인식으로 말미암아 영토의 종주(宗主)로서 백두산의 의미가 강화되었다. 이른바 백두산 조종론(祖宗論)[17] 및 백두대간과 관련한 명산 인식의 제고(提高)도 실학적인 명산의 인식과 태도에서 드러나는 한 특징이다. 이러한 경향은 조선후기에 지리지 및 지도의 발달로 인한 체계적이고 계통적인 지리적 인식에 기초하여 이루어졌다.

조선후기에 실학적인 지리학을 정립한 인물이자 우리나라의 산수를 체계적으로 기술했던 신경준은 「산수고(山水考)」와 『동국문헌비고』의 「여지고(輿地考)」를 썼다. 그는 조선의 12명산을 "삼각, 백두, 원산, 낭림, 두류, 분수, 금강, 오대, 태백, 속리, 육십치(六十峙), 지리"로 지정했다. 신경준이 산과 물의 경위(經緯)를 고찰한 「산수고」의 첫머리는 다음과 같이 시작하고 있다.

하나의 근본이 만 갈래로 나뉜 것이 산이고, 만 갈래가 하나로 합한 것이 물이다. 나라의 산수는 열둘로 나타낼 수 있다. 백두산에서부터 나뉘어 열두 산이 되고, 열두 산에서 나뉘어 팔도의 여러 산이 된다. 팔도의 여러 물이 합하여 열두 수(水)가 되고, 열두 수(水)는 합하여 바다가 된다. (물이) 흐르고 (산이) 솟는 형세와, (산이) 나뉘고 (물이) 모이는 묘리는 여기에서 볼 수 있다. 열두 산은 삼각산, 백두산, 원산, 낭림산, 두류산, 분수령, 금강산, 오대산, 태백산, 속리산, 육십치, 지리산이라 이른다. 열두 물은 한강, 예성강, 대진, 금강, 사호, 섬강, 낙동강, 용흥강, 두만강, 대동강, 청천강, 압록강이라 이른다. 산은 삼각산을 머리로 삼고, 물은 한강을 머리로 삼으니, 서울을 높인 것이다.[18]

신경준의 12명산을 분석해 보면 삼각산을 제외하고는 11개 명산 모두 백두대간의 본줄기에 소속된 산임을 알 수 있다. 그중 8개 명산은 국토 산맥체계(대간·정간과 정맥)의 분기점이다.[19] "백두산에서부터 나뉘어 열두 산이 되고, 열두 산에서 나뉘어 팔도의 여러 산이 된다"는 그의 인식은 이러한 사실을 알려준다. 특히 삼각산을 12명산의 머리로 한 것은, 조선의 수도를 대표하는 진산으로서의 위계라는 사회적 관념이 투영되었다. 그도 말했듯이 삼각산을 으뜸으로 삼은 것은 서울을 높이기 때문이다.[20]

신경준의 「산수고」와 「여지고」 이후에는 각각의 산줄기와 강줄기를 중심으로 한 계통적인 지리적 인식이 발전하고 심화되기에 이른다. 그리하여 조선의 산줄기 체계를 족보식으로 위계적으로 정리한 『산경표(山經表)』와, 강줄기 체계를 역사문화적으로 정리한 정약용(1762~1836)의 『대동수경(大東水經)』(1814)이 만들어지게 된다.

이상과 같은 지리적 인식체계와 시대적 분위기는 조선후기에 유교적 명산문화의 사유방식에 결합하여 종합적으로 반영되었다. 이익의 「백두정간(白頭正幹)」이라는 다음의 글은 당시 이러한 유가사회의 사유와 인식을 잘 표현하고 있다.

백두산은 우리나라 산맥의 조종이다. … 산맥은 지리산에 이르러 끝났는데 그 기세가 바다를 자르고 지나가는 것이 웅혼하고 충만하여 기상이 두려워할 만하다. 인물로 논하면 … 퇴계가 태백산과 소백산 아래에서 태어나 동방 유학자의 조종이 되었다. … 남명은 지리산 아래에서 태어나 동방의 기개와 절조의 최고가 되었다. … 대개 큰 산맥이 곧장 백두산에서 시작되어 중간의 태백산에서 지리산에서 마쳤으니, 처음에 이름 붙인 것도 의미가 있었던 듯하며 이 지역에 인물들이 난 것으로도 인물의 창고가 된다.[21]

이처럼 그는 백두대간의 체계에서 소백산과 지리산을 논하고, 다시 소백의 퇴계와 지리의 남명을 들어 백두대간의 명산과 명유가 일체화된 장소적 이미지를 표상하였다.

유학사상적 풍토론

조선시대 유학자들의 명산에 대한 인식과 태도는 유교적 자연관과 풍토사상에 준거하였다. 『중용』에, "공자는 위로는 천시(天

時)를 따르시고 아래로는 수토(水土)를 따르셨다"²²고 한 바, 수토(水土)는 풍토(風土)의 다른 말이고 오늘날의 자연환경에 해당한다. 곧 "수토를 따랐다"는 말은 지리적 자연환경의 질서에 순응하고 적응하는 유교적 자연관을 잘 표현하고 있다. 이는 유교적 명산 인식과 태도에도 배경사상으로 작용하였다.

전통시대의 문헌에서 자연환경 혹은 땅(풍토)이 인간에 미치는 영향에 관한 풍토론적 논의는, '지지사연(地之使然: 땅이 그렇게 한다)'과 '풍기사연(風氣使然: 풍기가 그렇게 한다)' 그리고 '지기사연(地氣使然: 지기가 그렇게 한다)'이라는 논지의 전개 및 발전 과정으로 정리할 수 있다. 각각은 세부적으로 풍토론의 맹아적 사유, 풍기론, 지기론으로 그 개념적 위상을 자리매김할 수 있다.

유학적 풍토론 인식의 근원을 거슬러 올라가면 신라후기에 고운 최치원(857~?)의 '지지사연'²³이라는 초기적인 논의에 닿는다. 「대숭복사비명(大崇福寺碑銘)」에서 그는 "우리나라는 승지(勝地)여서 성질은 유순하고 기운은 생명을 발생시키는데 알맞다"²⁴라고 했고, 「무염화상비명(無染和尙碑銘)」에서, "산악이 한 신령한 사람을 내리어 그에게 군자국에 태어나게 하여 불가에 우뚝하도록 하였으니 대사가 그 사람이다"²⁵라고 했다. 그리고 「지증화상비명(智證和尙碑銘)」에서는 "지령(地靈)이 이미 호생(好生: 생명을 애호하는 것, 생명사랑)으로 근본을 삼았고"²⁶라고 했다. 이러한 표현들은 모두 풍토가 인물이나 인성에 영향을 끼친다는 풍토론적인 인식의 맹아적 반영이다.

이윽고 시대를 뛰어넘어 조선중기에 미수 허목(1595~1682)의 '풍기사연'이라는 표현을 접할 수 있다. 논지는, 풍토(풍기)가 풍속과 생태환경, 그리고 심성에 미치는 영향 등에 관하여 보다 자세하게 기술하고 있어 한층 더 발전된 유학적 풍토론으로서의 풍기론적 인식으로 평가할 수 있다. 허목은 「지승(地乘)」에서 다음과 같이 풍기와 풍속의 상호 관계 및 영향을 논했다.

> 조선 구역(九域)의 땅은 … 풍기(風氣)가 다르고 … 중국의 풍속과 같지 않으니 대개 방외(方外)에 있는 별개의 나라이다. … 남방에는 조류가 많고 북방에는 짐승이 많은데 이는 풍기 때문이며, 산골짜기(山峽)의 습속이 순박하고 이득을 노리는 백성이 약삭빠른 것은 습성이 그러해서이다. 동방은 기가 치우치고 얇아서 조급하고 경솔하니 항상심이 없다.[27]

이른바 유학사상의 풍토 논의의 철학적 바탕을 이루는 풍기론적인 사유는 기적(氣的) 세계관에 근거하여, 특정한 자연 풍토는 거기서 태어났거나 상주한 인간의 품성·정서·감각 등의 형성에 관여하고, 이를 통해 그 자연풍토에 상응하는 문화가 형성된다는 것이 핵심이다.[28]

유학적 풍토론의 인식이 가장 정교한 논리로 발전된 계기는 조선후기에 혜강 최한기(1803~1877)의 '지기사연'이라는 이해에 이르러서이다. 최한기는 지기와 관련시켜 그 장소에 사는 유기체와의 긴밀한 연관성을 파악하였다. 그의 지기론은 지기와 거기서 사는 생명은 직결되어 있다는 인식에 바탕한다. 적소(適 所)에서 생명을 보전하거나, 장소를 옮겨 생명을 해치는 것 모두 지기가 그렇게 만든다는 것이다. 이러한 인식은 유기체에 대한 지기의 영향력을 강조하였다.[29]

동시에 최한기는 "사람은 지기의 영향을 받지만 지기를 선택할 수 있는 능동적인 존재"라고 하였으니 이러한 면은 이른바 양기론(養氣論)으로 볼 수 있다. 양기론은 풍기론에 상대되는 개념으로, 주체의 자각에 입각한 정신의 질적 변화에 관한 이론이다.[30] 최한기는 지기가 인사(人事)에 미치는 영향에 관해, 인체·음식물·거주처를 차례로 거론한 바, 사람의 형질은 지역의 기후와 풍토, 부모의 정혈(精血), 그리고 후천적 학습이라는 네 가지 요소에 의하여 생성된다고 하였다. 기후·풍토·정혈은 정해져 있으나, 학습 요소는 사람의 형질을 바꿀 수 있는 변통의 공부라는 것이다.[31]

돌이켜보면 고대 명산문화의 배경을 이루는 사상은 국가의 운명을 명산에 의뢰하는 산악숭배신앙이었다. 고려시대의 명산문화를 형성한 사상적 배경으로 산천지세의 선악 및 지덕의 성쇠가 국가의 운명에 큰 영향을 미친다는 풍수도참사상을 들 수 있다. 그렇다면 조선시대의 유교적인 명산문화를 전개시킨 철학사상적 토대는 풍기·양기론으로 정리할 수 있다. 그것은 풍토와 인간의 상호영향에 관한 사상으로서 명산과 인간의 관계를 설정하고, 명산에 대한 인식과 태도를 규정하는 데에 철학사상적인 틀로 작용했다.

2. 선불교와 비보풍수의 산수미학

산수에 대한 심미적 친연성(親緣性)을 담보한 동아시아의 사상적 경향은, 산수를 보는 사람의 시선 및 관계에 따라 몇 가지의 방향(定向)과 태도로 도출된다. 동아시아인들의 명산 산수에 대한 문화전통과 심미인식을 기본적으로 제시한다면, 지고지순한 존재로서의 숭고한 산수, 유기체적 생명으로서의 산수, 인간과 상보적 관계성을 지니는 산수, 사람과 합일하는 존재로서의 산수 등으로 요약된다. 이러한 미학적 시선과 태도는 역사적으로 불교, 유교, 도교, 풍수 등의 사상과 깊은 관련을 맺고 때론 섞이면서 전개되었다.

이 장에서는 불교와 풍수지식인의 산수 인식과 태도를 선불교와 비보풍수를 들어 살펴볼 차례이다. 거기서 도겐(道元, 1200~1253)과 도선(道詵, 827~898)의 산수미학적 시선과 산천에 대한 태도는 전형적인 비교 사례가 된다. 선불교에서 나타나는 '숭고한 산수, 그 깨달음의 산수미학'과, 비보풍수에서 나타나는 '상보적인 산수, 그 보살핌의 산수미학'에 주목하여, 각각 도겐의 '산수성불설(山水成佛說)'과, 도선의 '산천비보설(山川裨補說)'을 중심으로 고찰하고자 한다.

마음과 자연의 만남, 산수미학

한자문화권에서 산수(山水)라는 말이 지닌 함의(含意)는 서구와는 달리 각별하다. 어휘로도 산(山)과 수(水)는 '산수(山水)'라는 한 단어로 일체화되어 있다. 동아시아에서 산(山)과 수(水)는 지형적·문화적으로 뗄 수 없는 관계를 반영하는 것이다. 경우에 따라서는 산(山)이 수(水)를 포함하는 대표 용어로 쓰이기도 한다. 상대적으로 '산천(山川)'이라는 용어는 구체적이고 현상적인 산수지형 경관을 일컫는 표현이다.

서구와 동아시아에서 미학적 위상과 가치를 지닌 산수의 함의가 다르듯이, 같은 동아시아라고 하더라도 한·중·일에서 나타나는 지형적 조건으로서의 산수는 같지 않고, 산수가 차지하는 각 나라의 문화역사적 비중도 다르다. 동아시아 중에서도 한국의 지형조건과 문화전통에서 나타나는 산수의 가치는 남다르다고 평가된다. 지형적으로 한국에서 '산수(혹은 산천)'는 '땅(地)' 혹은 '자연(Nature)'과 등치(等値)되는 개념으로 보아도 무리가 없다.[32] 한국의 미학사상을 탐구한 한 원로 인문학자는, "전통미학의 문화형성 터전으로서의 자연환경은 거의 단일적으로 산수"였으며, 그 구체적인 경관 모습을 "산수 착종(山水錯綜)"이라 파악했다.[33] 우리에게 있어 자연미는 사실상 산수미이며, 자연미학은 산수미학과 다름없다. 땅을 산수로 간주해도 무방한 지역이기에, 한반도는 산수미학의 형식에 가장 적합하다. 한국의 자연미학에서 산수미학이 차지하는 논의의 중요성은 일차적으로 여기에 있다.

한반도 산수의 이러한 지형적·문화적 성격은 한국의 전통적 지리사상인 풍수의 정체성을 형성하는 데도 작용했다. 한국에서 풍수의 문화전통과 산천의 지형조건은 서로 전제하는 필요충분조건의 관계에 있다. 그래서 한국풍수의 지리적 특색은 '산의 풍수'라고 할 수 있다. 한국풍수의 실제는 산천이란 몸에 풍수라는 옷을 걸치고 있는 형국이다. 산줄기와 물줄기의 조합으로 구성된 한국의 지형과 거기에서 빚어진 다채로운 미기후 조건에서 최적의 공간 관계와 주거 질서를 맺기 위해 활용된 사상이 풍수였다. 비교문화적으로도 한국의 풍수 전통은 산을 우선시하여, 물을 더 중시하는 중국의 풍수 전통과 차이가 난다. 한국풍수의 비보(裨補) 개념도 분지형 산지 지형조건에서 창출된 논리라고 할 수 있다.

동아시아에서 사상적 시선에 투영되어 전개된 산수문화의 태도와 산수미학의 모습도 차별적이다.[34] 불교, 유교, 풍수 등의 프리즘으로 보는 산수관·산수인식·산수미학 및 태도는 공통분모도 있지만 스펙트럼은 다르게 나타난다. 예컨대 '숭고한 산수−선불교의 산수성불설(山水成佛說)', '인지(仁智)의 산수−유교의 산수비덕설(山水比德說)', '생명의 산수-풍수의 산수생명설(山水生命說)', '사람과 상보하는 산수-도선의 산천비보설(山川裨補說)' 등은 각 사상과 태도를 반영하는 산수미학의 주요 논제가 될 수 있다. 이들의 공통분모로서 '사람과 합일하는 산수-천인합일설(天人合一說)'은 동아시아의 모든 전통사상을 아우르며 일관되는 철학이다. 주요 논제별로 차례대로 살펴보기로 하자.

첫째는 '숭고한 산수'로, 선불교(禪佛敎)의 '산수성불설'을 들 수 있다. 산수는 그 본연의 자체로 진선미(眞善美)가 합체된 완전한 존재로 드러난, 지고지순(至高至純)의 부처로 상징될 수 있는 그 무엇(一物)이라는 것이다. 이는 '깨달음의 산수미학'이라는 가치지향성을 지닌다.

둘째는 '인지(仁智)의 산수'로, 유교적 시선인 '산수비덕설'이다. 공자가 말한 산수미학의 요체인 '인자요산(仁者樂山), 지자요수(智者樂水)'의 논의에서 발양되어, 인성(人性)의 덕(德)에 빗대어 산수를 인식하는 방식이다. 이는 '인지지락(仁智之樂)'의 심미적 태도로 전개되었다.

셋째는 '생명의 산수'로, 산천에 기가 흐른다는 풍수사상의 '산수생명설'은 이에 바탕하고 있다. "산은 사람의 형체와 같고, 수는 사람의 혈맥과 같다"[35]는 풍수경전의 말을 위시하여, "산등성이와 물줄기는 땅의 근골과 혈맥이다"[36]라고 설파한 고산자(古山子) 김정호의 표현도 유기체적 산수인식의 대표적인 언명이다. 이는 '생명의 산수미학'을 지향한다.

넷째는 '인간과 상보(相補)하는 산수'로, 도선의 '산천비보설'이 있다. 사상사적으로 선불교와 풍수가 결합된 산수미학이다. 사람은 산천을 보살피고 산천은 사람을 도와, 사람과 산천은 상생(相生)하는 존재이자 상보적 관계로 설정한다. 이는 '보살핌의 산수미학'이라는 가치지향성을 지닌다.

이상을 모두 아우른 '사람과 합일하는 산수'라는 '천인합일설'의 철학적 명제는, 불교·유교·도교·풍수 등을 위시한 동아시아 제반 사상에 공통되어 바탕으로 관철되어 있는 산수 인식 및 태도의 문화전통이다. 이는 자연(산수)과 사람을 유기적인 하나의 관계로 파악함으로써 '조화의 산수미학'을 추구한다.

산수는 동아시아에서 오랫동안 압도적인 심미의 대상이 되어 왔다. 산수미학은 산수를 미학적 대상으로 삼고 특성을 연구하는 학문이다. 근년에 학문분야로 등장한 중국의 산수미학은 산수시 및 산수시론, 산수화 및 산수화론, 원림예술을 포괄적으로 다룬다.[37]

그런데 동아시아의 산수미 탐구에 있어서 미술의 산수화나 산수문학의 창작 전통이 일반적이었음에도 불구하고, '산수미학'이라는 학문적 분야와 위상은 아직까지 영미권의 정규 미학 분야에서 제이름도, 제자리도 차지하지는 못한 듯하다. 이는 서구의 미학 대상과 심미인식에 비해 동아시아에서 산수가 가지는 미적 가치의 지역 차이와 비중의 다름에서 연유하기 때문으로 보인다. 산수미학이 경관미학(Landscape Esthetics)이라고 번역되어 이해되는 정황을 미루어 짐작해도, 동아시아에서 '산수'와

'경관'의 미학적 의미맥락과 범주는 엄연히 다르다고 판단된다.

산수미학을 탐구하는 주 학문 분야는 미학과 예술철학일 것이다. 지리학 분야에서도 자연에 대한 심미적 시선과 연구가 근대에 대두하여 논의가 전개되었고, 지리학적인 경관미학의 연구 성과가 자연미학 및 환경미학 연구사에 미친 영향도 있었다. 다만 산수미학이라는 범주로 한정해 보자면 지리학계의 연구는 거의 공백으로 남아있다.[38]

산수는 동아시아에서 오래되고 일반적인 심미 대상이었기에, 산수미학이 영미권의 자연미학, 환경미학 그리고 경관미학 등의 제반 분야에서 제자리와 제이름을 차지하기 위한 노력은 향후 중요한 과제로 보인다. 이와 관련하여 지리학 분야에서도 기존의 경관미학 논의에 더하여 동아시아 산수미학의 원리와 구성, 그리고 요소와 내용에 관련해 많은 논의와 연구가 필요하다고 판단된다. 지리학에서의 미학적 연계는 인문학과의 만남을 이끎으로써, 환경인문학(Environmental Humanities)의 발전적 전개와도 보조를 함께할 수 있을 것이다. 이 글이 산수미학의 자연미학적 가치와 더불어 산수미학을 구성하는 주요 논제를 제기하는 의의도 여기서 찾을 수 있다.

미국의 인류학자 엘렌 디사나야케(Ellen Dissanayake)는 『미학적 인간(Homo Aestheticus)』이라는 그녀의 저서에서 '예술은 생물학적으로 진화한 인간 본성의 한 요소'라는 점을 밝히고 있지만,[39] 특히 동아시아에서 산수미학은 미학사상과 미학전통의 큰 줄기가 되고 있음을 주목할 필요가 있다.

현대의 서구미학에서 자연미학은 근대적 학문발전의 여정에서 생태미학, 자연생태미학, 경관미학, 환경미학 등 여러 갈래로 분기되어 전개되어 왔다. 이러한 자연미학 혹은 환경미학이 흥기하게 된 사회문화적 배경으로는, 서구의 근대적 자연관 및 환경사상에 대한 반성을 토대로, 미적 조화를 통한 인간과 자연 간의 새로운 위상과 구도 정립의 필요성이 대두된 데에도 기인한다. 환경미학은 지리학자들에게도 중요한 연구의 한 주제가 되고 있으며, 이 점은 특히 인문지리학자로 하여금 철학 및 인문학과 깊은 관계를 맺게 한다.[40]

1960년대에 등장한 학문적 신생 분야로서 환경미학의 접근 방향은 크게 세 가지로 나뉜다. 미학(철학) 분야의 환경미학, 지리학 및 도시·지역계획학 분야의 경관미학, 환경심리학 분야의 계량적 환경미학이다. 그중 지리학 분야의 경관미학을 보자면, 영국의 지리학자 제이 애플턴(Jay Appleton, 1919~2015)은 '조망-은신 이론(Prospect-Refuge Theory)'을 제기한 바 있다. 이 이론에서 그는 경관에 대한 미적 반응은 선천적인 것이며, 생존을 위한 생물학적 욕구에서 비롯된다고 논증했다. 이에 대해 미국의 도시·지역계획학자인 스티븐 보라사(Steven C. Bourassa)는, 경관의 미적 경험은 생물학적·문화적·개인적 모드의 복합적인 틀로 구성된다고 하여, 애플턴이 주장한 생물학적인 범주의 이론적 전제와 그 한계를 비판한 바 있다.[41]

인문지리학적으로 접근하는 산수미학은 경관의 심미적 경험을 구성함에 있어 통합적 연계성을 지닌다. 심미적 대상으로서

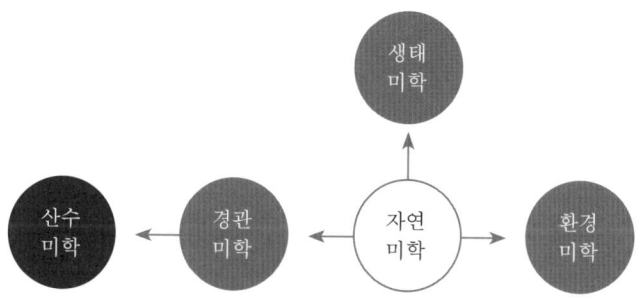

그림 19 산수미학의 명칭과 위상의 재정립

의 산수는 단지 자연 그대로의 산수만이 아니라, 사람이 보고 느끼는 산수의 미적 경험이자 가치이기 때문에, 시대적인 맥락을 띤 사람의 인식과 관점이 반영되어 나타난다. 다시 말해 심미적인 산수는 사람·사회·문화·역사와 연계되고 통합되어 기본적인 속성 자체가 사회문화역사적으로 형성된 산수미학이다. 산수미학의 배경요소로 인문분야의 중요성은 여기에 있다. 최근의 서구 환경미학도 자연·인간·문화라는 통합적 연관성 속에서 논의되는 경향이다.[42]

이런 맥락에서 동아시아 산수미학은 전통적으로 사람의 마음과 자연의 산수가 만나 빚어낸 아름다움이 본령을 이룬다. 이것을 발양시킨 지리적 배경은 동아시아의 지형환경이었으며, 이를 추동시킨 사상적 두 동력은 선불교와 풍수 사상이었다. 요컨대 '숭고한 산수'라는 인식으로 '깨달음의 산수미학'을 발양시킨 선불교와, '생명의 산수'라는 인식으로 '생명의 산수미학'을 전개시킨 풍수는 서로 결합하여, 한편으로는 '마음과 자연의 만남의 미

표21 도겐의 산수성불설과 도선의 산천비보설 비교

구분	산수성불설	산천비보설
인물	도겐	도선
시기	13세기(가마쿠라시대)	9세기(나말여초)
저술	「산수경」	전하지 않음
성격	초목국토 무정성불설(無情成佛說)	역사적 구성체, 사회문화적 담론
산의 인식배경	숭고한 산 (Sacred Mountains)	산의 인간화 (Humanized Mountains)
사상성	선불교의 산수미학	선불교와 풍수가 결합한 산수미학
산수미학의 정체성	깨달음의 산수미학	보살핌의 산수미학
산수와 사람의 관계	산수 본래의 자연가치인식 극대화, 성현(聖賢)의 역할 중시	산수와 사람의 상보(相補)·대동(大同)·화해(和諧)
사람의 역할	성현(聖賢)과 산수의 일체화	산수를 보완하는 사람의 역할 중시
방법	산수의 각성(覺性)	산천의 비보(裨補)
현대적 의미	환경인식(보존)	환경관리(보전)

그림 20 도겐(왼쪽)과 도선(오른쪽)

학'이라는 개념적 면모로, 다른 한편으로는 '깨달음과 보살핌의 산수미학'이라는 실천적 태도로 드러났다.

따라서 학문 분야로서 비중과 기여도를 평가할 때, 동아시아에서 자연미학의 한 분야와 범주를 차지하는 산수미학의 위상에 대한 재정립이 요청될 뿐만 아니라, 동아시아의 산수미학에서 차지하는 풍수미학의 가치와 위상 역시 제자리를 차지할 필요가 있다. 풍수미학은 자연미학을 구성하는 핵심 요소의 하나이기 때문이다. 이렇게 본다면, 지리학 분야에서 서구의 경관미학 논의에 더하여 동아시아의 풍수미학 논의도 탐구되어야 한다.

산수미학을 본격적으로 논의하기 위해서는 심미적인 산수인식을 구성하는 사상적 시선과 주요 역사적 논제에 대해 우선적인 조명이 필요하다. 이를 위해 동아시아에서 강력한 영향을 끼친 선불교와 비보풍수에서 드러나는 산수미학적인 저술 및 언설과 관련지어, 각각 '도겐의「산수경」에 나타나는 산수성불설'과 '도선의 산천비보설'을 중심으로 살펴보도록 하자. 우선 그 둘을 개략적으로 비교하여 보자(표 21, 그림 20).

선불교의 산수, 도겐의 산수성불설

동아시아 불교에서 인간과 환경의 관계성은 특히 강조된다.[43] 이러한 친연성(親緣性)은 '불교생태학(Buddhist Ecology)' 분야의 연구성과를 이루는 토대가 되었고, 특히 선불교 사상의 친환경성은 '선 생태학(禪生態學, Seon Ecology)'으로도 호칭된다.[44] 동아시아의 지형환경과 문화생태전통, 그리고 선불교의 마음은 상호 투영되어 만남의 미학을 펼쳐놓았다.

이를 반영하듯이, 선불교에는 산수의 언사로 표현된 여러 화두(話頭) 공안(公案)들이 등장한다. 그중에 대표적인 것이 청원 행사(靑原行思, 671~738)의 '산은 산이고 물은 물이다(山是山 水是水)', 운문 문언(雲門文偃, ?~949)의 '동쪽에 산이 물 위로 간다(東山水上行)'와 '푸른 산은 늘 걸어 움직인다(靑山常運步, 靑山常擧足)' 등이다. 이 모두 존재적 실상(實相)을 산수에 대비하여 선적(禪的)으로 표현하였다.

선불교의 산수성불설 혹은 국토성불설에 대한 인식은 이미 7세기부터 중국에서 나타난다. "초목국토가 모두 성불한다(草木國土 悉皆成佛)"는 현수 법장(賢首法藏, 643~712)의 견해로, 초목 등 무정(無情)의 자연물에게도 불성이 두루 있어 성불할 수 있음을 밝히는 학설이다. 인도의 달마로부터 중국의 선(禪)이 6세기 초에야 비롯되었음에 비추어, 산수성불에 대한 인식의 싹은 일찍부터 발아되었음을 짐작할 수 있다.

이후에도 징관(澄觀, 738~839)과, 도신(道信, 580~651), 홍인(弘忍, 601~674), 혜충(慧忠, ?~775), 회해(懷海, 720~814) 등의 선사상에서 '무정성불설(無情成佛說)'이 밝혀지고 있어, 이러한 무정물(無情物)의 성불설은 중국불교사상의 주류를 차지한다고 평가하고 있다.[45] 이러한 논의는 선불교에서 사람을 위시하여 동식물 같은 생명으로서의 가치뿐만 아니라, 바탕을 이루며 생명과 연계하여 통합되어 있는 국토산수와 같은 무생명의 가치도 함께 극대화하여 통찰한 사상적 결과로 보인다.

선불교의 산수성불설 논의는 13세기에 들어 도겐의 「산수경」이라는 저술에서 크게 발양되었다. 여기서는 선불교의 시선으로 본 산수의 실상(實相)과 자연미학이 여실히 드러났다. 이 논저의 가치에 대해서 일본의 한 연구자는, "자연은 끊임없이 밤낮으로 진리를 말하고, 또 진리는 자연을 통해 끊임없이 우리에게 소리치는 모습을 서술하였다"고 지적하였다.[46] 이 책은 제목에서 시사하듯 산수로써 선(禪)의 종지(宗旨)를 전개한 논의로, 경(經, Sutra)이라는 위상으로 보아도 그 가치를 짐작할 수 있다. 경(經)으로 지칭한 사례는 『정법안장(正法眼藏)』에는 말할 것도 없고 도겐의 기타 저술에서도 보이지 않는다.[47]

일본 조동종(曹洞宗)의 개조(開祖)로도 유명한 도겐은, 1224년에 중국 송나라로 유학하여 천동산(天童山) 경덕사(景德寺)에서 천동 여정(天童如淨, 1163~1228)에게 깨달음의 선지(禪旨)를 전수받았다. 도겐이 맥을 이은 조동종은 중국 선종의 한 일파로, 동산 양개(洞山良价, 807~869)와 제자 조산 본적(曹山本寂, 840~901)이 형성했다. 사상적 특색은 '산천초목도 설법한다(無情說法)'는 것으로[48] 일종의 산천초목의 법신론(法身論)이기도 하다. 동산 양개는 "청정한 푸른 대나무가 모두 진여(靑靑翠竹, 盡是眞如)"라고 초목의 법신(法身)을 인정하였다.[49]

도겐은 이윽고 1227년에 귀국하여 필생의 대작인 『정법안장』을 저술하게 되는데, 그중의 하나인 「산수경」은 1240년에 교토

고쇼지(興聖寺)에서 집필한 것으로 알려진다.[50] 「산수경」의 논지에 대한 이해 방식으로서, "도겐이 말한 경(經)으로서의 산수는 객관적으로 연구할 대상이라기보다는, 우리가 산수라는 경(經)의 일부로 접근해야 한다"[51]는 지적도 귀담아들을 만하다. 자연에 닿고 자연을 밝힘으로써 진리는 우리에게 친근하게 느껴질 수 있다는 것이다.[52]

이제 도겐의 「산수경」에 집약된 선불교의 산수미학 논의를 보다 자세히 살펴보자. 우선 저술의 제목부터 풀이하면, 산수 곧 자연은 그 자체로 석존(釋尊)이 설(說)한 진리를 기술(記述)한 경전이라는 주장이다.[53] 다시 말해 산수가 경(經)을 설(說)한다고 말하는 것이 아니라, 산(山), 수(水) 그 자체가 경(經)이라는 것이다.[54]

서두에서는 산수에 대한 지은이의 깨달음을 총론 형식으로 간략히 언급하였다. 도겐의 「산수경」 첫마디는 다음과 같다. "지금의 산수는 옛 부처의 도(道)가 현성(現成)된 것이다."[55] 「산수경」의 논지 전체를 관통하는, 이 강력한 일구(一句)의 명제는, 왜 도겐이 산수로써 선의 종지를 드러내고자 했는지 한마디로 대답해준다.

이어서 「산수경」의 각론에 해당하는 첫 부분은 산과 수의 순서로 전개된다. 산의 가치와 공덕, 산의 실상과 산을 보는 시선과 방법, 그리고 물의 가치와 공덕, 물의 실상과 물을 보는 시선과 방법이 차례대로 서술되었다. 이후 부분은 산과 수 각각과 사람(聖賢)과의 상호 관계와 공능(功能)에 대해서 논하였다.

여기서 「산수경」의 논지를 특정(特定)하는 요소로, 산과 생태에 대한 사람의 가치와 역할 부분을 주목해서 볼 필요가 있다. 도겐은 "산은 고금을 초월하여 큰 성인이 머무는 곳"이라 했다. 덧붙여 "현인과 성인은 모두 산을 집으로 여기고, 몸과 마음으로 여겼다"고 했다. 산을 단지 거주지뿐만 아니라 몸과 마음으로까지 일체화하여 합일하는 대상으로 간주하는 인식이 드러난다. 게다가 "현인과 성인으로 말미암아 산은 현성(現成)된다"고 하여, 산의 온전한 가치를 드러내고 이루는 사람(성현)의 역할과 양자 간의 상보적 관계를 지적하였다. 그뿐만 아니라 "성현이 산에 살면, 그 산은 성현에게 속하므로, 수석(樹石)은 울창하고 무성하게 되며, 짐승은 신령하고 빼어나게 된다. 이것은 성현의 덕을 입기 때문이다"라고까지 이름으로써, 수석과 동물을 포함한 산지생태계가 산에 사는 성현으로 말미암아 입는 (수석의) 풍후(豐厚)한 생명성과 (짐승의) 정신적인 덕택에 대해서도 총괄적으로 언급하였다.

「산수경」의 마무리 말도 인상적이다. 산에 대한 공부의 필요성과 그 공부를 통해 이루어지는 산수와 성현의 만남(하나됨)으로 글을 끝맺었다. "우리는 산을 연구해야 한다. 산을 궁구하면 산을 심신으로 익히게(工夫) 된다. 그럴 때 산수는 그 자체로 현인과 성인이 된다." 요컨대 산수를 철저히 궁구함으로써 산수를 온몸으로 익히게 되고, 궁극적으로 산수와 하나됨(合一)의 미학을 지향할 때 산수는 그 자체로 성현이 된다는 것이다. 이것이 산수와 성현은 서로를 말미암아 부처를 이룬다는 도겐의 산수성

제3부 사회적·사상적 스펙트럼 265

불설이다.

　이렇듯 선의 본질과 산수의 관계에 대한 통찰은 「산수경」에서 일관되는 논지이기도 하다. 우리는 여기서 다시금 선의 요체가 무엇인지를 되묻고 도겐의 산수 논의를 이에 비교할 필요를 느낀다. 조선중기의 선승 청허 휴정(清虛休靜, 1520~1604)은 『선가귀감(禪家龜鑑)』(1564)의 첫머리에서 단도직입적으로 선지(禪旨)를 다음과 같이 제시한 바 있다. "여기에 한 물건(一物)이 있다. 본래부터 밝고 신령하여, 생기거나 없어진 적도 없고, 이름이나 모양도 붙일 수 없다." 이에 비교해서 도겐의 「산수경」을 보자. 『선가귀감』의 "여기에 한 물건(一物)"을 「산수경」은 "지금의 산수"로 제시하고, "옛 부처(古佛)의 도(道)가 현성(現成)한 것"이라고 부연한다. 『선가귀감』의 '본래부터 밝고 신령하여, 생기거나 없어진 적도 없다'는 것에 대해, 「산수경」은 "함께 진리의 자리(法位)에 머물러 다함없는 공덕을 이루며, 아득한 예전부터의 소식(消息: 천지운행)으로 지금에 살아있다"라고 간파해 설명한다. 서로 일맥상통하는 논지임을 확인할 수 있다.

　또 다른 불교이론적 개념틀로 산수(山水)와 일물(一物)의 관계를 고찰해보자. 색(色)·공(空)의 불이(不二)와 상즉(相卽)의 논리로 설명하자면, 산수(色)는 일물(空)과 둘이 아니고(不二) 하나(相卽)가 된다. 부분과 전체 혹은 일즉다(一卽多)·다즉일(多卽一)의 논리로 설명하자면, 산수(부분)는 곧 일물(전체)이고, 일물은 곧 산수이다. 또한 개체와 일체 혹은 일중다(一中多)·다중일(多中一)의 논리로 설명하자면, 산수 속에 일체가 다 들어가 있고, 일체 속에 산수가 다 들어가 있다. 해석건대, 선불교에서 말하는 산수라는 존재의 실상은 산과 물, 혹은 산수라는 지형적으로 분리되거나 한정된 대상이 아니라, 그 자체로 우주의 만유(萬有)를 다 포함하고 있는 온전한 전체로서의 그 무엇(一物)이다. 그래서 "물 한 방울 안에도 한량없는 불국토가 현성(現成)한다"라고 도겐이「산수경」에서 말했다. 장회익 교수가 펼치는 생명에 대한 새 관점과 범주에 의하자면, 산은 커다란 하나의 온생명의 부분에 해당한다는 것이다.[56]

일본에서 선불교의 종지를 이은 도겐의 산수성불설은 '깨달음의 산수미학'으로 이를 수 있다. 그런데 시대의 물줄기를 거슬러 올라가면, 한반도에서 선불교의 맥을 잇고 풍수사상과도 결합하여 형성된 도선의 산천비보설이 있었다. 필자는 이를 '보살핌의 산수미학'이라고 이르고자 한다.

비보풍수의 산수, 도선의 산천비보설

사상사적으로 선불교의 '깨달음의 산수미학'은 중국과 한국에서 '생명의 산수미학'인 풍수와 역사적으로 만난다. 그 결과 한국에서는 도선의 산천비보설로 전개되며, 풍수미학은 철학사상적으로 한걸음 더 나아가 비보미학으로 발전하기에 이른다.

도선(827~898)은 신라 왕조가 몰락하고 고려가 건국하는 태동기에 선불교와 풍수라는 두 사상을 결합하여 산천비보설이라는 담론을 사회적으로 실천한 전환기의 지식인이자, 한국의 불교와 풍수의 만남에 있어 정점에 서 있는 인물이다. 도선과 그의 사상에 대한 산수미학적인 탐구는, 그가 선지(禪旨)를 깨달은 후 산천의 질서를 살핀 전기와 풍수를 터득하고 산천비보설을 실행한 후기로 조명할 수 있다.

도선은 846년에 곡성의 태안사에 주석한 동리산문 혜철(慧哲, 785~861)의 제자로 들어가 선을 전수받았다. 혜철은 중국(당)에 유학한 선승으로 홍주종(洪州宗)의 맥을 이은 사람이었다. 홍주종의 종지는 '일체는 모두 참된 것(一切皆眞)'이라는 선리(禪理)이다. 당시 여러 종파들의, '일체는 모두 허망한 것', '일체는 모두 무(無)', '주객(主客)은 본래 공적(空寂)하나 신령한 지혜는 어둡지 않다'는 종지 등과는 분명히 다르다. 법상(法相)이 있는 그대로 드러남에 대한 명료한 인식은 동리산문의 사상적 특징이다.[57] 이처럼 '일체가 모두 참된 것'이라는 사상적 견지는 도선이 산천 질서와 현상 세계에 벌어진 모습을 살피는 사유의 틀이 되었을 것이다. 자연히 동리산문의 승려들은 좌선과 같은 선 수행으로 세속과 인연을 끊었다기보다는 산천의 형세에 대해 관찰할 수 있는 바탕을 가진 셈이다.[58] 도선이 그 자신의 '정법안장(正法眼藏)'으로서 깨닫고 간직하여 개척한 선은 바로 삼천리강산 안팎의 숨결이었으며, 살아 있었던 「산수경」 신화의 현장이었다.[59]

이어 도선은 849~856년 사이의 어느 때에 지리산의 이인(異人)에게 풍수법을 전수받은 후 활연히 깨닫고, 음양오행의 술법과 심오한 비결(祕訣)까지 모두 익히게 된다.[60] 이후 도선은 산천의 순역(順逆)을 따져 비보하는 논리와 방법을 발전시키기에 이른다. 그의 산천비보설은 사탑비보설로도 흔히 알려져 있다. 산천비보설이란 비보하는 대상(산천)을, 사탑비보설이란 비보하는 수단(사탑)을 지칭한 접두사가 붙어 형성된 용어이다.

고려시대에 비보라는 말은 '산천비보'와 동의어로 흔히 사용되었으며,[61] 비보의 문헌적 용례는 『고려사』와 조선왕조실록 등 고려 및 조선시대 관련 문헌에 다수 나타난다. 산천비보는 고려조 최씨 무신정권 때 국토정책으로 시행되었다. 『고려사』에, "신종(神宗) 원년(1198)에 재추(宰樞) 및 중방(重房), 최충헌 등이 술사(術士)를 모아놓고, 나라 안의 산천의 보호를 받아 나라의 기틀(國基)를 연장할 것을 의논하고 마침내 산천비보도감(山川裨補都監)을 설치하였다"는 대목이 나온다.[62] 비보의 정의에 대하여 「고려국사도선전(高麗國師道詵傳)」에서는, "산천의 병도 역시 그러하니 지금 내(도선)가 낙점한 곳에 절을 짓거나 불상·탑·부도를 세우면 사람이 침을 놓거나 뜸을 뜨는 것과 같으니 일컬어 비보라고 한다"라고도 풀이했다.[63]

이러한 '산천비보설'이라는 역사적 용어와 개념은 한국에서 전개된 선불교와 풍수의 결합을 통해 사회적으로 실천된 이념 혹은 담론으로서, 일종의 사회역사적 구성체로서의 속성을 지닌다. 그래서 산천비보설은 선불교와 풍수가 결합한 산수미학이라는 사상성을 가지고 있다. 앞서 선불교의 산수성불설이 '숭고한 산수'라는 인식의 지평에 서 있다면, 산천비보설은 풍수의

'생명의 산수'가 바탕이 되어 인간과의 상보적 관계성을 지니는 산수, 다시 말해 '인간과 상보하는 산수'라는 인식의 지평에 서 있다. 산천비보설은, 사람의 마음가치 및 문화적 비보수단의 보완을 통한 자연가치와의 통합적 증진이라고도 할 만하다. 그 심미적 지향은 '보살핌의 산수미학'이다.

일반적인 비보설이 갖는 의미를 기왕의 풍수설과 대비해 평가해보면 다음과 같다. 동아시아에서 풍수는 운명론(fatalism)의 지리적 변형이자 결정론(determinism)의 일종이었다. 운명론(혹은 숙명론)은 세상만사가 미리 정해진 필연적 법칙에 따라 이루어진다는 언설이다. 중국고대철학에서 주요하게 나타나는 천명론(天命論)도 운명론의 일종이다. 중국에서 천명론의 한계를 극복하는 방향은 두 가지로 나타났다. 하나는 사람에 의한 인덕(人德) 혹은 자유의지(Free will)이고, 다른 하나는 땅에 의한 지덕(地德) 혹은 풍수를 통한 천명의 극복(改天命)이었다.

특히 풍수에서 천명을 바꾸는 사상은 하늘이 정한 운명적 규정(順天)에서 벗어나, 『금낭경』에서 천명하였듯이, "군자는 신의 공력을 빼앗고 천명을 바꾼다(君子 奪神功 改天命)"는 변혁적인 사상성으로 전개되었다. 이는 피지배계급이 풍수를 통해 신분의 상승을 추동할 수 있는 불온한 이념으로 해석될 소지가 다분했다. 그럼에도 불구하고 풍수의 개명론(改命論)은 땅(풍수)의 결정적인 영향과 법칙을 전제한다는 점에서 운명론의 범주를 벗어나지 못하였다. 미완의 탈운명론이자 지리적 결정론인 셈이다.

그런데 비보설에 이르면 운명론과 결정론을 일정하게 탈피하는 즈음에 이른다. 여기서 결정론은 세상만사가 이미 정해진 곳에서 정해진 때에 결정되어 있다는 사상이다. 그 반대가 자유론(libertarianism) 혹은 자유의지론이다. 결정론의 지리사상적 표출은 서양에서 환경결정론으로, 동아시아에서는 풍수론으로 나타났다고 판단된다. 서구에서 환경결정론은 정지 및 진행 결정론(stop-and-go determinism), 환경확률론(probablism), 환경가능론(posibilism)으로 지양되어 전개되었고, 전근대 한국에서 풍수론의 결정론적인 한계는 비보론으로 지양되어 전개되었다고 볼 수 있다.

그렇다면 비보설의 미학적인 구성과 가능성은 어떻게 이해할 수 있는가. 기존 풍수설의 산·수·방위라는 요소에 비보설은 사람과 문화 요소를 더하여 다섯 가지의 상호조합으로 이루어진다. 비보설은 자연적 요소뿐만 아니라 비보를 하는 주체로서 사람 그리고 신앙, 상징, 조경, 놀이 등의 문화예술적 요소를 복합해 재구성한 것이다.

그래서 비보미학은 풍수미학의 범주를 전제하면서도, 땅의 기축(基軸)에서 사람의 기축으로 전환된 새로운 패러다임이기도 하다. 비보미학은 자연적 조건을 개선하고 가꾸는 인간으로서의 문화예술적 가능성을 담지하고 있다. 풍수미학의 자연편향적 경향을 상보적인 잣대로 가늠하여 자연-인간의 조화적 상태로 조정하고, 인간의 문화와 상징요소를 자연요소와 등가적(等價的)으로 보합(補合)한 풍수미학의 새로운 전개양상이다. 도선의 산천비보설은 풍수미학에서 더 나아가 역사적으로 실천된 비보미학이었다.

이렇듯 한국의 사상문화전통에서 각 나름의 개성적인 오리엔테이션을 지니고 기능하였던 불교와 풍수 혹은 유교와 풍수는 마치 양팔저울(天秤)처럼 서로 균형을 잡으면서, 한편으로는 견제하고 한편으로는 도우며 조화롭게 운용되었다. 풍수사상만 해도 그랬다. 땅의 여하에 따라 인사(人事)의 좋고 나쁨이 결정된다는 풍수적 인식틀과 지리결정론적인 사유는, 고려시대를 거치면서 사람이 마음먹기에 따라 언제 어디라도 정토일 수 있다는 선불교적 인식틀과 유심주의적(唯心主義的)인 사유로 자유로울 수 있었다. 더구나 조선시대에 풍수는 사람을 본위로 하는 유교의 인문사상과 긴밀하게 영향을 주고받고 섞이면서, 사람의 역할을 중시하는 실천적인 전통을 견지할 수 있었다. 천여 년 동안 이 땅에서 불교의 마음가치와 유교의 사람가치는 풍수의 자연가치와 만나 독특한 한국의 풍수미학을 빚어냈던 것이다.

깨달음과 보살핌의 산수미학

동아시아에서의 산수미학은 사상적으로 불교와 유교, 도교 그리고 풍수에 큰 영향을 받았다. 이 장은 산수미학의 구성요소 중에서, 선불교와 비보풍수에 담긴 '깨달음의 산수미학'과 '보살핌의 산수미학'을 논제로 하여, 각각 도겐의 산수성불설과 도선의 산천비보설을 중심으로 검토해보았다. 그 미학적인 의미와 실천적인 가치를 요약하면 다음과 같다.

깨달음의 산수미학은 '스스로 그러함(自然)'에 대한 심미적 각성이다. 선불교의 맥(曹洞宗)을 이은 도겐의 산수성불설 사상이 그러하다. 그 무엇을 깨닫는가. 산수라는 큰 생명(有情)과 물질(無情)의 낱낱에 자재하는 거룩한 가치의 하나 됨을 깨닫는다. 여기서 산수는 자연 그 자체로서의 상징기호와 다름없다. 산수성불설에서 드러나는 심미적 지향은 산수의 온전한 깨달음이다. 이 현대적 의미는 산수에 대한 사람의 실천적인 보존이자 생태적인 통찰이다.

보살핌의 산수미학은 '마땅히 그러함(當然)'에 대한 심미적 각성이다. 선불교 및 풍수의 맥(佛家地理說)을 이은 도선의 산천비보설 사상이 그러하다. 그 무엇을 보살피는가. 산천이라는 큰 생명과 물질의 낱낱에 자재하는 거룩한 가치의 하나 됨을 보살핀다. 여기에서의 산천도 자연 그 자체로서의 상징기호와 다름없다. 산천비보설에서 드러나는 심미적 지향은 사람과 산천의 상보적인 보살핌이다. 이 현대적 의미는 산천에 대한 사람의 실천적인 보전이자 환경적인 관리이다.

깨달음과 보살핌의 산수미학은 서로를 전제해서 성립하기에 둘이 아니다. 산수를 깨닫는 것이 곧 산천을 보살피는 것이고, 산천을 보살피는 것이 곧 산수를 깨닫는 것이다. 여기서 자연과 사람은 서로가 서로를 깨닫고 보살피는 자리에 있다. 그 실천적 주체로서의 사람은 산수의 이치를 깨닫고 산천을 보살피는 미학적 존재이다.

3. 지역사회의 랜드마크, 진산

전근대까지만 하더라도 지역사회의 주민이라면 누구나 알고 소중히 여겼던 산인데 요즘엔 까마득히 잊힌 산이 있다. 진산(鎭山)이다. 진산은 한 지방을 대표하는 명산으로, 오늘날 행정단위로 시·군(읍)마다 하나씩 지정되어 있었다. 지방 고을과 지역 주민의 랜드마크인 셈이다. 조선중기를 기준(『신증동국여지승람』)으로 전국 331개, 고을 255개의 진산이 있었다. 진산의 명산됨은 역사지리적인 비중과 가치 외에도 산림청 지정 100대 명산과 다수가 일치한다는 사실로서도 방증할 수 있다. 내가 사는 곳에 진산이 있었다면 어느 산인지, 무슨 가치가 있던 산인지, 지금 제대로 있는지 궁금하지 않을 수 없다.

지역 주민의 삶터를 지키는 명산

진산은 말 그대로 지키는 산이란 뜻이다. 지역과 삶터를 지키고 보호해주는 명산이다. 군사적인 방어 요새고 경제적인 생활터전이었다. 나라를 지키는 산은 나라의 진산이고 지방을 지키는 산은 지방의 진산이다. 진산에는 지역주민들의 믿음과 신앙이 깃들어 있다. 그래서 소중히 보전되고 섬김을 받았다. 진산은 한국의 명산문화사와 명산의 인간화 여정에서 핵심 키워드 중의 하나다.

조선후기에 전국의 모든 진산은 김정호의『대동여지도』에 표기되었다. 그의 시선으로 제작한『대동여지도』는 산천 지도라는 정체성이 뚜렷하다. 산을 중점으로『대동여지도』를 보면 한반도가 큰 나무로 보인다. 뿌리는 백두산이고 등줄기는 백두대간이다. 줄기마다 가지가 뻗어있다. 13개 정맥이다. 가지마다 다시 잔가지가 나 있고 잔가지 꼭지마다 열매가 달려있다. 그 열매가 330여 개의 고을이고 열매의 꼭지가 바로 진산이다. 포도송이로 비유해 생각해도 쉽다. 포도 알알이가 고을이라면 그것을 물고 있는 꼭지들이 진산이다. 김정호가 그린 국토 산줄기와 진산, 그리고 여기에 접속된 삶터의 종합적인 이미지다.

『대동여지도』에 재현된 산천멘탈리티는 오늘날 환경생태담론에 비춰 봐도 시사적이고 의미가 깊다. 진산에서 근원해서 산줄기를 통해 지역사람들의 삶터로 이어지는 생명줄 인식구조다. 여기서 진산은 지역의 자연환경과 주민을 이어주는 연결망이요 연결고리다. 산줄기는 나무의 가지처럼 생명을 유지할 수 있게 물질에너지가 순환하는 통로다. 진산이라는 꼭지는 열매를 굳건히 지켜주고 실하게 클 수 있도록 지탱해주는 힘이다. 이러한 사유에는 전통적인 풍수사상도 뒷받침돼 있다. 진산에서 생기가 형성되어 산줄기를 통해서 흐르다가 삶터가 되는 주산 아래의 명당으로 이어진다는 풍수의 기본 논리다.

원래 진산은 중국에서 생겨난 용어이자 명산문화의 하나다. 중국에는 큰 도읍의 특정 지역에만 하나씩 진산이 지정되었다. 산의 규모도 크고 기이하며 주거지와 멀리 떨어진 위치에 있었다. 오악인 태산(동악, 1,545m), 화산(서악, 2,155m), 항산(북악, 2,017m), 형산(남악, 1,300m), 숭산(중악, 1,516m)은 나라의 진산이다. 중국의 진산은 한반도에 수용되어 토착화하면서 점차 성격과 모습이 달라졌다. 신라에서는 네 곳의 중요한 산을 골라 진(鎭)이라 하고 제사를 지냈다.[64] 고려 왕실에서는 송악산, 조선왕실에서는 삼각산을 왕도의 진산으로 삼고 소나무도 가꾸며 훼손되지 않게 관리했다. 그런데 조선중후기로 가면서 전국 대부분의 지방 고을에도 하나씩 진산이 지정되었다. 작고 나지막한 구릉지도 진산으로 삼았고 주거지와도 가까이 두었다. 전주의 건지산(99m), 경주의 낭산(100m), 청주의 우암산(304m), 인천(부평)의 계양산(395m), 춘천의 봉의산(301m) 등이 진산이다.

이렇듯 조선시대에는 전국 대부분의 지방 고을에 진산을 배정해 관리함으로써 한국적 특색을 나타낸다. 따라서 조선시대에 전개된 진산의 분포양상과 공간적 특징도 중국과 달랐다. 중국에는 명·청대까지 특정 지역에만 진산이 있었지만 우리는 조선 중기(『신증동국여지승람』)를 기준으로 전국의 331개 고을 가운데 255개 고을에 진산이 지정되어 있었을 정도로 수가 많았다. 형태나 높이를 보아도 중국의 진산에 비해 그리 크거나 높지 않았으며, 진산과 고을 간의 거리도 5리(2km) 이내가 대부분이었다. 진산이 풍수적인 주산 역할을 한 점도 중국과는 다르다.

조선시대에 진산은 공간적으로 고을의 입지 및 배치를 규정했으며, 고을의 공간구성과도 밀접한 상관관계가 있는 중요한 경관 요소였다. 진산은 고을의 중심에서 대체로 5리 이내의 거리 후면에 위치함으로써 읍치를 지키고 표상하는 상징성을 띤다. 실제적으로도 북쪽에 진산을 둔 고을이 전체의 절반을 넘어서, 고을터(읍치)는 대다수가 등에 진산을 업고 남쪽을 향해 있음을 확인할 수 있다.

왜 한국의 진산은 중국과 차이가 났을까? 우리는 지형적 조건이 중국과 달랐기 때문이다. 어느 고을이나 진산으로 지정할 수 있는 산이 있었다. 중국은 산이 없는 평원 지역도 많다. 산이 삶터를 지켜준다는 지역주민들의 뿌리 깊은 믿음도 지방마다 진산을 지정하는 배경이 되었다. 정치적인 이유도 있었다. 진산의 지방화는 조선왕조가 강력한 중앙집권체제를 지방에까지 구축하는 과정에서 이루어진 경관정치학의 산물이다. 게다가 주산의 지맥이 삶터까지 연결되어야 한다는 풍수사상도 크게 작용했다. 일본에서는 어땠을까? 진산 관념이 일본의 지역사회에까지는 수용되지 않았던 것 같다. 오악도 일본의 명산문화사에서는 찾기 어렵다.

이러한 진산은 지역민 전체의 공유지식(common knowledge)이 되어 산지 보전 및 활용, 개개인의 의식과 태도까지 규정하였다. 조선시대 고을의 지역주민들에게 사람과 명산 그 관계의 중심에는 진산이 자리 잡고 있었다.

진산은 지역사회에서 소중히 관리해야 할 산지경관이었다. 관민은 진산이 훼손되지 않게 보전하고 가꾸고자 노력을 기울였다. 그것은 실제적인 산림관리뿐만 아니라 경관생태적으로 진산과 고을 공간의 연결성과 통합성, 문화상징적인 조경과 놀이 등을 통하여 지역의 장소적 특성에 맞게 다양하게 이루어졌다.

그런데 진산을 둘러싸고 산과 사람의 공진화 여정에 중요한 전환점이 일어났다. 조선후기에 진산이 주산으로 진화한 일이었다. 그렇게 된 데에는 사회적으로 유행했던 풍수도 큰 영향을 미쳤다. 주산(主山)이란 말은 진산과 비교할 때 용어의 위상부터 다르다. 주산은 사람과의 관계에서 주체가 되는 산으로 대내적이고 직접적이다. 상대적으로 진산은 지키는 산으로서 대외적이고 간접적이다. 진산에서 주산으로의 발전이 산과 사람의 공진화라는 구체적 근거는 다음과 같다.

진산은 삶터와 실제적으로 연결되었다. 처음에는 삶터와 뚝 떨어져 있는 진산도 여럿 있었다. 울산의 진산인 무리룡산(현 무룡산)이 그렇다. 태화강 너머에 고을 밖으로 10km 거리에 두고 마주해 있었다. 삶터에 직접적으로 연결된 꼭지가 아니었다. 이런 지역의 진산들은 달리 주산으로 바꾸어 지정했다. 함안도 옛 진산은 여항산(745m)이었다. 그런데 고을의 주거공간과는 멀리 떨어져 있어 고을 관아의 뒷산인 비봉산을 새로 주산으로 삼았다. 상징적인 진산에서 실질적인 꼭지인 주산으로 바꾼 것이다. 이는 주민과 진산의 관계가 더 구체적이고 실제적으로 진화되었음을 보여준다.

더 나아가 진산은 삶터와 긴밀히 접속되었다. 진산의 위치와 규모, 방향과 짜임새에 맞추어 공공건축과 주거공간이 배치·구성되었다. 서울뿐만 아니라 지방의 진산과 관아도 그랬다. 공간 조직의 편성마저 진산과 더불어 체계적이고 통합적으로 이루어졌다.

진산과 지역주민 사이의 진화의 여정은 여기에서 그치지 않았다. 진산과 상응하는 경관이미지의 보완이 일어났다. 전국에 수많은 사례가 있다. 진산이 비봉산(飛鳳山)이면 봉황의 알(조산)을 만들었다(선산 등). 진주에서는 누각의 이름도 봉서루(鳳棲樓)라고 해 봉황이 깃들게 했다. 대롱사(大籠寺)·소롱사(小籠寺)라는 새장(籠)으로 봉황새가 날아가 버리지 않게 가두려는 비보사찰도 두었다.

진주 남강의 촉석루 맞은편에는 지금도 대나무숲이 울창하다. 이 숲도 진산인 비봉산과 관련이 있다. 봉황이 대나무열매(죽실)를 먹고 산다고 해서 조성한 것이다. 지역주민들은 남강변의 대나무를 가꾸며 경제적인 용도로 활용도 하고 풍치림으로도 즐겼다. 이처럼 전통적인 고을숲이나 마을숲의 대부분은 지역의 산과 관련지어 만들어진 조산숲이자 풍수숲이다. 이렇게 산과 숲의 경관적인 연결성과 통합성은 한국적 특징으로서, 주민들이 생활영역에서 산과 맺었던 공진화적인 관계에서 가능했던 일이었다. 산이 숲과 매개가 되어 주민들의 삶과 생활 속으로, 의식 속으로 깊숙이 들어온 것이다.

대구에도 특별한 진산이 있었다. 그런데 크기가 야트막한 언덕에 불과할뿐더러 위치도 고을의 남쪽에 자리하고 있었다. 이 진산은 지역주민들에게 걱정거리였다. 규모로 보나 위치로 보나 고을 뒤를 받치는 튼실한 꼭지가 될 수 없기 때문이다. 그렇다고 큰 고을을 옮길 수는 없었다. 어떻게 그 고민을 해결했을까?

기발하게도 진산 이름을 연귀산(連龜山)이라고 붙였다. 산마루에 거북바위도 조성해 두었다. "고을을 만들 때 돌거북을 만들어 산등성이에 남으로 머리를 두고 북으로 꼬리를 두게 묻어서 지맥을 통하게 한 까닭에 연귀라 일컫는다고 세상에 전한다"[65] 라고 했다. 16세기에 편찬된 『신증동국여지승람』에 나오는 이야기다.

왜 거북일까? 거북은 현무의 상징이다. 동 청룡, 서 백호, 남 주작과 함께 북쪽에 있다고 하여 북 현무라고 부른다. 대구 고을의 북쪽 산줄기를 보완, 강화하는 산 상징물이다. 거북은 또 수신(水神)의 상징으로 화재를 제압하는 신이다. 근래까지 그 거북바위가 아무렇게나 방치되어 있었는데 2003년의 대구지하철화재참사를 비롯하여 여러 재화를 겪자 거북바위를 새로 정비한 일도 있었다. 오늘날까지 지속한 진산문화의 여풍이다.

진산으로 연유된 유명한 민속놀이도 있다. 영산 쇠머리대기 놀이(중요무형문화재 제25호)다. 영축산이 영산(창녕군)의 진산인데 마주 보는 작약산과 마치 소 두 마리가 겨루는 형상이란다. 주민들은 두 산 사이에서 살기가 빚어지지나 않을까 늘 염려되었다. 이 고민을 흥겹고 신명 나는 놀이로 풀어버렸다. 두 산을 상징하는 나무 소를 만들어 패를 갈라 맞붙고 어르고 맺고 푸는 것이다. 일종의 살풀이 의식이다. 놀면서 주민집단 간에 맺혔던 사회적 응어리도 풀고, 진산으로 빚어진 산살(山殺)도, 걱정거리도 함께 푼다. 이토록 지역주민들이 진산과 주고받은 공진화의 문화사는 슬기롭고도 다양하다.

조선시대의 진산 현황과 분포

조선시대의 군현 읍치(고을)는 현재에도 대부분 시군읍면의 중심지 혹은 관청 소재지를 차지하고 있다. 여기에서 진산은 주요 고지도 및 지리지에 읍치의 중요 경관으로 표기되었다. 이는 진산이 지역의 경관 요소로 인식되었다는 사실을 입증한다. 『대동여지도』에는 읍치와 모든 진산을 뚜렷하게 표현했고, 조선후기의 여러 군현지도에서도 진산과 진산에서 읍치의 주요 장소(동헌, 객사 등)로 이어지는 맥(來脈)을 의도적으로 강조해 그렸다.

조선왕조에서는 국토와 지역의 기본적인 자연환경과 지형요건을 구성하는 '산천'에 대해 중요한 비중을 두고 기록하였다.

표22 『세종실록』지리지의 진산

구분	경기도	충청도	경상도	전라도	강원도	황해도	함경도	평안도	계
진산 수	6	3	20	19	7	14	16	24	109

표23 『신증동국여지승람』의 진산

구분	경기도	충청도	경상도	전라도	강원도	황해도	함경도	평안도	계
군현 수	39	54	67	57	26	24	22	42	331
진산 수	22	36	60	43	25	21	14	34	255

표24 『여지도서』의 진산

구분	경기도	충청도	경상도	전라도	강원도	황해도	함경도	평안도	계
군현 수	39	54	71	56	26	24	23	42	335
진산 수	12	11	55	8	12	10	7	4	119

출처: 정치영, 「조선시대 지리지에 수록된 진산의 특성」, 『문화역사지리지』 23-1, 2011

예증으로 조선초기의 『세종실록』지리지, 조선중기의 『신증동국여지승람』, 조선후기의 『여지도서』를 비롯한 조선시대의 주요 관찬지리지에서는 고을의 가장 중요한 산을 '진산'으로 지정하여 지리정보를 기록했다. 그 기록 현황을 차례대로 살펴보기로 하자.[66]

『세종실록』지리지는 1454년에 완성된 관찬지리지로, 군현의 진산을 표기하였다. 전국에 109개의 진산이 기재되었다.

『신증동국여지승람』은 1530년에 완성된 관찬지리지로 각 군현의 중심 산으로 진산을 표기하였다. 이는 조선중기에 이르러 1읍치-1진산 체제로 편성이 완성되었음을 의미한다. 전국적으

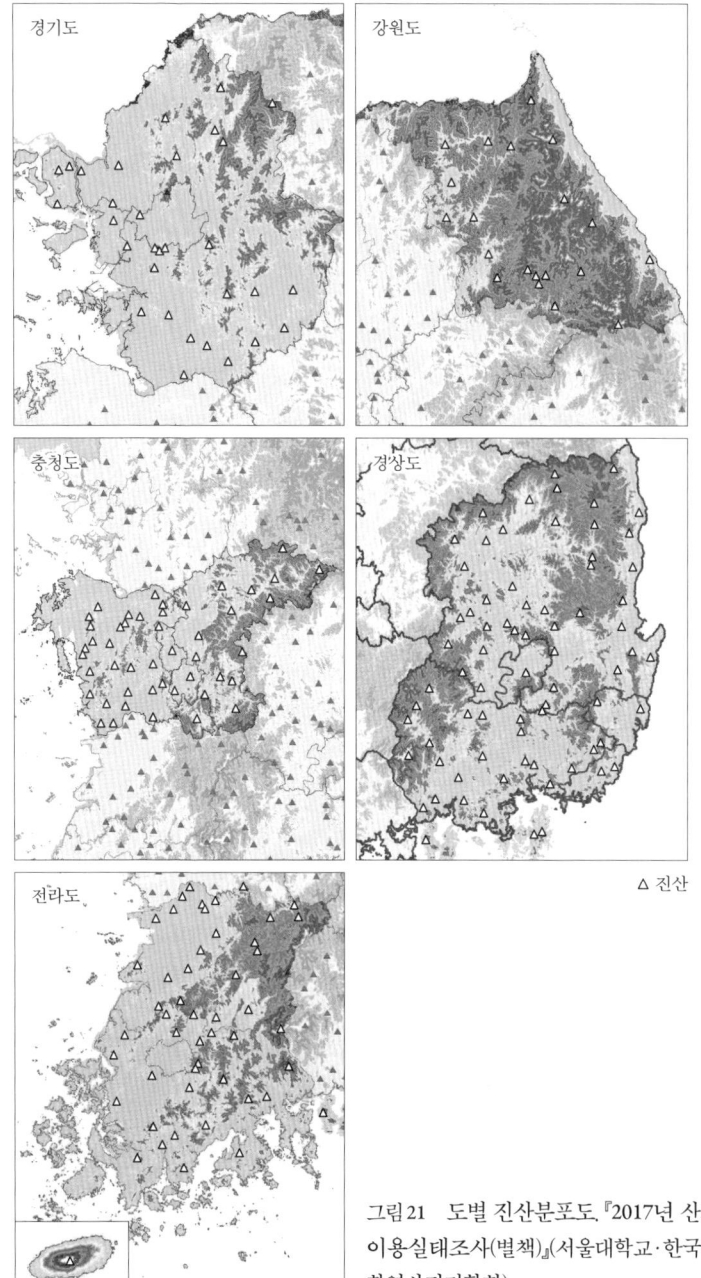

그림 21　도별 진산분포도, 『2017년 산지이용실태조사(별책)』(서울대학교·한국문화역사지리학회)

제3부　사회적·사상적 스펙트럼

로 총 255개의 진산이 기재되었다.

『여지도서』는 1757년부터 1765년까지 편찬된 관찬지리지로 종전의 진산이 주산(主山) 등의 명칭과 혼재되어 있다. 이러한 양상은 조선후기로 가면서 진산의 의미와 기능이 주산으로 변모해나가는 것을 방증하는 것이다. 총 119개의 진산이 기재되었으며, 주산은 별도로 표기했다.

관찬지리지에 기재된 조선시대의 진산을 현재의 산이름에 대비하여 고증하고, 역사지리정보시스템(HGIS)으로 위치를 비정하여 보았다. 현대 지형도상에 작성한 진산의 분포도를 도별로 제시하면 도별 진산분포도와 같다(그림 21).

진주의 진산, 비봉산의 역사지리

진주를 상징하는 명산을 들자면 진산인 비봉산(飛鳳山, 142m)을 빼놓을 순 없다. 진주시민들에게 비봉산의 의미는 무엇일까? 비봉산은 이름처럼 비상하는 봉황으로 진주고을의 긍지이자 미래의 희망이요, 지역사회를 살리는 상징적인 산이었다.

조선시대의 옛 지도에 비봉산은 어떻게 그려지고 의미가 해석되었을까? 우선 조선후기에 제작된 지도로 진주의 산수체계에 대한 인식과 입지경관의 재현 양상을 살펴보자. 지도상에는 기본적으로 산줄기와 강줄기의 위치·형태·크기, 산이름과 강이름 등의 정보가 수록되었다(표25).[67] 지도에 따라 같은 장소에 다른 지명도 나타나는데, 진주 남강은 『대동여지도』에 진강(晉江)으로 표현되었다. 산이름의 경우 지도마다 기입된 정보량에 차이가 있으며, 그중 『해동여지도』와 『조선지도』가 가장 상세하고 많은 정보를 담고 있다.

특히 산이름에서 비봉산(飛鳳山)이 모든 군현지도에서 표현된 것은 진산으로의 위상을 지녔기 때문이었다. 진산이 갖는 읍치경관의 상징성을 반영하여, 고지도에는 비봉산과 산줄기가 뚜렷하게 그려져 있다. 집현산(集賢山)도 비봉산의 산줄기가 비롯하는 곳으로 중시되었다. 18세기에 제작된 『해동지도』에는 집현산에서부터 진산인 비봉산으로 이어지는 산줄기가 강조되었고, 비봉산에서 좌청룡 우백호로 뻗어 읍치를 에워싸는 모습이 여실히 표현되었다(그림 22).

지리지에도 『신증동국여지승람』(1530)을 비롯하여, 『진양지』(1633), 『여지도서』(1757~1765) 등에 비봉산의 진산 사실이 드러난다. 진산은 지리지 '형승(形勝)' 표현에서도 다수 나타난다. 『신증동국여지승람』, 『여지도서』에는, "비봉산이 북쪽에서 멈췄고 망진산이 남쪽에서 읍한다"라고 서술했다.

조선시대의 성격을 반영하고 있는 독특한 산줄기 인식은 당시의 지배적인 지리사상인 풍수와 결부되어 지도상에 재현되었다. 산줄기 표현이 잘 드러난 조선후기의 대표적인 군현지도는 『해동지도』, 『지승』, 『여지도』 등이 있다. 특히 『해동지도』의 진주도엽에는 집현산에서부터 정맥(正脈)이 내려와서 주산 및 진산인 비봉산으로 이어지는 내맥(來脈)의 산줄기가 강조되고

표25 조선후기 고지도에 나타난 진주의 산과 강

구분		군현지도						전국지도
	해동지도	지승	조선지도	해동여지도	광여도	비변사인방안지도	경상도읍지부도	대동여지도
산	집현산	집현산	집현산	집현산	집현산	집현산	집현산	
	비봉산	비봉산	비봉산	비봉산	비봉산	비봉산	비봉산	
	와룡산	와룡산	와룡산	와룡산	와룡산	와룡산	와룡산	
	지리산	지리	천왕봉	천왕봉	지리산	지리산	지리산	
	연화산	연화산	연화산	연화산		연화산	연화산	
	금대산	금대산						
			월아산	월아산	월아산	월아산	월아산	
			방어산	방어산			방어산	
			계명산	계명산				계명산
					발산			
								옥봉
			덕산	덕산				
			송대산	송대산				
			옥산	옥산				
			용산	용산				
			용암산	용암산				용암산
			우산	우산				
			천금산	천금산				
			청암산	청암산				청암산
			망진산	망진산				
			이맹산					
				영봉산				영봉산
				사림산				
								안양산
								암혜산
								옥녀봉
								단속산
								삼장산
강	남강		십이류천	십이류천				진강

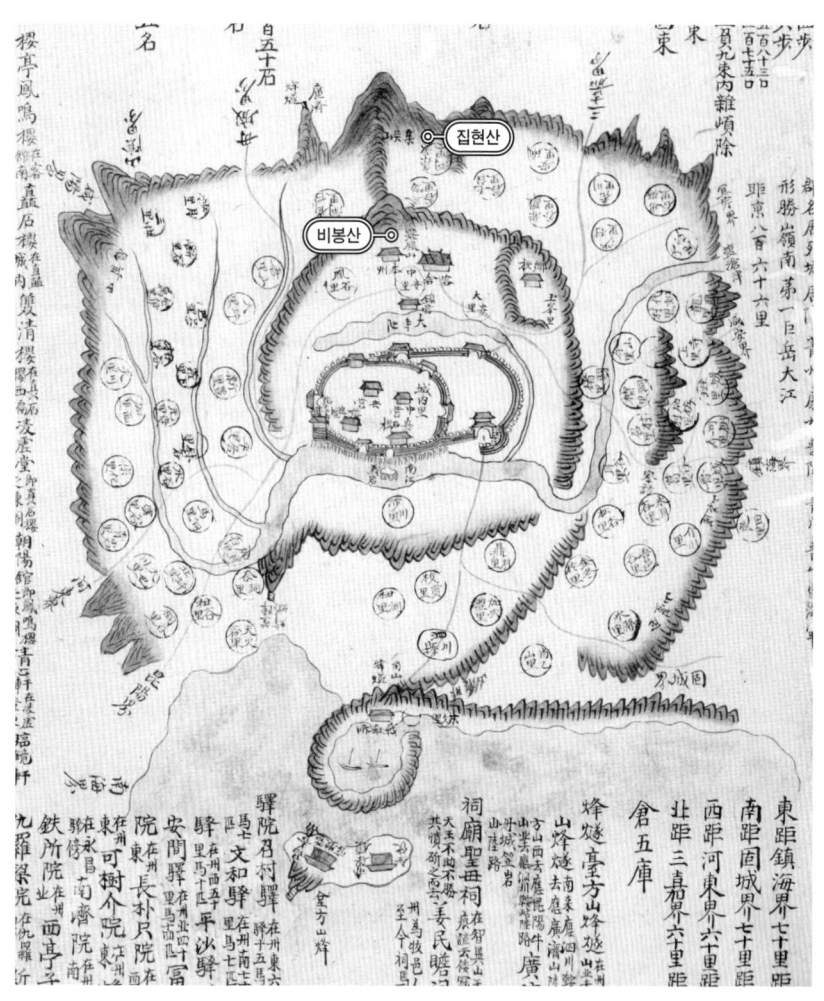

그림 22 『해동지도』「진주목」(18세기), 서울대학교 규장각한국학연구원 소장

있으며, 다시 비봉산에서 좌청룡 우백호로 뻗어 읍치를 에워싸는 모습이 여실히 표현되어 있다. 그리고 비봉산 앞으로는 망진산이 주작의 안대(案對)를 이루며 마주하는 형국으로 표현되고 있어서, 사신사(四神砂: 좌 청룡·우 백호·전 주작·후 현무)의 풍수적 산수 인식체계가 지도상에 그대로 투영되고 있음을 확인할 수 있다. 이는 전통적인 공간인식체계인 풍수적 공간구조화 방식에 따라 내부와 외부, 중심과 주변을 위계적으로 영역화한 것으로도 해석이 가능하다.

지도상에 그려진 산줄기 체계의 인식은 조선후기의 지리지 자료와도 부합되고 있다. 이미 진주의 대표적 읍지인 『진양지』(1633) '산천'조에, "덕유산의 한 맥이 동쪽으로 달려 의령의 자굴산(闍崛山)이 되고, 자굴산의 한 가지가 서쪽으로 구부러져 집현산이 되었다. 집현산이 남쪽으로 와서 고을의 진산인 비봉산이 되었다"라고 하였다. 비봉산의 산줄기를 백두대간의 덕유산에서 근본을 하여 자굴산과 집현산의 계통을 거쳐서 이른 것으로 인식하였음을 알 수 있다. 이러한 산줄기의 계통적 인식은 19세기에 편찬된 『경상도읍지』(1832)에서도 이어졌다.

비봉산은 255개(조선중기 기준)의 지방 진산 중에서 가장 많은 산이름이다. 충청도의 제천, 경상도의 선산·진주·봉화·의성, 강원도의 양구·정선, 경기도의 안성·화성·안양, 전라도의 완주·고흥·화순에도 있다. 봉황이 나타나면 태평성대를 이루고, 비봉산 아래에는 인물이 난다는 믿음 때문에 생긴 현상이었다.

그런데 진산 이름을 왜 비봉산이라고 했을까? 진주의 비봉산은 우선 모양새부터가 "비봉산은 나르는 봉황의 모습(飛鳳形)"이라는 『진양지』의 표현처럼, 봉황이 날개를 크게 펼쳐 진주고을을 에워싸고 있는 모습을 하고 있다. 서쪽 날개는 현재의 두고개(137m)와 당산재(140m)가 되고, 동쪽 날개는 말티고개와 선학산(134m)이 된다. 비봉산의 품 안으로 시가지가 형성되었고, 남쪽으로는 남강이 시내를 에둘러 흐른다. 실제의 비봉산은 도심의 북쪽에 시내를 가로로 펼쳐 등진 142m의 나지막한 산에 불과하지만, 진주에서 비봉산이 갖는 위상은 매우 크다. 그래서 옛 지도에서도 비봉산은 크게 그려졌으니 상징적 이미지가 강조된 까닭이다.

비봉산 이름의 유래는 또 다른 해석도 가능하다. 봉황은 날짐승을 대표하는 신성한 상징물이며 용, 거북, 기린과 함께 네 가지 영물이다. 특히 봉황은 임금이 나라를 잘 다스리면 날아온다고 해서 덕치와 태평성대의 상징이었다. 고을의 진산으로 비봉산이란 이름을 선호한 이유는 이런 정치사회적 배경도 있다. 고을 사람들은 비봉산을 곁에 둠으로써 봉황 같은 지역의 인물을 염원하고, 자손이 대대로 융성하며, 봉황이 머무는 태평한 고장을 만들려 했다.

조선후기에 진주에서는 비봉산의 상징을 풍수문화적으로 재해석하면서 지명과 건축경관에 다양한 변화가 일어났다. 비봉산과 마주한 산이름을 그물 망(網) 자를 써서 망진산(網鎭山)이라 새로 이름 짓고, 객사 앞의 누각은 봉명루(鳳鳴樓)라고 불렀다.

이름의 유래와 관련하여『진양지』'산천'조에는, "나르는 봉황을 머물게 하기 위해 앞으로는 망진산이 있고, 서쪽으로는 죽동(竹洞)이 있으며, 또 대롱사(大籠寺)와 소롱사(小籠寺) 그리고 작평(鵲坪)이 있다"고 하면서, 다음과 같이 비봉산의 비보경관을 스토리텔링 했다.

진주의 진산은 비봉형(飛鳳形)이요, 안산은 금롱(金籠)이니, 고을터(官基)가 그 아래에 있다. 그렇기 때문에 모든 사방의 배포(排布)는 모두 다 봉(鳳)이라는 이름으로 붙였다. 객사의 앞에는 누각으로 봉명루(鳳鳴樓)가 있고, 관으로 조양관(朝陽館)이 있으며, 마을 이름으로 죽동(竹洞)이 있다. 벌노수(伐老藪) 및 옥현(玉峴)이라는 곳에 대를 심었는데 죽실(竹實)은 봉황이 먹는 것이기 때문이다. 산이름을 망진이라고 한 것은 봉황이 그물을 보면 가지 못한다는 것이다. 대롱·소롱이라는 절이 있는 것은 봉황이 새장에 갇혀 머문다는 것이며, 들에 작평이 있는 것은 봉황이 까치를 보면 나르지 못하기 때문이다.

진주의 산천체계가 갖춰진 비봉의 형국은 진주의 번영을 보장한다고 옛 진주 사람들은 믿었다. 한 예증으로『진양지』는 봉황의 왼쪽 날개에 해당하는 말티고개(馬峴)에 대로를 내고 난 후 조선초만 해도 융성했던 인재가 줄었다는 기록이 있다. 전승되는 설화에 의하면, 한양에서 지관이 와서 "남쪽 강변을 통해 진주로 들어오던 길을 바꾸어, 말티고개 중간허리를 파서 곧바로 진주로 들어오도록 하면 인재가 전보다 배나 더 나올 것"이라고 하자 그 말을 따랐다고 한다. 그런데 말티고개는 비봉의 왼쪽 날개인데 큰길을 내서 날개를 끊어 놓았으니 그만 봉황은 날지 못하게 되었다. 그 후 진주에는 인재가 전만 못했고, 그제야 한양 지관의 속임수를 진주 사람들이 깨달았다는 내용이다.

비봉산 단맥(斷脈) 설화의 또 다른 형태로서 가마못에 관련된 전설도 전승되어 내려온다. 가마못의 원래 이름은 서봉지(瑞鳳池)였는데, 봉황이 머물러 쉬었다는 데서 유래했다. 그런데 조선을 개국한 이성계가, 진주의 강(姜)·하(河)·정(鄭) 씨들의 집안에 인물이 많이 나는 것이 비봉산의 정기를 타고났기 때문이라고 여기고, 무학대사(1327~1405)를 시켜 비봉산의 맥을 끊은 후에, 봉황이 쉬는 서봉지를 가마못이라 바꾸었다는 이야기이다. 가마솥처럼 펄펄 끓어 봉황이 얼씬도 못 하게 하려고 했다는 내용이다. 조선왕조가 건국되면서 전국 지역에 강력히 시행했던 중앙집권적인 정치체제에 대한 지방 고을의 불안과 지역 세력의 불만이 표출된 것으로도 해석할 수 있다.

이렇듯 전통적인 비봉산의 역사문화에 대한 흥미로운 해석과 설화는 진주 사람들이 믿었던 전래의 풍수적인 환경 인식과 그에 상응한 경관 형성의 사례를 잘 보여준다. 진주고을의 주민들은 비봉산의 산천정기를 잘 갈무리하여 자손의 융성과 공동체의 번영을 기약할 수 있는 좋은 터전에 살겠다는 긍지와 희망을 상징적으로 표현하였다. 비봉산을 둘러싸고 전개된 역사문화적인 스토리텔링은 진주가 터를 잡은 여건에 적응하고자 한 문화생태학적인 대응방식으로 오늘날의 환경인문적 가치에 비추어도 의미 있게 재해석할 수 있다.

오늘날 우리는 산에 대한 인식의 전환기에 서 있다. 근현대의 산은 경제적 가치로만 환산된 한갓 장애물이나 개발의 대상이었다. 그러나 21세기에 들어선 지금에 산은 생태환경적인 뭇 생명의 존재기반으로 패러다임이 바뀌었다. 전통과 현대, 자연과 문화가 어우러지는 진주를 가꾸기 위해선 선조들의 비봉산에 대한 의식과 전통을 반조하여 미래가치로 되살려야 할 것이다. 진주 시민들이 주체가 되어 비봉산의 위상과 역할을 제대로 되살리고, 비상하는 천년도시 진주의 아이콘이자 상징으로서 고취하고 활용할 필요가 있다.

문화생태 및 역사경관으로서의 가치[68]

진산이 지역사회에 지니는 현재적인 가치와 의의는 무엇일까? 진산을 제대로 활용하고 관리하기 위해서는 어떻게 해야할까?

진산은 지역의 역사문화적인 명산을 대표하는 개념 용어로, 지방적인 특색과 정체성을 지닌 명산문화의 전통요소였다. 조선시대까지 진산은 주로 군현 고을의 지역민들이 행정 중심지의 장소이미지를 떠올릴 때의 주요한 표상이었다. 진산은 행정적인 공간구성의 중심축이었으며, 읍치공간의 배후에 위치해 자연적 경계와 영역을 구성하는 기준이기도 했다. 전통적인 공간인식체계인 풍수적인 국면에서도 대부분의 진산은 주산으로서 가장 중요한 위치를 차지했다. 이렇게 보면 진산은 지역사회적인 위상과 속성을 지니는 역사지리적인 명산으로서 손색이 없다.

진산은 옛 고을(군현)이 현재의 모습으로 변모한 대부분의 지방도시에서, 역사경관과 자연경관을 연결해서 종합적으로 이해할 수 있는 틀을 제시한다. 이러한 시군 경관에 대한 자연과 문화의 통합적인 접근과 해석틀은 향후 친환경적인 도시를 조성함으로써 생태적인 도시계획을 입안하고 정책적으로 실현하는 데에도 역사적인 근거와 지침을 제공할 수 있다. 지역의 진산에 대한 역사지리적 이해를 통해, 문화생태적 경관의 개성을 발굴하는 작업은 지방도시의 역사적 정체성을 정립하고 전통있는 도시환경을 구축하는 데에 도움이 된다. 진산은 지역민들의 여가활동을 위한 공공재로도 활용할 수 있는 문화생태자원이기도 하다.

진산은 현재까지 대다수가 유존하여 지역공간의 틀을 이루고 있다. 진산의 지형경관적 특성은 지역의 다양한 공간스케일이나 환경조건을 반영하여 구성되는 장소성의 차이를 만드는 중요한 요소가 된다. 진산의 규모, 위치, 읍치와의 거리 관계, 역사문화자원의 분포 등에 따라 지역의 특색이 드러날 수 있다. 따라서 진산은 지방의 문화적인 유산 가치를 발굴해서 현대에 활용할 수 있는 역사경관 자원이다.

그럼에도 불구하고 현재 대부분의 지방 행정 소재지에 그대로 남아있는 진산의 역사문화적 가치는 제대로 조명·평가되지 못하고 묻혀 있는 상태로 방치되어 있다. 향후 지역사회와 지방자치체에서는 진산이 지닌 가치를 제대로 인식하고 보전 관리함으로써 문화생태자원 및 역사경관자원으로 적극 활용할 필요가 있다. 이를 위해 문화역사적 관점에 기초한 진산 인식 및 관리를 위한 정책 수립이 요청된다.

지역사회에서는 문화역사적 접근에 기초한 산지이용 및 관리의 차원으로 진산 가치의 미래적 재조명과 평가가 우선적으로 실행되어야 한다. 지역스케일(regional scale)의 대표적 명산 경관으로서 진산의 위상에 대한 인식 정립도 시급한 실정이다. 국토의 산줄기 체계와 진산의 유기적 관계성, 이에 연동되는 진산의 관리 및 보전 가치의 인식도 국민적·지역민적으로 제고(提高)되어야 한다. 이를 통해 산림청에서 시행하는 '산지관리 기본계획'의 정책 수립에 있어서 향후 미래적 방향의 역사문화적 토대로 활용될 수 있다.

진산이 본래부터 지녔던 시, 군, 읍, 면의 랜드마크로서 상징적·기능적인 복원을 통하여 현재적인 보전 및 활용 계획을 마련할 필요성도 있다. 정책적인 진산의 이용과 관리에 있어서 중앙정부와 지방자치단체의 거버넌스(협치)를 통한 지역정책의 수립도 요청된다. 이는 지역민이 주체가 된 지역과 도시, 각종 민간단체가 통합된 진산의 공동적인 관리와 협력적인 활용 방안이어야 할 것이다.

전국·도별·기초지방단체의 진산 가치 평가를 통한 보전 및 활용 정책 수립을 위해서는 진산을 산지 역사문화경관으로 지정하고, 산림청에서 발신하는 진산의 의미와 중요성에 대한 홍보가 필요하다. 관계 당국에서는 진산과 관련된 보전 정책과 효용 방안을 위한 실제적인 홍보 전략도 마련되어야 한다.

이상의 진산에 대한 정책 수립과 관리를 효과적으로 달성하기 위해 전국 진산에 대한 도별·지역별·사례별 전수 실태조사가 선행되어야 한다. 이에 근거하여 진산의 지역사회적 가치 평가가 동반되어야 하고, 관련하여 현재 여러 지자체에서 수행하고 있는 역사적인 지역경관자원으로서의 읍치 복원에 있어서도, 일체적인 경관 연관성을 지닌 진산에 대해 실질적인 장소성의 의미 부여를 통한 통합적 인식과 관리가 요청된다.

제4부

문화적·지역적 모자이크

1. 지리산과 한라산의 명산문화 비교

지리산과 한라산은 한국을 대표하는 두 명산으로서, 개성적인 자연환경과 인문환경 그리고 공통적인 명산문화 요소를 지니고 있다.

두 명산은 서로 비교될 수 있는 다양한 명산문화 요소가 있다. 그것을 입체적으로 파악하기 위해서는 자연과 인문에 대한 관계적이고 통합적인 인식과 접근이 필요하다. 지형 및 생태 환경에 대한 이해도 필수적으로 뒷받침되어야 한다. 거기에다 정치사회적으로 지정학적인 위치와 관련한 배경 뿐만 아니라, 역사지리적으로 토지이용과 관련되어 전개된 취락과 인구의 발달 등에 대한 고찰도 필요하다. 이렇게 종합적으로 이해할 때 두 명산이 지닌 정체성과 명산문화의 주제요소가 뚜렷하게 대비될 수 있는 것이다.

두 산에 대한 학계의 연구를 분야별로 개관해볼 때, 지리산은 한라산보다 인문사회적인 연구가 많고, 한라산은 자연생태적인 연구가 많다. 이러한 차이는 두 산이 지닌 자연환경, 종교문화, 정치사회, 생활사적인 배경 및 특성의 상이함과 무관하지 않다.

지리산은 비옥한 토산으로서 지속가능한 생활을 할 수 있는 지형조건과 자연환경을 갖추어서, 오랫동안 민간인들의 삶의 터전이 되어왔고 수많은 자연마을이 형성 발달되었다. 고대부터 현대까지 정치세력들이 충돌했던 지정학적인 요충지로서 역사의 무대였다. 또한 수많은 종교시설과 산악신앙소가 집결했던 종교문화의 메카였다.

반면에, 한라산은 척박한 토양과 빈약한 하천의 화산 지형이기에 지속가능한 주민생활사가 전개되거나 마을이 발달되기에 어려운 환경조건이었다. 지리적으로 먼바다 밖의 섬에 있어서 현대 이전의 정치사, 사회사, 문화사 면에서는 주변지대나 다름이 없었다. 그렇지만 화산활동으로 빚어진 기이한 자연경관과 이국적인 아름다움은 내륙에서는 찾아볼 수 없는 산이었다.

이러한 두 명산의 성격은 유네스코 세계유산의 유형별 기준으로도 잘 드러난다. 한라산은 2007년에 이미 '제주 화산섬과 용암동굴(Jeju Volcanic Island and Lava Tubes)'이라는 타이틀로 천연보호구역이 포함된 세계자연유산의 반열에 진입하여 인류의 명산이 되었고, 그때를 전후하여 유네스코 생물권보전지역(2003년)과 세계지질공원(2010년)으로도 지정된 바 있다. 지리산은 사찰 및 서원, 산악신앙, 빨치산 등의 역사문화전통뿐만 아니라 계단식논, 풍수 등 문화경관 요소에 주목하여 세계문화유산적 가치를 드러내고 있다.

이렇게 볼 때 두 명산의 정체성을 한마디로 상대화시켜 대비한다면, 지리산은 사람(역사문화)의 명산, 한라산은 자연(지질지형)의 명산이라고 할 수 있겠다.

그런데 지리산과 한라산에 전개된 역사를 들여다보면 공통적으로 논의할 수 있는 여러 가지 명산문화 요소들이 나타난다. 산천제, 명산·진산, 삼신산, 여신설화, 풍수와 백두산래맥설, 사회변혁의 산 등의 주제들은 두 산 모두에 해당되는 문화역사적 키워드라고 할 수 있겠다. 따라서 지리산과 한라산의 명산문화에 대한 비교연구에 있어서 문화역사적 프리즘은 두 산의 특색을 드러내는 유용한 접근방식이다.

서술 순서는 우선 두 산의 명산문화가 형성된 지리적 배경과 현황을 대비하여 살펴보고, 이를 토대로 명산문화를 이루는 몇 가지 공통 요소를 비교하여 특색을 도출하고자 한다. 설명의 전개를 위하여 지리산과 한라산의 지리적 현황에 관한 최근의 통계 데이터 및 보고서 자료뿐만 아니라, 조선시대의 지리지, 고지도 등의 고문헌 자료들도 활용할 것이다.

자연인문적 배경 비교

산지 연구의 역사지리적 접근에서 우선 제기할 점은, 어디까지를 산의 공간적 범위로 설정하느냐의 영역 문제이다. 우리나라처럼 고도가 낮은 저산성산지가 발달하여 산지와 평지의 구분이 불명확한 경우 산지를 정의하기란 더욱 어렵다. 심지어 지형학 분야에서도, 산으로 규정하는 정량적 기준의 해발고도가 200m 이상, 300m 이상, 600m 이상 등으로 다양하게 적용되는 형편이다.[1] 예전에 흔히 썼던 '비산비야(非山非野)'라는 용어는 한국의 산지 지형특성을 잘 반영한 역설적이지만 적실한 표현이다.

산의 정의는 해당 지역의 자연지형적 조건, 인식 주체의 관점, 분야별 접근방법에 따라 달라질 수 있다. 지역마다 산지환경이 다르고 사람들의 산에 대한 인식도 다르기에 산의 개념과 정의는 당연히 로컬리티(locality)적 속성을 지닌다. 분야로도 자연생태적으로 접근하느냐, 문화역사적으로 접근하느냐에 따라 산지의 공간적 범위는 얼마든지 달라질 수 있다.[2] 그래서 문화역사적 범주의 산 영역은 생활경제공간과 역사사회무대라는 공간범위를 지니기에, 자연생태적 정의의 산보다 해발고도가 낮고 영역 범위가 넓어질 것이라는 추측이 어렵지 않다.

그렇다면 지리산과 한라산은 도대체 어디부터를 산이라고 할 수 있을까? 먼저 한라산의 공간범위부터 검토해보자. 선행 연구를 살펴보면, 한라산에 대한 공간적인 인식을 제주도 전체와 동일시하는 광역적인 시각도 있고, 해발고도 500m 이상 지역, 혹은 국립공원 지역범위(대체로 해발 600m 이상)로 보는 시각도 있다.[3]

이렇게 한라산을 규정하는 영역 기준이 다른 까닭은 한라산을 보는 인식 주체의 관점과 이에 따른 대상 설정이 다르기 때문이다. 넓은 범위로, 한라산을 제주도와 동일시하는 시선은 제주사람들의 정서적인 인식에 바탕이 있고, 지질학적으로도 제주도는 한라산의 화산활동으로 형성되었다는 점에서 일면 타당하다. 그렇지만 지리학적 범주로는 평지와 해안까지 포함시켜 산으로 정의하는 것은 난센스이다. 반면에 좁은 범위로, 해발고도 500m 이상 혹은 600m 이상 지역의 한라산 설정은, 보전관리를 위주로 하는 자연생태적 대상지역으로는 적합하겠지만, 중산간지대에서 전개된 경제생활과 역사문화를 배제한 좁은 지역 범위이다. 위의 두 관점에는 문화역사적인 공간범위가 빠져있으며, 새로운 관점의 산 기준이 필요함을 알 수 있다. 그것이 바로 해발 200m 이상을 기준으로 중산간지대를 포함하는 문화역사적인 산지 영역의 설정 방식이다.[4]

한편으로, 지리산의 문화역사적 공간 영역에 대한 설정 문제도 한라산의 경우와 마찬가지로 볼 수 있다. 현행 지리산 국립공원의 공간범위는 핵심적인 자연생태 보전지역일 수 있겠지만, 지리산지에서 전개된 문화역사적 영역을 포괄하기에는 공간적 범위가 너무 좁다. 한국의 산지환경을 고려한 지형학적 산지구분 기준(고도 300m 이상)으로 설정하면 현행 국립공원 범위보다는 훨씬 광역적인 공간범위가 되지만, 지형학적인 관점이라서 지리산의 문화역사적인 지역성을 담아내기에는 한계가 있다. 현실적인 한 대안으로, 산지와 평지를 가르는 해발 200m 이상을 기준으로 지리산의 문화역사적 산지 영역을 설정한다면 지리산지의 생활경제공간을 대체로 포함할 수 있다고 판단된다. 한라산과 마찬가지로 지리산 역시 중산간지대를 포함한 공간범위로

설정하는 것이 문화역사적인 연구관점으로는 타당하다고 보는 것이다.[5]

여기서는 자연생태적 영역으로서 국립공원 공간범위(대체로 생물권보전지역의 핵심지역)와 문화역사적 영역으로서 중산간지대(대체로 생물권보전지역의 완충 및 전이지역)를 포함하는 공간범위로 설정하고, 선행 조사연구 데이터를 효과적으로 비교·활용하여 논의를 전개하고자 한다.

자연환경

명산문화에 대한 연구는 다양한 분야에서 접근 방법론을 수립할 수 있다. 그중에서 역사지리적인 접근으로 구성될 수 있는 주제로는, 지리적 조건, 자연환경(지형·기후 등), 생태환경(동식물), 역사적 배경과 변화, 자원(자연·문화·경관자원), 경제활동, 주민생활사, 민속, 사회집단 및 취락의 형성, 문화 요소(산악신앙·사상·유산문학·명산문화·구비전승·풍수 등), 행정구역, 관광 등으로 체계화할 수 있다. 이러한 구성은 개별 명산뿐만 아니라 복수 명산의 비교문화적인 연구에서도 동일하게 적용된다.

산은 문화를 담는 자연의 그릇(틀)이다. 명산문화는 자연환경, 지리, 역사, 사회, 생활사 등 다양한 요인의 상호관계에 의해 형성된다. 그중 자연환경적 조건은 산지의 문화, 경관자원, 인구 및 취락형성과 발달, 토지이용 및 관리 등 인문환경적 조건을 규정하는 기본적인 바탕이 된다. 따라서 지리산과 한라산의 지리, 지질, 지형, 토양, 기후, 생태, 산계와 수계 등 자연환경적 조건의

표26 지리산과 한라산의 자연환경과 자원현황 비교

구분		지리산		한라산		비고
높이		1915.4m		1947.2m		
면적		483.022km²		153.332km²		국립공원 범위
지질·지형		편마암복합체의 변성암류, 화성암류, 제4기층, 영남지괴의 침식·풍화지형		현무암 및 조면암질 용암류의 화산지형. 순상화산체		
하천 발달		양호		미약		
토양(특성)		부식질 적황색 토양(비옥)		화산회토(척박, 투수성 높음)		
기후		대륙성 습윤기후		아열대 습윤(600m 이하) 한랭 습윤(600m 이상)		
기온		12~14°C		5.3~10.9°C		연평균
강수량		1,200~1,600mm		1,384mm(600m 이하) 2,968~4,746mm (600m 이상)		연평균
식생		아열대성 온대우림 및 온대활엽수림		난대 상록활엽수림		식물지리학적 지역 구분
자원	경관 자원 (건)	산악경관 종교 및 문화유산 향토경관 기타	159 33 3 9	산악경관 기타	43 1	국립공원 범위
	계	204			44	
	동식물 자원 (종)	식물 동물 기타	1,863 5,339 1,667	식물 동물 기타	1,024 3,062 809	
	계	8,869			4,895	
	문화 자원 (건)	국보 보물 사적 명승 천연기념물 시도유형문화재 시도기념물 문화재자료	9 32 1 3 17 22 4 7	명승 천연기념물 시도유형문화재 시도기념물 등록문화재	4 12 2 1 1	
계		95			20	

출처: 국립공원관리공단,「국립공원기본통계」, 2023; 제주특별자치도,「제주 생물권보전지역 정기보고서」, 2012; 국립공원관리공단,「지리산국립공원 생물권보전지역」, 2013

이해에 기초하여 인문환경적 현황을 비교하여 파악하는 작업은, 명산문화의 문화역사적 요소별 고찰에 선행될 필요가 있다. 지리산과 한라산의 기본적인 자연환경과 자원현황을 비교 제시하면 다음과 같다.

지리적 조건을 보면, 고도(산 높이)는 지리산(1,915m)과 한라산(1,947m)이 큰 차이가 없지만, 면적(국립공원)은 지리산(483km²)이 한라산(153km²)보다 약 3.2배가 크다. 고도는 취락 발달과 토지이용, 식생의 수직분포 등과 직접적으로 관계되고, 면적은 경관자원 및 생물서식지의 범위와 긴밀한 연관이 있다.

지질·지형적 특색과 토양조건을 살펴보자. 지질·지형 및 토양조건은 농업 발달 및 취락 분포와 직접적인 관계가 있다. 지리산은 편마암복합체의 변성암·화성암류로 구성된 침식·풍화 지형이기에 부식질 토양으로 비옥도가 높다.[6] 이에 비해 한라산은 현무암 및 조면암질 용암류의 화산지형으로 이루어진 화산회토(火山灰土)로서 땅이 척박하고, 투수성(透水性)이 높아 하천 발달이 빈약하여 건천(乾川)을 이룬다.[7]

한라산권역의 토양에 대한 역사지리적인 기록은 옛 지리지에도 드러난다. 『신증동국여지승람』(1530)에 "땅이 척박하다"[8]고 하였고, 『탐라지』(1653)에 "흙 성질이 뜨고 건조하여, 밭을 개간하려면 반드시 소나 말을 몰아 밟아야 한다"[9]고 농경과 결부시켜 토질 조건을 부연 설명하였다. 수자원 사정에 대한 설화적 표현도 참고할 만하다. 고려시대에 송나라의 호종단(胡宗旦)이라는 술사(術士)가 제주의 지맥(地脈)을 끊어 물이 귀하다는 것으로,[10] 물이 부족한 주거지역의 환경조건이 반영된 제주사람들의 인식이 설화 형식으로 표현된 것이다.

기후 조건을 보면, 지리산이 대륙성 습윤기후이고, 한라산은 600m를 기준으로 저지의 아열대 습윤기후와 고지의 한랭 습윤기후로 나뉜다. 이에 따라 연평균 강수량은 지리산이 1,200~1,600mm인데 비하여, 한라산지는 평균 1,384mm이며 특히 고도 600m 이상은 2,968~4,746mm로 다우지역을 이룬다. 연평균 기온은 지리산지가 12~14°C, 한라산지가 5.3~10.9°C의 범위에 이른다. 이러한 기후적 조건으로 한라산에 식물종 다양성이 매우 풍부하다.

식생은 기후와 긴밀한 연관관계가 있는데, 지리산이 아열대성 온대우림 및 온대 활엽수림인데 비하여, 한라산은 난대 상록 활엽수림이다.[11]

지리산과 한라산의 산계(山系)와 수계(水系)도 지질·지형적 특성의 차이로 인해 매우 상이하게 나타난다. 이 각각은 동식물 생태뿐만 아니라 문화경관 및 인문환경을 규정하는 배경이 되고, 지리적 분포에도 영향을 미치는 요인이 된다.

지리산은 국토의 산줄기 체계상 백두대간의 종점이자 낙남정맥의 분기점으로서, 연속적이고 연계적인 산줄기 관계가 뚜렷하다. 산줄기 체계에 줄기와 가지의 위계가 있어서 연계성을 잘 나타낸다고 볼 수 있겠다. 상대적으로 한라산은 고립된 섬의 지리적인 특성으로 인하여 내륙 산줄기와의 연계성은 없지만, 한라산을 중심으로 주위 둘레에 360여 개의 군소(群小)한 소화산

제4부 문화적·지역적 모자이크 307

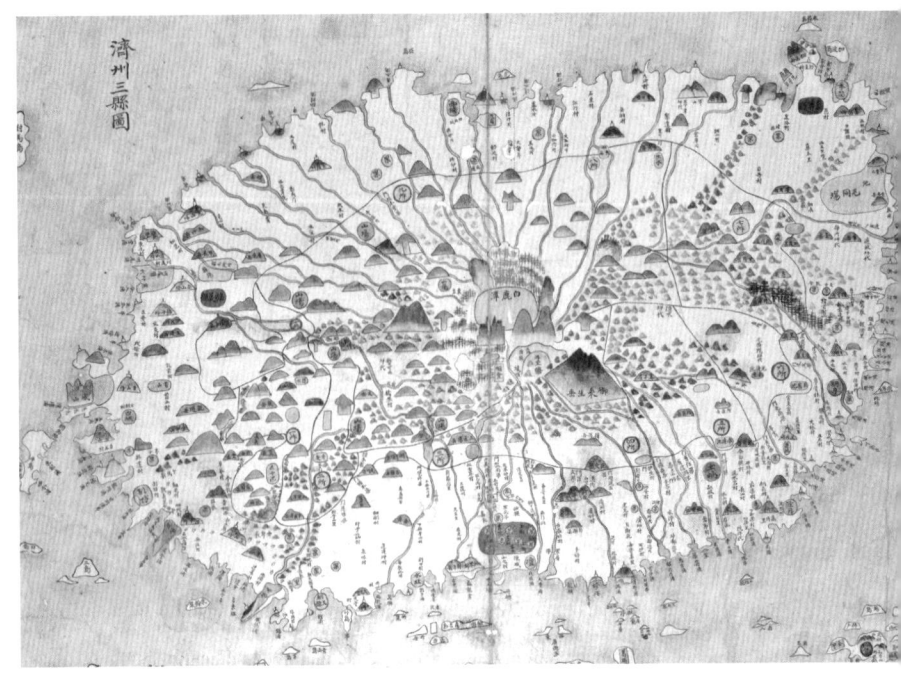

그림 23 『해동지도』「제주삼현도」(18세기)의 한라산과 오름들. 서울대학교 규장각한국학연구원 소장

체(오름)들을 가지고 있어, 주종적인 군집성을 지닌 산체군(山體群)으로 이해할 수 있다.

따라서 두 산계의 특색은 형태도상적(形態圖像的)으로 각각 지리산의 지간적(枝幹的) 연계성과 한라산의 주종적(主從的) 군집성으로 대비될 수 있다. 연계성의 속성이 선적인 맥락(脈絡)이라면, 군집성은 면적인 장단(場團)으로 이해된다. 특히 한라산은 『제주읍지』(18세기 말 이후)에서도 "고을의 산천은 모두 한라산에서 맥을 일으킨다"[12]라고 서술하여 한라산을 중심으로 한 주변 산천의 주종적인 관계가 표현되었다.

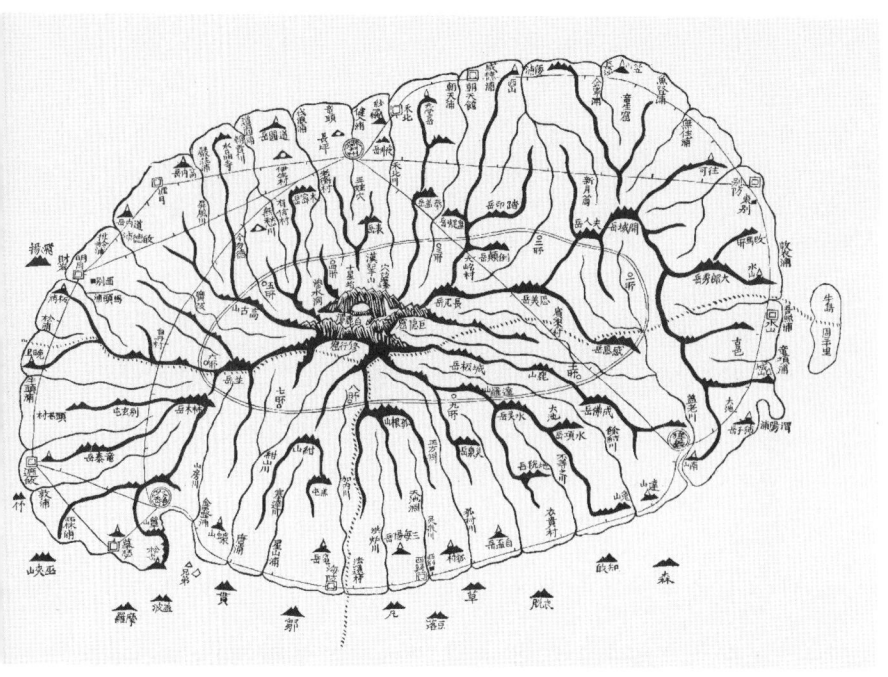

그림 24 『대동여지도』「제주도」(1861)에 표현된 산줄기 연계성. 서울대학교 규장각한국학연구원 소장

이러한 한라산 산계의 특징은 화산지형에서나 가능하기에 한반도의 산체에서는 매우 특이한 지형경관적 모습이다. 조선후기의 고지도인『해동지도』의「제주삼현도」에서도 한라산 및 소화산의 군집 모습은 가시적으로 잘 나타나 있다(그림 23). 더구나 『대동여지도』에서는 한라산과 주위 오름을 연결하여 연속된 산줄기로 제주의 지형경관을 재현하고 있어서 관심을 끈다(그림 24). 이러한 인식은 조선후기 육지의 산줄기 인식이 제주도 한라산지의 지형환경에 투영된 결과이다.

다음으로, 지리산과 한라산의 수계를 몇 가지 측면에서 비교하면, 하계망의 공간적인 분포 패턴, 하도의 굴곡도, 하천의 특성 및 수량에서도 큰 차이를 보인다. 지리산의 하계망은 동서 방향의 주능선을 기준으로 수지상(樹枝狀)·방사상(放射狀)의 공간적 패턴을 나타내며, 크게 동(낙동강)·서(섬진강) 유역권으로 구분되는데, 하도는 곡류도(曲流度)가 크고 수량도 풍부한 편이다. 반면 한라산의 하계망은 동서로 횡단하는 분수계를 기준으로 각각 남·북 방향으로 빗살 모양의 평행상을 드러낸다. 하도는 대부분이 직류하고, 물이 없는 건천이 특징이다. 이러한 양 수계의 특징은 두 산의 농경지 및 취락의 형성과 분포, 농업(벼농사 및 밭농사) 및 경작 방식, 생활공간의 영역 등을 기본적으로 규정짓는 요인이 된다.

끝으로 이상의 자연환경과 관련된 두 산의 자원현황(2023년 국립공원 통계기준)을 경관자원, 동식물자원, 문화자원으로 분류하여 대비해 보자.[13]

경관자원은 지리산이 204건으로 한라산의 44건에 비해 약 4.6배 정도 많다. 그중에서도 산악경관은 159건으로 한라산의 43건에 비해 약 3.7배 차이가 나는데, 세부적으로 수경관 자원은 계곡(26건), 폭포(20건), 소(18건), 습지(6건) 등 지리산이 70건으로 한라산의 9건(계곡 8건, 폭포 1건)보다 압도적으로 차이가 난다. 고개는 지리산이 21건이 있으나 한라산은 없으며, 반면 동굴은 한라산만 7건이 있다. 이러한 자연적 경관자원의 분포 특성은 두 산이 지닌 지질·지형적인 조건이 그대로 반영되어 있다. 특히 지리산의 경우는 한라산에 하나도 지정되지 않은 종교 및 문화유산이 33건, 향토경관이 3건으로 압도적인 우세를 보인다. 이러한 인문적 경관자원의 분포 특성 차이 역시 두 산이 지닌 문화역사적 배경이 그대로 반영된 것이다. 그리고 경관 매력도의 지표인 '국립공원 100경'에, 지리산이 16경으로 가장 많고, 한라산이 10경으로 설악산(13경) 다음이다.[14]

동식물자원은 지리산이 한라산보다 약 1.85배가 많은데, 지리산은 식물 1,863종, 동물 5,339종, 기타 1,667종에 이르며, 한라산은 식물 1,024종, 동물 3,062종, 기타 809종에 달한다. 지리산국립공원의 면적이 한라산국립공원보다 3배 이상 큰 것을 감안하면, 두 산의 서식지 면적과 산지 연계성이 달라서 생긴 차이로 판단된다. 그런데 단위면적당으로 환산할 때는 한라산의 생물다양성이 지리산보다 월등하게 풍부함을 알 수 있다. 이는 지리산지에 비해 한라산지의 온난한 기후 조건과 풍부한 강수량 때문으로 보인다.

문화자원은 지리산이 95건으로 한라산의 20건보다 5배에 가까운 훨씬 많은 분포 수를 보인다. 한라산에 비해 지리산문화경관의 오랜 역사적 배경이 잘 대비되어 드러난다. 하지만 자연경승이 반영된 것으로 명승의 지정 현황을 보면 한라산은 4건(사라오름, 영실기암과 오백나한, 한라산 백록담, 한라산 선작지왓)으로 지리산의 3건(지리산 화엄사 일원, 지리산 한신계곡 일원, 지리산 쌍계사와 불일폭포 일원)보다 많다. 명승의 성격을 분석해보면, 한라산은 산지형 명승이고 지리산은 계곡형 명승이라는 점도 두 산의 지형경관적 특성이 반영된 것이다.

토지이용

지리산과 한라산의 토지이용은, 지리지를 통한 역사지리적 고찰과 함께 고도별 분포, 토지피복 상태, 토지소유, 용도지구 등의 데이터 현황으로 비교 개관할 수 있다.

지리산의 오랜 토지이용 역사는 고대 삼국 및 가야의 유적, 옛 절의 입지 등에서도 쉽게 확인된다. 농작물의 재배 사실은 9세기 문헌(『삼국사기』)부터 나타나는데, "흥덕왕 대(826~836)에 중국에서 돌아온 사신이 차의 종자를 가져오니 왕이 지리산에 심게 했다"는 기록이 있다.[15] 이후 통일신라, 고려시대를 거치면서 사찰의 대토지소유 및 농경이 지리산 남사면 골짜기와 기슭에서 주로 진행되었다. 조선시대에는 양란 이후 다수의 유민들이 지리산지의 골짜기와 소분지에 정착하여, 거주지는 중산간지대로 확대되었다. 산지의 개간과 관개 기술로 벼농사가 발달하여 조선후기에는 인구와 취락이 크게 증가하였으며, 동시에 화전농업도 1965년의 화전민 이전까지 지속되었다.

한라산과 대비하여 지리산의 토지이용 및 역사적 변천에 핵심적으로 볼 사항은 농경지(특히 논)이다. 『세종실록』 지리지에 의하면, 15세기 중반 지리산 접경 군현의 농경지는 32,514결에 달했음을 알 수 있다. 이 중에서 논은 과반수로 추산해도 16,257결이었다. 그런데 조선후기에 이르면, 『여지도서』에서 제시하고 있듯이, 논은 22,068결로서 5,811결이나 많아져 30% 이상이나 크게 증가했다.

상대적으로 한라산 접경 군현에서의 논은 조선초기에 116결,

표27 조선전후기 지리산 접경 군현의 농경지 수 비교

단위: 결

구분	『세종실록』지리지(1454)		『여지도서』(18세기 중엽)			증감
	결수	비고	결수	논	밭	결수
남원	12,508	논이 조금 많다	10,060	7,180	2,880	-2,448
구례	1,735	논이 조금 적다	1,523	1,012	511	-212
운봉	1,796	논이 조금 많다	1,387	1,075	312	-409
하동	1,272	논이 2/3가 안 된다	4,013	2,300	1,713	2,741
진주	12,730	논이 조금 적다	15,761	8,206	7,555	3,031
함양	2,473	논이 조금 적다	3,918	2,295	1,623	1,445
계	32,514		36,662	22,068	14,594	4,148

하동은『여지도서』보유편(補遺編)『하동부읍지(河東府邑志)』에 근거

표28 조선전후기 한라산 접경 군현의 농경지 수 비교

단위: 결

구분	『세종실록』지리지			『제주읍지』(18세기 말 이후)			증가
	결수	논	밭	결수	논	밭	결수
제주	3,977	31	3,946	4,297	305	3,991	320
정의	3,208	0	3,208	3,399	16	3,383	191
대정	2,227	85	2,142	2,427	197	2,228	200
계	9,412	116	9,296	10,123	518	9,602	711

『제주읍지』는 소수점 이하 절사한 수치

조선후기에 518결로 402결이 증가하는 데 그치고 있다. 이러한 수치는 지리산 접경 군현에 비하면, 조선후기 기준으로 논의 규모가 2.3/100, 논의 증가량은 6.9/100에 불과하다. 김정(1486~1521)이「제주풍토록」에서 "벼가 극히 적어서 토호들은 육지에서 사다가 먹지만 역부족인 사람들은 밭작물을 먹는다"[16]고 기록한 데에서도 논과 벼농사의 사정이 잘 드러난다.

이로써 조선후기에 지리산권역과 한라산권역의 벼농사(논)

규모는 현저한 차이가 난다는 사실도 확인할 수 있다. 이는 인구수 및 인구분포의 역사적 변화와 직접적인 관계가 있음은 물론이다.[17]

지리산과 한라산의 토지피복 현황도 지역적 토지이용과 분포 상태를 비교·개관하는데 도움이 된다. 지리산권역에는 넓은 면적의 농업지역이 분포되어 있다. 지리산은 대체로 산림지역인데도, 농업지역이 넓게 형성된 곳은 남서지역에 해당하는 구례군 산동면·용방면·광의면·마산면·토지면 일대, 북부지역의 남원시 운봉읍·인월면, 남부지역의 하동군 악양면 등이 뚜렷하다. 상대적으로, 한라산은 정상부와 중산간지대에 초지가 발달한 것이 특징이다. 백록담의 정상부위는 초지가 형성되어 있고, 주위는 산림이 넓게 형성되어 있다. 중산간지대는 초지와 산림이 혼재된 경관모자이크를 나타낸다. 농경지는 중산간지대의 하부 둘레를 따라서 부분적으로 분포되어 있다.

지리산과 한라산의 토지소유 현황(2023년 국립공원 통계기준)도 비교해 보면 토지이용의 역사적 특성이 상대적으로 잘 드러난다. 한라산은 국유지(97.4%)가 대부분을 차지하고 있지만, 지리산은 사유지(14.5%)와 사찰지(8.4%)의 비중이 한라산의 사유지(1.1%)나 사찰지(0%)에 비해 크게 높다. 지리산지에는 오래전부터 토지점유를 통한 민간인의 생활이 이루어졌고, 다수의 사찰이 입지하여 대토지를 소유하였던 역사적 배경을 미루어 짐작할 수 있는 것이다.

지리산과 한라산의 용도별 관리 현황(2023년 국립공원 통계

표29 지리산·한라산 국립공원 내 토지소유 및 용도지구 단위: km², %

구분		지리산		한라산	
토지소유	국유지	344.919	71.4	149.257	97.4
	공유지	27.338	5.7	2.341	1.5
	사유지	70.297	14.5	1.734	1.1
	사찰지	40.468	8.4	0	0
용도지구	자연보존지구	157.211	32.5	89.060	58.1
	자연환경지구	322.606	66.8	64.132	41.8
	문화유산지구	2.895	0.6	0.140	0.1
	마을지구	0.258	0.1	0	0

출처: 국립공원관리공단, 「국립공원기본통계」, 2023

기준)은 토지소유 및 이용에 기초하여 비교할 수 있다. 지리산은 자연보존지구(32.5%)보다는 자연환경지구(66.8%)가 두 배 이상 높으며, 문화유산지구(0.6%)와 마을지구(0.1%)도 포함되어 있다. 상대적으로 한라산은 자연보존지구(58.1%)가 자연환경지구(41.8%)보다 면적이 더 넓으며, 지리산에 비해 문화유산지구(0.1%)와 마을지구(0%)가 차지하는 비중은 현저히 적음을 알 수 있다.

취락과 인구

지리산과 한라산의 취락 형성과 인구 분포는 해당 지역의 자연환경 및 농업생산 그리고 사회역사적 조건과 긴밀하게 관련되어 있다.

지리산을 접경한 조선시대의 읍취락은 6개(진주·하동·구례·

남원·운봉·함양)가 있었는데, 현재는 1개 시(남원), 4개 군(함양·구례·산청·하동)으로 재편성되었다. 한라산권역에는 조선시대에 3개 읍취락(제주·정의·대정)이 있었고 현재는 2개시(제주·서귀포)로 구성되어 있다.

지리산과 한라산에 분포하는 인구와 촌락은 규모와 숫자 면에서 큰 차이가 난다.[18] 지리산에는 한라산과 달리 수많은 인구와 자연마을이 분포한다는 사실은, 조선후기의 정치사회적 조건과 함께 산지 벼농사 지역의 지속가능한 인구부양력과 관련지어 생각해 볼 수 있다.

지리산은 한라산에 비해 지형적으로 골짜기가 깊고 많으며 하계망이 잘 발달하였다. 충분한 강수량과 토양조건으로 인해 사계절 내내 하천의 수량도 풍부한 편이다. 산속에 소분지(小盆地)가 여럿 분포한 것도 취락의 입지와 직결되는 중요한 지형 조건이다. 이러한 자연지형적 배경으로 인해 지리산에는 고대로부터 토지이용이 이루어졌고, 특히 조선후기의 사회적 혼란기에는 다수의 민간인들이 유입되어 벼농사를 하면서 마을을 형성하고 지속가능한 삶의 터전을 이루었다. 산 깊은 골짜기 속에 분지가 있으면서, 기후가 따뜻하고 물이 충분하여 벼농사가 가능한 산지환경을 갖춘 지리산은 전래적으로 낙토·길지·승지·명당의 대명사가 될 수 있었다. 지리산이 은자의 산이고, 피난보신의 은둔지가 가능했던 이유도 이러한 지형적 조건이 갖춰졌기 때문이었다. 지리산지에 한국의 대표적인 동천복지형 이상향인 청학동이 있었던 까닭도, 화계동천의 깊은 골짜기 지형 때문에 가능했다.

　반면 지리산과 대비하여 한라산은 신생대의 화산지형으로 깊은 골짜기가 없고 골의 숫자도 적으며, 분지가 발달하지 않았다. 지표수도 지질·토양적 조건에 의해 대부분 투수성 건천이라서, 해발고도가 낮은 중산간지대라고 하더라도 특정한 일부 하천 주변을 제외하고는 집단적인 삶의 터전(자연마을)을 이루기는 사실상 어렵다. 동일한 이유로 지리산지와 달리 벼농사를 통해 인구부양력과 지속가능성을 갖춘 취락 발달이 힘들고 밭농사의 토지이용만 가능하였다. 따라서 취락의 분포는 대부분이 용천수가 나는 해안 지역을 따라 발달할 수밖에 없었다. 한라산에는 신선이 머무는 선경은 있지만, 민간인의 생활터전으로서 이상향은 없었기에 제주사람들의 유토피아는 해양형으로 이어도 같은 상상의 먼바다에서 찾을 수밖에 없었다.

　조선시대 지리산권역과 한라산권역의 취락 및 인구 발달을 역사지리적으로 개관해보자. 조선전기·후기 관찬지리지의 통계(인구수)를 대비하면, 시계열적인 이해와 시기적 변천 양상의 파악이 가능하다.

　지리산에서 농민 인구가 성장하고 농업을 기반으로 하는 촌락의 발달이 본격적으로 이루어진 것은 조선후기다.[19] 시기적으로 보자면, 대체로 17세기 후반부터 18·19세기를 걸쳐 지리산 중산간지대의 인구와 마을이 급증하였다. 상대적으로 한라산에서는 늦은 시기인 19세기 말부터 목축과 화전농업을 하려는 주민집단들에 의해 중산간지대에 소규모 촌락들이 성립되었고, 이

후 원촌락·개척촌락·복구촌락 등을 형성하였다.[20]

지리산과 한라산의 인구 증가에 대해 역사지리적 변천 사실 및 배경을 살펴보면 흥미로운 사실이 확인된다. 15세기 중엽(『세종실록』지리지)의 조선초기 자료에 의하면, 지리산 접경 군현의 인구는 16,718명이고, 한라산 접경 군현의 인구는 18,897명이었다. 그런데 18세기 중엽(『여지도서』)의 자료에는, 지리산 접경 군현의 인구가 10배 가까이 급증하여 152,078명에 이르고 있다. 상대적으로 한라산 접경 군현의 인구는 18세기 말(『제주읍지』)에 64,445명으로 3.4배 정도 증가하였다.

지리산 접경 군현에서 벌어졌던 인구의 급격한 증가는, 양란 이후의 유민 유입이라는 정치사회적 요인 외에도 농경지 확대, 특히 산지개간 확대 및 수리시설 발달을 통한 논의 증가와 밀접한 관련이 있다. 벼농사로 인해 가능했던 인구부양력을 짐작할 수 있는 것이다.

촌락의 고도별 분포 현황에서도 두 산은 서로 비교된다. 지리산에는 200~400m에 촌락이 가장 많이 분포하여 해발 400m 이하에 입지하는 촌락이 전체 촌락숫자의 절반을 상회하며, 400~600m에도 비교적 다수가 분포한다. 700m 이상으로 올라가면 촌락의 숫자가 급감하고, 800m 이상은 희소한 분포를 보여 고도한계를 드러낸다.[21] 한편, 한라산지에는 해발 200~300m에 촌락 분포 비율이 가장 높으며(74.5%), 300~400m에는 급감하다가(20.8%), 400m 이상은 희소한 분포 비율(4.7%)을 나타내는데, 600m가 고도한계를 보인다.[22] 요컨대 지리산지의 고도한

표30 조선전후기 지리산 접경 군현의 호구 및 인구수 비교

구분	『세종실록』지리지(1454)		『여지도서』(18세기 중엽)		증가(수)	
	호구	인구	호구	인구	호구	인구
남원	1,300	4,912	10,782	36,306	9,482	31,394
구례	137	677	1,869	6,922	1,732	6,245
운봉	139	551	2,024	4,823	1,885	4,272
하동	346	1,108	3,832	17,289	3,486	16,181
진주	2,220	7,522	13,966	65,098	11,746	57,576
함양	42	1,948	4,763	21,640	4,335	19,692
계	4,184	16,718	37,236	152,078	32,666	135,360

하동은『여지도서』보유편(補遺編)의『하동부읍지(河東府邑志)』에 근거

표31 조선전후기 한라산 접경 군현의 호구 및 인구수 비교

구분	『세종실록』지리지(1454)		『제주읍지』(18세기 말 이후)		증가(수)	
	호구	인구	호구	인구	호구	인구
제주	5,207	8,324	6,707	40,111	1,500	31,787
정의	685	2,073	2,336	15,307	1,651	13,234
대정	1,357	8,500	1,733	9,027	376	527
계	7,249	18,897	10,776	64,445	3,527	45,548

출처:『제주읍지』(想白古 915.149-J389)

계가 한라산보다 훨씬 높고, 높은 고도까지 많은 촌락이 분포하였음을 알 수 있다.

요컨대 지리산과 한라산의 촌락과 인구 분포 현황을 비교하면, 지리산지가 한라산지보다 촌락의 숫자가 월등하게 많으며, 분포 지역이 넓을 뿐만 아니라, 고도한계도 높다. 이 배경에는 지리산과 한라산의 지질·지형적 특성으로 연유된 식수 및 농업

용수 조건, 이로 인한 역사문화적 성격으로서 농경 특히 벼농사 및 취락 발달 조건, 정치사회적인 배경으로서 인구 유입 조건 등의 차이에 기인하는 바가 크다고 판단된다.

문화역사적 요소 비교

지리산과 한라산이 명실공히 한국의 대표적 명산으로 비견됨은 산 높이를 보더라도 인정된다. 한라산은 남한에서 가장 높고, 지리산은 육지에서 최고봉이다. '백두에서 한라까지', '백두에서 지리까지'라는 항간의 표현에서도 한라산과 지리산은 백두산과 함께 공히 국토의 상징 지표로 거론된다. 조선시대 지식인들에게 두 산은 백두의 자손으로서, 지리산은 이름도 두류산이었고 한라산은 바다로 이어진 백두의 산줄기였다.
  지리산과 한라산은 지리적으로 거리가 멀고, 지질·지형적 성인도 현격히 다름에도 불구하고 문화역사적으로는 공통적으로 논의할 수 있는 주제들이 여럿 있다.
  두 산은 국가적인 명산으로 산천제의 대상이었고, 고을의 진산이자 명산이었다. 그리고 삼신산인 방장(지리산)과 영주(한라산)로 여겼으니, 신산(영산) 혹은 선산 코드라고 할만하다.
  설화적으로도 두 산은 모계신화적 DNA를 공유하는 여신의 구비전승이 공통적으로 전해진다. 여신의 상징성은 모성의 이미지와 연결된다. 뭇 생명을 낳고 키우는 산으로, 형태적으로도 넉넉한 어머니의 품과 같은 모습의 어머니산으로 상징된다. 한라산 자락의 삼성혈(三姓穴) 경관이미지도 자궁(産道)의 메타포와 연관시켜 해석할 수 있다.

생활터전의 산이라는 코드로도 두 산은 자연스럽게 연결된다. 산지주거와 산촌개발의 생활사는 문화역사적 속성에서 빼놓을 수 없는 핵심 요소이기도 하다. 조선후기 중산간지대에 발달한 촌락의 생활경관은 주민의 산지 생활양식을 반영한다. 조선시대 지리산권역에 10여 개, 한라산권역에 3개의 읍취락이 분포하고 있었으며, 지리산지에는 벼농사, 한라산지에는 밭농사를 하는 마을이 형성·발달하였다.

정치사회적으로 두 산은 변혁의 산이라는 역사적 성격을 지녔다. 서울부터 먼 지정학적 위치로 인해 중앙에 대한 저항의 산이었다.[23] 현대사 무대에서도 남다른 아픈 기억을 가지고 있다. 한반도에서 벌어진 제국주의의 세계사적 충돌이라는 정치적 소용돌이에서 깊은 생채기를 남긴 장소가 되었다. 1948년 4월 한라산의 4·3사건, 같은 해 10월 여수·순천지역의 반란군들이 지리산에 들어와서 벌였던 빨치산 투쟁은, 동일한 역사·사회적 배경에서 발생한 산에서 전개된 민중항쟁이었다.

그밖에도 지리산과 한라산에 대한 비교문화적 조명은 여러 흥미로운 관심을 유발시킨다. 유토피아 관념도 그중 하나이다. 지리산의 청학동으로 대표되는 산의 유토피아와, 제주도의 이어도로 나타나는 섬의 유토피아는 한국 유토피아의 전형적 두 유형을 극명하게 드러낸다. 그리고 문학 분야에서 지리산과 한라산의 유산기와 구비전승 비교, 현대사에서 4·3과 여순 항쟁, 관광레저에서 둘레길과 올레길 등도 중요한 비교대상 주제가 된다.

지금부터 그중에서 대표적으로 산천제, 명산과 진산, 삼신산, 여신 신화, 풍수문화와 백두산래맥설의 주제를 들어, 차례대로 지리산과 한라산의 명산문화를 역사지리적으로 비교·조명해 보기로 하자.

산천제

지리산과 한라산의 명산문화 요소의 하나로, 산천제라는 국가의 명산 의례를 들 수 있다. 두 산에 대한 산천제는 제의적 위상과 시기의 면에서 비교할 수 있다.

지리산은 일찍이 신라 때부터 오악의 하나(남악)로 지정되어 국가적 제의 대상이었고, 고려시대를 거쳐 조선시대에도 지속되었다. 일찍이 『삼국사기』에 지리산이 중사(中祀)로 사전(祭典)에 올라 있고,[24] 『세종실록』 지리지에도, "신라에서 남악, 중사로 하였고, 고려와 본조(本朝)에서도 모두 그대로 따라 중사로 하여서, 봄·가을에 향·축을 내리어 관찰사로 하여금 제사 지내게 한다"[25]고 그 사실을 밝히고 있다. 또한 지리산에 있던 사당인 대천왕사(大天王祠)도 진주고을의 주요 경관으로 기록하였다.[26] 이처럼 지리산에 대한 나라 제사는 산천신에 대한 국가적 숭배의례의 지속적인 봉행이라는 점에서 역사적 의미를 찾을 수 있다.[27]

그러나 한라산은 사정이 달랐다. 삼국시대와 고려시대까지는 산천제를 올리지 않다가, 1418년(태종18)에 와서야 그것도 나주 금성산의 예에 준하여 산제를 지내게 하였다.[28] 지리산에 비해 제의의 시기도 매우 늦었을뿐더러 제의의 격도 낮았음을 알 수 있다. 1429년(세종11)에는 지방에서 제사 지내지 않았던 주요 산에 대해 제실과 위판(位版)을 설치하고 제사 지내기를 예조에서 아뢰고 있는데, 여기에 한라산이 포함되었다.[29] 조선중기까지 국가(왕조)에 있어서의 한라산은 '바다 밖'에 있는 명산일 따름이었다.[30] 이러한 한라산에 대한 본격적인 제사는, 17세기 후반인 1682년(숙종8)에 와서야 조정의 논의를 시작으로 이듬해부터 시행된다.[31] 당시 이증이 지은「한라산제문」은 조선 왕실의 한라산에 대한 인식이 잘 드러난다.[32] 이윽고 한라산은 1703년(숙종29)에야 공식적으로 사전(祀典) 등재가 결정되었다.[33]

참고적으로 백두산에 대한 제사는 예상과는 달리 한라산보다 더 늦었다. 『정조실록』에서 확인할 수 있듯이 백두산 제사는 18세기 후반인 1768년(영조44)에서야 시행되었다.

백두산이 나라의 진산이 된다는 이유로 봄가을로 향을 내려주고 악독(嶽瀆)에 지내는 제사 축에 끼이도록 하였는데, 이는 모두 방전(邦典)에 있지 않은 것인데도 유독 의리로 일으켜서 처음으로 시행한 것입니다.[34]

후술하겠지만, 백두산에 대한 정치·영토·문화적 중요성은 시대상황을 반영하여 조선후기에서야 일반화되었고, 이는 조선산맥의 백두산 조종론이라는 조선후기 명산문화의 한 특징으로 귀결되었다. 이와 결부되어 백두산래맥설이라는 지리산과 한라산 명산문화의 한 요소를 이루기도 하였다.

명산과 진산
먼저 명산으로서의 지리산과 한라산에 대한 지리지와 고지도의 표현을 비교해 살펴보자.

지리산은 『고려사』 지리지, 『세종실록』 지리지에서 전라도와 경상도의 명산으로 각각 소개되고 있다. 『세종실록』 지리지 경상도 편에는 지리산이 "다섯 명산의 하나로서 진주에 있다"라고만 간략히 적고 있지만, 전라도 편에서는 지리산의 별칭, 주위의 고을 이름, 산악경관과 기후, 전승되는 속설, 삼신산 관련 사실, 제사 정보 등을 상세하게 밝혀 놓고 있다.

명산은 지리산[지리(地理)·방장(方丈)·두류(頭流)라 한다]인데 남원에 있으니, 그 동쪽은 진주·곤남이요, 북쪽은 함양·산음이요, 서쪽은 구례요, 남쪽은 광양이다. 웅장하게 높이 하늘에 우뚝 치솟아, 산허리에 간혹 구름이 머물고, 비가 오고 천둥과 번개가 치는데, 그 위는 맑게 개어 평상시와 같으며, 가을철 서늘하면 매 떼가 모여 들므로 잡아다가 나라에 바친다. 속설에 전하기를, "태을이 그 위에 살고, 여러 신선이 모이며, 여러 용이 살고 있다"고 한다. 두보의

표32   도별(경상·전라) 명산 중의 지리산과 한라산

구분	『고려사』지리지	『세종실록』지리지
경상	금오산(일선현) 가야산(경산부) 소백산(흥주)	태백산(봉화) 지리산(진주) 사불산(상주) 가야산(성주) 주흘산(문경)
전라	지리산(남원부) 마이산(진안) 변산(보안현) 상산(무풍현) 금성산(나주목) 천관산(장흥부) 월출산(월내악·월생산, 영암군) 무등산(무진악·서석산, 해양현) 한라산(탐라현)	지리산(남원) 월출산(영암) 무등산(무진) 금성산(나주) 천관산(장흥) 상산(무주) 변산(부안) 마이산(진안)

시에 소위 "방장은 바다 건너 삼한 땅"이라고 한 주(註)와 『통감집람』에 "방장은 대방군 남쪽에 있다"라고 한 것은 이 산을 말하는 것이다. 신라에서 남악, 중사로 하였고, 고려와 본조(本朝)에서도 모두 그대로 따라 중사로 하여서, 봄·가을에 향·축을 내리어 관찰사로 하여금 제사 지내게 한다.[35]

그런데 한라산은 『고려사』 지리지에서는 탐라현의 명산으로 기록되었지만, 조선전기 문헌인 『세종실록』 지리지의 전라도 명산에는 빠져있다. 당시까지만 해도 한라산은 한낱 군현(제주) 위계의 명산으로 한정되었다. 이러한 사정은 전술한 산천제의 사정에 비추어 보아서도 마찬가지였다. 정조 때(1793년)까지도 『오례의』에 있는 「주현 명산대천 의(州縣名山大川儀)」에 따라 한

라산 산신에 제사를 지내게 하였으니,[36] 지방 고을의 명산 의례에 준한 산신제였던 것이다.

두 산의 이름이 등장하는 가장 오래된 지도는 1402년에 제작된 세계지도인『혼일강리역대국도지도』이다(그림 25). 그런데 조선중기의 고지도에서 지리산과 한라산에 대한 차별적 명산 인식은 그대로 반영되고 있다.『동람도』「팔도총도」에서는 팔도의 주요 명산이 수록되어 있지만, 한라산은 빠져있음을 알 수 있다(그림 26). 조선후기에 와서야 이러한 사정은 바뀌어 18세기의『여지도』「팔도총도」와 1800년대『지도』「조선총도」등의 전국지도에서 한라산은 이름과 함께 산이 그려지고 있다(그림 27).

한편, 지방 군현의 진산으로서는 지리산과 한라산이 어떻게 지리지와 고지도에 표현되어 있을까? 지리산의 진산 기록은 한라산보다 시기적으로 늦고 서술이 자세하지 않은 편이다. 단지 조선중기에 편찬된『신증동국여지승람』에 구례 고을의 진산으로만, "지리산, 현의 동쪽 8리에 있는 진산이다"[37]라고 기록되어 있다. 지리산은 진산으로서의 위상보다는 상대적으로 명산(국가 혹은 도)으로서 강조되고 있음을 알 수 있다. 고지도를 보더라도, 지리산 인근 고을을 그린 조선후기 군현지도에서 지리산은 몇 고을(운봉·하동·진주 등)의 산줄기가 비롯된 곳으로 한정되었고, 지리산에 대한 지도상의 표현도 한라산의 경우와 달리 강조되어 있지 않다.

대조적으로 한라산은 일찍부터 탐라현(제주목)의 진산이라는 사실이『고려사』지리지에 표기되었고, 시기를 지나면서 주변

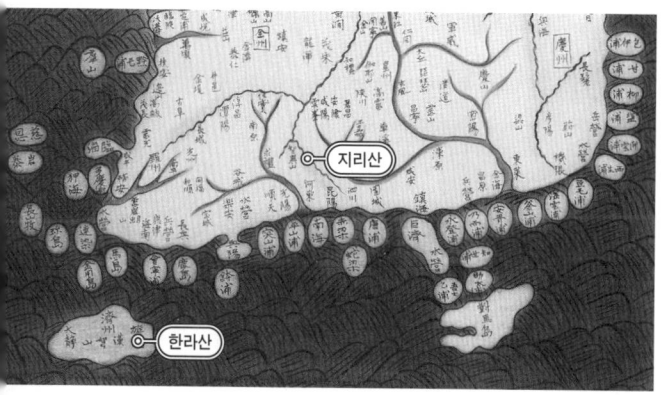

그림 25
『혼일강리역대국도지도』(1402)의 지리산과 한라산. 서울대학교 규장각한국학연구원 소장

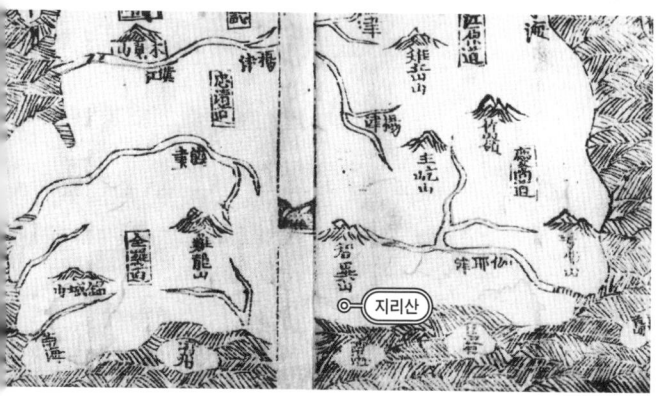

그림 26
『동람도』「팔도총도」(1600년 이전)의 지리산. 서울역사박물관 소장

그림 27
『지도』「조선총도」(1800년대)의 지리산과 한라산. 서울역사박물관 소장

고을의 진산으로까지 확대되었다. 『고려사』 지리지에, "한라산이 탐라현의 진산"이라는 내용과 함께 고을에서의 위치 관계, 별칭, 백록담(大池)의 존재도 기록되었다.[38] 『세종실록』 지리지에는 "한라산이 제주목의 진산"이라는 사실과 한라산의 이칭과 유래, 형세와 경관도 부연 서술되었다.[39]

조선중기에 와서 『신증동국여지승람』에는 한라산이 제주목과 대정현의 진산으로 표기되었는데, 정의현은 진산이라는 표기는 없고 위치만 기록하고 있다.[40] 『제주읍지』(18세기 말 이후)에서는 "본 고을의 산천은 모두 한라산에서 맥을 일으킨다"라고 하여 한라산이 진산으로 지니는 풍수적이고 지형적인 의미를 묘사하였다.[41] 『1872년 지방지도』(제주·정의·대정)에서도 고을의 진산으로서 주위 산천에 대한 한라산의 이미지와 위상이 뚜렷하게 표현되어 있다.[42]

삼신산

지리산과 한라산의 명산문화 요소로서 가장 핵심적인 키워드를 꼽는다면, 삼신산 범주라고 할 수 있다(그림 28). 전통시대 지식인들 사이에 지리산과 한라산은 각각 방장산과 영주산으로 널리 알려졌다. 역사지리적으로 비교 고찰해보면, 두 산이 삼신산으로 굳어진 시기에 차이가 나고, 방장산은 거의 단일하게 지리산으로 지칭되었으나,[43] 영주산은 조선전기에 변산으로도 일컬어지다가 조선후기에 와서 한라산으로 굳어졌음을 알 수 있다.[44]

우선 시기를 보면, 『고려사』 지리지에, "지리산(지리, 두류 또

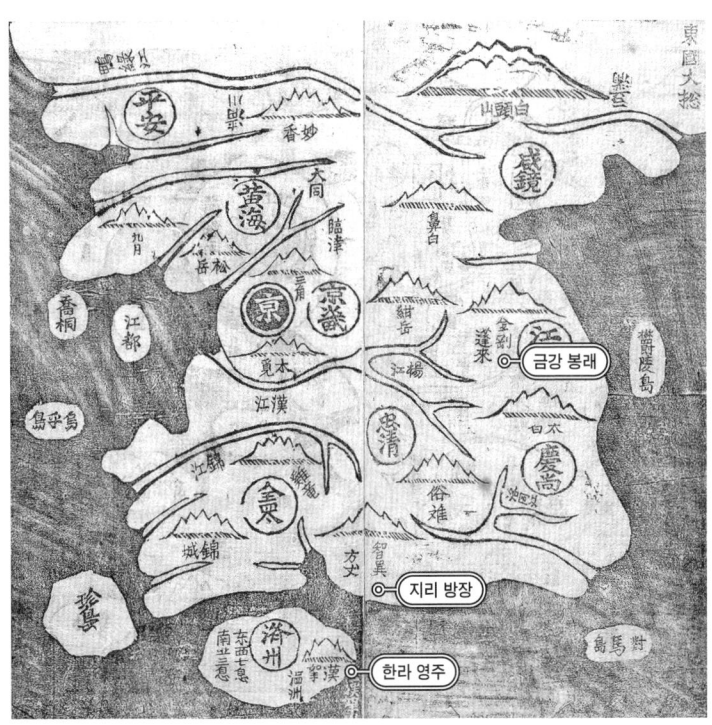

그림 28 『지도서』「동국대총」(1849)에 표기된 삼신산. 서울역사박물관 소장

는 방장이라고도 한다)"⁴⁵고 한 것으로 보아, 고려말에 이미 지리산은 삼신산(방장)으로 거론되었을 가능성이 있다.⁴⁶ 조선초기의 『세종실록』 지리지에는 지리산을 방장산이라는 문헌적 근거까지 언급하고 있다.⁴⁷ 이후 조선시대 관찬지리지에서 지리산이 방장산이라는 별칭은 일반적으로 보인다. 조선시대 유학자들의 문집에서도 지리산이 방장산이라는 인식은 전기의 이석형·김종직 등의 문집에서부터 본격적으로 나타나기 시작했다.⁴⁸

한편, 한라산을 삼신산의 하나로 인식하는 초기 문헌은 서거정(1420~1488)의 시문에 나온다.⁴⁹ 이윽고 한라산이 영주산으로서 조선 지식인 사회에서 일반적으로 인식된 것은 17세기 초반 무렵이었다고 추정된다.⁵⁰ 한라산을 영주산이라고 한 기록은 이후의 여러 시문에서는 물론이고, 이중환의 『동국산수록』(1751), 이규경(1788~1856)의 『오주연문장전산고』⁵¹ 등에서도 반복된다. 한라산이 영주산임이 사회적으로 확정되는 모습을 볼 수 있다.

조선후기의 여러 고지도인 『여지도』 「팔도총도」, 『지도서』 「동국대총」, 『지도』 「동국팔도대총도」 등에서도 한라산이라는 이름 옆에 '영주(瀛州)'라고 표기되어 있는 사실이 확인된다. 특히 18세기에 제작된 「영주산대총도(瀛州山大總圖)」는 제주도 자체를 '영주산'이라고 표기하여 지도명으로 삼고 있어 주목된다(그림 29). 이를 통해 제주사람들이 한라산(영주산) 자체를 제주도라고 인식하였던 유래는 이미 오래전의 사실이었음을 확인할 수가 있다. 이 지도에서는 한라산의 맥(산줄기)을 주요 오름을 포

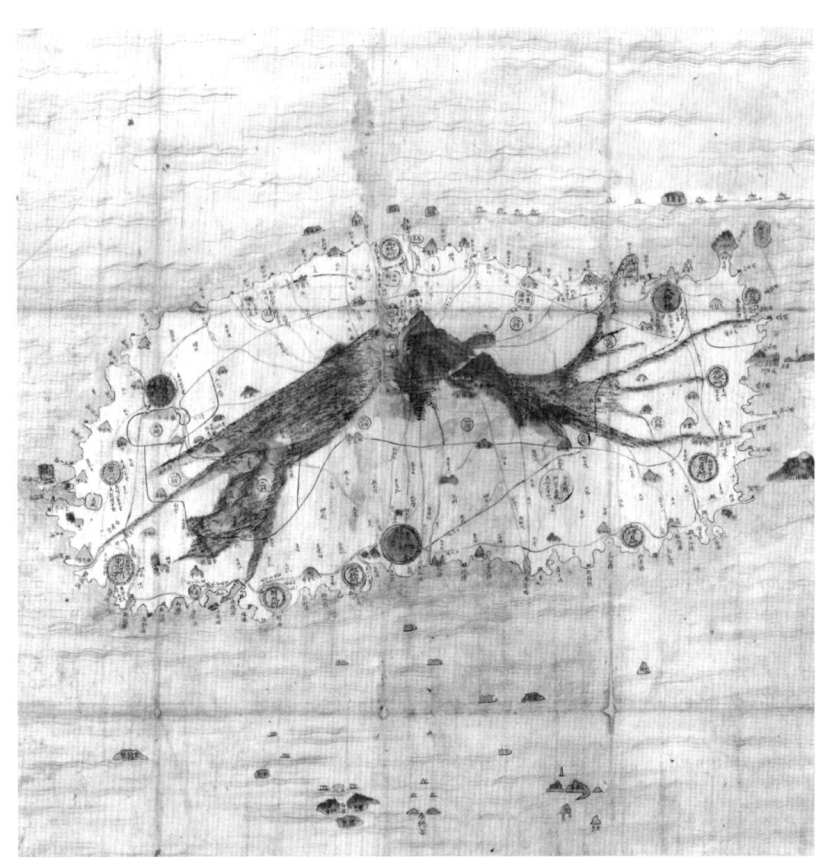

그림 29 「영주산대총도」(1721), 국립고궁박물관 소장

함하여 동서의 넓은 공간적 범위로 걸쳐서 해안까지 이르게 회화적으로 표현하고 있다.

한라산을 영주산으로 널리 인식할 무렵의 조선중기에는, 제주도에 따라 영주산이라는 고유지명도 새로 생겨났다. 정의현에 있는 영주산은 옛 문헌에 의하면, 기존에 '영지'라는 이름이었다고 한다. 삼신산문화의 영향으로 산이름이 영지산에서 영주산으로 바뀌었을 가능성이 크다고 본다.

결과적으로 조선후기에 한라산이 지식인들 사이에서 삼신산(영주산)으로 널리 알려지게 되면서 동국 명산으로서 위상이 크게 제고되었을 것으로 추정된다. 전술한 산천제에서도 살펴보았지만, 조선 왕실에서 비로소 한라산을 나라의 명산으로서 제사하고 제전(祀典)에 올린 것도 18세기 초반 무렵으로 같은 시기였다.[52]

여신의 산

지리산과 한라산의 명산문화 요소에서 또 하나의 흥미로운 공통점은 여신의 신화이다. 두 산의 여신 신화는 지리산의 노고와 성모천왕, 한라산의 설문대할망이다. 여신은 한국의 산신신앙에서 원형성(originality)이 있으므로, 한국의 대표적 두 명산에서 모두 여신 상징이 나타난다는 사실은 주목할 만하다.[53]

지리산의 노고단이라는 지명에 나타나는 '노고(老姑)'의 명칭은 노구(老軀)인 듯하다. 노고단이라는 이름은 근대 이후로 노구당에서 음전(音傳)된 명칭으로 추정된다. 조선시대 지리지나 고

지도에도 노고단 지명은 나오지 않는다. 19세기 초의 유산기인, 정석구의 「두류산기」(1810)에는 "산줄기가 낮아졌다가 동쪽으로 뻗어 노구당이 되는데, 문수동(文殊洞)의 주봉이 된다"[54]는 대목이 있어 노구당의 지명 사실을 짐작하게 한다. 지명의 뜻으로 보아 예전에는 노구당이라는 할머니당이 있었음도 알 수 있다. 그렇다면 노구당이 20세기에 들어 노고단이라는 명칭으로 바뀌었을 가능성이 크며, 그 흔적은 이보림의 「두류산유기」(1937), 양회갑의 「두류산기」(1941)에 기록된 노고단이라는 지명에서 확인할 수 있다.[55] 노구는 삼국시대부터 건국신화에 등장하는 국가수호신으로[56] 유래는 매우 오래되었다.

지리산 성모에 대한 오랜 기록은 "성모는 지리산의 천왕이다"[57]라고 고려말 이승휴(1224~1300)의 『제왕운기(帝王韻紀)』에 나와 있어, 아무리 늦어도 고려말에는 지리산 성모신앙이 널리 퍼져 있었음을 알 수 있다. 조선시대에도 지리산 주변 지역에 살았던 백성들은 성모상을 모시고 지리산을 신성한 어머니로 숭배해 왔다. 유몽인(1559~1623)의 「유두류산록」에서, "인근의 무당들이 모두 이 성모에 의지해 먹고 산다"고 말한 것이 이러한 정황을 말해준다.

제주의 설화에서 설문대할망은 한라산과 오름을 만든 신화적 존재이다. 설문대할망의 설화는 산신의 위상을 넘어 제주 땅을 만든 창조신(창세신)으로까지 전개된다.[58] 한라산 설문대할망의 신화적 족보를 따지자면 지리산 노구와 함께 마고 계열의 여신임은 분명한 것으로 보인다. 한국에서 18세기부터 등장하여 전국적으로 흔히 나타나는 마고할미는 천태산 마고할미라는 연구가 있다.[59] 이와 관련하여 조선중기의 문신 김정의 「충암록(沖菴錄)」에, "(한라산을) 예부터 소천태(小天台)로 전해왔다"[60]는 말에 비추어 보아도, '한라산:(소)천태산, 설문대할망:마고할미'라는 대비적인 이해가 가능하다. 조선후기의 문신 장한철의 『표해록(漂海錄)』(1771)에서, "아득한 옛날에 선마고(詵麻姑)가 걸어서 서해를 건너와서 한라산에서 놀았다는 전설이 있다"는 기록도 설문대할망의 옛 이름(선마고)이 마고라는 사실을 증명한다. 학계에서는 거의 설문대할망이 육지부의 마고할미와 닮아있다[61]는 사실은 인정한다.

지리산과 한라산의 여신 신화는, 새로운 방법론적 시선인 경관상징 이미지의 보편과 특수라는 양면적 비교를 통해 특징을 도출할 수 있고, 신화적 재해석도 가능하다.

지리산과 한라산이 지닌 여신 이미지는 공통적으로 모성 상징성을 지닌다. 지리산에는 성모천왕이라는 여신으로서의 신앙적 아이콘이 있었고, 한라산과 오름을 만든 설문대할망 설화 내용도 모성 메타포를 지닌다. 제주사람들의 "오름에서 나서 오름으로 돌아간다"라는 공간적 세계관도 모성 상징의 원형상을 지닌다. 제주사람들은 한라산을 '자산(慈山)'이라고도 하는데, 산에 맹수가 없는 데다 산세가 어머니처럼 자애로운 모습을 띠고 있기 때문[62]이라는 인식도 경관이미지적인 이해의 일면이다. 무엇보다도 한라산에는 모성 상징의 특징적인 원형경관이 있었다. 한라산 북쪽 기슭에 있는 삼성혈(三姓穴)이 바로 그것인데, 제주

사람들의 조상인 고(高)·부(夫)·량(梁) 세 신인(神人)이 땅속에서 나온 장소로 신성한 모성의 상징성을 확연하게 드러낸다.

그런데 지리산과 한라산의 공통된 여신 설화라도 구체적으로 의인화된 경관이미지를 대비하여 해석하면 흥미로운 특색이 드러난다. 지리산은 어머니신, 한라산은 할머니신으로 차이가 있다. 사실 지리산의 대표 여신은 역사적으로 보아도 할머니신(노고)이 아니라 어머니신(성모천왕)이었다. 상대적으로 한라산에는 어머니신이 아니라 할머니신의 상징성이 강력하게 드러난다.

왜 지리산의 상징적 아이콘은 성모(천왕)였을까? 지리산 성모천왕의 유래에 대하여, 신라가 지리산을 지정학적으로 남악으로 배치하면서 경주의 선도산 성모를 이식한 것이라는 역사민속학적 연구성과도 있지만,[63] 지리산의 지형경관 및 생활터전의 성격이 성모 이미지를 유발시킨 것으로도 해석될 수 있다. 흔히 자연경관(산천) 형태소의 지리적 구비전승 혹은 설화는, 기본적으로 주민들이 자연적 대상과 상호관계를 맺으면서 빚어진 상징이미지의 산물이기 때문이다. 따라서 지리산과 한라산의 설화는 두 산에 대해 주민들이 역사문화적, 환경생태적으로 어떤 관계를 맺고 인식했는지를 파악하는 것이 역사지리적 설화 해석의 한 방법론적 열쇠이다.

할머니와 어머니가 주는 상징이미지는 사뭇 다르다. 할머니는 나를 있게 한 모계적 근원이고 간접적으로 나를 돌보는 자라면, 어머니는 나를 직접적으로 낳고 기르는 토대와 같은 존재이다. 이는 한라산과 지리산의 경관이미지와 비슷하다. 제주사람들에게 한라산은 늘 거기에 있으면서 생명과 존재의 근거가 되는 상징경관이지만, 실제적으로 그 속에 생활터전을 마련하여 어미 품속의 자식처럼 생육될 수 있는 그런 대상은 아니다. 상대적으로 지리산에서 생활터전을 마련해 사는 사람들에게 지리산의 이미지는, 생명의 근원으로서 할머니(노구)인 동시에 삶의 바탕으로서 신성한 어머니(성모)일 수 있었다. 요컨대 지리산지에 삶을 의탁하며 사는 사람들에게 지리산의 경관이미지는 한라산지의 그것과는 다른 상징적 모습으로 인식되어 신앙에 투영되었다고 해석할 수 있다.

풍수문화와 백두산래맥설

지리산과 한라산은 풍수문화에 있어서도 역사지리적인 차이와 특징이 나타난다. 지리산에서 풍수의 영향력은 고려와 조선시대를 걸쳐서 깊고 컸지만, 한라산에서의 풍수적인 영향력은 조선 중기까지 미약했다. 그리고 풍수와 연관되어 생긴 지리산과 한라산의 백두산래맥설은 조선후기적 명산문화의 한 특징이기도 하다.

  풍수는 지형환경이 배경이 된 취락의 입지 및 형성과 긴밀하게 관련있는 전통적 문화 요소의 하나이다. 지리산은 수많은 사람이 살았던 오랜 생활문화의 터전이었기에 풍부한 풍수문화와 풍수경관을 지니고 있다. 지리산이 갖춘 지형적 특징인 골짜기와 분지는 풍수적인 명당이 될 수 있는 필요조건에 부합하였다.

지리산권역은 도선이 풍수법을 전해 받아 활동한 지역으로 나말여초 이후 한국풍수의 메카라고 할 수 있다. 지리산의 도선에서 비롯된 풍수문화는 지리산권의 사찰, 고을, 마을에 확산되었고, 공식적인 역사문헌이나 민간의 구비전승에 그 흔적이 남아 있다.[64] 지리산 접경지역의 5개 시군에서만 500개가 넘는 다양한 풍수 형국이 조사된 것만 보아도[65] 지리산권이 매우 다채롭고 다양한 풍수문화의 보고임을 알 수 있다.

반면, 한라산권역에서는 12세기 송나라의 호종단(胡宗旦)에 의한 풍수적 단맥 설화가 조선중기의 관찬지리지(『신증동국여지승람』)에 처음 나타난다. 이후 이 설화는 제주도 전역에 분포되어 몇 가지 유형을 낳았다.[66] 이에 근거하면, 한라산권역에 최초의 풍수 유입 경로는 내륙이 아니라 중국(宋)으로 볼 수 있다. 호종단의 단맥 설화를 보면, 풍수라는 외래문화는 제주의 땅과 사람을 침해한 수단으로, 제주사람들에게 피해의식으로 투영되었다. 호종단은 『고려사』 기록에 의하면, 잡술에 능하여 12세기 고려 예종과 인종 대에 벼슬까지 한 사람이었다.[67] 송나라 출신의 호종단이 제주 땅의 맥을 해치고 고려왕조에 벼슬까지 했다는 사실은, 제주사람들이 타국과 육지에 대한 배타적인 불신을 설화적으로 형상화한 것으로도 이해할 수 있다. 그리고 제주도의 지맥을 끊은 호종단이 한라산 산신의 노여움으로 죽게 된다는 설화의 결말은, 고유의 한라산(신)이 외래문화의 침탈에서 지켜낸다는 의미로, 제주사람들의 의식구조를 반영한다고 해석할 수 있다. 이는 당시 외래적 풍수문화에 대한 토착신앙 및 자연신앙의 저항력과 지탱력을 잘 표현해 준다.

　이런 사정으로 인하여 조선중기까지도 한라산권역에서 풍수문화의 영향력은 지리산권역에 비하여 현저히 적었다. 『신증동국여지승람』에서, "(묘지) 풍속이 지리(풍수)와 점술(卜筮)을 쓰지 않고 또 부도법도 쓰지 않는다"[68]는 사실을 적고 있다. 이러한 배경에는, 조선시대에 육지에서 유교의 효사상과 결합하여 형성된 풍수담론의 이데올로기가 제주도에는 상대적으로 미약했던 데에도 이유를 찾을 수 있다.

　조선후기에 와서는 전국적인 풍수의 유행에 따라 한라산권역에서도 풍수는 광범위하게 적용되어 해석된 것으로 보인다. 읍치·마을·주택·묘지 등을 막론하고 풍수입지 관념이 영향을 주었으며, 풍수비보 관념도 영향을 끼쳐 해안가 마을에서 방사탑(防邪塔, 거욱대) 등이 조성되기에 이르렀다. 방사탑은 육지의 비보돌탑이 제주해안의 풍수적 비보물로 활용된 것이며, 고유의 하르방민속과 풍수가 결합하여 변형된 돌탑 형태(영등하르방)로 토착화되기도 하였다. 각지의 명당 설화와 풍수 설화, 현지 풍수 답산기[「과영주산세지(過瀛州山勢誌)」 등]와 명당도[탁옥정도식(琢玉亭圖式)] 등도 조선후기부터 본격적으로 생겨났다.

　다만 지리산지와 한라산지에서 풍수이론의 실제적 활용을 비교해보자면, 지리산지의 취락에는 광범위하게 형국론적 해석이 확산되어 문화생태적인 영향을 크게 미쳤지만, 한라산지의 취락에는 형국론적인 인식과 영향이 상대적으로 뚜렷하게 드러나지 않는 점이 대비된다.

풍수와 관련하여 지리산과 한라산의 백두산래맥설은 조선후기적 명산문화의 한 특징으로 꼽을 수 있다. 조선중후기에 와서 국토산하에 대한 자긍심과 자주의식이 생겨나고, 동시에 18세기 초반에 백두산을 경계로 청나라와의 국경 문제가 불거지면서 백두산이 국토의 조종산으로(白頭山祖宗論) 정치적·영토적 의의가 강조되었다. 동시에 지리산과 한라산은 백두산의 자손으로서 백두의 맥에서 기원하였다는 의식이 생겨났고, 풍수의 사회적 성행과 부수되어 국토의 산줄기 지식이 널리 확산되면서, 모든 명산은 백두산의 맥에서 산줄기가 이어졌다는 담론이 퍼졌다.

지리산의 별칭인 두류산이라는 명칭은 고려말 신진 사대부들에게 본격적으로 나타나다가 조선중후기의 사인(士人)들에게 널리 쓰였다. 조선시대 사인들은 지리산, 두류산, 방장산 가운데 두류산이라는 이름을 가장 선호하였다.[69] 이 지리산이 백두산의 맥에서 이어진다는 인식은 고려말 이인로의 『파한집』에서 보인다.

> 지리산은 백두산에서 비롯하여 꽃 같은 봉우리와 꽃받침 같은 골짜기가 면면히 이어져 대방군에 이르러서 수천 리에 둘러 감아 엮였다.[70]

두류라는 호칭은 일찍부터 있었지만, 두류라는 뜻이 백두산이 흘러 내려왔다고 풀이한 지명 유래의 해석은, 조선중후기에 백두산이 국토의 종산으로서 중요시되면서 새로 이루어진 것으로 보인다. 조선초기의 『경상도지리지』와 『세종실록』 지리지에서는, 명산 항목에 지리산을 두고 일명 두류(頭流)라고 한다면서 진주 고을로부터의 방위 정보만 기록하고 있다.[71] 그런데 조선중기의 『신증동국여지승람』에는, 지리산을 백두의 맥이 뻗어 내린 두류산이라고 일컫는 근거가 상세히 언급되어 있어, 당시의 새로운 지명풀이가 공식적으로 인정되었음을 확인할 수가 있다.

지리산 부의 동쪽 60리에 있다. 산세가 높고 웅대하여 수백 리에 웅거하였으니, 여진 백두산의 산맥이 뻗어 내려 여기에 이른 것이다. 그리하여 두류(頭流)라고도 부른다. 혹은 백두산의 맥은 바다에 이르러 그치는데 이곳에서 잠시 정류(停留)하였다고 하여 류(流) 자는 류(留) 자로 쓰는 것이 옳다고도 한다.[72]

이와 유사한 견해는 조선후기 지식인들의 글에서도 흔히 볼 수 있다. 유몽인은 「유두류산록」에서 "두류산은 백두산에서 뿌리내려 4천 리나 면면이 뻗어온 넉넉하고 충만한 기운이 남해에 다다라 엉켜 모이고 우뚝 일어난 산"이라고 했거나,[73] 이규경은 「지리산변증설」에서, "백두의 맥이 흘러 지리에서 그쳤기 때문에 일명 두류산이라고 한다"[74]고 적고 있다.

흥미로운 사실은 백두의 맥이 육지에서 바다를 건너 멀리 한라산까지 이어졌다는, 한라산의 백두산래맥설 담론이 나타난다는 점이다. 이러한 인식은 제주 지맥의 육지 내원적(來源的) 인식으로서 제주 풍수의 한 특징이다. 이수광(1563~1628)은 『지봉유설』(1614)에서 "백두대간의 맥이 바다로 이어져 주위의 섬이 된다"는 남사고(南師古)의 말을 긍정하면서 제주의 한라산도 그중의 하나라고 하였다.

우리나라의 뭇 산은 모두 백두산에서 발원한 것으로 마천 철령 남쪽에서부터 금강산, 오대산, 태백산이 되고 지리산이 되어 다한다. 남사고는 백두산의 맥이 여기에서 그치는 것이 아니라 바다 속으로 숨어들어가 일본의 여러 섬이 된다고 하니 이치가 있는 설명이라 하겠다. 제주의 한라산 역시 그 하나이다.[75]

조선후기의 문신 이형상(1653~1733)도 『남환박물(南宦博物)』(1704)에서, "한라산의 근원이 원래 뭍에서 들어온 것이라 바람이 치고 파도가 삼켜 지금은 바닷물이 들고 나는 사이라 하더라도 기맥이 연락되고 있다"라고 한라산의 육지 내맥설을 긍정하였다. 한편, 이중환은 『동국산수록』(1751)에서, 당시 이미 전국적으로 파악된 산줄기 계보에 근거하여 한라산의 맥을 구체적으로 연결하고 있다. 그는 한라산의 맥을 호남정맥의 마이산에 연원을 두면서, 무등산에서 뻗어 내린 월출산에서 바다로 이어져 한라산에 닿는다고 서술하였다. 게다가 한라산의 맥이 유구(현 오키나와)까지 건너간다는 당시의 인식도 흥미롭다.[76]

이러한 육지와 제주 지맥의 연결 관계는 김정호의 『대동여지도』(1861)에도 암시적으로 반영되어 과장되게 표현되고 있다.

그리고 최익현이「유한라산기」에서 "백두산에서 시작하여 남으로 달려 4천 리에 영암의 월출산이 되고, 또 남으로 달려 해남의 달마산이 되고, 달마산이 바다 건너 500리를 건너뛰어 추자도가 되고, 또 500리를 건너뛰어 한라산이 되었다"라는 서술도, 동시대 한라산 산줄기의 백두산래맥설 담론이 보다 구체화된 인식의 반영이다.

백두산-지리산-한라산의 산줄기 연속성과 계통적 체계는「조선산도(朝鮮山圖)」라는 가시적인 지도로도 그려졌다. 이 지도는 1903년에 필사본으로 제작되었다. 특수한 고지도의 형태인「조선산도」에서는, 한라산 맥이 무등산에서 발원하고 무등산은 다시 마이산을 통해 백두대간의 맥으로 이어지는 산줄기 계통이 여실히 표현되고 있다. 이 지도를 살펴보면, 백두산을 머리로 하여 백두대간의 등줄기가 표현되고 지리산이 종점으로 강조되어 크게 그려져 있다. 아울러, 삼신산으로서 금강산·지리산·한라산을 강조하여 백두산과 함께 크게 그려진 점도 눈에 뜨인다. 한라산은 무등산의 지맥이 남으로 뻗어 내려 바닷속으로 맥락이 이르는 것으로 표현되었다.[77]

한라산이 발원한 육지의 명산으로서 무등산과의 연계적 인식은 조선후기의『산경표』에서 정리된 전통적인 산줄기 체계에 근거했지만, 이미 조선중후기에 지식인들 사이에서는 한라산과 무등산을 비교하여 산의 형태와 성격을 이해했다. 조선중기의 문신 임제(1549~1587)의「남명소승(南溟小乘)」에, "한라산의 모습은 무등산과 비슷하다. 세상에서 무등산과 한라산이 서로 암수가 된다고 전하는 것은 이 때문일 터이다"[78]라는 서술은 이러한 사실을 잘 말해준다.

2. 한국과 일본의 명산문화 전통 비교

한·일 명산문화 연구의 학술적 목적은 역사·지리적으로 전개된 명산문화의 과거를 돌아보고 현재의 실태를 진단하며 미래를 전망하기 위한 기초적 비교연구의 틀을 수립하는 데 있다. 이 장은 명산문화의 본격적인 조사연구를 위한 첫걸음으로, 한·일 명산문화 전통의 양상을 대비함으로써 역사지리적 논의의 프레임과 비교문화적 고찰의 시금석을 마련하는 시도로서 의미를 지닌다.

동아시아에서 명산문화의 스펙트럼은 역사·생활사·종교·사상·예술 등의 다방면에서 큰 비중을 차지하지만 본격적인 탐구와 체계적인 연구는 부족하다. 특히 한국과 일본의 명산문화는 오랜 연속된 전통을 지닌 유·무형적 유산으로서, 수많은 관련문헌과 역사경관이 현존하기에 학술적인 비교연구 가치가 충분함에도 불구하고 아직까지 학계에서 기초적인 연구도 시도한 바가 없다. 동아시아의 보편과 특수의 맥락에 있는 한·일 명산문화 전통의 역사지리적 특색과 내용에 대한 학술적 논구가 필요한 이유다.

이에 우선 한·일의 명산문화 전통에서 무엇이 같고 어떻게 다른지를 비교해 조명하여 그 배경과 이유를 밝힐 필요가 있다. 일본의 명산은 왜 영산(靈山)이라는 신앙적 속성이 강하여 이계 및 타계 관념과 명산 의례 및 수행이 성행했는지도 캐물어야 하고, 왜 한국의 명산문화는 인간생활과 밀접한 관계로 성립하여 이상향 관념과 명산의 산줄기에 대한 계통적인 인식이 발달했는지도, 지형환경적 배경과 역사문화적 이유를 들어서 대비하여 토론되어야 한다.[79]

한·일의 명산문화는 동아시아의 역사적 교류와 전파 과정에서 해당 문화주체와 코드에 따라 선택적으로 수용되고, 변용되었으므로 그 양상과 배경에 유의해 고찰할 수 있다.[80] 예컨대, 중국에서 도입한 삼신산 관념과, 대표적 명산인 한국의 지리산·한라산 등과 일본의 후지산·하쿠산 등에 나타나는 여신 전통도 흥미로운 비교문화적 연구대상이 된다. 그리고 한·일에 있어서 불교와 유교의 영향에 의한 명산문화의 변용 양상과 특징도 주요한 연구주제가 된다.

그 밖에도 일본의 화산지대의 지형특성, 신체산(神体山)과 수분신(水分神)의 신앙형태, 후지츠카(富士塚)의 조경양상 등을 명산문화의 키워드로 뽑을 수 있고, 한국은 명산문화에 영향을 끼친 풍수사상, 유교지식인의 구곡(九曲) 조영(造營) 등도 주목하여 고찰할 수 있다. 특히 한·일 간의 명산문화를 대비해 볼 때 '사람의 명산'과 '신의 명산', 조선 유학자의 유산행(遊山行)과 근

세 슈겐자의 슈겐도(修驗道) 등은 각각의 개성적인 특징으로 꼽을 수 있다.[81]

나아가 더 심화된 연구주제로서는, 명산문화의 '장소성'에 초점을 두어 '한·일 명산문화 장소성의 동아시아적 수용과 변용'이라는 시선으로 비교 탐구해야 한다.

이를 위해서는 우선, 한·일의 명산문화 '장소성'의 닮은꼴과 다른꼴을 드러내어, 보편과 특수의 자연지형적 배경과 역사문화적 맥락 그리고 정치사회적 이유를 해명하고, 이어서 한·일의 명산문화에 반영된 동아시아적인 장소성의 시간적 수용 및 공간적 변용 양상을 비교해 드러냄으로써, 명산에 대한 인식과 태도의 시대적 변천과 지역적 양상을 통시적·공시적으로 대비한다. 끝으로 한·일 명산문화의 장소적 전통에 담긴 사회문화적 유산 가치를 현대적으로 해석함으로써, 오늘날의 명산 보전 및 활용, 명산과 사람 간의 올바른 관계를 자리매김하기 위한 학술적 전망을 도출한다.

이상과 같은 일련의 연구성과가 집적되면 향후 이를 바탕으로 한·일의 명산 및 명산문화에 대한 학술적인 개념도 보다 체계적으로 비교 정립될 수 있을 것이다.

보편과 공통의 닮은꼴 문화

한국과 일본은 공히 산의 나라이자 산의 민족이라고 할 만하다.⁸² 그도 그럴 것이 국토면적에서 점유하는 산지의 비율이 한반도는 70%, 일본은 72.7%를 상회할 정도로 큰 비중을 차지한다. 그 대부분의 산은 사람들이 삶을 영위할 수 있는 공간적 토대이자 생활의 장소이기도 했다. 이러한 지리적 배경은 한·일의 산악문화 더 나아가 명산문화의 닮은꼴을 배태(胚胎)한 기본적인 토대가 된다.

일상적으로 쓰는 산에 관한 용어만 해도 그렇다. 일반적으로 산(山)이라는 말을 사용하지만, 높고 큰 산은 악(岳)이라고 한다.⁸³ 이름난 산(名山), 신령한 산(靈山), 지킴이 산(鎭山) 등의 말도 서로 통한다. 산을 마음속의 원형공간 혹은 원풍경(元風景)으로 간직한다거나, 생명의 원천으로서 산의 공능(功能)을 인식하는 것도 공통적이다.

공간적으로도 한·일의 산은 인간의 생활환경과 관련되어 적당한 거리와 장소에 있다.⁸⁴ 인간의 생활공간과 격리되어 있지 않은 산은, 인간과 상호 간에 밀접하게 얽혀 심지어 '사람과 산은 살을 섞는 관계'로 형용되기도 한다.⁸⁵ 이 산의 기슭에는 취락이 형성되어 산지에서 임업과 농경에 기반한 생산활동과 일생의 삶이 이루어졌다.

그래서 산은 생애 공간적으로도 사람의 생명이 비롯하고 죽어 돌아가는 장소로서, 선조 숭배(祖先崇拜: 祭祀)와 깊은 관계를 맺도록 했다.⁸⁶ 그렇기에 민간인들에게 산은 묘와 서로 혼용되기도 했다. 한국은 산을 뫼라고 했고, 일본은 묘를 야마(ヤマ: 산)라고 불렀다.⁸⁷ 일본의 명산 중에 오소레산(恐山)·다테야마(立

山)·갓산(月山) 등은 태어나기 이전의 혼과 죽은 자의 혼이 머무는 곳이자, 조령(祖靈)이 머무는 장소(居所)였다.

특히 하늘의 신이 내려오거나 땅의 신성이 서려있는 장소, 불보살이 상주하는 등의 중요한 산악은 명산으로 지정되어, 정치사회적으로는 국가와 종교민속적으로는 민간의 숭배 및 제의의 대상이었다.

이상과 같은 역사문화적 과정은 한·일 간에 신성한 산의 관념과 이에 따른 산이름 계열[신산(神山)·천산(天山)·불산(佛山)[88]·용산(龍山)[89] 등]을 공통적으로 낳게 하였다. 그중의 한 예로서 용산을 살펴보면, 한국에는 다수의 '용산' 계열의 산이름[용산(龍山)·용문산(龍門山)·반룡산(盤龍山)·서룡산(瑞龍山)·용두산(龍頭山) 등]이 바다나 하천 주위의 산지, 특히 강을 끼고 있는『산경표』상의 정맥(正脈) 산줄기에 주로 나타난다. 일본에도 전국적으로 용신앙이 있었으며, 용산(혹은 龍王山) 지명은 기우제를 지내던 성지였다.[90]

산의 의인화 및 인간화

이러한 산과 사람의 역사지리적 상호관계성에 의해, 한·일에서는 산악문화 및 산악신앙의 전역성(全域性)[91] 및 대중성[92]과, 이에 따른 결과인 산의 의인화 및 인간화 과정도 일반적으로 드러나며, 특히 여성성으로서 생육(생산과 양육)하는 산이라는 인식도 공통적으로 나타난다.[93]

그러한 의식을 반영하듯이, 한·일에는 모산(母山: Mother

Mountain) 계통의 산이름도 다수 눈에 띈다.[94] 명산의 예를 보아도, 한국의 지리산은 예부터 대표적인 어머니산으로 인식되어, 늦어도 고려시대부터 성모천왕(聖母天王)이라는 어머니산신 신앙이 전래하였다. 일본에서는 어머니산으로서 알려진 이와키산(岩木山)[95]과 할머니산 명칭으로서 일본 규슈의 조모산(祖母山)이 있다. 할머니산신으로서는, 한국 한라산의 설문대할망과 일본 다테야마의 우바(うば) 등도 들 수 있다.

이렇듯 한·일의 산악문화사에서는 산과 사람의 밀접한 상호관계를 증거하는 표징으로, 산의 의인화 및 인간화 양상이 주목된다. 그 형태는 남녀·부부·(조)부모 등으로 의인화 혹은 인간화한 산이름 붙이기, 사람의 형상을 한 산신상(山神象: 할아버지,[96] 할머니,[97] 어머니, 부부[98] 등), 여신[99] 혹은 모성으로의 상징화 등을 들 수 있다.

일본의 지역 사례로서, 이바라키현(茨城縣)의 쓰쿠바산(筑波山)에는 남자(男体山)와 여자(女体山)로 의인화한 이름의 두 봉우리가 병립해 있다. 그리고 닛코(日光)에는 남자(男体山)와 여자(女峯山), 그 사이의 장남(太朗山), 그리고 사랑하는 자식(大·小真名子山) 등 가족적으로 의인화한 산이름도 나타난다.[100]

일본의 고유한 슈겐도에서도, 주요 명산은 어머니산으로 간주되며, 특히 동굴과 같은 수행의 행장(行場)은 모태로서, 재생의 의례를 통한 태내(胎內) 수행의 전통이 남아있다.

이상과 같은 현상은, 명산문화사에서 명산과 사람 간의 문화적인 관계의 역사적인 궤적으로서, '명산의 상징주의'를 통한 인간화의 전략이자, 명산과 사람 간의 변증법적 지양과 공진화의 문화상징적 과정을 나타내는 일례이기도 하다.

동물 산신 인식

한·일 간에 생태적인 동물 산신(혹은 使者)의 인식이 공통적으로 드러난다는 점도 흥미를 자아낸다. 한국의 동물 산신은 대체로 호랑이 일색으로서 그 대표성이 뚜렷하지만,[101] 일본의 경우는 뱀·곰·수리·말·사슴·개·여우·이리·원숭이 등으로 지역적으로 매우 다종다양하게 나타난다. 그리고 대륙 및 한반도의 경우와는 달리 일본에서는 호랑이가 자연생태적으로 서식하지 않아서 호랑이산신이 나타나지 않는다.

이처럼 한·일의 사람들에게 지형으로서의 산은 신앙으로서의 산신이었고, 그 산신은 한편으로는 그것은 사람이기도, 다른 한편으로는 동물이기도 했다. 이는 오래도록 산과 밀접하게 관계 맺은 삶과 생활사로 인해 지형·신앙·인문·생태의 인식범주가 상호 혼융되면서 일체화되어 나타난 스펙트럼의 잔영이었다.

불교적인 산이름 및 산악문화경관

한·일 양국에 불교문화의 영향이 지대하게 파급되면서, 불교적인 산이름 및 산악문화경관이 널리 형성된 사실도 일반적인 양상이다.

예컨대 한국에서 문수의 오대산 신앙은 신라의 자장에 의해 중국에서 도입되어 강원도 오대산의 역사경관으로 유존하고 있다. 일본에서는 엔닌(円仁, 794~864)과 묘에(明惠, 1173~1232)가 중국의 오대산에서 수행했으며, 오대산으로 비정되는 교토의 아타고산(愛宕山)에 오대산 신앙이 이식되는 과정에서 변용되었다는 연구도 있다.[102]

또 다른 관음보살의 낙산(洛山) 신앙이나,[103] 법희보살(法喜菩薩)이 머물고 있다는 금강산(金剛山) 신앙도 한국과 일본에 동일한 산이름의 존재로 방증되고 있다. 그밖에도 인도 보드가야에서 유래한 영축산(靈鷲山) 이름도 공히 존재한다.[104] 밀교나 슈겐도에서 유래된 불교적 산이름(不動山·大日岳·藏王山 등)은 일본적인 불교문화사의 배경하에서 생겨난 것으로 한국과는 대비되는 특징이다. 이상과 같은 양상은 중국의 불교적 명산문화가 한·일의 산악경관에 투영된 공통적인 영향이기도 하다.

왜 동아시아에서 불교는 명산에 빠지지 않고 입지하고 있을까? 불교와 산악과의 친연 관계에 대한 불교사회적인 측면의 견지로서, 일본의 경우 명산에 소재한 불교집단이 산악신앙을 토대로 하여 안정적인 지위를 확보했다는 견해도 있다.[105] 여기서 중요한 비교연구 포인트는, 불교적 명산문화를 한·일의 자연지형·문화역사·정치사회적 배경하에서 어떻게 특색 있게 수용했는지, 한·일의 사람들은 어떤 개성적인 태도로 지역 명산을 인식하고 영역화 하였는지일 것이다. 한·일에서 명산을 둘러싼 불교의 영향은 공통적이었지만 그 특수한 수용 양상 및 인식 태도는 상호 간에 대비될 수 있다.[106]

자연재해에 대한 문화생태적 대응

한·일에 있어서 명산으로 인해 유발되는 자연재해에 대한 문화생태적인 일반적 대응과, 명산의 위신력(威神力)에 기대어 자연재해를 방지하려는 개성적인 양상도 흥미로운 측면이다. 이는 산악의 자연환경에 대한 인간의 문화적 적응 및 대응 방식으로도 이해할 수 있다.

우선 화재 진압의 대응 사례를 보면, 일본의 화산에서는 불의 재해를 막기 위해서, 후지산의 경우에 산상(山上)뿐만 아니라 복류수(伏流水)의 용출지(涌出地) 등에 신사를 설치하는 경우가 있었다. 화산의 분화를 진정시키기 위해서 수덕(水德)의 여산신 신앙으로 대응한다거나,[107] 지역민들이 진화를 위한 의례를 공동체적으로 시행하기도 했다.[108] 교토의 아타고산에는 방화신(放火神: 火伏せの神)이 있는데, 인근의 주민들은 '화내요신(火洒要愼)'이라고 쓴 어찰(御札)을 집에 붙이고 불의 재난을 막는 풍습도 있었다.

한국에서도 전통적으로 풍수적 화산에 대한 화기 진압이라는 대응 방식이 매우 일반적이었는데, 화산을 마주하는 지점에 수신을 상징하는 조형물(자라, 해태 등)이나 방화를 위한 못의 설치, 그리고 가림막으로 숲의 조성 등이 활용되었다.

다음으로 방위 진압(鎭方)으로서의 대응양상을 보면, 일본에서는 교토의 진호(鎭護)를 위해 서북쪽 신문(神門) 방위에 아타고산, 동북쪽 귀문(鬼門) 방위에 히에이잔(比叡山)을 배정하였다. 그리고 에도에서도 귀문 진호를 위해 쓰쿠바산을 배정하

기도 했다.[109]

　상대적으로 한국에서는 도읍을 중심으로 삼산과 오악을 배정하는 경우는 역사적으로 있었지만, 일본과 같이 동북 혹은 서북 등의 특정 방위를 두고 명산이 도읍의 풍수 비보를 하는 역할로 인식하는 경우는 뚜렷하지 않았다.

남존여비적 편향성
사회문화적인 측면으로, 남성 위주의 유교·불교문화나 가부장적인 사회구조로 발양된 남존여비적 젠더의 편향성도 공통적이다.
　이런 배경에서 일본은 주요 명산에서 여자의 입산을 제한·금지(女人禁制)하는 관행을 낳았다.[110] 현재도 우시로야마[後山: 오카야마현(岡山縣)·효고현(兵庫縣) 경계], 오미네산(大峯山)의 산조가다케(山上ヶ岳)에는 여인금제가 유지되고 있다. 한국은 명산에 대한 국가나 공동체적 제의에 전통적으로 여성의 참여가 허용되지 않은 측면은 있었지만, 명산에 입산 자체를 제한하고 금지하는 관행은 없었다.

중국 명산문화의 영향
역사적인 측면으로서, 중국의 명산문화가 한·일에 미친(한편으로는 중국의 명산문화를 도입한) 공통적인 영향도 의미 있게 거론할 수 있다.[111]
　그중 하나로 삼신산 관념을 들자면, 한국에는 조선시대의 지식인들이 봉래산·영주산·방장산에 대응시켜 각각 금강산(혹은 백두산·변산)·한라산·지리산을 삼신산으로 비겨 인식하였다거나, 일본에서는 구마노 신궁(熊野 新宮)을 봉래산으로 인식하기도 했고,[112] 아츠타(熱田)·구마노(熊野)·후지(富士)를 삼신산으로 여겨왔다는 견해도 있다.[113] 삼신산의 불로초를 찾아 나선 서복(徐福)에 대한 전설도 한·일에 공통으로 나타난다.[114]

중국을 대표하는 명산인 태산(泰山)의 문화가 미친 영향도 들자면, 불교와 결합된 시왕신앙(十王信仰)으로서의 태산왕(泰山王)이 한·일에서 공통으로 보이는데, 상대적으로 한국에는 태산 지명과 일상의 관용어가 널리 쓰였고, 유교의 공자와 결합하여 조선시대의 유학자들에게 널리 인식된 측면이 있다.[115] 한편, 일본에는 음양도(陰陽道)의 태산부군제(泰山府君祭)[116]와 같은 의례로도 나타나고 있다.

그밖에도 중국에서 도읍을 중심으로 배치된 진산 관념이 공통으로 쓰였지만, 한국에서는 고려와 조선시대를 거치면서 지방행정 중심지의 랜드마크가 되는 산으로 지역적으로 변용한 데 비하여, 일본에서는 고유명사로서 공식화되지 않고 단지 진호하는 산이라는 일반적 의미로 쓰였다.[117]

고대 한반도 산악문화의 일본 전파
한국의 명산문화가 일본에 미친 영향도 의미 있게 거론할 수 있다. 일찍이 여러 학자가 지적한 바 있지만, 일본인이 고대로부터 신이 머무는 영산으로 숭배한 하쿠산은 고대 한반도의 산악

신앙이 직접적인 영향을 미친 것으로 알려진다.[118]

규슈의 다카치호(高千穗)는 아마테라스(あまてらす: 天照大神)의 손자 니니기(ニニギ)가 하늘에서 산상(山上)으로 강림한 곳으로 유명하다. 그런데 천손강림이라는 신화적 친연성과 『고사기(古事記)』(712)에, "이곳은 가라쿠니를 향해 있고 … (此地者向韓國 …)"라는 표현은 가락국(駕洛國, 가야)과의 도래적(渡來的) 연관성을 시사한다.[119] 규슈를 대표하는 명산인 히코산(英彦山)의 개산(開山) 연기(緣起)에 등장하는 인물인 등원환웅(藤原桓雄)이 단군신화의 환웅 명칭과 유사하게 드러나는 것도 우연이 아니다.

그리고 고대 도읍지를 중심으로 한 삼산(三山)의 배치로서, 아스카의 야마토삼산[大和三山: 카구야마(香久山)·우네비산(畝傍山)·미미나시산(耳成山)]은 신라·백제의 삼산[신라의 나력(奈歷)·혈례(穴禮)·골화(骨火), 백제의 일산(日山)·오산(吳山)·부산(浮山)] 구성 형식과 닮은꼴로 고대 한반도 산악문화의 전파와 관련한 흥미로운 고대사의 수수께끼가 아닐 수 없다.

특수와 개성의 다른꼴 문화

한·일의 명산에는 전술했던 닮은꼴로 공통적이거나 일반적인 유사성 외에도, 다른꼴로 특수한 면모와 개성적인 특색도 다수 드러난다. 단적으로 명산에 대한 신앙적 인식을 키워드로 보다라도, 한국은 '경외(敬畏)'라는 말로 대변되듯이 명산을 내적으로 공경하고 조심하는 의식적 측면이 강하지만, 일본은 '외포(畏怖)'라고 하여 내적인 외경(畏敬)과 외적인 공포(恐怖)가 병존하고 있다.

앞서 한·일의 명산문화가 각자의 자연지형적 배경과 문화역사적 코드에 맞게 중국에서 유입된 명산문화로부터 상대적으로 변용된 면도 부분적으로 언급했지만, 특정 요소에 따라서는 외래 문화 요소가 수용되지 않은 경우도 있었다. 한 예로 중국에서 도읍을 중심으로 오악(五岳)을 배치한 것과 마찬가지로 한국의 신라와 조선에서도 오악을 지정하고 제의했지만,[120] 일본에는 오악(신앙) 관념이 나타나지 않는다는 점을 들 수 있다.[121]

이하 서술은 우선 한·일 명산문화 전통의 다른꼴로 자연지형·종교사상·산악신앙적 면모의 특색을 대비한 후에, 이어서 이에 따른 상호 간의 특징적 요소를 들어 고찰하기로 하자.

자연인문적 배경과 영향

자연지형적으로, 한·일 명산에서 가장 뚜렷한 차이점을 꼽자면 화산경관으로서의 속성 유무 및 고도와 기복의 차이이다. 후지산·하쿠산·다테야마 등을 비롯한 일본의 주요 명산경관은 대다수가 화산지형이라는 성인(成因)을 지닌다. 최근까지의 급격한 화산활동으로 형성된 고산성산지와 이에 따른 큰 기복의 급경사 경관상은, 한국처럼(화산지형인 백두산과 한라산을 제외하곤) 오랫동안 풍화와 침식을 받아 형성된 저산성산지와 이에 따른

소 기복의 완경사 경관상과는 판연히 다른 이미지를 줄 뿐만 아니라, 인간생활과의 상관관계에 있어서도 서로 다른 영향을 끼친다.[122]

일본의 고도가 높고 기복이 큰 화산지형 명산은 사람이 쉽게 접근하거나 생활공간으로 관계 맺기 어려운 거대한 장벽 혹은 초월적 올립(兀立)과 같아서 이 세계가 아닌(他界) '신의 산'이라는 이미지, 다시 말해 신의 영역으로서 신앙적인 영산이라는 경관상이 강한 반면에, 한국의 완만하고 기복이 작은 저산성산지 명산은 지역사람들의 일상적인 삶과 생활공간의 기반으로 관계 맺을 수 있는 접근 가능하고 현세적인 대상이 되면서 이 세계인 (此界) '사람의 산'이라는 이미지, 다시 말해 인간의 영역으로서 인간친화적인 경관상이 강한 것이다.

이러한 지점은 한·일 명산의 지형지질적 조건의 차이가 서로 다른꼴의 문화역사적 명산정체성을 배태한 기본적인 요인으로 해석될 수 있다. 이 요인에 기반하여 역사문화적 배경 및 정치사회적 조건의 차이는 각각의 개성적인 명산문화를 형성한 실제적인 바탕으로 작용했다.

종교사상적으로도 보자면, 불교문화가 한·일의 명산문화에 끼친 막강한 영향력은 공히 산악불교라는 용어와 불교적 명산문화라는 개념이 성립할 정도로 컸다. 그런데 일본의 명산문화에는 도교의 영향력도 적지 않아, 나라시대의 산악신앙에는 도교문화도 신선사상을 핵심으로 하는 영향을 주었다.[123]

상대적으로 한국의 경우는 신라시대와 고려시대를 지배한 불교와 도교 외에도 조선시대로 와서 유교의 영향력이 강력하여, 지식인(성리학자)들의 산림은거와 명산유람 전통을 이끌었다. 특히 한국에는 고대부터 근대에 전반적으로 걸쳐 풍수(도참)사상이 명산문화에 큰 영향을 끼친 것도 특징적이다.

산악신앙적으로 한·일 산신 관념의 다른꼴을 대비하자면, 전술하였듯이 동물 산신으로서는, 생태적으로 호랑이산신의 유무가 뚜렷한 대조점을 이룬다. 사람(씨족) 산신으로서는, 일본은 지역에 따라 산촌민(山民)의 사자(死者)가 집합적으로 산신으로 화하고, 다시 씨족신(氏神)이 되는 일반적 구조이지만, 한국의 사람 산신으로서는 고을의 특정 유력 지역인물이 산신(성황신)으로 되는 형태로 선별성이 있다.[124]

일본은 산신(혹은 使者)으로 나타나는 형태와 변신의 다양성도 특징이다. 다종다양한 동물[뱀(蛇)·용(龍)·곰(熊)·독수리(鷲)·새(鳥)·말(馬)·사슴(鹿)·개(犬)·사자(獅子)], 그리고 자연의 괴이상(怪異狀) 혹은 산악의 주존(主尊)을 수호하는 정령을 인격화한 것으로서 오니(鬼)·텐구(天狗) 등이 있고. 공간적으로도 지역 소재지나, 생산 주체 및 양식(山民·農民) 등에 따라 차이가 나타난다.[125] 그리고 농촌(농민)의 입장에서 보면, 산신이 수분신(水分神) - 농업신(農業神) - 씨족신(氏神)으로도 변신하며, 산신은 정기적으로 마을로 귀환하는 양상도 띠고 있다.

일본 명산문화의 상대적 특징

이제 본격적으로 한국과 대비되는 일본의 명산문화 전통의 특색

요소 8가지를 구체적으로 들어 설명하려 한다.

첫째, 일본인의 산악인식 혹은 산악문화에는 양면성과 중층성이 있다. 그 현상적인 측면을 몇 가지로 살펴보면 다음과 같다.

공간적으로, 지역에 따라 취락과 인접해 있는 하야마(端山: 里山·羽山·葉山·麓山)와 멀리 떨어져 있는 오쿠야마(奧山)에 대한 지리적 인식이 병존해 나타난다. 이에 따라 하야마와 오쿠야마는 중층적 관계를 지니면서 산악신앙이 성립하였고[126] 상징적으로 하야마는 인간의 산으로 오쿠야마는 신의 산으로 중층적으로 인식되는 면이 있다.

인식적으로, 산에 대한 공경[외경(畏敬)]과 공포(恐怖) - '외포(畏怖)'라는 양면성도 그러하다. 공포의 측면에서 산악(ヤマ)은 초자연적인 존재가 지배하는 세계로 위험이 가득한 공간인 것을 시사한다.[127] 이러한 역사민속적인 양상은 산신의 용모가 극히 추악하거나 두려운 존재(鬼·天狗·山姥·雪女 - 동북지방)로 이미지 메이킹된 면으로도 연관하여 이해될 수 있다.[128]

경관적으로, 다테야마처럼 하나의 산에 지옥과 극락(정토)이 병존하는 경관 양상도 한국과 대비해 뚜렷한 특색을 이룬다. 이는 산중(山中)에서 산상(山上)으로 이행(移行)하면서 지옥에서 정토로 전화(轉化)하는 통합적 경관구도의 인식구조로 전개되기도 한다.

그 밖에도 일본의 산악 관념에서는 현실적 생활세계로서의 차계(此界: 同界)와 인간세계와 격절된 다른 세계로서의 타계(他

界: 異界) 의식도 양면적으로 형성되어 있다. 신앙적으로 명산에 따라서, 도래문화와 관련하여 강림한 천신(天神)과 고유하고 토착적인 지역신[地(主)神]의 양면성이 드러난다.

반면에 한국에서는 단군신화에서 여실히 보이는 것처럼 천신의 산신으로의 전화(轉化) 및 일체성이 확인된다. 이처럼 한국에서는 일본과는 달리 산악문화나 산악인식의 양면성이나 중층성보다는 일체성이나 일관성이 지배적으로 드러난다.

둘째, 일본에는 인간생활과 관련하여 산신 관념의 다기능적·시공간적 변환과 회귀성이 나타난다.

일본인의 산신 인식에 대한 변환 양상을 보면, 산신이 물을 공급해주는 수분신(水分神)으로도 되고, 봄에는 마을로 내려와 농작물을 키우는 전신(田神) 혹은 농신(農神)도 되며,[129] 마을 씨족의 조상으로서 일족을 지켜주는 씨족신, 자손의 출산과 양육을 책임지는 산토신(産土神)으로도 되었다가, 겨울이 되어 농작물의 수확을 마치면 다시 산신의 본분으로 산으로 되돌아가는 회귀성을 나타낸다.

상대적으로 한국에서는 일본처럼 산신이 다기능적이거나 시공간적 형태 변환의 규칙성 없이 일체화된 산신으로 드러나며, 계절에 따라 산신이 이동하거나 회귀하지 않고 대체로 마을 뒤의 주산(主山)에 상주하면서 마을일에 두루 주재·관장하는 형식으로 나타난다.[130]

한국에는 개념이나 용어가 없는, 산의 수분신 소위 수분산(水分山) 관념도 일본의 독특한 산악인식이다. 인간의 생활과 농경에 필요 불가결한 물을 공급해주는 산의 신은 동시에 물의 신이기도 하다는 수분신 관념은 다시 생산양식과 관련하여 농경의 신이라는 농업신(農業神) 관념도 낳았다. 예컨대 일본의 명산 중에 초카이산(鳥海山)이나 하쿠산은 산신이자 수신이고, 동시에 농신 그 자체이다. 수분신 관념은 산의 신성을 기능적 역할의 시선으로 본 일본적인 애니미즘적 신관(神觀)의 표현이라고도 할 수 있다. 역사적으로도 고대 야마토(大和)에서 대부분의 영산 산신은 수분신으로 제사했다는 견해도 있다.[131]

셋째, 일본에는 다수의 명산이 근현대까지도 '영산(靈山)'으로 인식되는 점이 한국과 큰 차이를 이룬다.

물론 한국에서도 산악숭배 의식이 강했던 고대(삼국 및 통일신라시기)와 불교의 영향이 강했던 고려시대에는 영산의 성격이 짙었지만, 조선시대 이후에 인문주의적인 유교문화가 지배하면서, 신앙적인 의식이 상대적으로 약해져 영산이라는 면모보다는 인문적인 명산이라는 인식으로 변모되었다.

일본 명산의 영산적 인식과 이미지는 신앙종교적 속성이 강한 것으로, 불교와 신도가 영향을 끼치면서 고대적 전통이 현재까지 유지된 것임에 비해, 한국 명산의 인문적 인식과 이미지는 문화역사적 성격이 상대적으로 강하여, 고대적 전통이 유교문화의 영향으로 인해 근대적 성격으로 변천된 것으로 볼 수 있다.

또한 일본의 특정 명산에는 산 그 자체를 신체(神體)로 인식하는, 오래고 독특한 신체산(神體山) 개념이 있어, 특별히 산 전체를 신성하게 인식하여 보존하고 관리하는 실천적인 태도를 낳았다. 물론 한국에서도 전통적으로 산을 신성하게 여겨 산악숭배와 제의를 했지만, 신체산이라는 용어는 나타나지 않고, 산 그 자체 보다는 신성을 이미지(사람이나 동물 등) 혹은 추상물(산신당의 위패 등)로 상징화한 산신으로 인식하였다.

일본의 신체산을 대표하는 나라의 미와산(三輪山)은 고대적인 신화의 산으로서 신성이 서린 대표적인 신체산으로 알려지는데, 현대까지도 산 일대를 출입제한의 금족지(禁足地)로 두어 엄격한 관리를 하고 있다. 미와야마도 마찬가지이지만, 고대적인 신체산의 잔영을 띠고 있는 간나비(神奈備: 신령이 깃든 산이나 숲)는 산과 산림 등의 자연환경을 신체(依代)로 하는 영역으로 알려져 있다.[132] 이 간나비는 사람이 사는 마을과 가까이 있고, 높지는 않지만 자태가 좋은 산이라는 양상을 보인다.[133]

넷째, 일본 산악신앙의 특징적 요소로는 신불습합(神佛褶合)의 전통과, 이에 따른 본지수적(本地垂迹)의 결합 패턴, 그 현시적 양상으로 곤겐(權現)[134] 혹은 곤겐산(權現山)과 명산만다라(名山曼陀羅)가 드러난다.

6세기에 불교가 전래하여 중앙 왕조에 의해 차츰 공식화되면서, 각 지방에 있었던 본디의 산악신은 중앙권력의 불교적인 체재로 편입되었고, 이 형태는 외래 불교의 신과 종래 신도의 신이 주종 관계로 새롭게 정립·재편되는 방식이었다. 이로써 일본 명산에 다수 나타나는 습합한 신불(神佛)로서의 곤겐 신앙 형태는, 독특한 명산문화의 한 현상이다. 한 예로 산노곤겐(山王權現)은 일지산(日枝山: 히에이산)의 산악신앙과 신도(神道), 불교의 천태종이 습합한 신(神)이다.

 상대적으로 한국에서도 재래 산악신앙과 외래 불교신앙의 습합과정이 역사적으로 전개되었지만, 본지수적이나 곤겐(곤겐산)의 양상은 뚜렷이 드러나지 않는다. 이러한 측면은 재래문화 및 지역세력 그리고 외래문화 및 중앙세력 간에 빚어지는 정치사회적인 문화수용의 역학적인 길항관계 차이와 이에 따른 결합양상이 달리 반영된 것으로 추정된다.

 일본의 주요 명산에서는 신불습합을 드러내는 가시적 이미지로서 명산만다라(名山曼陀羅)도 다수 전래되고 있다. 만다라는 불교에서 유래되어 일반적으로 태장계(胎藏界)·금강계(金剛界) 만다라로 대표되는데, 그것이 일본에 명산신앙과 결합하면서 독특한 명산만다라는 형태로 변용되어 역사적으로 산출되었다.

 이러한 배경에는 명산 그 자체를 만다라의 현현으로 인식하는 사상성도 뒷받침되었다. 오미네산·하쿠산·다테야마는 명산 자체가 만다라라는 인식의 대표적인 사례이며, 고야산(高野山)도 태장계 만다라의 중대팔엽원(中臺八葉院)으로 비유되었다.

 명산신앙을 확산시킬 목적으로 제작된 명산만다라는, 명산지리정보와 불교신앙세계가 함께 구비되어 도면화된 형태로 제작되었다. 다테야마에서만 50점 이상의 유존이 확인될 정도로 일반적이었으며,[135] 각 명산의 문화를 여타 지역에 알리는 정보매체로 널리 확산·보급되었다. 상대적으로 한국에서는 불교만다라는 있지만 명산만다라는 형태는 찾기 어렵다.

 다섯째, 일본인들은 명산에 산중타계(山中他界)의 지옥경관

(地獄景觀)이 있다고 믿는다. 후지산, 다테야마, 하쿠산 등 일본의 주요 명산에는 산중(山中) 혹은 산상(山上)에 이승이 아닌 저승(지옥)이라는 다른 차원의 세계(死後世界)로서 타계가 존재한다고 여겼다. 그러한 인식과정은 불교의 지옥 관념에 지옥을 연상시킬 만큼 혹독한 특정 화산지형의 산악경관이 합치하면서 널리 확산되었다. 이러한 명산에 소재한 지옥경관의 인식 배경에는 주지하다시피 황량하고 거친 화산지형이 자연지리적 배경이 되었음은 물론이다.

예컨대, 화산지형의 경관이 탁월한 오소레산은 지옥경관으로 유명한 대표적인 영지(靈地)로 삼도천(三途川), 여랑지옥(女郎地獄)·혈지지옥(血の池地獄), 채의 하원(賽の河原) 등의 지옥경관 요소가 구성되어 있다. 그리고 하쿠산과 다테야마 등 다수의 화산지형 명산에서도 지옥곡(地獄谷)이라는 장소와 지명이 잔존하고 있다.

이처럼 일본에는 불교적인 유토피아(극락정토)와 디스토피아(지옥예토)가 함께 나타나지만, 상대적으로 한국의 경우는 불교적인 산중정토로서 유토피아 관념은 드러나지만 디스토피아로서 산중지옥 관념을 찾기 어려우며, 지리산 청학동이나 속리산 우복동과 같이 신선사상이나 풍수사상을 배경으로 한 유토피아(이상향)가 현저한 것도 특색으로서 일본과 비교될 수 있다.

여섯째, 일본에는 여타 명산에 대한 후지산의 대표성 및 주종성이 뚜렷하다. 그 민속적 경관 양상은 후루사토후지(鄕土富士)와 후지츠카(富士塚)로도 대변되어 나타난다.

후루사토후지의 분포는 전국적인데, 약 400개 이상이 존재하는 것으로 알려지고, 해외에도 이주민에 의해서 특정산이 후지산으로 지칭되어 불려지는 이색적인 현상도 드러난다. 후루사토후지의 속성을 살펴보면, 형태는 후지산과 비슷한 모습이거나, 후지산 신화와 관련있는 지역의 산이거나, 지역에서 최고봉으로서의 산 등의 패턴이 드러난다. 이러한 후루사토후지의 지정 현상은 중세 이후 근세와 근대로 넘어오면서 에도를 중심으로 최고봉인 후지산이 일본을 대표하는 명산으로 각인되면서, 중앙적인 정치사회 권력의 행정적 편제와 아울러 각 지역의 주요 산을 후지산의 아바타로 변환해 인식하는 양상이 동시에 전개된 것으로 보인다. 이러한 현상은 에도시대에 후지산에 대한 일반인의 등배(登拜: 산을 경배하면서 올라감)가 성행되면서, 후지산 신앙을 가진 지역민들이 취락 공간 내에 후지산 실물을 축소한 형태로 후지츠카를 직접 조경하는 양상으로도 발전되었다. 후루사토후지가 기존의 산을 지역의 후지산으로 인식하는 상징적 측면이 강하다면, 후지츠카는 실제 후지산 경관의 제 요소를 미니어처 형태로 갖춰 인공적으로 조영(造營)한 것이다.

후지츠카는 후지산 신앙과 관련되어 민간에 의해 집단적이고 조직적으로 관리되는 일본의 고유한 명산 조경 양상으로서 관심을 끈다. 후지츠카는 후지산을 모방해 민간에서 조영한 지역 소재의 인조산(築山)으로, 호칭은 존칭적 애칭으로서의 오후지상(お富士さん)이라고도 지역민에게 불렸으며, 조성시기는 에도후기(1780~1868)가 일반적이고, 분포지역은 도쿄를 중심으로 한

간토(關東)와 주부(中部) 지역 일대의 촌락에 산재되어 있었다.

상대적으로 한반도에서도 전국 명산에 대한 백두산의 대표성은 있지만, 일본과는 달리 지역이나 향토에 유사 백두산을 임의로 지정하는 양상은 드러나지 않고, 다만 소백산(小白山) 등과 같이 백산(白山) 계열의 산이름은 다수 확인할 수가 있으되, 이는 일본의 후루사토후지와는 인식적인 양태가 같다고 보기 어렵다. 역시 후지츠카와 같이 백두산에 대한 미니어처도 한국에는 존재하지 않는다.

일본에서 이런 후지산의 대표성으로 말미암아, 에도시대의 정치권력에 의해 '후지산의 정치학'으로도 적극 활용되었던 점도 부각될 수 있다. 에도시대에 후지산은 회화 등 이미지로의 재현을 통하여 도쿠가와 이에야스(德川家康) 및 에도성(江戸城)과 상징적으로 일체화되면서 권위를 높이는 역할을 했다.[136] 이러한 사실은 주요 명산에 대한 정치화의 전략으로서 이른바 '명산의 정치지리'라고 일컬을 수 있는 측면이다. 후지산을 두고 정치세력이 벌인 경관재현의 정치사회적 구성으로서, 대표 명산의 이데올로기적 상징성에 대한 학술적 조명이 필요한 이유다.

일곱째, 명산에서의 수행을 체계적으로 실천한 종교민속적인 산물로서 슈겐도(修驗道)가 고유하게 현존한다. 일본에는 고대에서부터 명산 경관의 제 요소를 영장(靈場)으로 삼아 종교적으로 수행한 역사적 형태가 면면히 전개되었다.

통시적으로 슈겐도는 불교나 민간신앙과도 결합하였으며, 이를 이끄는 인적·조직적인 주체로서의 슈겐자는 민간의 마을에서 활동하여 사토슈겐(里修驗)으로도 전개되었다. 슈겐도는 동아시아 산악수행의 형태로서는 일본만의 독자성과 고유성을 드러내는 문화양상으로 중요한 의미가 있다. 이러한 배경에서 일본 삼대 슈겐산(修驗山)으로 알려지는 동북의 데와삼산(出羽三山)·근기(近畿)의 오미네산(大峰山)·규슈의 히코산(英彦山)을 위시하여, 일본의 수많은 영산은 슈겐도의 명산과 중첩되는 속성을 보이는 슈겐영산(修驗靈山)이다.

슈겐도에서의 명산 체험은 자연과 깊은 교류에 몰입하고, 대지 전체와 영적으로 교감하며, 대자연의 생명과 밀접한 공생감각을 통해 자연과 부합하는 방법으로 나타난다.[137]

이러한 슈겐도와 같은 명산 순례 및 수행 형식은 신라시대의 화랑도의 행태와 유사한 면이 있다. 공시적으로는 조선시대 유학자의 명산유람 문화와도 대비될 수 있다. 주자학(성리학)적 정체성을 견지한 조선 유학자의 유산행은, 산행을 인성을 도야하는 공부의 대상으로 인식함으로써 그 태도는 명산 경관에 대한 유학적 비덕(比德)을 통한 인지지락(仁智之樂)의 산수심미(山水審美) 추구가 위주를 이루었다.

여덟째, 일본에는 명산 순례(參詣)와 등배(登拜)의 조직화한 형태로서 산악강(山岳講)이 있었다. 전술하였지만 에도시대 때 중앙 및 지방에서는 주요 명산에 대한 산악신앙과 실천적 형태로서 등배가 대중화, 서민화되었다. 이를 실현해 주는 조직적인 계(契)가 결성되었으니, 후지강(富士講), 온타케강(御嶽講), 하쿠산강(白山講), 이시즈치강(石鎚講) 등이 그것이다. 그중에서 후지강은 나중에 교단으로 발전하기도 했다. 이러한 양상은 근대적 알피니즘의 등산 조직과 대비할 수 있는 형태이지만, 산행의 동기와 목적, 사회적 성격과 주체는 상이하다.

역사적으로 이러한 등배 동기와 목적을 보면, 황족과 귀족의 경우에는 극락정토의 왕생을 위한 영산영지 참배를 했다. 그리고 불교적인 요배(遙拜: 멀리서 바라보고 배례하는 것) 및 정상으로 오르는 수행으로서의 선정(禪定) 등이 있었으며, 그중에서도 후지산·다테야마·하쿠산을 함께 순례하는 것을 삼산선정(三山禪定)이라고도 했다. 일본의 명산 순례 행태의 양상은 요배 및 등배로 실행되다가 근현대에 와서 서구적 알피니즘 개념의 등산과 관광으로 전개되는 면이 있다.

한국 명산문화의 상대적 특징

일본과 대비되는 한국 명산문화 전통의 특색 요소를 3가지로 요약하여 종합적으로 설명하면 다음과 같다.

첫째, 한국에서는 일본과는 달리 '현세적·실재적' 이상향의 소재지가 명산에 있다. 앞서 언급했듯이 이는 기본적으로 한·일 명산의 지형환경적 차이가 배경 요인이 된 것이다. 그렇기에 한국에는 지리산 청학동이나 속리산 우복동으로 대표되는 다수의 이상향이 주요 명산에 분포해 있다. 그 원류는 신선사상의 무릉도원 및 도교적 동천복지(洞天福地) 관념, 풍수사상적 명당길지 관념, 불교적 극락정토 사상에서 기원한 것으로 볼 수 있지만, 한국적 풍토와 조건에 맞게 일부는 변용되었다.

표33 명산의 시공간적 경관상(이미지) 대비

구분	한국	일본
시간	현세	내세
공간	차계(동계)	타계(이계)

예컨대 불교정토일지라도 타계의 서방정토가 아니라 현지정토이며, 미륵상생이 아니라 미륵하생의 구현으로 변용되었다. 따라서 이상향의 속성은, 시간적으로 미래나 과거 혹은 내세가 아닌 현세로, 공간적으로 이계나 타계가 아닌 실재로, 사회적으로 관념형이 아닌 생활형으로, 성격상으로 인위적 계획이 아닌 자연적 귀속의 이상향으로 구성되었다.[138] 이는 일본 뿐만 아니라 서구의 종교적 이상향과도 차별적인 특성이다.

둘째, 한국과 일본의 명산문화 전통이 대비되는 가장 큰 지점은 유교사상이 명산문화에 투영된 영향의 여부이다. 한국은 조선시대를 거치면서 유교적 명산문화가 성행하여 널리 확산되었다. 그 요소를 들자면 유학자들의 명산 공부와 유람, 명산 권역에서의 주거와 누정 경영 등이 있다.

조선의 유학자들은 명산 산수를 심미적으로 유람할 승경(勝景)이자 도덕적으로 수양하는 공부의 대상으로 삼았다. 그들에게 명산의 산수는 비덕하고 창신하는 경관이었다. 산천은 천지동정의 이치를 체현한 텍스트로서, 자신을 성찰하여 존양(存養)하는 장소였다.

명산 유람은 유교지식인에 의하여 조선전기부터 근대에 이르기까지 금강산·지리산·소백산·청량산 등 수많은 명산에서 이

표34 한·일 명산문화의 사상적 영향 대비

구분	한국	일본
불교	강	강
유교	강	약
풍수	강	약

루어졌으며, 기행 후에 그들이 남긴 방대한 분량의 유산기가 일종의 시계열적 명산기록유산으로 전한다. 조선후기에 이르러 명산산수는 유교지식인이 추구하는 가거지의 한 입지조건이 되었고, 명산에 대한 체계적인 이해와 관심이 뒤따르게 되자 명산지도 저술되었다.

이러한 인식과 태도는 명산 은거의 사회적 분위기와 함께 주자학적인 구곡(九曲) 경영과 계곡가의 누정(樓亭) 문화로도 전개되었다. 이렇듯 한국의 전통적인 명산 계거(溪居)문화는 지리·공간적으로 일본의 경우와 또 하나의 차별되는 특성이다.

셋째, 한국에서는 풍수사상이 미친 명산 인식과 장소 의식의 측면도 강했다. 조선후기에 들어와 사회계층 전반에 풍수사상이 크게 유행하면서 주요 명산의 명당길지에 대한 관심이 증폭되었고 그 지리정보를 기록한 기록물도 유행했다.

풍수사상이 명산 인식에 미친 큰 영향 중의 하나는 산줄기의 계통적 연결성의 확립과 이에 따른 명산 계보의 정립이다. 백두산에서 지리산까지 산줄기로 연속된 백두대간이라는 국토의 골격에 대한 지리적 인식이 완성된 것도 산줄기의 연결성을 중시하는 풍수사상의 영향 때문이었다. 조선후기에 편찬된 『산경표』

라는 문헌은 한반도의 산줄기 체계를 족보 형식으로 작성한 저술이다. 이 책으로 전국의 모든 명산은 체계적 위상을 갖추게 되었다.

상대적으로, 일본은 명산문화에 풍수사상이 미친 영향이 극히 제한적이며, 명산의 산줄기에 대한 계통적 인식도 한국처럼 나타나지 않는다. 이러한 배경은, 중국풍수의 영향이 강했던 류큐왕국(현 오키나와)과 달리 일본 본토에서는 고대의 헤이안교(平安京)의 입지경관을 제외하고는 궁성풍수(宮城風水)나 풍수 일반에 대한 관심도나 적용도가 낮았기 때문이다. 다른 한편으로 근세 이후 귀족에 의한 가옥풍수나 정원풍수 등의 형태로 전개된 측면이 있었기에, 상대적으로 국가나 지역의 주요 명산에 대한 풍수적 조명이나 투영도 비교적 약했다고 판단된다.

그리고 일본의 명산정체성의 특징이기도 하지만, 대다수의 명산은 신앙과 수행의 대상이었지 인간의 생활공간으로서의 지리생활사가 이루어지는 곳이 아니었다. 이러한 역사적 과정은 한국의 주요 명산에서 풍수적 설화나 담론이 민간생활사나 정치사회세력과 연관되어 흔하게 나타나는 현상과는 대비될 수 있는 측면이다.

닫는 글

명산문화 및 산인문학 연구를 위한 과제

본문에서 서술한 한국의 명산과 명산문화의 제반 논의를 바탕으로, 미래적 가치에서 향후 명산문화 및 산인문학[1] 연구로 수행되어야 할 주요 과제를 요약해 제시함으로써 글을 끝맺고자 한다. 그 세 가지 주제는 '백두대간 명산문화 연구', '한국 명산문화의 동아시아적 기조와 변주', '사람과 산의 문화생태적 변증법과 공진화'이다.

백두대간 명산문화 연구

21세기의 저탄소사회를 지향하는 시대적 가치에 조응하여, '사람과 산의 지속가능한 미래'라는 한국사회의 공간적 비전을 제시하는 첫걸음으로서, '백두대간 명산문화 연구'를 제언한다. 한국사회에서 백두대간이라는 역사적 개념은 이미 공간·사회·환경·법제적인 영역의 위상을 확보하였지만, 정작 그 정신과 뼈대를 이루는 백두대간의 인문학·문화적인 영역은 빠져있다는 사실이 그 이유이다. 백두대간 및 산줄기 개념에 대한 이해를 바탕으로 연구 의의 및 설계를 제시하면 다음과 같다.

백두대간은 국토공간의 등줄기이자 겨레정신의 지주로서 문화상징이 된다. 한반도 자연생태경관의 주축일 뿐만 아니라 문화역사경관의 큰 줄거리이기도 하다. 지역생활권을 가름하는 문화지역의 선적(線的)인 경계 지표로서도 의미를 지닌다.

알다시피 백두대간 산줄기는 백두산에서 남으로 맥을 뻗어 낭림산·금강산·설악산·오대산을 거쳐 태백산에 이른 뒤 다시 남서쪽으로 소백산·월악산·속리산·덕유산을 거쳐 지리산에 이르는 한국 산악의 큰 줄기를 망라한 산맥이다. 한반도 산계의 중심축이며 영역은 함경도·평안도·강원도·경상도·충청도·전라도에 걸쳐 있다. 또한 두만강·압록강·한강·낙동강 등을 포함한 한반도 수계의 발원처이기도 하다.

백두대간은 겨레의 산에 대한 유·무형적 관념과 신앙, 문화·역사를 총체적으로 대변하는 대상으로, 한반도의 인문적 상징이자 지형적 기초를 이루는 거대 산줄기이다. 이는 사람과 자연이 일체가 된 유기체적 산맥관으로서 전통적 지리관에 뿌리를 둔 한국 산맥의 표상이다.

백두대간이라는 개념은 고려시대를 거쳐 조선시대에 이른 전통적인 산맥 이해와 인식 체계의 결과로 형성되었다. 풍수적인 산줄기 연결성의 사고방식으로 국토의 산지를 인식하는 관점이 바탕에 깔려 있다. 『산경표』에 의하면, 조선의 산줄기는 간맥 체계(1대간·1정간·13정맥)로 이루어졌다.[2] 이러한 산줄기 개념은 고산자 김정호의 『대동여지도』에도 잘 표현되어 있다. 그는 선의 굵기 차이로 산줄기의 위계를 표시했는데 대간을 제일 굵게 그렸고, 차례대로 정맥, 지맥, 기타 골짜기를 이루는 작은 산줄기 등으로 구분해 표현했다.

산맥을 대간(大幹)·정간(正幹)·정맥(正脈)의 체계로 이해하는 전통적인 산맥분류법은 오늘날의 산맥개념과는 상당한 차이가 있다. 사실상 백두대간은 현대적인 마천령·낭림·부전령·태백·소백산맥을 모두 합친 산맥이 된다. 근현대적인 산맥 이름은 일제강점기 때 일본 지질학자 고토 분지로(小藤文次郞)가 한반도를 조사한 후 「조선의 산악학적 스케치(An Orographic Sketch of Korea)」란 글로 한반도의 산맥 논문을 『동경제국대학기요(東京帝國大學紀要)』에 발표한 데서 기원하였다. 이 견해는 서구 지질학적 관점에서 도출된 산맥론이다.

백두대간처럼 산을 살아있는 나무에 비유하여 큰 줄기와 작은 가지를 나누어 국토 전체를 유기적으로 조망하는 시각은 전통 풍수적 관점에서 기인한 것이다. 중국 명대의 풍수문헌 『인자수지(人子須知)』(1564)에도 곤륜산에서 뻗은 대간이 서술되었다.[3] 그 북쪽 가지는 중국을 거쳐 백두산에 이른다. 한반도에서 지기(地氣)의 발원처는 백두산으로, 백두대간을 타고 내린 지기가 정맥을 타고 나누어지고, 각 정맥들에 맥을 댄 지맥들에 의해 우리들의 삶이 이루어지는 마을과 도시로 전달된다.

문화역사적 자연유산으로서 백두대간이 지닌 자원 가치는 이제 국민적인 합의를 거쳐 정부와 지방자치단체 그리고 민간 차원에서 체계적으로 계획, 관리 및 시행되는 과정에 이르렀다. 그 일환으로 백두대간을 보전하기 위하여 마련한 법제적인 기초가 2020년에 시행된 〈백두대간 보호에 관한 법률〉이다. 이 법은 "(백두대간의) 무분별한 개발행위로 인한 훼손을 방지함으로써 국토를 건전하게 보전하고 쾌적한 자연환경을 조성하기 위한 목적(제1조)"으로 제정되었다.

백두대간 보호 관리의 역사적 기원은 언제부터였을까? 거슬러 올라가면 조선초 세조 당시로 닿는다. 기존에는 도성의 주산이 되는 삼각산(현 북한산)의 보호 및 관리에 주력하다가, 산줄기의 보전에 대한 인식이 체계화되고 광역화되어서, 백두산에서 삼각산에 이르는 산맥의 계통적인 관리와 보호의 필요성이 제기된 것이다. 조선왕조실록에 의하면, 1463년(세조9)에 함길도 장백산의 근원에서부터 철령-강원도 회양부 남곡-금성현의 마현과 주파현-낭천의 항현-경기도 가평현 화악산-양주 오봉산-삼각산 보현봉-백악에 이르는 산맥에서 돌 캐는 일 등 산지 훼손을 금하도록 한 적이 있다.[4] 이 범위는 오늘날의 백두대간과 한북정맥에 이르는 지역에 해당한다.

이처럼 조선시대에 백두대간을 관리한 사상적 동기와 목적은 사실상 풍수였다. 한양 도성에 이르는 산지 지맥의 온전한 보전은 왕실의 번영을 보장하는 것으로 믿었고, 이에 따른 백두대간 산줄기가 관리될 필요성이 제기되었다.

백두대간 구간 중에는 높은 산지만 있는 것이 아니라 완만한 구릉성 산지가 이어지는 곳도 적지 않다. 예컨대 추풍령에서 화령재에 이르는 백두대간 구간은 국수봉(680m)과 백학산(615m)을 제외하고는 완만한 구릉성 산지가 낙동강과 금강의 분수계를 이루면서 구불구불 이어진다. 이 구간의 지형적 특성은 비산비야(非山非野) 혹은 야산(野山)이라고 일컬을 수 있는 나지막한 등성이의 연속이다.

이 구간의 산줄기 모습을 보면서 조선후기의 산줄기 개념을 현대적인 산맥 개념과 비교 고찰하여 볼 필요를 느낀다. 전통 산줄기의 개념적 의미는 흔히 산맥(Mountain Range)이라고 번역되는 학술적인 개념과 본질적으로 차이가 나며, 한국사회에서 한반도의 산맥개념을 둘러싼 학계와 일반인들의 인식상의 혼란은 서로 다른 개념이 산맥이라는 같은 용어로 혼용된 데에도 한 원인이 있다. 그 경위를 자세히 살펴보자.

우선 전통적인 산줄기를 표현하는 대표적인 한 용어로서 산경(山經)이라는 말이 있다. 이것은 『산경표』라는 조선후기의 저서로 이미 우리에게 익숙해졌다. 산경은 산위(山緯: 산의 씨줄)에 상대되는 개념으로 산의 날줄, 다시 말해 산줄기의 종적인 계열 혹은 경로를 말한다. 따라서 산경이라는 개념은 형태적으로는 산과 산을 이어주는 능선의 날줄 계열이고, 이것에 대한 보다 과학적인 인식으로는 분수계(分水界)를 뜻한다.

그러면 산맥이라는 용어의 개념은 무엇인가? 전통적으로 사용해 왔던 산맥이라는 용어의 뜻과 근현대 지형학적인 산맥이라는 번역어의 개념을 비교하여 고찰해 보자. 전통적인 산맥이라는 말을 역사적으로 고증하여 보면 두 가지 의미가 함축되어 나타난다. 첫 번째는 산줄기의 맥이라는 뜻으로 사용되었으며, 두 번째는 산의 기맥이라는 뜻으로 풍수적인 인식체계에서 표현된 말이다.

이익의 『성호사설』 「천지문」 편에는 '선비산맥(鮮卑山脈)'이라는 소제목이 등장하는데, 그는 여기서 백두산에 이르는 산줄기(白頭之幹)를 설명하면서 '산맥(山脈)'의 경로를 서술하고 있다.[5] 그리고 조선후기(18세기 중엽)의 지리지인 『여지도서(輿地圖書)』에서도 각 지방에 이르는 산줄기의 경로를 기술하는 대목에서 '산맥(山脈)'이라는 말이 자주 나온다. 이 두 가지 문헌에서 보자면 조선후기에 산맥이라는 말은 산줄기의 경로 혹은 지간(枝幹)이라는 뜻으로 쓰이고 있음을 알 수 있다.

한편 『승정원일기(承政院日記)』의 1651년(효종 2) 기사를 보면 "파주에 은혈(銀穴)이 있다고 하니 관상감 제조(提調)가 지관을 데리고 가서 살피게 하여 '산맥'을 범하지 않으면 채취할 것을 청하는 내용"이 등장하고 있다.[6] 여기서 나온 산맥이라는 개념은 산의 기맥(氣脈)이라는 다분히 풍수적인 의미이다. 따라서 전통적인 산맥개념은 외형적인 산줄기 경로 혹은 산의 풍수적 기맥이라는 뜻으로 사용되어왔다.

그런데 문제는 현대에 들어와서 근대 서구 지형학의 Mountain Range 개념이 산맥이라는 말로 번역되면서부터 생겨난다. 왜냐하면 여기서 말하는 산맥이라는 말은 사전적으로 '지반운동 또는 지질구조와 관련하여 직선상으로 길게 형성된 산지'로서 개념적 기초가 전통적인 산맥 개념인 외형적 산줄기 혹은 분수계와는 본질적으로 차이가 나기 때문이다. 지형학적인 산맥개념은 지질구조에 기초하고 있으며, 형태적으로는 다발 혹은 계열의 체계이고, 거시적이고 구조적인 관점의 학술적 용어로서, 산줄기 개념인 형태적이고 미시적이며 선적인 경로의 관점과는 차이가 난다.

2004년에 국토연구원이 전통적인 산줄기 개념의 산맥체계를 재정립한 연구 결과[7]를 놓고 대한지리학회가 반박한 내용은, 정확히 대상적 스케일과 범주의 차이, 용어와 개념의 혼동이라는 문제에서 비롯되고 있다. 당시 대한지리학회의 주장에 의하면, 산맥과 분수계(分水界)의 개념은 다르며, 분수계는 유역 분지를 구분하는 능선을 따라 선으로 표현되지만, 산맥은 여러 개의 산줄기가 같은 방향으로 달리는 넓은 폭을 가진 연맥(連脈)의 개념으로 이해해야 한다는 것이다.

이렇듯 일반인들의 상식이나 산악계에서는 산줄기의 경로라는 의미로 산맥을 이해하고 있는 반면 지형학계와 현행 교과서에는 지질구조적 개념으로 달리 쓰이고 있는 현실상의 괴리는 어떻게 받아들이고 이해해야 할까? 단순히 생각할 때, 문제의 실마리가 산맥이라는 용어의 혼용에서 비롯되었다면 근대 지형학적인 산맥 개념은 논의의 편의상 구별하여 표현해 '산계(山系)'라고 말할 수 있다.

이렇게 산지체계를 산경·산맥·산계의 세 측면으로 접근할 때 서로를 비교하여 보면, 산경이라는 용어는 외형적인 산줄기의 경로(날줄)라는 뜻이 강하고, 산맥이라는 용어는 가시적인 산줄기와 풍수적인 산의 기맥이라는 전통적 인식의 양면이 함께 내포되어 있으며, 산계라는 말의 의미는 지형학적으로 지질구조에 기초한 구조적인 산지체계라는 뜻으로 요약할 수 있다.

그러나 정작 한국사회에서 벌어진 논란의 본질적인 문제는, 이미 산맥이라는 용어가 한국사회에서 일반적으로 고착화되어, 학계나 대중사회가 각자의 의미체계로 인식하는 일종의 담론이 되어 버렸다는 점에 있다. 물론 이러한 현상으로 말미암아 사전적 용어의 규정에 있어서는 다소 혼란스러운 점은 있지만, 사회적인 산맥 담론 현상 자체는 전혀 비관적으로 보이지 않는다. 왜냐하면 산줄기 혹은 산맥에 대해 다면적이고 다층적인 관점을 가질 때, 우리는 한반도의 산과, 산줄기를 인식하는 역사적이고 문화적인 특성을 훨씬 다양하고 심도 있게 이해할 수 있다고 생각하기 때문이다.

따라서 산줄기 논의는 양자택일적이고 절대우위적인 논리가 아니라 다양성을 지니고 상호보완적으로 발전되어야 할 담론이라고 생각된다. 각 측면의 의의를 살펴보자면, 산경이라는 개념은 지역적인 생활권이나 가시적인 산줄기의 체계를 파악하는데 유리한 반면, 전통적인 산맥이라는 개념은 산경이라는 개념에 풍수적인 기의 관점을 복합하여 산의 가치를 이해할 수 있고, 학술용어로서의 Mountain Range(산맥)라는 개념은 한반도 전체의 거시적인 산줄기 구조와 지질학적 체계를 이해하는데 장점이 있다.

조선후기는 국토지형을 산줄기와 물줄기(유역권)의 상관적인 구조로 파악하여 지리정보를 계통적으로 인식할 수 있었다. 또한 기존에 중국의 곤륜산을 기점으로 한 산맥체계의 중화적 인식에서 탈피하여, 자주적인 국토인식 아래 백두산을 시조(祖宗)로 서술한다는 중요성도 있다. 현대의 지형 및 지질 구조에 바탕을 둔 산맥체계와는 논리적 인식 토대가 다르지만, 당시의 자연관 및 독특한 산지인식에 근거한 전통적 산맥체계 역시 문화역사적 콘텐츠로도 활용될 가치가 충분하다.

이상과 같은 백두대간의 이해를 바탕으로 한국사회에서 백두대간 명산문화 연구가 지니는 의의와 가치를 학술·사회·지역·정책적으로 요약해 보겠다.

첫째, 학술적 의의로, 백두대간 명산문화 연구는 전통지식과 인문학을 중심으로 산에서 상생하고 진화하는 방향을 모색하는 한국형 환경인문학의 창의적인 연구 패러다임을 시도하는 사회적인 의미를 지닌다. 백두대간 명산문화 연구는 '명산인문학'을 정초하는 노둣돌이며, 학술적 가능성은 '명산학'과 더 나아가 '산학'이라는 신생 학문 분야를 지향하는 가늠자이기도 하다.

둘째, 사회적 의의로, 백두대간 명산문화는 통일한반도의 비전에서, 백두산을 비롯한 북한의 산도 연구대상이기 때문에 '통일의 공간인문학'이기도 하다. 정책적인 활용면에 있어서도 〈백두대간 보호에 관한 법률 및 시행령〉 등에 대한 인문학적 기초를 제공할 수 있는 의의도 있다. 연구결과는 향후 백두대간의 미래지향적인 보전과 관리 및 지속가능한 활용을 위한 시스템 형성에 기여할 수 있다.

셋째, 지역적 의의로, 백두대간 명산문화에 대한 연구는 국토 산지의 중추로서 미래적 산지지역문화를 발전적으로 추동하는 성장 동력의 하나로 꼽힐 가치가 충분하다. 백두대간 권역의 지방자치단체·국립공원·시민단체·지역주민과 소통하는 피드백 구조를 통해 지역사회적 확산의 모멘텀(momentum)을 마련하고, 백두대간 명산문화의 가치 개발을 통한 학계와 지역사회 간의 시너지 효과도 창출할 수 있다.

넷째, 산림전통지식의 발굴 및 활용의 정책적 측면의 의의로, 백두대간의 명산마다 문화·사상·역사·문헌 자료 등으로 산림인문 전통지식이 전승되고 있기에, 현장조사를 통한 조사연구는 백두대간 산림인문자원 및 산림전통지식의 발굴과 활용 기반 구축에 기여할 수 있으며, 지역별 산림전통지식의 고유성과 다양성의 발굴을 통하여 문화콘텐츠 및 홍보 자료로 활용할 수 있다.

이상과 같은 의의와 가치를 토대로, 백두대간 명산문화 연구가 지향할 목표와 내용, 방법과 시선을 요약해 제시하고 이후 백두대간학이 나아갈 전망을 정리하려 한다.

연구 목표로, 백두대간 명산문화의 인문모자이크 체계 구축이다. 백두대간 명산문화는 다양한 명산마다의 문화적 장소성이 스펙트럼을 이루어 전체적인 모자이크를 형성한다. 그중에서 우선적으로 백두대간에서 3대 명산으로 꼽히는 지리산·속리산·소백산에 투영된 지형환경적 배경의 인문요소를 지역적으로 드러내고 상호비교하여 명산문화의 모자이크를 모델로 제시할 필요가 있다.

연구 내용으로, 정신적·은거지적 이상향으로서 백두대간 명산의 장소성에 대한 문화역사적 조명이다. 전통적으로 명산의 장소성을 규정한 산지 담론으로서 '피난보신과 은일의 땅, 길지·승지·복지'의 개념에 주목한다. 백두대간 명산 중에서도 특히 지리산·속리산·소백산은 많은 사람들이 숨거나 피해서 삶을 영위하였던, 정신적으로나 은거지로서의 이상향이었다.

연구 방법으로 분과학문의 경계를 넘은 융복합문화학의 지평이다. 백두대간은 서구적 학문 분야의 방법론적 틀과 자연과학적 편향에 머무르고 있는 기존의 산악 연구를 넘어, 인문학적인 문화 요소를 다양하게 갖춘 연구대상이다. 학제적인 접근으로 백두대간의 역사지리적인 실체를 밝히고, 백두대간의 문화를 빚은 배경과 토대를 조명하며, 그 위에 누적된 사상·문화·문학적 지층을 드러낸다.

연구 시선으로, 동아시아 범주의 보편과 지역의 특수에 기초한 조사연구이다. 백두대간의 명산문화는 동아시아의 문명사적 보편성을 지니지만 지역적인 특수성도 강하다. 백두대간의 문화 요소가 동아시아적으로 어떻게 투영되고 변용되었는지, 그 과정에서 한국적 수용 방식과 특색은 어떻게 나타나는지에 관한 연구는 백두대간 명산문화의 실체를 규명하는 기본적 접근방법이자 이해방식이다.[8]

2017년 일본의 국립 명문 쓰쿠바대학(筑波大學)에 대학원 석사과정으로 '산악과학 학위 프로그램'이 개설되었다. 이학·농학·공학의 제반 연구 역량을 집결하여 산에 대한 전문적인 교육 및 연구과정이 출범했다. 그해 니혼대학(日本大學)에서 개최된 일본 산의 날 제정 기념 국제학술대회에 참석하여 관계자를 만나 왜 산학(山學)이 아니고 산악과학인지 질문한 적이 있다. 그 이유는 일본 산의 특성과 문화전통 그리고 학문의 근대화 과정에서 연유된 것임을 알 수 있었다.

한국도 대학의 연구과정에 산 연구를 본격적으로 할 수 있는 제도적 시스템을 마련해야 하지만 일본처럼 산악과학이 아닌 '산학'이 되어야 한다. 인문·사회적 산 연구와 과학적 연구 방법을 융복합시킨 발전적 형태의 연구체계가 구축될 필요가 있다. 우리는 사람과 산의 관계가 긴밀했던 문화역사적 배경을 지니고 있고, 그 속에서 산인문학적인 연구전통이 배경이 되었으니 이를 우리의 학문적 특수성으로 삼아야 하리라고 본다. 그래서 우리는 '산악과학과'가 아닌 '산학과'인 것이다.

서구의 학문적 방법론이 밀물처럼 들어오면서 동식물·자연자원·지질지형 등 한국의 산에 관한 과학적 연구는 눈부신 성과를 거두었다. 근래부터 학계와 대중에 산인문학이라는 지식담론도 생겨났고, 산림청·산림과학원 등 국책기관들은 산의 인문적 가치와 산림의 문화적 기능에 대해서도 활발히 연구하고 있다. 기존에 자연·생태의 산에서 인문·사회, 문화·역사 및 휴양·생활사의 산으로 확대하고 있다.

한국의 명산은 간선 계통의 산줄기의 체계로 계열화되어 있기에, 이러한 명산 체계와 이를 둘러싼 문화역사적 특징은 독특한 개성을 지닌다. 더구나 생태환경적 속성과 문화역사적 관계가 통합되어 있다. 이런 배경에서 전망한다면, 향후 '백두대간 명산문화 연구'는 '백두대간인문학'으로, 더 나아가 '백두대간학'으로 그 정체성을 지향해야 할 것이다.

백두대간학은 지방의 단위 명산이라는 한정되고 특수한 지역 범위에서, 전국의 명산 계통이라는 전체적이고 보편적인 국토 범위로 연구를 일반화시킴으로써 새로운 학술적 지평을 열 수 있다는 의의가 있다. 학술적으로도 백두대간학은 학계에서 지역학 혹은 지역연구의 새로운 지평을 확장하는 연구로도 평가받을 수 있다.

이는 일반적인 지역학 수준이 아니라 '산(산지) 지역학'으로서의 새로운 연구 분야이자 영역이다. 미국의 '애팔래치아학(Appalachian Studies)'[9]에 비추어 볼 때 한국적인 정체성을 지닌 '산(지) 지역학'이라는 성과로 내세울 수 있는 잠재적 가능성과 전망도 예상할 수 있다. 머지않아 한국적 오리지널리티를 가지고 동아시아 및 세계의 학계에 내놓을 수 있는 산학(山學)의 한 분야는 '백두대간학'이 될 것이다.

한국 명산문화의 동아시아적 기조와 변주

동아시아의 명산문화는 역사적 교류과정에서 각국의 문화주체와 문화코드에 따라 선택적으로 받아들여지고 변용되었다. 동아시아의 보편과 특수의 맥락에 있는 한국 명산문화 전통의 특색과 내용에 대한 연구가 필요한 이유이다.

한국의 명산문화를 동아시아적인 기조와 변주라는 틀로 논구하는 이 연구의 목적은 아래와 같이 설정할 수 있다. 첫째, 지리적·지역적으로 명산문화가 형성될 수 있는 지형환경적 배경과 역사지리적 조건을 살피고, 역사적·시대적으로 명산문화의 전통적 궤적과 전개양상을 동아시아적인 논지로 서술한다. 둘째, 한국인이 한반도에서 시대적으로 명산문화를 수용하여 어떻게 명산과 관계 맺었고 그 결과 어떤 명산문화가 역사적으로 형성되었는지, 그 배경과 이유, 변천과 특색을 통시적·공시적으로 개괄한다. 셋째, 한국 명산문화 전통에 반영된 요소와 주제, 키워드 등을 동아시아적인 수용 및 변용 양상 측면에서 체계적으로 고찰함으로써, 명산 인식과 태도, 상호 관계 및 경관 구성에 관한 시대적 변천과 지역적 양상을 밝힌다.

한국에서 동아시아적인 기조로 전개된 명산과 사람 간 관계의 사회문화적인 변주의 궤적을 구성하는 이 연구의 주제와 내용은 총론에 이어 '명산문화 사상의 도입과 적용', '명산문화 요소의 변용과 특색', '명산문화 변동의 정치와 역학', '명산문화 양상의 보편과 특수'라는 사상·문화·사회·지역 차원의 다각적인 연구 시선과 범주, 그리고 시공간적인 통합 구도로 구성한다.

총론에는 한국의 명산문화를 동아시아적인 기조와 변주의 지평 및 시선으로 조명하고 연구하는 의의를 밝힌다. 이어서 한국 명산문화 전통의 동아시아적 성격을 조명함으로써 그 보편과 특수의 자연지형적 배경과 역사문화적 맥락, 그리고 정치사회적 이유를 해명한다. 한·중·일 간의 역사적 교섭 과정에서 한편으로는 수용되고 한편으로는 전파하면서 한국의 명산문화가 토착화되었으므로, 그 양상과 배경, 이유와 요인을 유의해 고찰한다.

첫째, '명산문화 사상의 도입과 적용'에는 한국의 명산문화가 불교·유교·풍수 사상이 도입되어 적용되는 과정에서 어떤 영향을 받아, 어떻게 다채로운 명산 경관으로 투영되어 전개되었는지, 그 양상의 지역적인 특색은 무엇인지 역사적 사실을 주제별로 검토한다. 이어서 각 사상적 전개와 관련하여 산수미학의 시대적 양상을 인식과 태도의 측면에서 개관한다.

세부적으로 불교사상과 명산문화에서는 한반도에 수용된 불교문화가 기존의 명산숭배신앙과 결합하여 '명산불교'의 문화전통을 이룬 사실을 조명한다. 자장의 중국 오대산신앙의 수용과 오대산문화의 형성, 의상의 화엄10명산을 둘러싼 지정학적 정치지리, 신라시대에 보살주처 명산론으로 전개된 명산 지정과 불교적 영향력, 나말여초 선문9산의 지역명산 입지 등이 주요 논제로 포함된다.

유교사상과 명산문화에서는 중점적으로 주자의 무이구곡이라는 동천구곡의 원형이 조선의 유교지식인들에 의해 각 지역에서 어떻게 특색 있게 경영되었고 경관화되었는지 고찰한다. 그리고 동아시아적인 시선으로 조명하여 볼 때 조선중후기에 지식인 사회에서 성행한 명산 유산문화의 양상과 의미는 무엇인지, 거기서 발전된 유가적 인문미학 요소로서 비덕(比德)의 산수심미는 유산기에 어떻게 드러나고 있는지, 『동국명산기』 등 실학자들의 명산 논의는 어떻게 전개되는지 등을 주요 논제로 포함한다.

풍수사상과 명산문화에서는 중국에서 풍수 및 도참사상이 도입 적용되면서, 국가 차원에서 고려시대의 정치적 이념으로 실행된 명산 비보사찰의 조성, 조선왕조에서 한양 삼각산의 으뜸 명산 지정과 풍수적 보전책 실행, 그리고 민간 차원에서 지식인들이 명산에 대한 풍수도참적 인식과 해석, 조선후기에 유행한 『정감록』의 양백지간(소백·태백산)을 비롯한 명산 소재의 십승지 관념, 계룡산 등 각종 민간도참비결서의 명산 논의 등을 주요 논제로 포함한다.

이상을 아우른 미학사상과 명산문화에서는 불교·유교·풍수 등의 사상적 프리즘으로 보는 산수관·산수인식·산수미학 및 태도를 고찰한다. 그 양상에는 공통분모도 있지만 스펙트럼이 다르게 나타난다는 데에 주목한다. 여기서 숭고한 산수, 인지의 산수, 생명의 산수, 사람과 상보하는 산수, 사람과 합일하는 산수 등은 각 사상과 태도를 반영하는 산수미학의 주요 논제가 된다.

둘째, '명산문화 요소의 변용과 특색'에는 역사적으로 부각되었던 동아시아의 주요 명산문화 이슈로서 명산신앙, 명산지식, 명산경관, 명산여행 등의 요소를 집중적으로 조명하여 그 시대적·지역적 변용 양상과 특색을 도출한다.

세부적으로 명산신앙의 수용과 전개에는 한국과 일본에서 지역적으로 전개된 삼신산문화 및 중국 명산신앙의 변용과 특색, 그리고 산신신앙의 접변으로서 중국 여산신의 지역적 변용인 선도산 성모, 가야산 정견모주, 지리산 성모천왕 등을 검토한다.

명산지식의 형성과 발전에서는 조선시대의 관찬 및 사찬 지리지와 고지도, 『동국명산기』 등 조선후기 실학자들이 저술한 제반 문헌에서 드러나는 국내외 명산지식과 정보, 그리고 『해동지도』 등의 고지도에서 표현된 중국, 일본 및 유구의 명산 묘사 및 정보 표기 등의 발전적 전개양상에 대한 고찰 등이 주요 논제가 된다.

명산경관의 구성과 변천으로 공간적·시대적으로 명산경관의 양상과 변화를 문화주체인 사회적인 요인과 관련하여 탐구한다. 세부 주제 요소로서, 중국의 오악 중에 태산문화는 어떤 코드와 양상으로 한국에서 구성되고 변용했는지, 지방명산으로서의 진산 지정은 시대적으로 그 분포와 성격이 어떻게 변천되어 공간적으로 전개되었는지 등도 논의한다.

명산여행의 형태와 기록은 전국적으로 조선시대 관료 및 유교지식인의 명산유람이 어떤 명산에 어떤 빈도로 실행되었고, 어떤 형태로 이루어졌으며, 어떤 동기와 목적으로 행해졌는지, 그 사회적 배경과 문화적 의미는 무엇이었는지 유산기를 전반적으로 검토하여 고찰한다. 공시적으로는 중국과 일본 관료 및 지식인들의 명산 여행에서 드러난 양상과 성격과도 대비하면서 조선시대 명산 유산의 특색을 도출한다.

셋째, '명산문화 변동의 정치와 역학'에는 명산문화의 이념전쟁, 명산담론의 문화정치학, 명산미학의 변증과 동역학을 탐구하게 된다. 조선시대에 유교지식인 사회계층에서 불교경관 특히 산봉우리 이름의 개명으로 이슈화한, 이른바 명산을 둘러싸고 전개된 이데올로기 간의 문화전쟁(cultural war), 중국 곤륜산 중심의 사고에서 벗어나 조선후기의 주체성이 발현된 산줄기 담론과 정치학으로서 백두산래맥설 및 백두산의 동아시아(일본 및 류큐 등) 조종설, 그리고 명산의 심미와 미학의 동역학으로서 자연미학과 인문미학의 길항과 융섭 관계를 다룬다.

세부적으로 명산문화의 이념전쟁으로 산이름 바꾸기를 대표로 들 수 있다. 일반적으로 지명은 지배 이데올로기와 집단의 권력에 의해 바뀔 수 있는 정치학적 속성이 있다. 조선시대에 들어와서 유교적 이데올로기가 명산문화에 새로 투영되면서 기존의 불교적 산이름은 유교지식인들에게 비판받고 개명되는 과정을 거치게 되었다. 이러한 사회적 이념전쟁의 산이름 바꾸기 담론은 조선후기까지 청량산을 비롯하여 금강산, 주왕산 등의 수많은 유학자들의 명산 유산기에 드러난다.

명산담론의 문화정치학으로 동아시아의 백두산 조종설 및 내맥설은 조선후기적 명산문화의 한 특징으로 꼽을 수 있다. 기존 중국의 곤륜산 조종설 및 내맥설이 조선의 백두산으로 주체화된 것이다. 조선중후기에 국토산하에 대한 자긍심과 자주의식이 생겨나고, 동시에 18세기 초반에 백두산을 경계로 청나라와의 국경 문제가 불거지면서 백두산이 국토의 조종산으로 정치·영토적 의의가 강조되었다. 동시에 모든 산은 백두산의 자손으로서 백두의 맥에서 기원했다는 의식이 생겼고, 풍수의 사회적 성행과 부수되어 국토의 산줄기에 대한 지식이 널리 확산되면서, 모든 산은 백두산의 맥에서 이어졌다는 담론이 퍼졌다. 나아가 백두산의 맥이 바다로 건너 일본과 유구의 산이 되었다는 인식도 실학자들 사이에서 생겨났다.

명산미학의 변증과 동역학으로 자연미학과 인문미학의 길항과 융섭 관계는 한국의 명산미학에서 중요한 테마를 이룬다. 조선시대의 유가미학이 이념적으로 강성해지면서 기존의 자연미학은 인문미학의 새로운 지평에 도전받는 과정에 선택되거나 지양되면서 한국적인 산수미학은 변용을 겪게 되었다. 유교지식인들이 산수미학을 어떻게 주도적으로 변주하고 기존의 심미적 전통을 한편으로는 탈바꿈시키고 한편으로는 포용했는지, 그리하여 조선의 개성적인 미학으로 창출하였는지 역동적으로 살펴본다. 더 나아가 중국적 유가미학의 요소(비덕·창신 등)가 조선의 유교지식인들에 의해 어떻게 선택되어 명산 심미에 투영되었는지도 개별 명산을 대상으로 고찰한다. 이러한 관점은 유가적 산수미학의 한국적 특색과 변주 논의로 귀결된다.

넷째, '명산문화 양상의 보편과 특수'에는 동아시아의 명산문화가 일방적으로 전파되기보다 역사적 교류과정에서 각국의 문화주체와 문화코드에 따라 선택적으로 수용되고 변용되면서 특색을 이루었다는 점에 유의하여 논의한다. 먼저 비교문화적으로 한·중·일 명산문화의 닮은꼴과 다른꼴을 개괄적으로 고찰한다. 이를 통해 중국의 명산문화를 수용한 한국과 일본을 대비하면서 그 보편과 특수를 자연환경적이고 사회문화적인 배경 요인과 함께 집중적으로 논의한다. 그리고 일본 명산의 영산신앙과 문화 요소에 대한 고대 한반도의 영향까지 포괄하여 검토한다.

　결론에는 한국 명산문화의 전통이 근현대로 넘어오면서 전개된 계승과 변동 사실을 유의해 서술하고, 그 사회·문화·경제적 배경과 의미는 무엇인지를 조명한다. 그리고 한국 명산문화의 유산이 현대와 미래에 어떤 사회적·학술적 의의와 가치가 있고 향후에 어떻게 활용할 것인지에 대해 전망한다. 더 나아가 한국인이 꽃피운 명산문화의 전통가치가 동아시아와 세계의 명산문화에 어떻게 인류의 유무형적 유산으로서 기여하고 시사점을 줄 수 있는지에 대해 문명사적 의의를 제시한다. 끝으로 한국 및 동아시아 명산문화에 대한 학술적 연구의 향후 과제를 제시함으로써 마무리 짓는다.

사람과 산의 문화생태적 변증법과 공진화

이 과제는 한국인이 산과 관계 맺은 상호작용과 연결관계를 문화생태적 전통사상의 핵심고리인 산의 인문 및 풍수를 통해 포착하고, 산과 함께 진화해온 사회문화사적 과정을 논구하는 것이다.

　한국의 산은 사람의 산이고, 한국인은 산을 닮은 사람들이다. 한반도의 농경문화는 산과 오래도록 관계 맺으면서 공존의 질서가 형성되었다. 산과 사람의 관계는 한편으로 대립적으로 변증하고 한편으로 유기적으로 진화했다. 산과 사람 사이의 관계가 어떻게 진화되었는지 문화생태적으로 밝힘으로써, 산과 사람이 상생하는 지속가능한 관계를 전망하는 것으로 연구 방향을 삼는다.

사람이 산에 정착해 삶을 영위하면서 산에 대한 지식의 형성과 사회적 관계가 시공간적으로 전개되어 나갔다. 산은 사람에게 영향을 주어 산의 사상과 문화가 빚어진 환경적 배경과 요인이 되었고, 사람은 산에 영향을 주어 자연경관으로서의 산은 문화경관으로서의 산으로 변용되었다. 산지환경에서 오래도록 사회적 삶을 살았던 동아시아 사람들은 산의 속성과 색채를 띤 철학사상과 경제양식을 갖추었다. 불교도 산악불교가 되었고, 유교도 산림유학의 전통을 지니게 되었으며, 풍수도 산의 풍수로 발전되었다. 사회적으로 산림경제와 산지주거양식이 형성되었다.

동아시아의 산지환경은 정착하여 삶을 영위하던 사람들로 하여금 생산 및 주거 양식과 사상적인 지식체계의 방면에서 선택적인 진화가 생겨나는 배경이 되었다. 산지에서 오랫동안 공동체를 이루며 살아오던 한국인들은 산에 대해 다양하고 수많은 사회문화적 적응 전략을 만들어 냈다. 이는 배산임수의 분지형 취락공간패턴의 형성, 임업생산·산지개간·산림주거 등의 생업 및 삶의 양식과 관련하여 이루어졌다. 사람들이 산지주거의 지속가능성을 유지하기 위해 산에 대한 지리지식의 생산과 인문사상의 발전도 활발하게 일어났다. 이 문화생태적 코드는 산에 대한 논리화, 인간화, 장소화의 궤적으로 진행되었다.

사람과 산의 공진화에 대한 사회문화사적 논구는, 1981년에 사회생물학자 에드워드 윌슨(Edward Wilson)의 '유전자-문화 공진화' 논의 이후 또 다른 차원과 시선의 담론이다. 사람들은 산의 인문과 풍수라는 문화적 고리와 장치를 통해 산지환경에 어떻게 적응하였고 관계 맺었으며, 그 영향과 결과의 양상은 어떻게 공간적·사회문화적으로 전개되었는지를 새로운 인식틀로 밝히는 시도이다.

인문과 풍수는 한국의 산지배경과 사회문화사에서 상보적으로 결합하여, 지역현장에 뿌리내려 특색을 띠면서 발전하였다. 사람들이 인문의 시선과 풍수의 프리즘으로 산을 이해하면서 산을 보는 독특한 시선과 자연관, 태도가 형성됐고 그에 따른 산지 문화경관을 구성했다. 한국에서 인문과 풍수는 사람들이 산과 관계 맺으면서 벌어진 안팎의 모순대립을 지양하는 매개이자 유기적 공진화의 스위치 역할을 했다. 이는 사회적인 영향력이 컸던 전통시대 집단지성의 문화생태적 지식체계이자 환경생태학이었다. 현대적 시선으로 볼 때, 산이 사람들에게 제공하는 순기능적 효과를 마운틴 서비스(Mountain service)라고 한다면, 사람의 산에 대한 인문적 성찰은 산과 관계 맺으면서 빚어낸 문화역사를 반조하는 마운틴 힐링(Mountain healing)이기도 하다.

이 연구는 사람과 산천을 맺는 문화생태적 연결고리로서의 전통 풍수에 대한 새로운 해석과 시선에서 출발한다. 한국에서 풍수는 산과 사람의 공생 및 공진화를 위한 문화생태적 매개이자 연결고리였다. 지역주민들은 풍수를 활용해 슬기롭게 자연과 공존하고 상생했으며, 비보로써 자연과 인간의 상호관계를 조절하고 조정했다. 풍수를 통해 산지환경에서 주거 적합도를 높여 안정된 상태에 도달하는 문화적 적응을 도모했다. 그 결과 환경과 주민의 통합성을 증진하고 장기지속적인 시스템을 마련할 수 있었다. 풍수는 지역의 적절한 환경관리와 적합한 토지이용을 위한 문화전통이자 지식체계였다.

이러한 재해석의 과정은 산과 더불어 진화한 문화역사적 산물로서의 풍수에 대한 새로운 이해로 발전한다. 한국풍수는 한국의 산지지형환경에 토착화되면서 진화하여 형성됐다. 중국풍수론은 물 혹은 물줄기(得水)가 가장 중요했지만,[10] 한국풍수론에서는 산줄기(龍脈) 조건을 더 중시해서 따졌다. 한국적 특수성(지형·문화·역사 등)을 반영하여 실천한 것이다. 한국의 산지 환경에 익숙한 한국인들은 중국의 풍수론을 선택적으로 받아들였고, 이것이 진화한 담론의 산물이 한국풍수였다. 이른바 지식진화론적인 포스트다위니즘(post-darwinism)의 시선으로 한국풍수의 속성이라는 요소를 소환하여 재해석하는 방식이다.

특히 한국풍수의 전개과정에서 실천된 핵심적 요소이자, 산과 사람 간의 경관생태적 컨트롤러로서 '비보'에 대한 현대적 가치도 주목할 수 있다. 비보는 전통시대에 산과 사람 사이의 공간적인 모순과 대립을 조정함으로써, 통합적인 경관형성으로 공진화를 추동했던 핵심적인 사유이자 조정자였다. 이 기능적 구성요소에는 포지티브(+: 협의의 비보)·네거티브(-: 압승)라는 두 가지 역학적(力學的) 상보방식이 있다.[11] 비보 원리는 기능상 산과 사람 사이의 상보적 평형력을 유지하는 조정자 역할을 하고 상보관계를 유지하는 매개적 위상을 지닌다.

동아시아와 한국에서 역사·지리적으로 전개된 산과 사람의 변증과 공진화 궤적으로서, 총론에 이어 '산의 철학사상과 논리화, 산의 상징주의와 인간화, 산의 공간인지와 장소화'라는 트라이앵글 구도로 구축된다.

총론에서는 한국에서 사람과 산, 그 문화생태적 관계의 사회문화사를 변증법적 지양과 공진화의 전략이라는 얼개로, 통시적(날줄)이고 지역적(씨줄)으로 고찰하여 논리를 교직한다. 역사적 공간이 어떤 구성적 형태와 지리적 논리로 산과 관계 맺었는지, 산과 사람은 어떻게 상호영향을 주어 문화경관이 형성되었는지 그 전개과정을 통치공간(국도와 읍치), 취락공간(마을), 의례공간(산소, 종교시설 등)으로 나누어 역사적인 변천과정과 특징을 개괄한다.

첫째, '산의 철학사상과 논리화'에는 전통시대에 지배했던 동아시아의 주요 문화생태적 사상(도교·불교·유교·풍수)이 담긴 저술을 중심으로 산에 대한 이해와 인식을 대비하여 서술한다. 중국의 『산해경』에 나타난 도교적 산 유토피아, 일본 도겐 「산수경」의 산 인식에 투영된 선불교적 심상과 산수성불설, 조선중후기의 유산기에 서술된 유교적 인지지락의 산수미학, 그리고 『명산론(明山論)』 등 풍수의 산 서술에 대한 이론적 전개와 발전 양상을 고찰함으로써, 동아시아에서 산에 대한 사상과 논리화의 궤적을 탐구한다.

둘째, '산의 상징주의와 인간화'에는 산에 대한 민간구비전승(설화)에 초점을 두고 공동체적 컨센서스를 살펴본다. 산과 오랫동안 관계를 맺으면서 형성되는 문화생태적 적응이자 집단무의식적인 인지 전략으로서 상징주의와 인간화 코드는 중요한 연구 주제가 된다. 산신 관념에서 드러나는 주민공동체와 지역산지환경 간의 문화생태를 연구하고, 사회정치적인 측면으로 산이름 네이밍의 문화정치학도 연구내용이다.

셋째, '산의 공간인지와 장소화'에는 영역의 방면으로 산의 풍수적 투영과 지리적 전개양상을 시대적이고 지역적으로 탐구한다. 시계열적으로 대표적인 지리지에서 드러나는 산지 정보 인식과 고지도의 산 이미지 재현 양상의 발전적 과정을 고찰한다. 조선후기 지식인들의 산 기록정보와 산림주거 지식전통에 대해서도 면밀히 살펴본다.

결론에서는 한국에서 전개된 사람과 산의 문화생태적 변증법과 공진화의 사회문화사를 총괄적으로 요약하고, 연구의 의의와 한계를 제시한다. 이를 통해 산의 인문과 풍수, 그 동아시아적 변용과 문화생태적 특색을 사상·이론·사회·심미적 방면 등으로 요약한다. 끝으로 한국, 그 산의 문명으로서 정체성과 의의, 그리고 '산이 공간적 미래'라는 동아시아적 전망을 정초한다.

이상에서 살펴보았듯 미래를 지향하는 명산문화 연구의 현재적 필요성과 의의는 아무리 강조해도 지나침이 없다. 전통시대에 전개된 한국의 찬란한 명산문화를 시대정신의 기조로 연구함으로써 동아시아를 비롯한 인류문화의 위기상황을 극복할 수 있는 공간적인 해법을 이끌어낼 필요성이 절실하다. 우리에게 산은 지속가능한 미래이기 때문이다. 이제 다시 산으로 돌아갈 때가 왔다.

미주

여는 글 명산문화 연구를 위한 새로운 시선과 지평

1 학문 범주의 위계로 볼 때, 소속 관계는 '산학＞산인문학＞산문화연구', '산학＞명산학＞명산인문학＞명산문화연구' 등의 카테고리로 분류할 수 있다. 구체적인 대상으로 예시하자면, '지리산학＞지리산인문학＞지리산문화연구', '백두대간학＞백두대간인문학＞백두대간문화연구' 등으로 범주의 위계를 나타낼 수 있다.

2 『오래된 미래(Ancient Future)』는 헬레나 노르베리 호지(Helena Norberg-Hodge)가 1991년에 출간한 책이고, '지속가능(sustainability)'은 로마클럽이 1972년 『성장의 한계(The Limits to Growth)』라는 보고서에 쓴 말이다. 두 용어는 현대와 미래의 문명적 가교에서 키워드로 통용되고 있다. 우리에게 '산'은 오래된 미래이자 지속가능성을 담보하는 공간적인 토대라고 판단하여 선언적으로 표현했다.

3 전란·굶주림·전염병 혹은 수재·화재·풍재의 세 가지 재앙을 일컫는 말이다.

4 낙토(樂土)는 낙원 같은 땅으로서 무릉도원의 이상향(유토피아), 복지(福地)는 선인(仙人)이 사는 땅으로서 도교의 동천복지(洞天福地), 길지(吉地)는 길한 땅으로서 풍수의 명당지, 승지(勝地)는 뛰어난 땅(경승지)으로서 도참비결의 (십)승지라는 맥락이 있는 장소적 용어

이다. 기타 피난보신지(避難保身地)는 난리를 피하여 몸을 보전할 수 있는 땅, 은일지(隱逸地)는 은사(隱士)들이 정치적으로 어지러운 세상을 피하여 은거하는 땅이라는 뜻을 지닌다.

5 동아시아에서 명산인문학 및 명산학은 이미 낯선 분야가 아니다. 한·중·일 학계는 명산인문학과 명산학의 학문적·제도적 기초를 활발히 구축해나가는 중에 있다. 한국에서 지리산권문화연구단(경상대·순천대)은 '지리산인문학'의 학술적 성과를 정초했다. 중국은 '태산학(泰山學)'이라는 방대한 명산인문학을 구축했고 이어 세계유산에 등재된 명산을 대상으로 학문적인 체계를 형성, 발전시키고 있다. 일본도 신슈(信州)대학의 산악과학종합연구소(山岳科學綜合研究所)를 위시하여, 후지산 등 주요 명산에 대한 자연생태적 연구가 활발하다. 특히 일본에서는 제도적으로 산학(Mountain Studies)이 융합 학문 분야로 특화되어 대학에 자리 잡았다. 쓰쿠바(筑波)대학에서는 산악과학센터를 설치하고 2017년부터 '산악과학학위프로그램'의 석사(박사전기)과정을 운영 중이고, 류코쿠(龍谷)대학에서는 사토야마학(里山學) 중점연구센터를 구축해 지역 주민과 산의 상관적 연구에 몰두하고 있다.

6 인문한국(HK)지리산권문화연구단(경상대·순천대)은 지난 10년간 (2008~2017) '지리산권문화연구'라는 어젠다를 수행하여 학제적으로 조사·연구했다. 지리산권 문화를 연구대상으로 국내 최초로 인문학의 관점에서 명산문화를 집대성하여 지리산인문학의 가치를 창조함으로써 인문학의 새로운 지평을 열었다. '자연생태의 산'에서 '사람의 산'이라는 한국 및 동아시아 산 담론의 터닝포인트를 제시했다. 그 결과물인 총 20권의 『지리산인문학대전』은 각각 기초자료 10권과 토대연구 10권으로 이루어졌다. 기초자료는 지리산권의 금석문, 고지도, 지명, 유산기, 서원자료, 지식인의 잠(箴), 불서, 불교

설화, 민속풍수, 저항자료 등이다. 토대연구 10권은 지리산권의 이상향, 유학사상, 불교문화, 인물, 신앙과 풍수, 저항운동, 문학, 장소정체성, 생태적 가치, 세계유산적 가치 등이다. 지리산인문학은 국내 최초로 지리산권역이라는 한국 공간인문학의 보고를 대상으로 학문적 내용과 체계를 수립하고, '산인문학'이라는 외연과 비전을 학계와 사회에 제시한 새로운 학문영역의 개척 성과이다. 해당 연구성과는 지리산권 문화를 대표로 하는 한국 및 동아시아 명산연구의 학술적 표준을 제시했다고 평가할 수 있다.

7 생태·경관·문화·학술적으로 보존 가치가 높은 산림자산을 발굴하고 체계적인 관리를 위해 산림청에서 2014년부터 지정, 운영하는 제도로서 2023년 현재 총 96개가 지정되었다.

8 유람록·유람기·유산록 등의 다양한 명칭이 있으며, 이하 유산기로 통일하여 표기한다.

9 유몽인·최익현 외 지음, 전송열·허경진 엮고 옮김,『조선 선비의 산수기행』, 돌베개, 2016.

10 기근도,「자연 지역으로서의 태백 산지」,『한국지역지리학회지』 8-4, 2002, 473쪽.

11 기근도,「자연지리적 배경 및 지형경관」,『소백산(양백지간) 권역 산림인문자원 기초연구』(국립산림과학원 위탁연구과제보고서), 2018, 13쪽.

12 『택리지』로 널리 알려진 이중환의 저술로, 여러 판본 명칭이 있지만 이하 본문에는『동국산수록』으로 일괄해 표기한다.

13 조선시대 구곡문화의 전개양상을 요약하면, 16세기에는 주자학이 정착하면서 주자를 존모하는 마음으로 무이구곡(武夷九曲)을 동경하다가, 17세기 이후로는 선현의 유적지가 있는 현실공간이나 자신의 거주지 인근 계곡에 독자적으로 구곡을 경영하는 양상으로 전개

된다. 이런 현상은 18세기 이후에는 더욱 활발하게 전개되었는데, 19세기 후반에 서양문물이 밀려오면서 위도(衛道) 의식의 소산으로 더욱 구곡경영이 늘어나게 되었다. 최석기, 『선인들의 산수 인식과 동천구곡 문화』, 보고사, 2020, 56쪽.

14 서울대학교 규장각한국학연구원, 도서번호圭11636.

15 우복동(牛腹洞)이라는 한자 지명에 관한 지명학적인 연구에 의하면, 차자 표기 이전의 순수한 고유 지명 혹은 선(先) 지명으로 '소눈골'이 있었다고 한다. 이것이 18~19세기에 특정한 사회 주체들(정감록 비결파 등)이 이주해 오면서, 그들이 입지한 산간 곡지(谷地) 내지는 분지 지형을 '소의 배 속'으로 동일시하여 우복동이라는 풍수적 지명을 만들었고, 그것이 자족적이고 풍족한 삶을 누릴 수 있는 소의 배 속과 같은 풍수적 길지로 인식되게 했을 것으로 추정한다. 김순배, 「지명의 이데올로기적 기호화(II): 속리산과 우복동」, 『대한지리학회지』 52-5, 2017, 529쪽.

16 우복동이 복지(福地)가 될 수 있었던 지형환경적인 특성과 배경을 설명하자면, 주변에는 알칼리화강암·안산암으로 기반암이 이루어진 높고 험한 산지가 형성되어 있고, 계곡은 좁고 가팔라서 외부와의 접촉이 쉽지 않은 반면에, 흑운모 화강암이 분포하는 내부에는 사람이 농사짓고 살 만한 작은 분지들이 발달해 있기 때문이다. 기근도, 「백두대간 속리산권 만수동·우복동 일대의 지형환경」, 『속리산 산림인문자원 기초연구』(국립산림과학원 위탁연구과제보고서), 2017, 9쪽.

17 김용철, 「복지동천 이념의 19세기적 전개와 우복동 설화의 성립」, 『한국전통문화연구』 31, 2023, 302-306쪽.

18 소병철, 「속리산권역 우복동 이상향의 문화사적 의의와 한계」, 『영남학』 63, 2017, 353쪽.

19　『임원경제지』 권6, 상택지, 팔역명기. 최원석,『사람의 산 우리 산의 인문학』, 한길사, 2014a, 290-298쪽에서 인용. 이하『임원경제지』동일.

20　'인자요산(仁者樂山) 지자요수(智者樂水)'에서 나온 말로, 산수를 통해 어짊과 지혜를 함양하는 즐거움을 뜻한다. 산수지락(山水之樂)이라고도 한다.

21　변동명,「한국 전통시기의 산악신앙·성황신앙과 지역사회: 역사상 인물의 산신·성황신 추앙을 중심으로」,『호남학』67, 2020.

22　전통적으로 토산(土山)은 양의적(兩儀的)인 용어이다. 석산(石山)과 상대되는 용어로서의 토산(土山)이 있고, 풍수 오성론(五星論)의 산형(山形) 분류에 기초한 오행적인 토산(土山)이 있다. 표기는 동일하지만 맥락과 의미는 다르다. 본문에서 지리산과 한라산이 토산이라는 의미는 풍수적 토산에 가까운 모습 혹은 이미지로 보았다. 풍수적 토산은 일반적으로 방정(方正)한 테이블 모양으로서, 중후하고 안정된 이미지의 산 형태를 일컫는다.

23　권선정,「풍수적 장소의 사회적 구성 - 속리산 '우복동(牛腹洞)'을 사례로 -」,『대한지리학회지』53-6, 2018, 927쪽을 참조하여 필자의 논지로 재작성하였다.

24　학계에서는 유산기 번역과 동시에 학술적 가치가 널리 알려지면서 문학뿐만 아니라 지리학·역사학·산림학·조경학·관광학·민속학 등의 제반 분야에서까지 활용한 논문들이 나오고 있다. 근래의 추세는 문학 외에 여타 학문 분야로도 활용도가 점차 확대되고 다루는 주제나 접근방법도 다양해지고 있다. 그럼에도 불구하고 대부분의 연구성과는 특정 문학적 주제에 한정되어 있어 보다 다양하고 폭 넓은 조명과 해석을 통한 학제적 활용이 요청된다.

25　일반적으로 동천구곡은 백두대간에 주로 분포하며, 경북과 충북 일대의 계거촌(溪居村) 근처 수려한 자연경관이 있는 곳에 많이 입지

하였다. 동천구곡의 지형경관은 산지 내부를 흐르는 곡류하도(曲流河道)를 따라 나타나는 다양한 지형 요소들로 인해 구성된다. 그중에도 기반암의 영향이 큰데, 대표적으로 화강암은 수평적 경관미를 이루는 너럭바위가, 퇴적암은 수직적 경관미를 이루는 수직절벽이 발달한다. 지역적으로 경상우도에서는 화강암, 경상좌도에서는 퇴적암 지형경관이 주축을 이루는 동천구곡이 분포한다. 기근도, 「경상좌도 동천구곡의 지형적 특성」, 『한국지형학회지』 15-2, 2008, 95쪽; 기근도, 「우리나라 동천구곡의 지형경관」, 『한국지형학회지』 19-3, 2012, 133-134쪽.

제1부 지리적·공간적 프레임

1   외래종교가 도입되기 전에 고유하게 있었던 고대적인 종교사상으로서, 선도(仙道) 혹은 풍류도(風流道)라고도 일컬을 수 있다.
2   『상서』「순전(舜典)」에 '12산을 봉했다(封十有二山)'고 하였는데 공안국(孔安國)의 전(傳)에 "매 주의 명산으로 매우 큰 산을 그 주의 진산(鎭山)으로 삼았다"라고 하였으며, 『주례』「춘관(春官) - 대사악(大司樂)」에 '사진오악(四鎭五嶽)'이라는 문구가 있는데 정현(鄭玄)의 주(注)에 "사진(四鎭)은 산 중에서 중대한 것이다"라고 했고, 「하관(夏官) - 직방씨(職方氏)」에 '동남방을 양주(揚州)라고 하며, 그 산진(山鎭)은 회계(會稽)이다'라고 했는데 손이양(孫詒讓)의 정의(正義)에 "진(鎭)은 명산으로 지덕(地德)을 안정시키는 것이다"라고 했다.
3   『태종실록』 권23, 태종12년 1월 8일.
4   『동국산수록』, 복거총론, 산수.
5   기근도, 「자연 지역으로서의 태백 산지」, 『한국지역지리학회지』 8-4,

2002, 471-472쪽.

6 『속리산 산림인문자원 기초연구』(국립산림과학원 위탁연구과제보고서), 2017, 9-10쪽; 『소백산(양백지간)권역 산림인문자원 기초연구』(국립산림과학원 위탁연구과제보고서), 2018, 11쪽에서 기근도 교수의 작성 내용에 기초하였다.

7 기근도, 「우리나라 동천구곡의 지형경관」, 『한국지형학회지』 19-3, 2012, 127-128쪽.

8 『삼국유사』 기이 제1, 고조선 · 제4탈해왕.

9 문화경관은 그것이 이루어진 사회의 생활양식과 상징이 복합적으로 표현된 텍스트(text)로서 그 깊은 의미가 해독(reading landscape)되어야 한다. 따라서 명산문화에 대한 경관론적인 접근과 해독은 문헌연구와 함께 명산문화의 정체성을 탐구하는 주요 방법이 된다. 김덕현, 「유교의 자연관과 퇴계의 산림계거」, 『문화역사지리』 11, 1999, 34쪽.

10 불교 전래 초기에 해당하는 4~5세기에는 대부분의 사찰이 왕경의 평지나 산 아래에 건립되었으나, 불교신앙이 확대되면서 6세기 이후부터 산중턱이나 정상에 입지하게 된다. 특히 명산에 사찰이 입지하는 것은 7세기 말 이후 명산에도 보살이 상주한다는 보살주처신앙(菩薩住處信仰)의 성립과 관계가 깊다. 이종수, 「삼국 · 통일신라시대 山寺의 정착과 보살주처신앙의 성립」, 『남명학 연구』, 2016, 201-213쪽.

11 최석기, 『선인들의 산수 인식과 동천구곡 문화』, 보고사, 2020, 86-92쪽.

12 일찍이 7~8세기에 자장의 오대산 및 의상의 10명산(화엄십찰 - 태백산, 가야산, 비슬산, 금정산, 지리산, 팔공산, 계룡산, 삼각산, 모악산, 상왕산) 등과, 보살이 머무는 곳(住處)으로서의 인식이 낙산(보타락가산 - 관음보살), 보개산(8세기 - 지장보살) 등지에 나타난다.

13 『동국산수록』, 복거총론, 산수.
14 한국의 옛 풍수서 중에 『명산록(名山錄)』(한국학중앙연구원 장서각 소장)이라는 이름의 책도 있다. 이 책은 안동 및 인근 지역인 영해, 진보, 청송, 예안, 용담, 청학동, 순창, 풍기, 순흥, 영천, 예천에 소재한 풍수상 주요 명산 길지들을 산 그림과 함께 위치 및 풍수적 정보를 수록하여 지역별로 편집하였다.
15 비덕과 창신은 중국의 미학 및 산수심미관에 나타나는 두 가지 키워드로서, 비덕은 인문적(유가적)이고, 창신은 자연적(도가적) 태도를 보인다. 최석기, 2020, 93-110쪽에서, 중국과 한국의 산수에 대한 심미관을 비덕 및 창신으로 요약하여 상세하게 고찰하고 있다.
16 William Norton, *Cultural Geography* 2nd ed, Oxford university press New York, 2006, p.2.
17 김덕현, 「조선시대 경상도 읍치의 경관구성과 상징성」, 『경남문화연구』 28, 2007, 41-87쪽; 이기봉, 『조선의 도시, 권위와 상징의 공간』, 새문사, 2008.
18 『율곡전서』, 습유1.
19 금강산의 어원은 불교의 화엄경에서 기원한다. 『대방광불화엄경』 「제보살주처품」에 의하면, 동북쪽 바다 한가운데에 금강산이 있고, 이곳에서 담무갈보살(법기보살)이 1만 2천명의 보살과 함께 늘 반야경을 설법한다고 한다. 금강산의 한 봉우리인 법기봉(法起峰)도 여기서 유래되었다는 설도 있다.
20 시기별로 보면 고려시대 1편, 15세기 2편, 16세기 6편, 17세기 28편, 18세기 49편, 그 이후 80여 편에 이른다. 윤호진 외, 『금강산유람록 1』, 민속원, 2016, 372쪽.
21 이하 2장 심미경관의 석산, 금강산의 번역은 윤호진 외, 『금강산유람록 1·2·3』, 민속원, 2016을 인용한 것임을 밝힌다.

22 『맹자』,「진심」상.
23 『논어』「자한」에서 "우러러볼수록 더욱 높다(仰之彌高)"라고, 제자 안연이 공자의 높은 경지를 찬탄했다.
24 『논어』「옹야」에서 공자의 제자 염구가 스승의 도를 실천하려 해도 힘이 부족하다고 하자, 공자가 "힘이 부족한 자는 하다가 그만두지만 지금 너는 미리 한계를 긋고 있구나(力不足者 中道而廢 今女劃)"라고 했다.
25 『논어』「자한」에서 "산을 만드는 데 한 삼태기를 그만두어 완성하지 못하는 것도 나의 그만둠이다(爲山 未成一簣 吾止也)"라고 했다.
26 『논어』「자한」에서 "공자가 냇가에서 말하기를, 흘러가는 것이 이와 같구나. 밤낮으로 쉬지 않네(子在川上曰 逝者如斯夫 不舍晝夜)"라고 했다.
27 『맹자』「진심」상에서 "근원이 있는 샘물은 솟아나와 밤낮을 그치지 않고 웅덩이를 채운 뒤에야 나아가 바다에 이른다. 근본이 있는 것은 이와 같으니 이를 취한 것이다(原泉混混 不舍晝夜 盈科而後進 放乎四海 有本者如是 是之取爾)"라고 했다.
28 『맹자』「진심」상에서 "공자가 태산에 올라서는 천하가 작다고 여겼다(登泰山而小天下)"고 했다.
29 이경순,「17-18세기 사족의 유람과 산수공간 인식」, 서강대학교 박사학위논문, 2013, 165-166쪽.
30 『퇴계선생문집』권43, 주경유청량산록발(周景遊清凉山錄跋).
31 지리산유산기를 1차 자료로 지리산지의 주민생활사를 재구성하는 데 있어서 유의해야할 점은, 첫째, 지리산유산기의 필자는 거의 조선시대 지식인으로 유학자라는 속성이다. 따라서 조선 유교지식인의 시선에 비친 주민생활사의 단편이다. 둘째, 지리산유산로는 지리산지에서도 일부 코스로 한정되어 반복되고 있기 때문에 동일한 유산로 혹은 주변에 대한 서술이 위주를 이룬다는 한계가 있다. 그러나 같

은 유산로 코스를 시간차를 두고 단면적인 섹션으로 볼 수 있다는 점은 변화양상을 파악할 수 있는 방법론적 장점이 될 수 있다. 예컨대 지리산 천왕봉의 성모(사)는 많은 유산기에서 서술되었기에 변화상을 시계열적으로 재구성할 수 있다. 셋째는 자료의 해석적인 측면으로, 조선시대 특정 전문용어를 현대적으로 해석하는 데에 있어서의 어려움이다. 예컨대, 관련한 선행 연구에도 지적되었지만 식생으로서 '삼(杉)'이라는 한자는 삼나무가 아니라 전나무를 표기한 것이다.

32 이를 위해 지리산유산기에 수록된 총 76명이 쓴 97편의 자료를 정리, 분석하였다. 자료의 시간적 범위는 지리산유산기의 작성 연대인 15세기 중반에서 20세기 중반까지로 1463년에 유산하고 작성한 이륙의 「지리산기」 및 「유지리산록」에서 시작하여, 1941년에 양회갑의 「두류산기」를 끝으로 한다. 작품의 유산시기별 편수를 집계해 보면, 15세기 6편, 16세기 3편, 17세기 13편, 18세기 19편, 19세기 34편, 20세기 22편으로 시기별 차이가 있다. 그중에서 19~20세기의 유산기가 큰 비중(57%)을 차지한다.

이하 3장 생활터전의 토산, 지리산에서 인용한 번역문은 『지리산 유람록』 번역본(참고문헌)에 의거했고, 필요한 경우 일부 수정했다.

33 박용국은 지리산유산록에 나타난 여러 전거를 인용하면서 소빙기 현상이 지리산 주거민의 삶에 미친 영향과 사회경제적 양상을 논구하였다. 「17세기 지리산권의 小氷期現象과 사회·경제적 양상」, 『영남학』 17, 2010, 113-148쪽.

34 장호, 「지리산지 주능선동부(세석-제석봉)의 주빙하지형」, 『지리학』 27, 1983, 38쪽.

35 장호, 1983, 44쪽.

36 행정구역상 경남 산청군 시천면 내대리 산 325번지에 위치하고 용도지구는 자연환경지구로 지정되어 있다.

37 김일손, 「두류기행록」(1489)의 목계사에서 세존암 행로에서 뱀을 보았다는 서술, 유몽인, 「유두류산록」(1611)의 정룡암에서 가사어(袈裟魚)에 대한 이야기 등 몇 가지 정도에 불과하다.
38 이호승·한상열·최관, 「지리산 유람록을 통한 산림문화 연구」, 『한국산림휴양학회지』 15-1, 2011, 39-49쪽.
39 이호승·한상열·최관, 2011, 46쪽에 의하면, '삼(杉)'과 '회(檜)'는 과거에 전나무를 나타낼 때 표기했으며, 노송나무를 나타내는 '회(檜)' 역시 전나무를 나타낼 때 쓰였다고 한다. 이 글에서는 그 견해를 따라 모두 전나무로 번역 표기했다.
40 공우석, 『우리 식물의 지리와 생태』, 지오북, 2007, 177쪽.
41 공우석, 2007, 178-179쪽을 참고하여 보완 작성했다.
42 이호승·한상열·최관, 2011, 46쪽에 의하면, 남(枏)은 상록활엽교목으로 따뜻한 남부지방에 분포하고 지리산에서 생존하기 어렵기 때문에, 녹나무라고 단정하기보다는 어떤 수종을 지칭하는지는 심도 있는 연구가 필요하다고 했다.
43 정치영, 『지리산지 농업과 촌락 연구』, 고려대학교 민족문화연구원, 2006, 367쪽.
44 김종직, 「유두류록」(1472)에, 세석평전에 매를 잡는 초막 두어 칸에 대한 기록이 있다.
45 현 경남 산청군 시천면 사리 양당마을이다.
46 이전, 「덕천강유역의 수전농업에 대한 역사지리적 연구」, 『사회과학연구』 12-1, 1994, 15쪽.
47 정치영, 2006, 74쪽.
48 정치영, 2006, 246쪽.
49 이전, 1994, 7쪽.
50 이전, 1994, 8쪽.

51 현재의 함양군 마천면 덕전리 실덕마을이다.
52 정치영, 2006, 335쪽.
53 『세종실록』권150, 진주목·함양군·하동현;『세종실록』권151, 전라도, 남원도호부, 토공.
54 김아네스,「조선시대 산신 숭배와 지리산의 神祠」,『역사학연구』39, 2010, 86-119쪽.
55 이동항의「방장유록」(1790)에 의하면, 용유담 서쪽 언덕에 있으며, 용신에게 제사지내는 곳으로 무당들의 기도처였다.
56 박래오의「유두류록」(1752)에 의하면, "산신당은 중산리에서 천왕봉 오르는 길에 있으며 무당들이 소지전을 사르는 곳이었다"고 한다.
57 남효온의「지리산일과」(1487)에 의하면, "가섭전은 영신암 뒤에 있는데 세속에서 영험이 있다고 말하는 곳이며, 돌덩이 하나가 놓여 있다"고 했다.
58 박래오의「유두류록」(1752)에 의하면, "호귀당은 정상에서 5리쯤 내려가서 위치하고, 당 안에는 신장과 당지지 및 무당 몇 명이 있었다"고 했다. 남주헌의「지리산산행기」(1807)에는 호구당(虎口堂)으로 나와 있다.
59 『신증동국여지승람』권16, 충청도, 보은현, 사묘.

제2부 역사적·시간적 프리즘

1 『삼국사기』권32, 잡지1, 제사, 악.
2 『고려사』권6, 세가6, 정종2년 5월.
3 김아네스,「고려시대 명산대천과 祭場」,『역사학연구』50, 2013a, 89쪽.

4 『세종실록』권128, 오례 길례 서례 변사.
5 『태조실록』권3, 태조2년 1월 21일.
6 지리산은 남원과 진주에 중복되어 하나로 집계하였다.
7 김아네스,「고려시대 개경 일대 명산대천과 국가 제장」,『역사와 경계』82, 2012, 6-18쪽.
8 김아네스, 2013a, 115쪽.
9 주세붕,「유청량산록」; 장현광,「청구도설」. 참고로 장현광은「청구도설」에서 중악을 태화산(太華山)이라고 했는데, 태화산은 삼각산의 다른 이름이다.
10 『동국산수록』, 복거총론, 산수.
11 삼각산이라는 이름은 고려시대부터 등장하며, 일제강점기 전까지 쓰인 가장 일반적인 명칭이다.
12 『삼국사기』권32, 잡지1, 제사, 악.
13 『신증동국여지승람』권3, 한성부, 산천.
14 『세종실록』권128, 오례 길례 서례 변사.
15 김윤우 편저,『북한산 역사지리』, 범우사, 1995, 33-40쪽에 상세한 설명이 있다.
16 『여암전서』권10, 산수고1.
17 『명종실록』권20, 명종11년 1월 24일;『명종실록』권26, 명종15년 5월 24일.
18 『세종실록』권81, 세종20년 4월 15일;『세종실록』권110, 세종27년 11월 29일.
19 『세조실록』권31, 세조9년 10월 22일.
20 『경국대전(經國大典)』공전(工典), 식재(植栽).
21 『동국산수록』, 복거총론, 산수. 이중환 저, 이익성 역,『택리지』, 을유문화사, 1993에서 인용. 이하『동국산수록』동일.

22 『대동지지』 권1, 경도, 산수.
23 『동국여지비고』 권2, 한성부, 산천.
24 『고려사』 권122, 열전35, 김위제.
25 『신증동국여지승람』 권1, 경도.
26 오행사상에 기반한 풍수 오성(五星)의 산에서 화(火)의 기운을 띤 산을 말한다.
27 『동국산수록』, 복거총론 산수.
28 터(基地)를 맺기 위해 산이 둘러 있어 그곳을 옹호하고 감싸 준 형세를 일컫는 용어이다.
29 기운이 누설되지 않도록 산세가 짜임새가 있는 형국을 일컫는 용어이다.
30 『성호사설』, 한도.
31 『동국여지비고』 권1, 경도.
32 안춘근 편, 「남사고비결」, 『정감록집성』, 아세아문화사, 1973, 780쪽.
33 안춘근 편, 1973, 733쪽.
34 한양의 옛 모습[산수·지리·궁궐·관아·시전(市廛) 등]을 가사체(歌詞體)로 노래하였다.
35 민산(岷山)에서 흐르는 양자강(揚子江), 곤륜산(崑崙山)에서 흐르는 황하(黃河), 동백산(桐柏山)에서 흐르는 회수(淮水), 왕옥산(王屋山)에서 흐르는 제수(濟水).
36 산맥이 구불구불 오는 것을 행룡이라고 표현했다.
37 천자(天子) 이하 공경사대부(公卿士大夫)가 조복(朝服)을 입었을 때 띠에 끼고 다니는 것. 군명(君命)을 받았을 때는 이것에 기록해 둠. 옥(玉), 상아(象牙), 대나무 등으로 만들었다.
38 호랑이가 걸터앉고, 용이 서린 듯한 형세를 일컫는다.
39 지금의 안산 혹은 모악이 길마와 같이 생겼다고 하여 길마재라고 한다.

40 명당수의 물이 빠져나가는 입구를 일컫는 용어이다.
41 주산을 뒷받침하고 있는 세력이 큰 산을 일컫는 용어이다.
42 최영준은 강화가 고려 천도지로 결정될 수 있었던 지리적 조건을 첫째, 수전(水戰)에 취약한 몽골군의 약점을 이용할 수 있는 도서라는 점, 둘째 육지에 매우 근접하면서도 조석간만의 차와 조류 등으로 효과가 크다는 점, 셋째 개경과의 근접성, 넷째 지방과의 연결 또는 조운 등의 편의성으로 요약한 바 있다.『국토와 민족생활사』, 한길사, 1997, 184쪽.
43 『고려사』 권23, 세가23, 고종21년 2월.
44 한글학회,『한글지명총람』17(경기편 상), 1985, 64쪽.
45 『강도지』상, 형승. 강화문화원 역,『강도지』, 1991에서 인용. 이하 『강도지』,『속수증보강도지』동일.
46 『신증동국여지승람』권12, 경기, 강화도호부, 산천.
47 『강도지』상, 산악.
48 한양의 경우를 들면 이해하기 쉽다. 북한산은 한양 도읍지의 진산이고, 북악산은 경복궁 궁궐의 주산이다.
49 『강도지』상, 산악·고적.
50 민간에서는 고려산의 단맥 전승이 강화읍 국화리·월곶리·갑곶리, 송해면 송뢰리·하도리, 선원면 선행리, 내가면 고천리·황청리 등지에서 채록된 바 있다. 김문태,「강화도 구비문학의 특성」,『구비문학과 강화도』, 인천가톨릭대학교 겨레문화연구소 제7회 학술발표문집, 2001, 89·92쪽.
51 『고려사』권56, 지10, 지리1, 양광도, 강화현, 연혁.
52 『강도지』상, 고적.
53 이형구,『강화도 마니산 고려 이궁지 지표조사 보고서』, 선문대학교 고고연구소, 2001, 48-49쪽.

54 최영준, 1997, 214쪽.
55 이중환은 『동국산수록』에서, "월출산의 한 맥이 남쪽으로 뻗어가서 해남현 관두리를 지난 다음 남해 복판의 여러 섬이 되었고, 바닷길 천 리를 건너서 제주 한라산이 되었다(「복거총론」, 산수)"고 했고, "해남현 삼주원에서 석맥(石脈)이 바다를 건너 진도군이 되었다(「팔도총론」, 전라도)"고 했다.
56 『세종실록』권153, 지리지, 강원도, 명산.
57 박노준, 「한중일 오대산신앙의 전개과정」, 『영동문화』6, 1995, 142쪽.
58 『화엄경』권45, 제보살주처품(諸菩薩住處品). 판본에 따라 다음과 같이 총 11곳의 보살이 머무는 산이 나타난다. 선인기산(仙人起山), 승루각산(勝樓閣山), 금강염산(金剛焰山), 향취산(香聚山), 청량산(淸凉山), 수제광명산(樹提光明山), 향풍산(香風山), 금강산(枳怛), 나라연산(那羅延山), 우두산(牛頭山), 울제시산(鬱提尸山). 염중섭, 「한국불교 聖山인식의 시원과 전개 - 五臺山·金剛山·寶盖山을 중심으로」, 『사학연구』126, 2017, 85쪽.
59 염중섭, 2017, 87쪽.
60 염중섭, 2017, 88쪽.
61 『삼국유사』권3, 탑상4, 대산오만진신.
62 『삼국유사』권3, 탑상4, 대산오만진신.
63 최영준, 『영남대로』, 고려대학교민족문화연구원, 1990.
64 『동국산수록』, 팔도총론, 충청도.
65 『고려사』권24, 세가24, 고종41년 12월.
66 『삼국사기』권32, 잡지1, 제사, 악.
67 『고려사』권24, 세가24, 고종41년 12월.
68 『고려사』권24, 세가24, 고종41년 12월.
69 『고려사』권24, 세가24, 고종42년 10월.

70 『고려사』권24, 세가24, 고종43년 4월.
71 『세종실록』권149, 지리지, 충청도, 명산.
72 『세종실록』권128, 오례 길례 서례 변사.
73 『세종실록』권149, 지리지, 충청도, 충주목, 청풍군.
74 『신증동국여지승람』, 충청도, 청풍, 산천, "인지산: 군 남쪽 1리에 있는 데 진산이다".
75 『한국민속신앙사전』(마을신앙 편), 국립민속박물관, 2009.
76 『삼국사기』권32, 잡지1, 제사, 악.
77 『태조실록』권3, 태조2년 1월 21일.
78 조선후기 고종 대에는 상중하로 삼악(三嶽)의 산악신앙 체계와 동서남북중으로 오악(五岳)의 지정이 있었다. 삼악은 국토의 지리적 위치에 기초한 상악(묘향산), 중악(계룡산), 하악(지리산)이었다. 오악은 한양을 중심으로한 동악(금강산), 서악(묘향산), 남악(지리산), 북악(백두산), 중악(삼각산)이었다.
79 『태조실록』권3, 태조2년 1월 2일.
80 『태조실록』권4, 태조2년 11월 11일.
81 태조 때 설치한 계룡단(鷄龍壇)을 명성왕후의 명으로 재건하고 개명한 것이다. 계룡산의 중악단(中嶽壇)은 묘향산의 상악단(上嶽壇), 지리산의 하악단(下嶽壇)과 상대되는 명칭이다.
82 『동국산수록』, 복거총론, 산수.
83 『삼국사기』권32, 잡지1, 제사, 악.
84 용(산줄기)이 휘돌아 머리를 돌려 처음(來脈)을 돌아보는 형국.
85 『사가시집보유(四佳詩集補遺)』권3, 공주십경(公州十景).
86 『연려실기술』권14, 선조조고사본말-기축년 정여립의 옥사.
87 지리산은 신라에서 중사(中祀)로 제전(祭典)에 올랐음이 『삼국사기』 (12세기) 권32, 잡지1, 제사 악에 확인된다.

88 『세종실록』 권151, 지리지, 전라도에는 지리산에 대한 산천제의 지속 사실을 기록했다.
89 신라의 오악은 토함산(동악), 계룡산(서악), 지리산(남악), 태백산(북악), 팔공산(중악)이었고, 조선의 오악은 금강산(동악), 묘향산(서악), 지리산(남악), 백두산(북악), 삼각산(중악)이었다.
90 『세종실록』 권151, 지리지, 전라도.
91 『세종실록』 권150, 경상도, 명산; 『세종실록』 권151, 전라도, 명산.
92 『고려사』 권57, 지리지2, 전라도, 남원부, 연혁.
93 『신증동국여지승람』 권39, 전라도, 남원도호부, 산천.
94 『어우집』, 권6, 잡지.
95 『오주연문장전산고』, 천지편, 지리류, 산, 지리산변증설, "從白頭山而爲流派故云".
96 『파한집』 권상.
97 최원석, 『사람의 산 우리 산의 인문학』, 한길사, 2014a, 413-437쪽에 관련한 자세한 내용 설명이 있다.
98 『신증동국여지승람』 권26, 경상도, 대구도호부, 산천, "公山. 或稱 八公山".
99 『동국산수록』, 복거총론, 산수.
100 중국과 한국에서 나라의 산악진호 관념 및 오행 사상의 영향으로 배정된 다섯 산이다. 중국에서 오악 관념은 주나라 때 싹트기 시작했으며, 진·한 때 오행설이 성행하면서 다섯 산악을 지정하여 오행의 공간질서체계로 재구성했다. 한 무제가 오악 제도를 만들 당시 동악은 태산(泰山), 서악은 화산(華山), 남악은 천주산(天柱山), 북악은 항산(恒山), 중악은 숭산(崇山)이었다. 수 문제가 남북조를 통일하고 나서 589년에 남악을 형산(衡山)으로 바꾸었다. 이후 중국의 오악은 태산(동악), 화산(서악), 형산(남악), 항산(북악), 숭산(중악)이 되

었다. 오악은 지정학적으로 영토의 구획과 방위(防衛), 문화상징적으로 산악숭배 또는 진호의식이 배경이 되었다. 오악의 정치지리 관념은 한국에도 영향을 주어 신라와 조선에서는 오악을 지정하고 제의했다. 신라의 오악은 통일 이전에 왕경 주변으로 오악을 설정하는 인식이 있었으나 제도화되지는 못하였고, 통일 이후에 비로소 토함산(동악)·계룡산(서악)·지리산(남악)·태백산(북악)·팔공산(중악) 등 국토 영역으로 확대되어 지정되었다. 그리고 조선말기에 고종이 황제로 등극한 이후 국토의 오악을 국도인 한양을 중심으로 다시 정했는데, 그때 정해진 오악은 금강산(동악), 묘향산(서악), 지리산(남악), 백두산(북악), 삼각산(중악)이었다. 이렇게 오악을 편제하고 국가적인 의례를 함으로써 정치권력의 정치적 정당성과 상징적 의미를 강화하였다.

101 『삼국사기』 권32, 잡지1, 제사, 악.
102 본문에 인용한 번역글은 다음의 번역서에 의거했고, 필요한 경우 일부 수정하였다. 청송군, 『국역 주왕산 유람록』 1, 2013; 청송군, 『국역 주왕산 유람록』 2, 2014a; 청송군, 『주왕산지』, 2014b.
103 이 글은 주왕산유산기 중에서 총 42명이 쓴 44편의 자료를 분석할 것인데, 자료의 시간적 범위는 유산기 지은이의 사망년도를 기준으로 17세기 초반에서 20세기 중반까지다. 시기별 편수를 집계해 보면, 17세기 4편, 18세기 5편, 19세기 16편, 20세기 16편, 기타 시기 미상 3편으로 차이가 있다. 그중에서 19~20세기의 유산기가 가장 큰 비중을 차지한다.
104 『여헌집』, 주왕산록.
105 『우암집』, 주왕유산록.
106 『복재집』, 유주왕산기.
107 『맹자』, 「진심」 상.

108 형산(衡山)을 일컫는다.
109 『묵암집』, 유주왕산기.
110 『연계집』, 유주왕산록.
111 『모산집』, 옥병유록.
112 1544년에 청량산을 유람한 주세붕이 청량산의 불교적인 이름을 새로 고쳤는데(「유주왕산록」), 이에 대해 퇴계는 발문(李滉, 「周景遊淸凉山錄跋」『退溪先生文集』 卷43)에서 "이제 선생이 차례로 고쳐 병통을 씻어 버렸으니, 산령(山靈)을 위로하고 정채(精彩)를 빛나게 했다"고 개명의 의의를 서술한 바 있다.

제3부 사회적·사상적 스펙트럼

1 최석기, 『선인들의 산수 인식과 동천구곡 문화』, 보고사, 2020, 17쪽.
2 최석기, 2020, 131쪽.
3 최석기, 『칠십에 다시 논어를 읽으며』, 보고사, 2023, 85쪽.
4 일반적으로 유교를 시기적으로 분류하여 조선전기의 도학, 조선후기의 실학이라고 일컫지만, 조선후기에도 도학적인 기조는 지역에 따라 기본적으로 유지되었다.
5 최석기, 2020, 53쪽.
6 남명 조식이 "명산에 들어온 자치고 그 누군들 마음을 씻지 않겠으며"(『남명집』권2, 「유두류록」)라는 표현은 명산이 지니는 도덕적 의미와 가치를 단적으로 말해준다.
7 이상필, 『남명학파의 형성과 전개』, 와우출판사, 2005, 24쪽.
8 『퇴계집』 권3, 독서여유산.
9 『사농와문집』 2, 잡저, 유두류록.

10 조식, 『남명집』 권2, 유두류록.
11 윤사순, 「유학의 자연철학」, 한국사상사연구회 편저, 『조선유학의 자연철학』, 예문서원, 1998, 36쪽.
12 최석기, 『남명과 지리산』, 경인문화사, 2006, 28쪽.
13 정치영, 「유산기로 본 조선시대 사대부의 청량산 여행」, 『지역지리학회지』 11-1, 2005a, 67쪽.
14 『동국산수록』, 복거총론, 산수.
15 『연경재전집』 권51, 산수기(하), 「산수기서」. 「산수기서」는 성해응의 『연경재전집』 권50·51의 산수기 상·하에 각각 있다. 『연경재전집』 권52는 『동국명산기』와 비교하여 체제는 같지만 명산 항목이 축소되었다.
16 성백효 역주, 『시경집전』 하, 전통문화연구회, 1998, 150-151쪽.
17 조선중기까지만 해도 중화적인 지리인식과 풍수설 영향으로 한반도 산줄기의 근원을 멀리 중국의 곤륜산에서 찾았는데, 조선후기의 실학자들 사이에서 비로소 백두산 조종론이 대두되었다. 정약용은 자신의 저술인 『대동수경』 권1, 녹수1에서 "팔도의 모든 산이 다 백두산에서 일어났으니 이 산은 우리 산악의 시조(祖宗)"라고 하면서 그 줄기를 '백산대간(白山大幹)'이라고 했다.
18 『여암전서』 권10, 산수고1.
19 백두산은 백두대간의 시작이고, 낭림산은 청북정맥과 청남정맥의 가지가 비롯하는 곳이며, 두류산은 해서정맥과 임진북예성남정맥이 출발하는 곳이고, 분수령은 한북정맥의 가지가 뻗는 곳이며, 태백산은 낙동정맥, 속리산은 한남금북정맥과 한남정맥 및 금북정맥이, 육십치는 금남호남정맥, 금남정맥, 호남정맥이, 지리산은 백두대간이 끝맺는 곳인 동시에 낙남정맥의 줄기가 뻗어나가는 지점이다.
20 『여암전서』 권10, 산수고1.

21 『성호사설』권1 천지문, 백두정간.
22 『중용』30장, "上律天時, 下襲水土".
23 『고운선생문집』권1, 기, 선안주원벽기.
24 『고운선생문집』권3, 비, 대숭복사비명.
25 『고운선생문집』권2, 비, 무염화상비명.
26 『고운선생문집』권3, 비, 지증화상비명.
27 『기언』권35, 원집 외편, 동사, 지승.
28 이동환,「한국 미학사상의 탐구(2)」,『민족문화연구』32, 1999, 4-10쪽.
29 최원석,「최한기의 기학적 지리학과 지리연구방법론」,『한국지역지리학회지』15-1, 2009b, 86-98쪽에 상세히 논의했다.
30 이동환, 1999, 4-10쪽.
31 『기측체의』, 신기통 권1, 체통, 사일신기.
32 「산수경」을 풀이한 西嶋和夫도 산수를 자연으로 해석하였다. 西嶋和夫,『現代語訳正法眼藏』, 金沢文庫, 1979, 175-208쪽.
33 이동환, 1999, 14-16쪽.
34 李澤厚는 중국의 미학사상 특성을 "자연의 인간화, 인간의 자연화"로 요약한 바 있고(李澤厚,『華夏美學』, 三聯書店, 1988), 한편 이동환은 한국의 미학사상 특성을 "순자연(順自然)과 감통(感通)"이라고 요약한 바 있다(이동환, 1999, 46-65쪽).
35 『지리신법』, 권상 수론(水論) 제4, "山如人之形體, 水如人之血脈".
36 「대동여지전도」, "山脊水波地面之筋骨血脈".
37 이종호,「퇴계 이황의 자연미 수용과 산수미학」,『퇴계학과 유교문화』41, 2007, 231쪽.
38 한국에서 산수가 차지하는 자연지형적, 문화역사적, 문학예술적 비중에 비추어 문화역사지리학 분야에서 산수미학의 연구성과는 미미하다. 근래에 발표된 논문으로는 진종헌,「제주 오름에 대한 미학

적 시선의 출현과 오름 '경관'의 형성」, 『문화역사지리』 28-4, 2016이 있다.

39 Ellen Dissanayake, *Homo Aestheticus: Where Art Comes from and Why*, University of Washington Press, 1995.
40 김광명, 「서구의 자연관에 대한 반성과 환경미학의 모색」, 『예술문화연구』 5, 1995, 19·25쪽.
41 배정한, 「환경미학의 연구 동향과 과제: 1960년대 이후 영미권을 중심으로」, 『예술문화연구』 6, 1996, 105-107쪽.
42 강미정 외, 『현대의 예술과 미학』, 서울대학교출판부, 2007.
43 피터 하비(Peter Harvey), 허남결 역, 『불교윤리학 입문』, 도서출판 씨아이알, 2010, 287쪽.
44 서재영, 「禪의 생태철학 연구」, 동국대학교 박사학위논문, 2004, 33-49쪽.
45 김인덕, 「길장의 초목성불론」, 『불교학보』 5, 1985, 22쪽.
46 西嶋和夫, 1979, 175쪽.
47 增谷文雄, 『正法眼藏』(二), 講談社, 2004, 14쪽.
48 곽철환 편저, 『시공 불교사전』, 시공사, 2003.
49 『祖堂集』 6卷(서재영, 2004, 243쪽에서 재인용).
50 Shohaku Okumura, *The Mountains and Waters Sutra: A Practitioner's Guide to Dogen's "Sansuikyo"*, Wisdom Publications 6, 2018, p.6.
51 Shohaku Okumura, 2018, pp.15-16.
52 西嶋和夫, 1979, 175쪽.
53 西嶋和夫, 1979, 175쪽.
54 岸澤惟安, 『正法眼藏全講』第五卷, 大法輪閣, 1972, 292쪽.
55 도겐의 글은 13세기의 언어인데다가 뜻이 난해하여 연구자에 따

라 해석이 다르다. 이 구절에서 원문의 '도(道)'에 대해 '도'와 '말'로 해석하거나 의미를 두지 않은 연구자도 있다. 한보광(『譯註 正法眼藏 講義(2)』, 如來藏, 2012)은 "지금의 산수는 옛 부처님의 도(道)를 현성(現成)한 것이다"라고 풀이했다. 반면에 西嶋和夫(1979)는 "현재 우리의 눈앞에 전개되어 있는 자연은 옛 진리체득자의 말이 그대로 현실에 구체화한 모습이다"라고 풀이했고, 增谷文雄(2004)은 "지금의 산수는 고불(古佛)의 말이 현성(顯現)한 것이다"라고 했다. Bielefeldt는 "지금의 이 산수는 옛 부처들의 드러남이다"라고 했다.

56 Zhang Hweik, "Harmony Between Mountains and Human Beings: A Perspective Within a New Understanding of Life," *Journal of Mountains and Humanities* 2, 2016, pp.52-53.
57 고익진, 『한국고대불교사상사』, 동국대출판부, 1985, 509-514쪽.
58 김두진, 「나말여초 동리산문의 성립과 그 사상」, 『동방학지』 57, 1988, 29쪽.
59 박희선, 「도선과 그 주변의 선사상의 흐름」, 『도선국사』, 불교영상, 1997, 101쪽.
60 「백계산옥룡사증시선각국사비명(白鷄山玉龍寺贈諡先覺國師碑銘)」.
61 『고려사』 권77, 백관지2, 제사도감각색; 『성종실록』 권16, 성종3년 3월 10일; 『성종실록』 권174, 성종16년 1월 5일.
62 『고려사』 권77, 지31, 백관2, 제사도감각색.
63 『조선사찰사료』 하, 「고려국사도선전」, "山川之病亦然, 今我落點處, 或建寺立佛立塔立浮圖, 則如人之針灸, 名曰裨補也".
64 『삼국사기』 권32, 잡지1, 제사, 악.
65 『신증동국여지승람』 권26, 경상도, 대구도호부, 산천.
66 정치영, 「조선시대 지리지에 수록된 진산의 특성」, 『문화역사지리』 23-1, 2011에서 부분적으로 재인용했다.

67 진주를 그린 고지도의 종류를 살펴보면, 진주(성)도류, 군현지도첩에 포함된 진주목 도엽, 지리지 혹은 읍지에 첨부된 그림, 대축척지도로서 세계지도, 전국지도, 도별지도에 표현된 그림, 기타 특수한 목적으로 제작된 주제도 등으로 크게 나눌 수 있다.
68 서울대학교·한국문화역사지리학회,『2017년 산지이용실태조사』(별책)의 관련 내용을 참고하고 부분적으로 인용하여 작성했다.

제4부 문화적·지역적 모자이크

1 우리가 상식적으로 알고 있는 국토 면적의 70%가 산지라는 일반적 인식은 필지(임야)로 추산한 산림청의 임학적 산지개념에 근거한 것이다. 탁한명·김성환·손일,「지형학적 산지의 분포와 공간적 특성에 관한 연구」,『대한지리학회지』48-1, 2013, 2쪽.
2 유네스코 세계유산센터의 '산' 정의 기준에 의하면, "보호지역 안에 최소 1,500m의 융기지역, 최소 1만 헥타르의 면적 보유, IUCN의 보호구역 기준1~4에 해당하는 지역"으로 규정하고 있다. 유네스코한국위원회 편집부,『세계유산: 새천년을 향한 도전』, 유네스코한국위원회, 2010, 138쪽.
3 정광중,「한라산과 제주도민의 문화」,『한국사진지리학회지』16-1, 2006, 32-38쪽.
4 이러한 점이 감안되어, 생태계보전과 지역개발의 조화를 지향하는 관점으로 작성된「제주도 유네스코 생물권보전지역 정기보고서」(2013)에서도, 한라산국립공원을 핵심지역의 자연보전지구로 설정하고, 인접지역을 완충지역으로, 중산간지대를 전이지역으로서 지역주민의 지속가능한 개발 공간범위에 포함시키고 있다.

5   지리산과 지리산문화권의 영역은 다르다. 지리산의 문화권역을 설정하는 데는 다양한 문화 요소의 확산 범위까지를 고려해야 한다. 행정구역으로는 지리산과 접하고 있는 5개 시군의 인접권역을 생각할 수 있지만, 광역권역까지 고려한다면 훨씬 공간적인 범위가 넓어질 수 있다. 문화권역의 설정은 문화 요소에 대한 공간적 연구와 결부되어야 가능하다.
6   국립공원관리공단, 「지리산국립공원 생물권보전지역」, 2013.
7   제주특별자치도, 「제주 생물권보전지역 정기보고서」, 2012.
8   『신증동국여지승람』권38, 전라도, 제주목, 풍속.
9   『탐라지』, 풍속.
10 현길언, 「고종달(胡宗旦)형 설화에 나타난 제주민의 의식구조」, 『한국문화인류학』9-1, 1977, 151쪽.
11 이에 따른 생태지역을 보면, 한라산은 고도에 따라 동·서·남쪽 둘레에 생태1등급, 생태2등급 구역이 면적(面的)으로 분포되어 있고, 북쪽의 제주 시가지 쪽으로는 생태2등급 구역이다. 지리산은 부분적으로 생태1등급 지역이 국립공원과 접해있지만 전체적으로는 생태2등급 지역이 별도관리지역 외곽으로 넓게 분포한 편이다. 국립공원은 별도지역으로 관리되고 있다.
12 『제주읍지(濟州邑志)』(想白古 915.149-J389), 대정, 산천.
13 국립공원관리공단, 「국립공원기본통계」, 2023.
14 지리산 16경: 경관자원 뱀사골 계곡, 노고단 운해, 바래봉철쭉, 지리산일출, 칠선계곡, 제석봉에서 바라본 운해, 노고단에서 바라본 천왕봉, 피아골계곡, 다랭이논, 쌍계사 벚꽃길, 지리산과 산수유마을, 화엄사 각황전, 곰이 있는 풍경, 화엄사 계곡과 섬진강, 촛대봉에서 바라본 세석평전, 노고단(국립공원관리공단, 「국립공원기본통계」, 2023).
한라산 10경: 백록담, 왕관응, 선작지왓, 산철쭉군락과 화구벽, 한라

15 『삼국사기』권10, 신라본기10, 흥덕왕.
16 『충암집』「제주풍토록」, "稻絶少 土豪貿陸地而食 力不足者 食田穀".
17 한라산지의 경우, 고도별 토지이용 분포 현황을 통해서도 현재적 조건의 이해뿐만 아니라 예전의 역사지리적 사정을 짐작하여 추론할 수 있다. 「제주 생물권보전지역 정기보고서」, 2012에 의하면, 한라산의 자연생태적 영역으로 간주되는 600m 이상의 고지에서는 취락지와 농경지가 나타나지 않는다. 고지의 대부분 면적은 자연적 상태의 산림지(89%)이고, 나머지는 초지와 잡목지 등으로 이루어져 있다. 문화역사적 영역이라고 할 수 있는 중산간지대에서 취락지는 1.0km²의 적은 규모를 보인다. 지리산지에 비하면 한라산 취락지의 비중(0.2%)은 매우 낮고, 농경지에서는 밭이 32.4km²(5.5%)로 대부분의 면적을 차지하여, 지리산지에서 큰 비중을 차지하는 논의 비율과 대비된다.
18 「지리산국립공원 생물권보전지역」(2013) 자료에 의하면, 당시 지리산의 해당 권역에는 47,754명이 거주하였고 522개의 자연마을이 있었다. 「제주도 생물권보전지역 정기보고서」(2012)에 의하면, 한라산의 해당 권역에는 19,878명이 거주하였다. 참고적으로, 『제주도중산간지역종합조사』(1997)에 의하면, 당시 제주도의 중산간지역에는 32개의 자연마을만 있었다.
19 정치영, 『지리산지 농업과 촌락 연구』, 고려대학교 민족문화연구원, 2006, 311쪽.
20 제주도·한라산생태문화연구소, 『한라산개설서』, 2006a, 58·59쪽.
21 정치영, 2006, 357쪽.

22 제주도·한라산생태문화연구소, 『한라산의 인문지리』, 2006b, 16쪽.
23 제주도 한라산의 사회변혁 운동은 고려와 조선을 거쳐 현대로 이어졌다. 시대 순으로 주요한 사건을 열거하면 다음과 같다. 삼별초의 난(1270~1273), 길운절과 소유덕의 난(1601), 양제해의 모반(1813), 임술년 농민 난 또는 강제검의 난(1862), 김지의 난(1890), 강유석과 송계흥의 난(1896), 동학·방성칠의 난(1898), 이재수의 난(1901), 4·3사건(1948.4.3~1954.9.21).
24 『삼국사기』 권32, 잡지1, 제사, 악.
25 『세종실록』 권151, 지리지, 전라도.
26 『세종실록』 권150, 지리지, 경상도, 진주목.
27 김아네스, 「산천제의 역사와 지리산」, 『지리산의 종교와 문화』, 보고사, 2013b, 50쪽.
28 『세종실록』 권46, 세종11년 11월 11일에 의하면, 국가에서 행하는 악(岳)·독(瀆)·산(山)·천(川)의 치제하는 대상으로 제주의 한라산이 포함되고 있다.
29 『세종실록』 권46, 세종11년 11월 11일.
30 『숙종실록』 권8, 숙종5년 9월 23일.
31 『숙종실록』 권8, 숙종5년 9월 23일.
32 『남사일록(南槎日錄)』, 한라산제문.
33 『숙종실록』 권38, 숙종29년 7월 29일; 『정조실록』 권46, 정조21년 윤6월 1일.
34 『정조실록』 권46, 정조21년 윤6월 1일.
35 『세종실록』 권151, 지리지, 전라도.
36 『정조실록』 권38, 정조17년 11월 24일.
37 『신증동국여지승람』 권40, 전라도, 구례현, 산천.
38 『고려사』 권57, 지11, 지리2, 전라도, 진도현·탐라현, "진산은 한라

인데, 고을의 남쪽에 있다. 두무악(頭無岳)이라고도 하고, 또한 원산(圓山)이라고도 하는데, 그 정상에 큰 못(大池)이 있다".

39 『세종실록』권151, 지리지, 전라도, 제주목, "진산은 한라이었다. 주의 남쪽에 있는데, 일명 두무악 또는 원산이라 한다. 그 고을 관원이 제사를 지내는데, 둥그스름하고 높고 크며, 그 꼭대기에는 큰 못이 있다".

40 『신증동국여지승람』권38, 제주목·대정현·정의현.

41 『제주읍지』, 대정, 산천.

42 정의군의 경우, 지리지 '산천'조에는 한라산이 진산이라는 사실을 기록하지는 않았으나 지도상의 표현에서 한라산을 진산으로 인식하였음을 알 수 있다.

43 예외적으로 지리산을 영주산으로 지칭한 기록도 있다. 이수광, 『지봉유설』권42, 지리부, 산, "세상에서 말하기를, 삼신산은 우리나라에 있으니, 금강산은 봉래산, 지리산은 영주산, 한라산은 공동산(崆峒山)이라고 한다".

44 조선전기의 관찬지리지인 『세종실록』권151, 지리지, 전라도, 명산조와 『신증동국여지승람』권34, 부안현, 산천조에, 변산을 영주산이라고도 한다고 기록하였다.

45 『고려사』권57, 지11, 지리 2, 전라도, 남원부.

46 『고려사』의 편찬시기를 감안한다면 아무리 늦어도 조선초에는 지리산을 방장산으로 불렀음을 알 수 있다.

47 『세종실록』권151, 지리지, 전라도.

48 최석기, 「조선시대 사인들의 지리산·천왕봉 인식」, 『남도문화연구』 21, 2011, 82쪽.

49 『탐라지』, 제주목, 제영, 서거정.

50 제주를 영주라고 한 본격적인 계기는 조선 유학자의 만연한 유산(遊山) 풍토라고 본 연구도 있다. 김치완, 「瀛洲十景으로 본 조선 유학

자의 仙境 인식과 그 태도」,『대동철학』59, 2012, 147-148쪽.
51 『오주연문장전산고』, 천지편, 지리류, 산, 한라산변증설.
52 『숙종실록』권42, 숙종29년 7월 29일;『정조실록』권46, 정조21년 윤6월 1일.
53 제주도에는 여성 신화가 풍부하며, 이는 모계중심사회가 전개될 당시의 신화체계 및 원시 고대적 사유체계를 가지고 있다. 허남춘,「설문대할망과 여성신화」,『탐라문화』42, 2013, 131쪽.
54 최석기 외,『지리산 유람록 3』, 보고사, 2009, 265쪽.
55 최석기 외,『지리산 유람록 6』, 보고사, 2013, 145쪽, 242·243쪽.
56 송화섭,「지리산의 노고단과 성모천왕」,『도교문화연구』27, 2007, 254쪽.
57 『제왕운기』권하, "聖母智異山天王也".
58 설문대할망 설화에 의하면, "앞치마에 흙을 퍼 담아 나르다가 구멍이 뚫어진 곳에서 흙이 새어나와 그것들이 360개의 오름이 되었고, 마지막 흙을 날라다 부은 곳이 한라산이 되었다"고 한다. 허남춘, 2013, 114쪽.
59 송화섭,「한국의 마고와 중국의 마조의 비교연구」,『동아시아고고학』29, 2012.
60 정운경,『탐라문견록』, 영해기문.
61 송화섭, 2012, 13쪽.
62 제주도·한라산생태문화연구소,『한라산이야기』, 2006c, 47쪽.
63 송화섭,「지리산의 노고단과 성모천왕」,『도교문화연구』27, 2007, 245·246쪽.
64 최원석,「지리산권의 도선과 풍수담론」,『남도문화연구』18, 2010b, 240쪽.
65 최원석·구진성,『지리산권 풍수자료집』, 이회, 2010.

66 현길언,「고종달(胡宗旦)형 설화에 나타난 제주민의 의식구조」,『한국문화인류학』9-1, 1977, 151쪽.
67 『고려사』권97, 열전10, 유재.
68 『신증동국여지승람』권38, 전라도, 제주목, 풍속. 본문의 지리라는 표현은 오늘날의 풍수를 일컫는다.
69 최석기,「조선시대 사인들의 지리산·천왕봉 인식」,『남도문화연구』21, 2011, 86-87쪽.
70 『파한집』상, 제14조.
71 『경상도지리지』, 진주목관;『세종실록』권150, 지리지, 경상도, 진주목.
72 『신증동국여지승람』권39, 전라도, 남원도호부, 산천.
73 『어우집』권6,「유두류산록」.
74 『오주연문장전산고』, 천지편, 지리류, 산, 지리산변증설.
75 『지봉유설』권2, 지리부, 산.
76 『동국산수록』, 복거총론, 산수.
77 무등산에서 뻗어 내려 한라산으로 이어지는 맥이, 직접 한라산과 닿지 않게 그린 지도상의 묘사도 사실적이다.
78 정운경,『탐라문견록』, 영해기문.
79 한·일 명산문화 비교연구의 대상을 주제별로 체계화하여 열거하면 다음과 같다. 명산의 개념, 명산의 자연지리(지형 등)·인문지리적 특성, 명산의 인식과 명산관, 명산의 역사, 중국의 명산문화가 끼친 영향과 평가, 불교·유교·도교사상의 영향에 의한 명산문화의 수용과 변용, 명산에 대한 토착신앙과 외래신앙과의 습합(접합), 명산 경관의 이미지, 명산의 사회문화적 성격, 명산문화의 기능과 역할, 명산에 대한 문화생태적 대응 양상 등이다.
80 한·일 명산문화의 비교에 있어서의 한계와 전제를 지적해두고자 한다. 명산문화에 대한 개념 및 차이점과 다양성을 일반화하는 데서

생기는 문제점이다. 시대, 지역(남부·중부·북부, 동일본·서일본 등), 지리(산지·평야·해안 등), 생산양식(산민·농민·어민 등), 주거취락(도시·농촌·산촌·어촌 등), 계층(지식인·일반 서민 등), 문화(종교·신앙 등) 등에 따라 명산에 대한 인식과 태도, 명산과의 관계에 다양한 편차와 스펙트럼이 있다. 이러한 차이점과 다양성의 조건에서 일반화는 한계점과 지나침이 분명히 있을 것이다. 이 책에서는 인문지리 연구자의 입장과 시선으로 한·일 명산문화 전통을 역사지리적으로 비교 서술한다는 사실을 밝히고자 한다.

81 한·일에서는 주요 명산에 대한 지정과 아울러 관찬 혹은 사찬의 역사지리적인 기술(記述)도 다수 전개되었다. 한국에서는 명산에 대한 정치사회적인 관심이 컸기에 일찍이 신라 시대 때부터 국가적으로 명산에 대한 지정과 의례 및 관리가 이루어져, 관찬지리지로 명산의 공식적인 기록 사실을 확인할 수 있다. 전국적으로 통일신라에는 39명산(『삼국사기』 지리지), 고려시대에는 41명산(『고려사』 지리지), 조선초기에는 42명산(『세종실록』 지리지)이 수록되었다. 지방적으로도 『경상도지리지』(1425)에는 영남의 군현별로 총 53개의 명산을 지정해 수록했다. 그리고 사찬의 경우도, 조선후기에 『동국산수록』, 『동국명산기』 등 유교지식인들에 의해서 여러 저술이 이루어졌다. 근래(2002)에 와서도 산림청에서 전국적으로 100대 명산을 선정한 바 있다. 상대적으로 일본의 경우, 주로 문화예술적인 관심으로 국가적인 기록보다는 주로 사찬으로 이루어졌다. 명산 지정에 대한 주요 언급을 시기별로 나열해 보면, 일찍이 『풍토기(風土記)』(8세기)의 31명산, 836년(헤이안시대) 조정의 7고산(七高山) 지정을 비롯하여, 근세 및 근대에 와서 『화한삼재도회(和漢三才圖會)』(1712)의 26명산, 『동유기후편(東遊記後篇)』(1797)의 34명산, 『일본명산도회(日本名山圖會)』(1812)의 89명산, 『일본구봉수행일기(日本

九峯修行日記)』(19세기)의 9봉(峰)에 이르다가 근래에 『일본백명산
　　　(日本百名山)』(1964)의 100명산 지정까지 줄곧 이어지고 있다.
82　高橋千劒破, 『名山の日本史』, 河出書房新社, 2004, 4·9쪽, "山の民とそ
　　　の暮らし …どのように山と付き合ってきたか", "日本や山國である".
83　『広辞苑』에 의하면, タケ(岳·嶽)는 タカ(高)와 동의어로 높고 큰 산을
　　　뜻한다. 宮本袈裟雄, 『天狗と修驗道』, 人文書院, 1989, 199쪽에서 재
　　　인용.
84　鈴木正崇, 2015, 5쪽, "일본의 산은 인간 생활의 장과 격절되지 않고
　　　적당한 거리에 있어서, 인간의 일상의 생활 속에 녹아 들어갔다"; 町
　　　田宗鳳, 『山の靈力』, 山と溪谷社, 2018, 6쪽, "일본의 산은 인간 세상
　　　과 붙어있지도(卽) 벗어나지도(離) 않다".
85　町田宗鳳, 2018, 7쪽, "태곳적부터 산과 사람이 서로 몸을 부비며 섞
　　　이듯 깊은 관계를 맺고 살아왔다".
86　岩鼻通明, 『出羽三山』, 岩派新書, 2017, 3쪽.
87　宮本袈裟雄, 1989, 203쪽, "묘(墓)를 야마(ヤマ)라고 부르는 지방은
　　　널리 분포되어 있다".
88　한국에는 불암산(佛岩山), 불견산(佛見山), 불족산(佛足山), 불타산
　　　(佛陀山), 불대산(佛臺山), 불정산(佛頂山), 불명산(佛明山), 불모산
　　　(佛母山), 불용산(佛湧山), 문수산(文殊山), 보리산(菩提山), 미타산
　　　(彌陀山), 나한산(羅漢山), 가섭산(迦葉山), 화엄산(華嚴山), 천불산
　　　(千佛山), 조계산(曹溪山), 관음산(觀音山), 반야산(般若山), 미륵산
　　　(彌勒山), 두타산(頭陀山) 등의 산이름이 나타난다.
89　『日本山名事典』, 三省堂, 2011에 의하면, 龍馬山, 龍野岳, 龍帽子山,
　　　龍頭山, 龍觀山, 龍護峰, 龍王山, 龍王岳, 龍田山, 龍岩山, 龍房山, 龍門
　　　山, 龍門岳, 龍泉山, 龍神山, 龍神岳 등의 이름이 등장하고 있다.
90　永留久惠, 「東アジアの龍神信仰について」, 동북아시아문화학회 국제

학술대회 발표자료집, 2001, 138쪽.

91 爪生中, 『よくわかる山岳信仰』, 角川ソフィア文庫, 2020, 20-21쪽에서, 세계 각지의 산악신앙에서 보이는 지역적 한정성에 대비하여, 일본의 전역에서 산에 대해 행해지는 신앙을 일본 산악신앙의 특이성으로 꼽고 있다.

92 町田宗鳳, 2018, 34-36쪽에 의하면, 산악(산신)신앙이 일반 서민들에게 널리 지지를 받았던 것은, 산신이 산신(産神)으로서 출산과 밀접한 관계를 가졌기 때문으로 보인다.

93 爪生中, 2020, 47쪽에서 산의 신은 기본적으로 여성이라고 했다; 町田宗鳳, 2018, 34-35쪽에서 "산은 인간의 어머니이기도 하다"라고 했다. 이어서 "고대 일본인이 믿었던 창조주는 하늘에 계신 아버지가 아니라 지상에 계신 어머니인 산이었다"라고 하면서, "그 증거로 일본의 민속신앙에서 산신과 출산신은 동의어라고 해도 좋을 만큼 가깝다"라고 보았다. 산은 먹거리 및 자손을 생산하는 힘을 지니고 있기에, 그것이 일본 산악(산신)신앙의 핵심이라고 본 것으로 판단된다.

94 『日本山名事典』, 三省堂, 2011에 의하면, 母ケ岳, 母成峠, 母衣下山, 母谷山, 母狩山, 母恋富士, 母袋烏帽子, 母塚山, 母智丘 등이 있고, 한국에도 『신동국여지승람』(1530)에는 모악(母岳), 모산(母山), 모악산(母岳山), 대모산(大母山), 대모성산(大母城山), 모후산(母后山), 자모산(慈母山), 모자산(母子山) 등의 이름이 나타난다.

95 高橋千劒破, 『名山の日本史』, 河出書房新社, 2004, 20쪽; 鈴木正崇, 2015, 187쪽에서, 다테야마(立山) 아시쿠라지(芦峅寺)의 우바(うば: 노파)는 산의 여신을 형상화한 것이자 어머니산을 체현(体現)한 것이라고 했다.

96 주지하다시피 한국에서는 할아버지산신이 일반적이고 대표적이다. 일본에도 하쿠산에는 오키나(翁) 할아버지산신이 있다고 한다.

97 할머니신(姥神)으로 자오산(蔵王山)[미야기현(宮城県)과 야마가타현(山形県) 경계] 구마노다케(熊野岳)에 석상(石像)이 있으며, 야마가타현의 릿샤쿠지(立石寺)에도 우바도(姥堂; 할머니신당)가 있다.

98 萩原 秀三郞, 『山と森の神』, 東京美術, 1988, 33·51쪽의 사진 자료에 의하면, 농민이 제사하는 산신으로서, 소나무 가지로 남녀를 교합시킨 모양의 산신과, 나무로 만든 인형의 부부산신 사진이 게시되어 있다.

99 명산의 여신으로서 후지산(富士山)의 코노하나노사쿠야히메(木花之佐久夜毘売), 다테야마(立山)의 우바존(うば尊), 하쿠산(白山)의 히메신(姬神)과 하쿠산히메미고토(白山比売命), 고야산(高野山)의 니우쓰히메노카미(丹生都比売命) 등이 있다.

100 深田久弥, 『日本百名山』, 新潮社, 1964에서, 일본에서는 두 봉우리가 나란히 솟은 산을 남신과 여신으로 하는 관행이 있다고 하면서, 이들을 '일가족의 산'으로 비유하고 있다.

101 예외적으로 지역에 따라 매우 드물게 곰산신(熊神)도 나타난다. 김영진, 「한국 산신의 역사적 고찰-신격을 중심으로」, 『인문과학논집』 6, 1987, 38-39쪽에 의하면, 『삼국유사』의 웅신산(熊神山), 『동국여지승람』의 웅산신당(熊山神堂), 『영동군지』의 웅이산(熊耳山) 웅신당(熊神堂) 등을 인용해 곰산신의 존재 가능성과 지역 사례를 들었는데, 역사적으로 호랑이신에 비하면 곰신의 신격은 극히 미약하다고 보았다.

102 박노준, 「한중일 오대산신앙의 전개과정」, 『영동문화』 6, 1995, 146-147쪽.

103 일본에서 닛코(日光) 난타이산[男体山(補陀落山)]의 관음정토(觀音淨土) 관념, 나치(那智)의 관음정토 출현(觀音淨土 出行)(鎌倉時代) 등이 대표적이다. 한국에서도 의상(義湘)의 강원도 양양 낙산(洛山) 관음이 유명하다.

104 宮家準, 『靈山と日本人』, 講談社学術文庫, 2016, 44쪽에 의하면, 수미산(須弥山) 계열의 산으로는 오미네산계(大峰山系)와 히로시마의 미센산(弥山), 북알프스의 묘고산(妙高山) 등이 있고, 영축산(靈鷲山) 계열의 산으로는 후쿠시마현(福島県) 북부의 레이잔(靈山), 교토(京都) 동산(東山)의 료주센(靈鷲山) 등이 있다고 한다.
105 鈴木正崇, 2015, 159쪽에서, 후지산의 산악신앙을 활동력의 근원으로 하는 종교의 숫자가 많다고 했다. 후지산 남쪽에 입지하고 있는 일련정종(日蓮正宗)의 다이세키지(大石寺) 등을 예로 들면서 거대한 종파를 형성한 불교집단의 근저에는 산악신앙을 지니는 것으로서 안정적인 지위를 확보하고 있다고 했다.
106 鈴木正崇, 2015, 12쪽에 의하면, 가츠라기산(葛城山)은 산 전체가 경전(법화경)으로서 28개소의 행장(行場)과 예배소(拜所)를 법화경의 28품에 비겨 설치했고, 각 장소에 법화경을 묻어 경총(經塚)으로 했다. 따라서 산 전체가 법화경의 가르침 그 자체로서, 경전과 수행자는 일체화되었다고 했다.
107 후지산(富士山)의 여신인 코노하나노사쿠야히메(木花之佐久夜毘売)는 대표적인 사례이다.
108 요시노(吉田)의 히마츠리(火祭り), 기타구치 혼구 후지 센겐 신사(北口本宮富士浅間神社)의 사례가 있다.
109 宮家準, 2016, 141쪽.
110 일본의 주요 명산 중에 여인금제가 있었던 산은 고야산(高野山)·후지산(富士山)·다테야마(立山)·하쿠산(白山)·오미네산(大峯山)·히에이잔(比叡山) 등이며, 여인금제와 관련한 건축경관으로서, 고야산(高野山)의 여인도(女人道)와 여인당(女人堂), 오미네산(大峯山)의 모공당(母公堂), 다테야마(立山)의 노당(姥堂), 히에이잔(比叡山)의 화적당(花摘堂), 난타이산(男体山)의 여인당(女人堂) 등이 잔존한다.

111 관련하여 이하의 논의는 최원석,「한국 명산문화 연구의 모델 설계와 방법 수립을 위한 試論」,『남명학연구』75, 2022, 267-298쪽에서 언급한 바 있다.
112 宮家準, 2016, 167쪽.
113 김성환,「삼신산(三神山) 판타지와 동아시아 고대의 문화교류」,『중국학보』56, 2007, 456쪽.
114 한국에는 서귀포를 비롯하여 서복(徐福)에 대한 전설이 다수 남아 있다. 宮家準, 2016, 46쪽에 의하면, 일본에도 서복(徐福)이 후지산(富士山), 구마노 신궁(熊野神宮), 아츠타(熱田) 등지에 다녀갔다는 전설이 만들어졌다고 한다.
115 한국에서 태산문화는 민간계층에 생활언어적이고 문화종교적인 면이 강하게 반영되었는데, 그 양상은 생활용어로 기호화된 공간이미지, 지식인의 명산문화, 그림·지도 등의 지리지식과 지리정보, 태산 지명과 경관의 공간적 재현, 태산과 불교신앙의 결합 등으로 나타났다. 태산문화의 공간적 수용 방식은 조선후기에 유교 이데올로기와 연계·매개되어 이루어졌다. 관련하여 최원석, 2022, 267-298쪽에서 언급한 바 있다.
116 宮家準, 2016, 52쪽.
117 예컨대 히에이잔(比叡山)이 귀문 진압을 통한 왕성 진호(王城鎭護)의 산으로 인식된 바 있다.
118 김현욱,「하쿠산 신앙(白山信仰)과 노(能)의 발생」,『일본문화학보』49, 2011, 249쪽.
119 『고사기』에 "이곳은 가라쿠니를 향해 있고 … 이 땅은 참으로 길지이다(此地者向韓國 … 故此地甚吉地)"라고 했다. 관련하여 허남춘,「韓日古代神話의 山岳崇拜와 三山信仰」,『일본근대학연구』23, 2009, 103-121쪽에서 자세히 논의하고 있다.

120 『삼국사기』 권32, 잡지1, 제사, 악에 의하면, 신라에서는 경주 둘레로 토함산(동악)·계룡산(서악)·지리산(남악)·태백산(북악)·팔공산(중악)을 오악으로 지정하고 의례를 행하여, 국토 영역의 수호 관념이 표징되고 있다. 『고종실록』 권43, 고종 3월 19일에 의하면, 조선후기에도 금강산(동악)·묘향산(서악)·지리산(남악)·백두산(북악)·삼각산(중악)을 오악으로 지정하였음이 확인된다.

121 참고로 『산성명승지(山城名勝志)』 권9에 나타나는 오악(五岳)은, 오대산신앙의 이식과 연관된 아타고산의 오봉(五峯)으로서, 도읍을 진호하는 산으로서의 오악(五岳)과는 다르다.

122 지형학 전공의 기근도 교수(경상국립대학교 지리교육과)의 코멘트를 참고하여 작성하였다.

123 鈴木正崇, 2015, 68쪽.

124 변동명, 「한국 전통시기의 산악신앙·성황신앙과 지역사회: 역사상 인물의 산신·성황신 추앙을 중심으로」, 『호남학』 67, 2020, 109-147쪽에는 전통시기의 산악신앙과 성황신앙을 지역사회와 연관하여 검토하고 있다.

125 宮家準, 2016, 192-196쪽, 250·253쪽.

126 岩鼻通明, 『出羽三山』, 岩派新書, 2017, 10쪽.

127 宮本袈裟雄, 1989, 203쪽.

128 爪生中, 『よくわかる山岳信仰』, 角川ソフィア文庫, 2020, 47·52쪽.

129 한편, 조규헌, 「日本民俗における災厄鎭圧儀礼の構造」, 『일본학』 29, 2009, 193-218쪽에서 기존 일본민속학의 주류인 도작농경론 중심의 분석틀에 문제를 제기하고, 산신(山神)이 농신(農神)과 구별되는 이질적인 존재라는 점에 주목하여 산신의례를 분석하였다.

130 임재해, 「한국인의 산 숭배 전통과 산신신앙의 전승」, 『숲과 문화 총서』 10, 수문출판사, 2002, 21쪽에서, "산신은 산에서 산의 일만 관

장하는 것이 아니라, 마을까지 내려와서 마을의 모든 일까지 두루 관장한다고 믿고 있기 때문에 …"라고 했다.
131 宮家準, 2016, 93쪽.
132 爪生中, 2020, 24쪽.
133 鈴木正崇, 2015, 14쪽.
134 아바타(avatar, 化身)의 뜻으로서, 본래의 불보살이 다른 모습으로 임시로 현현한 신성(神聖)을 일컫는다. 주로 지역의 토착신으로 모습을 나타내는 경향이 있다.
135 『新 總覽 立山曼茶羅』, 富山縣 立山博物館, 2022, 4쪽에 의하면, 현재 다테야마만다라(立山曼茶羅)의 일부라고 생각되는 것까지 포함하여 총 52점이 확인되고 있다고 한다.
136 松島仁,「富士山と德川將軍」,『靜岡縣富士山世界遺産センター 公式ハンドブック』, 2020, 104-105쪽.
137 鈴木正崇, 2015, 44 · 99 · 101쪽.
138 최원석,『사람의 산 우리 산의 인문학』, 한길사, 2014a, 387-412쪽.

닫는 글 명산문화 및 산인문학 연구를 위한 과제

1 동아시아, 특히 한국에서 산과 사람의 관계는 인문학적인 논의가 필요한 학문적 미개척 영역이다. 산인문학은 산과 사람이 문화역사적으로 어떻게 관계를 맺어왔는지, 우리에게 산은 무엇인지를 일관된 화두로 삼는다.
2 조선광문회본을 기준으로 하였다. 판본에 따라 체계와 명칭에 차이가 있다. 그중에서『기봉방역지』는 백두대간과 백두정간, 장백정간과 장백정맥을 혼용하고 있다.『여지편람』에서는 낙남정맥 대신에

낙남정간으로 표기하였다. 여러 다른 이름의 판본이 있다. 관련하여 김우선,「『산경표』로 본 백두대간과 지명 연구」, 한국학중앙연구원 박사논문, 2020에서는 17종의 판본에 대해서 고찰한 바 있다.
3   『인자수지』에는 삼대(三大)의 대간(南條·中條·北條 幹龍脈絡)이 있는 데, 그중에서 북조 간룡맥락(北條 幹龍脈絡)은 곤륜산에서부터 발원했다고 적었다.
4   『세조실록』 권31, 세조9년 10월 22일.
5   『성호사설』 권1, 천지문, 선비산맥.
6   『승정원일기』, 효종 2년 6월 28일.
7   김영표·임은선·김연준,『한반도 산맥체계 재정립 연구: 산줄기 분석을 중심으로』, 국토연구원, 2004.
8   지리산·속리산·소백산 등에 있는 동천구곡(洞天九曲)도 대표적인 사례가 된다. 역사유적과 문화공간의 명칭·각자·시문 등을 유형적으로 분석하여, 동아시아의 사상 전통이 바탕을 이루면서도 지형환경적이고 사회문화적인 배경 속에서 지향했던 인문적 특수성을 드러낼 필요가 있다.
9   미국 동부 애팔래치아 지역(애팔래치아 산맥의 중앙과 남쪽 지역에 입지한 사회경제적인 지역)을 연구하며, 역사, 문학, 인류학, 음악, 종교, 경제, 교육, 환경, 민속, 관광 등을 포괄하는 학제적인 분야의 지역학이다.
10 『금낭경』이라는 중국풍수서에서 "득수(得水)가 우선이고 장풍(藏風)은 그 다음"이라는 언급이 그 방증이다.
11 지형환경 조건의 모자람은 포지티브 원리로 더하거나 보완하고, 지나침은 네거티브 원리로 덜거나 억제함으로써 산지(자연)와 사람 사이의 균형을 유지하는 방식이다. 포지티브와 네거티브라는 작용기제와 원리를 적절히 운용해, 산과 사람 간의 환경적 상보력을 증진하고 조율하였다.

참고문헌

1. 고문헌

1-1. 지리지

『강도지(江都志)』,『경상도지리지(慶尙道地理志)』,
『고려사(高麗史)』지리지(地理志),『대동지지(大東地志)』,
『동국여지비고(東國輿地備攷)』,『두류전지(頭流全志)』,
『세종실록(世宗實錄)』지리지(地理志),『신증동국여지승람(新增東國輿地勝覽)』,
『여지도서(輿地圖書)』,『제주읍지(濟州邑誌)』,『주왕산지(周王山志)』,
『진양지(晉陽誌)』,『탐라지(耽羅誌)』.

1-2. 실록

『태조실록(太祖實錄)』,『태종실록(太宗實錄)』,『세종실록(世宗實錄)』,
『성종실록(成宗實錄)』,『명종실록(明宗實錄)』,『숙종실록(肅宗實錄)』,
『정조실록(正祖實錄)』,『고종실록(高宗實錄)』.

1-3. 관찬서·문집

『고운선생문집(孤雲先生文集)』,『기언(記言)』,『기측체의(氣測體儀)』,
『남명집(南冥集)』,『동국산수록(東國山水錄)』,『명산록(名山錄)』,
『삼국사기(三國史記)』,『삼국유사(三國遺事)』,『성호사설(星湖僿說)』,
『어우집(於于集)』,『여암전서(旅菴全書)』,『연경재전집(研經齋全集)』,

『율곡전서(栗谷全書)』,『임원경제지(林園經濟志)』,
『정법안장(正法眼藏)』,「산수경(山水經)」,『제왕운기(帝王韻紀)』,
『조선사찰사료(朝鮮寺刹史料)』,『지리신법(地理新法)』,
『충암집(冲庵集)』,「제주풍토록(濟州風土錄)」,『탐라문견록(耽羅聞見錄)』,
『퇴계선생문집(退溪先生文集)』,『파한집(破閑集)』,『풍수록(風水錄)』.

1-4. 기타

『논어(論語)』,『맹자(孟子)』,『상서(尙書)』,
『주례(周禮)』,『중용(中庸)』,『고사기(古事記)』.

* 고문헌 중 실록은 국사편찬위원회 한국사데이터베이스(db.history.go.kr), 관찬서·문집류는 한국고전번역원(www.itkc.or.kr) 역주 작업을 참고했으며, 개별 역주서를 이용한 경우 미주에 일러두었다.

2. 국내 문헌

2-1. 저서(단행본)

강미정 외,『현대의 예술과 미학』, 서울대학교출판부, 2007.
강화문화원 역,『강도지』, 1991.
고익진,『한국고대불교사상사』, 동국대출판부, 1985.
공우석,『우리 식물의 지리와 생태』, 지오북, 2007.
곽철환 편저,『시공 불교사전』, 시공사, 2003.
김강산,『호식장』, 태백문화원, 1988.
김아네스,「산천제의 역사와 지리산」,『지리산의 종교와 문화』, 보고사, 2013b.
김영표·임은선·김연준,『한반도 산맥체계 재정립 연구: 산줄기 분석을 중심으로』, 국토연구원, 2004.

김윤우 편저,『북한산 역사지리』, 범우사, 1995.
김정설,『풍류정신』, 정음사, 1986.
박희선,「道詵과 그 주변의 禪思想의 흐름」,『도선국사』, 불교영상, 1997.
성백효 역주,『시경집전』하, 전통문화연구회, 1998.
신채호,「東國古代仙敎考」,『대한매일신보』1910.3.11.
안춘근 편,『정감록집성』, 아세아문화사, 1973.
유네스코한국위원회 편집부,『세계유산: 새천년을 향한 도전』, 유네스코한국위원회, 2010.
유몽인·최익현 외 지음, 전송열·허경진 엮고 옮김,『조선 선비의 산수기행』, 돌베개, 2016.
윤호진 외,『금강산 유람록 1·2·3』, 민속원, 2016.
이기봉,『조선의 도시, 권위와 상징의 공간』, 새문사, 2008.
이상필,『남명학파의 형성과 전개』, 와우출판사, 2005.
이종은 역주,『해동전도록·청학집』, 보성문화사, 1992.
이중환 저, 이익성 역,『택리지』, 을유문화사, 1993.
전병철 역,『두류전지』, 경상대학교출판부, 2017.
정치영,『지리산지 농업과 촌락 연구』, 고려대학교 민족문화연구원, 2006.
제주도·한라산생태문화연구소,『한라산개설서』, 2006a.
_____,『한라산의 인문지리』, 2006b.
_____,『한라산이야기』, 2006c
지리산권문화연구단 편,『지리산인문학대전 1-20』, 선인, 2017.
차장섭·배재홍·김도연·홍영호,『문헌으로 본 태백시의 지명』, 태백시·강원대 강원전통문화연구소, 2011.
청송군,『국역 주왕산 유람록』1, 2013.
_____,『국역 주왕산 유람록』2, 2014a.
_____,『주왕산지』, 2014b.
최석기,『남명과 지리산』, 경인문화사, 2006.

_____,『조선 선비들의 답사일번지』, 지앤유 로컬북스, 2015.
_____,『선인들의 산수 인식과 동천구곡 문화』, 보고사, 2020.
_____,『칠십에 다시 논어를 읽으며』, 보고사, 2023.
최석기 외,『지리산 유람록 3』, 보고사, 2009.
_____,『지리산 유람록 6』, 보고사, 2013.
최영준,『영남대로』, 고려대학교민족문화연구원, 1990.
_____,『국토와 민족생활사』, 한길사, 1997.
최원석,「왕도풍수」,『신편 강화사: 문화와 사상』, 강화군 군사편찬위원회, 2003b.
_____,『사람의 산 우리 산의 인문학』, 한길사, 2014a.
_____,『산천독법』, 한길사, 2015a.
최원석·구진성,『지리산권 풍수자료집』, 이회, 2010.
피터 하비(Peter Harvey) 저, 허남결 역,『불교윤리학 입문』, 도서출판 씨아이알, 2010.
『한국민속신앙사전』(마을신앙 편), 국립민속박물관, 2009.
한국사상사연구회 편저,『조선유학의 자연철학』, 예문서원, 1998.
한글학회,『한글지명총람』17(경기편 상), 1985.
韓普光,『譯註 正法眼藏 講義(2)』, 如來藏, 2012.

2-2. 논문 및 정간물

권선정,「풍수적 장소의 사회적 구성 – 속리산 '우복동(牛腹洞)'을 사례로 –」,『대한지리학회지』53-6, 2018.
기근도,「자연 지역으로서의 태백 산지」,『한국지역지리학회지』8-4, 2002.
_____,「경상좌도 동천구곡의 지형적 특성」,『한국지형학회지』15-2, 2008.
_____,「우리나라 동천구곡의 지형경관」,『한국지형학회지』19-3, 2012.
김광명,「서구의 자연관에 대한 반성과 환경미학의 모색」,『예술문화연구』5, 1995.

김덕현,「유교의 자연관과 퇴계의 산림계거」,『문화역사지리』11, 1999.
_____,「조선시대 경상도 읍치의 경관구성과 상징성」,『경남문화연구』28, 2007.
김두진,「나말여초 동리산문의 성립과 그 사상」,『동방학지』57, 1988.
김문태,「강화도 구비문학의 특성」,『구비문학과 강화도』, 인천가톨릭대학교 겨레문화연구소 제7회 학술발표문집, 2001.
김성환,「삼신산(三神山) 판타지와 동아시아 고대의 문화교류」,『중국학보』56, 2007.
김순배,「지명의 이데올로기적 기호화(Ⅱ): 속리산과 우복동」,『대한지리학회지』52-5, 2017.
김아네스,「조선시대 산신 숭배와 지리산의 神祠」,『역사학연구』39, 2010.
_____,「고려시대 개경 일대 명산대천과 국가 제장」,『역사와 경계』82, 2012.
_____,「고려시대 명산대천과 祭場」,『역사학연구』50, 2013a.
김영진,「한국 산신의 역사적 고찰-신격을 중심으로」,『인문과학논집』6, 1987.
김용철,「복지동천 이념의 19세기적 전개와 우복동 설화의 성립」,『한국전통문화연구』31, 2023.
김우선,「『산경표』로 본 백두대간과 지명 연구」, 한국학중앙연구원 박사논문, 2020.
김인덕,「길장의 초목성불론」,『불교학보』5, 1985.
김치완,「瀛洲十景으로 본 朝鮮 儒學者의 仙境 인식과 그 태도」,『대동철학』59, 2012.
김현욱,「하쿠산 신앙(白山信仰)과 노(能)의 발생」,『일본문화학보』49, 2011.
박노준,「한중일 오대산신앙의 전개과정」,『영동문화』6, 1995.
박용국,「17세기 지리산권의 小氷期現象과 사회·경제적 양상」,『영남학』17, 2010.
배정한,「환경미학의 연구 동향과 과제: 1960년대 이후 영미권을 중심으로」,『예술문화연구』6, 1996.

변동명, 「한국 전통시기의 산악신앙·성황신앙과 지역사회: 역사상 인물의 산신·성황신 추앙을 중심으로」, 『호남학』 67, 2020.
서재영, 「禪의 생태철학 연구」, 동국대학교 박사학위논문, 2004.
소병철, 「속리산권역 우복동 이상향의 문화사적 의의와 한계」, 『영남학』 63, 2017.
송화섭, 「지리산의 노고단과 성모천왕」, 『도교문화연구』 27, 2007.
_____, 「한국의 마고와 중국의 마조의 비교연구」, 『동아시아고고학』 29, 2012.
염중섭, 「한국불교 聖山인식의 시원과 전개 - 五臺山·金剛山·寶盖山을 중심으로」, 『사학연구』 126, 2017.
이경순, 「17-18세기 사족의 유람과 산수공간 인식」, 서강대학교 박사학위논문. 2013.
이동환, 「한국 미학사상의 탐구(2)」, 『민족문화연구』 32, 1999.
이전, 「덕천강유역의 수전농업에 대한 역사지리적 연구」, 『사회과학연구』 12-1, 1994.
이종수, 「삼국·통일신라시대 山寺의 정착과 보살주처신앙의 성립」, 『남명학연구』 49, 2016.
이종호, 「퇴계 이황의 자연미 수용과 산수미학」, 『퇴계학과 유교문화』 41, 2007.
이호승·한상열·최관, 「지리산 유람록을 통한 산림문화 연구」, 『한국산림휴양학회지』 15-1, 2011.
임재해, 「한국인의 산 숭배 전통과 산신신앙의 전승」, 『숲과 문화 총서』 10, 수문출판사, 2002.
장호, 「지리산지 주능선동부(세석-제석봉)의 주빙하지형」, 『지리학』 27, 1983.
정광중, 「한라산과 제주도민의 문화」, 『한국사진지리학회지』 16-1, 2006.
정치영, 「유산기로 본 조선시대 사대부의 청량산 여행」, 『지역지리학회지』 11-1, 2005a.
_____, 「조선시대 지리지에 수록된 진산의 특성」, 『문화역사지리』 23-1, 2011.
조규헌, 「日本民俗における災厄鎭圧儀礼の構造」, 『일본학』 29, 2009.
진종헌, 「제주 오름에 대한 미학적 시선의 출현과 오름 '경관'의 형성」, 『문화역사지리』 28-4, 2016.
최석기, 「조선시대 사인들의 지리산·천왕봉 인식」, 『남도문화연구』 21, 2011.
최원석, 「경상도 邑治 경관의 鎭山에 관한 고찰」, 『문화역사지리』 15-3, 2003a.
_____, 「한국의 명산문화와 조선시대 유교지식인의 전개」, 『남명학연구』 26, 2008.
_____, 「조선시대의 명산과 명산문화-정치사회지배층의 명산 인식과 실천을 중심으로」, 『문화역사지리』 21-1, 2009a.
_____, 「최한기의 기학적 지리학과 지리연구방법론」, 『한국지역지리학회지』 15-1, 2009b.
_____, 「한국 이상향의 성격과 공간적 특징 - 청학동을 사례로 - 」, 『대한지리학회지』 44-6, 2009c.
_____, 「장소정체성의 사회적 재구성: 지리산 청학동에 대한 역사지리적 고찰」, 『문화역사지리』 22-1, 2010a.
_____, 「지리산권의 도선과 풍수담론」, 『남도문화연구』 18, 2010b.
_____, 「지리산과 한라산의 명산문화 요소의 역사지리적 특징 비교 고찰」, 『남명학연구』 42, 2014b.
_____, 「지리산과 한라산의 역사지리적 배경과 현황 비교 고찰」, 『남도문화연구』 26, 2014c.
_____, 「지리산유람록에 나타난 주민생활사의 역사지리적 재구성」, 『남명학연구』 46, 2015b.
_____, 「삼각산의 지리와 풍수」, 『북한산성 연구 논문집』, 경기학연구센터, 2016a.
_____, 「옛 지도로 본 아버지산(父岳) 팔공산」, 『山書』 26, 한국산서회, 2016b.
_____, 「조선후기 고지도에 재현된 지역경관 - 남해안 및 진주를 사례로」, 『남명학연구』 49, 2016c.
_____, 「선불교와 풍수비보의 산수미학 - 道元의 『山水經』과 道詵의 山川裨補說을 중심으로 - 」, 『문화역사지리』 31-1, 2019.

_____,「한국 명산문화 연구의 모델 설계와 방법 수립을 위한 試論」,『남명학연구』75, 2022.

_____,「한·일 명산문화 전통의 역사지리적 비교 고찰」,『남명학연구』78, 2023.

탁한명·김성환·손일,「지형학적 산지의 분포와 공간적 특성에 관한 연구」,『대한지리학회지』48-1, 2013.

허남춘,「韓日古代神話의 山岳崇拜와 三山信仰」,『日本近代學硏究』23, 2009.

_____,「설문대할망과 여성신화」,『탐라문화』42, 2013.

현길언,「고종달(胡宗旦)형 설화에 나타난 제주민의 의식구조」,『한국문화인류학』9-1, 1977.

2-3. 연구보고서

국립공원관리공단,「국립공원기본통계」, 2023.

_____,「지리산국립공원 생물권보전지역」, 2013.

국립산림과학원,『덕유산(원학동) 산림인문자원 기초연구』, 2016.

_____,『설악산 권역 산림인문자원 기초조사』, 2020.

_____,『소백산(양백지간)권역 산림인문자원 기초연구』, 2018.

_____,『속리산 산림인문자원 기초연구』, 2017.

서울대학교·한국문화역사지리학회,『2017년 산지이용실태조사(별책)』, 2017.

이형구,『강화도 마니산 고려 이궁지 지표조사 보고서』, 선문대학교 고고연구소, 2001.

『제주도중산간지역종합조사』, 국토개발연구원, 1997.

제주특별자치도,「제주 생물권보전지역 정기보고서」, 2012.

_____,「제주도 유네스코 생물권보전지역 정기보고서」, 2013.

2-4. 온라인 자료

승정원일기(sjw.history.go.kr).

조선왕조실록(sillok.history.go.kr/main/main.do).
한국사데이터베이스(db.history.go.kr).
한국학자료통합플랫폼(kdp.aks.ac.kr).

3. 외국 문헌

3-1. 중국·일본

李澤厚,『華夏美學』, 三聯書店, 1988.
高橋千劒破,『名山の日本史』, 河出書房新社, 2004.
宮家準,『靈山と日本人』, 講談社学術文庫, 2016.
宮本袈裟雄,『天狗と修驗道』, 人文書院, 1989.
西嶋和夫,『現代語訳正法眼藏』, 金沢文庫, 1979.
松島仁,「富士山と德川將軍」,『靜岡縣富士山世界遺産センター 公式ハンドブック』, 2020.
『新 總覽 立山曼茶羅』, 富山縣 立山博物館, 2022.
深田久弥,『日本百名山』, 新潮社, 1964.
岸澤惟安,『正法眼藏全講』第五卷, 大法輪閣, 1972.
岩鼻通明,『出羽三山』, 岩派新書, 2017.
永留久惠,「東アジアの龍神信仰について」,『동북아시아문화학회 국제학술대회 발표자료집』, 동북아시아문화학회, 2001.
『日本山名事典』, 三省堂, 2011.
町田宗鳳,『山の霊力』, 山と溪谷社, 2018.
爪生中,『よくわかる山岳信仰』, 角川ソフィア文庫, 2020.
増谷文雄,『正法眼藏』(二), 講談社, 2004.
萩原 秀三郎,『山と森の神』, 東京美術, 1988.

3-2. 서양

Dissanayake, Ellen, *Homo Aestheticus: Where Art Comes from and Why*, University of Washington Press, 1995.

Hweik, Zhang, "Harmony Between Mountains and Human Beings: A Perspective Within a New Understanding of Life," *Journal of Mountains and Humanities 2*, 2016.

Norton, William, *Cultural Geography* 2nd ed, Oxford university press New York, 2006.

Okumura, Shohaku, *The Mountains and Waters Sutra: A Practitioner's Guide to Dogen's "Sansuikyo"*, Wisdom Publications 6, 2018.

색인

ㄱ

가야산 56, 142, 147, 389
간나비(神奈備) 362
감악산 142, 164
갓산(月山) 348
『강도지』 168
「강우일기」(장화식) 98, 102
「강화이북해역도」 168
「경강부임진도」 153
경관미학 24, 56, 256~259
『경국대전』 156
『경상도지리지』 144
「계룡산전도」 190
「고려국사도선전」 269
『고려사』 지리지 40
고려산 165, 168~170, 172
고토 분지로(小藤文次郞) 375
곤겐산(權現山) 362
곤륜산(崑崙山) 390
골화(骨火) 355
공산(公山) 187

곽태종 119
「관동록」(홍인우) 72
광덕산 148
국가산림문화자산 21
권렴 220
권상익 214
권성구 224
권준희 221
「금강록」(정엽) 78
「금강산기행록」(양대박) 83
「금강산록」(최운우) 76
금성산 142
김건휘 222
김교준 98
김근 212
김도수 98
김세락 221
김영조 98
김일손 91
김정호 156
김정희 153

김종덕 224
김종순 98, 102
김종직 91
김창흡 97
김택술 91, 102

ㄴ
나력(奈歷) 138, 145, 355
낙산(洛山) 351
남사고 162
남악(南岳) 188, 196, 208, 276, 322, 335
「남유기」(김도수) 98
「남유기행」(박치복) 98
「남유록」(류휘문) 219
남주헌 102
남효온 82, 91
내연산 216
노경임 71

ㄷ
다카치호(高千穗) 355
다테야마(立山) 347, 349, 356, 359, 363
『대동수경』 247
『대동지지』 156
도겐(道元) 39
「도성삼군문분계지도」 152

『동국명산기』 26
『동국산수록』 26
『동국여지비고』 158
「동국팔도대총도」 189
동산 양개(洞山良价) 263
동악(東岳) 188, 208, 276
「동유기」(이곡) 72
「동유기행」(류도원) 218
「동유록」(김건휘) 222
동천복지(洞天福地) 29, 38, 46, 316
두류(頭流) 198
「두류기」(하달홍) 98
「두류기행록」(김일손) 91
「두류록」(송광연) 97, 102
「두류록」(안익제) 98
「두류록」(정식) 97
「두류록」(정재규) 98
「두류록」(허유) 98
「두류록」(홍 씨) 102
「두류산기」(송병선) 102
「두류산기」(정석구) 102
「두류산기행록」(김교준) 98
「두류산기행록」(양대박) 96
「두류산유록」(김택술) 91, 102
「두류산유행록」(황도익) 98
「두류산음수기」(조종덕) 98, 102
「두류산일록」(박여량) 97
「두류산중문견기」(김종순) 98

「두류유기」(조성렴) 98
등원환웅(藤原桓雄) 355
디스토피아 364

ㄹ

류도원 218
류연근 221
류응목 221
류휘문 219

ㅁ

마니산 165, 170~174
마리산 187
명산만다라(名山曼陀羅) 362
명산의 논리화 30
명산의 상징주의 39
명산의 인간화 31
명산의 장소화 31
명산의 정치지리 39
명산의 철학사상 39
명산인문학(名山人文學, Famous Mountain Humanities) 14, 15, 19, 20, 381
명산학(名山學, Famous Mountain Studies) 14, 15, 19, 20, 381
모산(母山: Mother Mountain) 348
모악산 148
목멱산 140

묘향산 146, 147
무등산 142, 188, 341~342
무리룡산 278
무성산 148
무이구곡(武夷九曲) 46
무정성불설(無情成佛說) 262
문수산 180
문진호 98, 119
미미나시산(耳成山) 355
미와산(三輪山) 362
민재남 102

ㅂ

박래오 98
박여량 97
박인조 225
박장원 102
박치복 98
반야산 62
방장(方丈) 45
「방장산선유일기」(성여신) 97
「방장산유행기」(정덕영) 102
「방장유록」(이동항) 102
배극소 214
배성호 91, 102
백두대간 명산문화 연구 373
백두대간인문학 19, 385
백두대간학 19, 385

백두산래맥설(白頭山來脈說) 28,
  301, 336, 339, 340, 342, 390
백두산 조종론(祖宗論) 246
백산(白山) 계열 366
백악 142
변산 148
보살주처 명산론 387
부산(浮山) 355
부아악(負兒嶽) 141
부악(父岳) 204
북악(北岳) 188
북형산 145
불모산 62
불산(佛山) 62
불정산 62
비봉산 187, 279, 284~292

ㅅ
사람과 산의 공진화 393
사자산 179, 180
산경(山經) 379
『산경표』 32, 43, 370, 375, 377
산계(山系) 379
산맥(山脈) 379
산(산지) 지역학 385
「산수고」(신경준) 41, 246
산수비덕설(山水比德說) 255
산수생명설(山水生命說) 255

산수성불설(山水成佛說) 30, 254,
  261~263, 267
산악불교 393
산악신앙 40, 55, 357~359, 362
산의 유토피아 45
산의 풍수 393
산조가다케(山上ヶ岳) 353
산줄기풍수론 31
산중타계(山中他界) 363
산지(山誌) 153
산천비보설(山川裨補說) 31,
  267~270
산천제(山川祭) 28, 320, 322
산천지(山川誌) 64, 242
산학(山學, Mountain Studies) 14,
  384, 385
『산해경』 46
「삼각산명당기」 159
『삼국사기』 40
삼산(三山) 43, 138, 355
삼신산 28, 36, 44, 328, 330, 353,
  354
삼악(三嶽) 188
생태미학 259
생활터전의 산 45
서거정 192
서악(西岳) 188, 208, 276
서왕모신앙(西王母信仰) 46

서유구 29
서활 219
석산(石山) 56, 71
석응윤 119
『선가귀감』 266
선도산 145
선문9산 387
선산(仙山) 45
설문대할망 31
설악산 23, 57, 147, 179, 311,
성거산 187
성모천왕 31
성산(聖山) 166, 179, 209
성여신 97
성주산 148
성해응 150
소백산 17, 25, 28, 56, 63, 142, 147, 369, 374
손성악 219
송광연 97, 102
송병선 102
송병순 98
송병준 98
송악산 43, 165, 166, 168~170, 187, 276
수분산(水分山) 360
수분신(水分神) 345
「순두류록」(곽태종) 119

숭산(崇山) 208
슈겐도(修驗道) 40
신명구 97
신산(神山) 44, 60, 348
신익성 82, 83
신집 212
신체산(神体山) 345, 361, 362
신흥원 225
13정맥 30
12명산 246
쓰쿠바산(筑波山) 349, 352

ㅇ
아타고산(愛宕山) 175, 351, 352
안익제 98
알미산 168
알피니즘(alpinism) 13
야마토삼산(大和三山) 355
양경우 97, 102
양대박 83, 96
양백지간 25, 388
어머니산신 349
여신설화 28
여항산 279
역사지리정보시스템(HGIS) 28
「역진연해군현잉입두류 상쌍계신 흥기행록」(양경우) 97
연귀산 280

「영남일기」(김창흡) 97
「영동산수기」(최유해) 73
영산(靈山) 62
영산신앙(靈山信仰) 40
영주(瀛州) 45
영축산 62, 281
오대산문화 175~179
오대산신앙 46
오미네산(大峯山) 353, 363, 367
오산(吳山) 355
오소레산(恐山) 347, 364
오악(五岳) 46, 138, 146, 188, 196, 208, 276, 322, 353, 356
오쿠야마(奧山) 359
「옥계유록」(권렴) 220
「옥계유산록」(김종덕) 224
「옥계유산록」(이우) 219
용산(龍山) 348
우네비산(畝傍山) 355
우불산 141, 141, 145
우시로야마(後山) 353
우타이산(五台山) 175, 176
운문 문언(雲門文偃) 262
원학동 57
월형산(月兄山) 184, 185
유교적 명산경관 61
「유금강내외산제기」(신익성) 82
「유금강록」(이원) 71

「유금강산기」(남효온) 82
「유금강산기」(노경임) 71
「유금강소기」(신익성) 83
「유대둔산기」(신홍원) 225
「유두류록」(김영조) 98
「유두류록」(김종직) 91
「유두류록」(민재남) 102
「유두류록」(박래오) 98
「유두류록」(배성호) 91, 102
「유두류록」(이수인) 91
「유두류록」(조식) 96
「유두류록」(하겸진) 98
「유두류록」(하익범) 91, 98
「유두류산록」(박장원) 102
「유두류산록」(유몽인) 97
「유두류산록」(조위한) 97
「유두류일록」(신명구) 97
유몽인 97, 199
「유방장록」(송병순) 98
「유산록」(이명준) 73
「유쌍계칠불암기」(전기주) 98
「유주방산기」(홍한주) 217
「유주방산록」(신집) 212
「유주왕산기」(배극소) 214
「유주왕산기」(장태흠) 215
「유주왕산록」(류응목) 221
「유주왕산록」(손성악) 219
「유주왕산일기」(김근) 212

색인 453

「유천왕봉기」(남효온) 90, 91
「유청량산록」(주세붕) 86
은일지(隱逸地) 17
이곡 72
이광정 214
이규경 199
이동항 102
이류 91
이명준 73
이반 217
이수인 91
이우 219
이원 71
이이 70
이익 161
이인로 199
이인상 24
이중환 56
이현영 79
이형상 168
이황 58
인문적 명산문화 60
『인자수지』 375
인지산 187
일산(日山) 355
『1872년 지방지도』 40
『임원경제지』 29

ㅈ

자연미학 245, 254, 257~259, 261
자장율사(慈藏律師) 178
장백정간 30
장태흠 215
장현광 146, 212
장화식 98, 102
「재유주방산기」(홍한주) 221
적악산 148
전기주 98
『정감록』 162
정덕영 102
정석구 102
정식 97
정약용 247
정여립 194
정엽 78
정재규 98
제이 애플턴(Jay Appleton) 258
조망-은신 이론(Prospect-Refuge Theory) 258
조산 본적(曹山本寂) 263
「조선국팔도통합도」 199
조성렴 98
조식 96
조위한 97
조종덕 98, 102
조화승 214

「주방록」(권성구) 224
「주방산기」(조화승) 214
주산(主山) 33, 187, 276~279
주세붕 86
「주왕사적 발문」(서활) 219
「주왕산록」(장현광) 212
「주왕산수기」(박인조) 225
「주왕산유기」(권상익) 214
「주왕유록」(류연근) 221
「주왕유산록」(권준희) 221
「중국전도」 196
중악(中岳) 188, 208, 209, 276
「증별김성중용서」(이광정) 214
지기사연(地氣使然) 249
「지리산기」(석응윤) 119
「지리산기」(이륙) 91
「지리산변증설」(이규경) 199
「지리산북록기」(송병준) 98
지리산인문학 19
「지리산일과」(남효온) 96
「지리산중문견기」(김종순) 102
지리산 청학동(靑鶴洞) 17
「지리산청학동기」(허목) 97
지리산학 19
「지리산행기」(남주헌) 102
『지리신법』 189
지옥경관(地獄景觀) 363
지지사연(地之使然) 249

『진양지』 288

ㅊ
창신(暢神) 63
천동 여정(天童如淨) 263
천산(天山) 60, 348
「천하도(天下圖)」 46
청량산 58, 86, 147, 175~177, 179
청원 행사(靑原行思) 262
청평산 148
『청학집』 62
청허 휴정(淸虛休靜) 266
초카이산(鳥海山) 361
최운우 76
최유해 73
최치원 249
최한기 250
칠보산 147

ㅋ
카구야마(香久山) 355

ㅌ
태백산 19, 23~25, 56, 147, 179, 188, 208, 374
태산(泰山) 208
태산문화 46, 389
태산학(泰山學) 19

색인 455

토산(土山) 56
토함산 138, 145, 188, 208

ㅍ

『파한집』 199
팔도의 명지(八域名基) 29
편마암 산지 56
풍기사연(風氣使然) 249
『풍수록』 27
「풍악록」(이현영) 79
피난보신지(避難保身地) 17

ㅎ

하겸진 98
하달홍 98
하륜 189
하야마(端山) 359
하익범 91, 98
학가산 148
〈한양가〉 163
할머니산신 349
항산(恒山) 208
『해동전도록』 62
『해동지도』 40
허목 97, 250

허유 98
현수 법장(賢首法藏) 262
혈례(穴禮) 355
형산(衡山) 208
혜철 268
호랑이산신 358
홍 씨 102
홍인우 72
홍한주 221
화강암 산지 56
화개동 57
화산(華山) 208
「화악일기」(문진호) 98, 119
화엄10명산 387
환경미학 257~259
환경인문학(Environmental Humanities) 20, 257
황도익 98
후루사토후지(鄕土富士) 364~366
후지산(富士山) 345, 352, 364~366
후지산학(富士山學) 19
후지츠카(富士塚) 345
홍한주 217
히코산(英彦山) 355, 367